湖北省人文社科重点研究基地三峡大学区域社会管理创新与发展研究中心开放基金重大项目"三峡流域城市社会治理研究"资助

三峡流域城市
社会治理研究丛书

丛书主编：谭志松

应用社会学文库

三峡流域城市社会文化
管理创新研究

邓莹辉　著

SANXIA LIUYU CHENGSHI SHEHUI WENHUA
GUANLI CHUANGXIN YANJIU

中国社会科学出版社

图书在版编目（CIP）数据

三峡流域城市社会文化管理创新研究／邓莹辉著 . —北京：
中国社会科学出版社，2016.7

（三峡流域城市社会治理研究丛书）

ISBN 978 - 7 - 5161 - 8197 - 3

Ⅰ.①三… Ⅱ.①邓… Ⅲ.①三峡—长江流域—城市
文化—文化管理—研究 Ⅳ.①G127

中国版本图书馆 CIP 数据核字（2016）第 109562 号

出 版 人	赵剑英
责任编辑	张　林
特约编辑	吴连生
责任校对	闫　萃
责任印制	戴　宽

出　　版	中国社会科学出版社
社　　址	北京鼓楼西大街甲 158 号
邮　　编	100720
网　　址	http://www.csspw.cn
发 行 部	010 - 84083685
门 市 部	010 - 84029450
经　　销	新华书店及其他书店

印　　刷	北京明恒达印务有限公司
装　　订	廊坊市广阳区广增装订厂
版　　次	2016 年 7 月第 1 版
印　　次	2016 年 7 月第 1 次印刷

开　　本	710×1000　1/16
印　　张	21.75
插　　页	2
字　　数	341 千字
定　　价	82.00 元

总　序

　　《三峡流域城市社会治理研究丛书》（以下简称《丛书》）是湖北省人文社科重点研究基地三峡大学区域社会管理创新与发展研究中心（以下简称社管研究中心）开放基金的一项重大研究课题"三峡流域城市社会治理研究"的系列成果。本课题由笔者主持，下设九个子课题，每个子课题用一本专著结题，分别由研究中心部分教授和博士主持完成。经过课题组和编委会近几年的艰苦努力，成果将陆续由中国社会科学出版社出版。

　　本课题研究对象是三峡流域中各大中小城市的社会治理研究。这里涉及两个社会空间概念：一个是大区域概念，即所谓"三峡流域"社会空间，这里指长江三峡段涉及的流域区域和汇入三峡流域段的三江（乌江、清江、沅江）所经流的流域区域共同连片构成的地域的社会空间，它涉及湖北、湖南、重庆、贵州等四个省市的 15 个地市州区及其 94 个县市区（其中重庆的 12 个县为副地级县），国土面积 23 万平方公里，总人口 4607.8 万余人。这个区域有四大特点：一是水域和水电特色，举世瞩目的三峡水电工程和葛洲坝水电工程等引起世界关注；二是民族山区特色，这一区域覆盖了武陵山区的大部分地域，土家族、苗族、汉族等 30 余个民族共居此地，具有独特的民族和地域文化；三是自然风景和民族文化构成了丰富独特的民族旅游资源；四是远距省会之外，处于边缘地带而分属四个省市，且有相当一部分地区还处于需要国家大力扶贫状况。另一个区域概念是三峡流域中的城市社会。第一，按现在划分，这一区域内有一个大城市——宜昌市城区，其余全是中小城市（地市州首府和县市区首府城市）；第二，这些城市都在具有国家发展战略和省市发展战略的四个城市圈、群（武汉"8＋1"城市圈、湖南"长株潭"城市群、重庆城市群和贵阳城市群）之外。第三，在这些城市中有一个被确定为首批38个全国城市社会治理的试点——宜昌市，且经过五年的努力，已形成了行之有效的城市社会治理"一本三化"体系和模式。① 因此，笔者认为三峡流域社会是一个值得关注和研究的社会空间，并首次选择了"三峡流域城市社会治理研究"为我们的研究课题。

党的十八届三中全会通过的《中共中央关于全面深化改革若干重大问题的决定》（以下简称《决定》）明确提出："全面深化改革的总目标是完善和发展中国特色社会主义制度，推进国家治理体系和治理能力现代化"，并强调要"创新社会治理的体制"。其现实意义就是维护最广大人民根本利益，最大限度地增加社会和谐因素，增强社会发展活力，提高社会治理水平，确保人民安居乐业、社会安定有序。它体现了我们党对社会发展规律认识和把握的又一次新飞跃，实现了我国社会建设理论和实践的又一次创新。《决定》的精神，提升了《丛书》研撰的重要现实意义。

研究城市社会治理，必然要考虑城市社会空间的特点和社会转型期社会结构变化情况，要以马克思主义社会空间理论为指导，来构建城市社会治理研究的框架和体系。马克思主义社会空间理论源于马克思"土地空间"理论所导出的社会空间思想。20世纪70年代以来，以列斐伏尔、卡斯特尔、哈维、詹姆逊等为代表的新马克思主义者们循着马克思和恩格斯的思想进一步推进了马克思主义的社会空间思想，进而逐步形成了马克思主义社会空间理论。② 马克思主义社会空间思想的核心是"社会空间是人类社会实践活动的产物"。"实践"是马克思主义哲学的立足点也是目的地。马克思指出："从前的一切唯物主义（包括费尔巴哈的唯物主义）的主要缺点是：对对象、现实、感性，只有从客体或者直观的形式去理解，而不是把它们当作感性的人的活动，当作实践去理解。"③ 由此可见，马克思的"实践"，"不单是指人类的物质生产实践活动，还

---

① 这部分内容的详细论述见笔者著，本《丛书》著作之一：《三峡流域城市社会治理概论》。

② 王晓磊：《社会空间论》，中国社会科学出版社2014年版，第95页。

③ 《马克思恩格斯选集》第1卷，人民出版社1995年版，第54页。

包括人类的精神生产实践活动、人的生产实践活动和社会交往实践活动"①。也就是说，社会空间是人类物质生产实践、精神生产实践、人的生产实践和社会交往实践等人类的四种实践活动的产物。

从马克思主义社会空间理论去思考，研究城市社会治理必须考虑城市社会与城市自然空间（城市区域位置）和再现的城市空间（政府主导下人们建造的城市空间）的关系；要考虑城市社会与该城市的精神空间的关系；还要考虑城市社会与该城市的人口规模、民族结构和文化的关系；更离不开与该城市的经济发展状况以及治理体制和机制的关系。因此，我们是在这个基本思想的指导下构建的本《丛书》内容体系：

首先，《丛书》第一次提出"三峡流域"的概念，对"三峡流域"概念的界定及其意义的阐释，以及对该区域城市社会治理综合状况的梳理，包括研究区域城市社会的一些基础性理论论述，是整个《丛书》基础性的重要工作。这方面以题为"三峡流域城市社会治理概论"的著作，由谭志松教授完成。

其二，我们选取宜昌市城市社会治理为研究范本，进行全面系统的研究，拟作为三峡流域城市社会治理可以循借的样本，以指导实践和找出规律。这样做的理由有四：一是，宜昌市府城区是三峡流域中规模最大、经济基础较好的城市（现城区人口130余万）。二是，区域位置处该流域中部核心位置，中国水电主要枢纽工程：三峡水电工程和葛洲坝水电工程所在地，有"中国能源的心脏"和"世界水电之都"之称，有重要的社会影响和社会地位；三是，宜昌市已作为全国城市社会管理创新首批38个试点城市之一进行了五年的实践探索，取得了开创性的成果，形成了特色鲜明的社会治理体系："一本三化"城市社会治理模式，并得到了中央和湖北省委的肯定和重视，已经产生了重要影响。这个体系和模式对于三峡流域乃至全国城市社会治理具有重要的示范和推广意义。四是，宜昌城市发展的历史变迁、社会文化结构、经济生活方式与地理生态环境等与三峡流域内城市基本相近，因此，选择宜昌市做样本具有直接指导意义。我们用三本专门著作全面研究宜昌城市社会治理模式和经验：《现代城市社会治理创新"一本三化"模式研究——来自宜昌的中

---

① 王晓磊：《社会空间论》，中国社会科学出版社2014年版，第87页。

国经验》（谭志松教授和王俊教授等编著）、《现代城市政务信息化大统一模式研究——宜昌市电子政务实践与实效》（王俊教授等编著）、《宜昌城市变迁史研究》（李敏昌教授等著）。

其三，围绕城市社会治理涉及的各个方面，结合三峡流域城市社会治理状况，从五个方面作专题研究：

邓莹辉教授的《三峡流域城市社会文化管理创新研究》一书，主要分析了政府行使文化管理职能过程中所面临的困境及其产生的原因，厘清了城市文化管理和管理文化创新的基本思路及有效路径，其间，特别注意到地方文化建设、发展和管理对城市社会治理的影响和作用。

陈金明教授等的《三峡流域城市社会文明教育创新研究》一书，着重分析三峡流域城市社会文明教育的结构体系，从实证研究的角度，总结了三峡流域城市社会文明教育的重要举措及基本经验，同时也对城市文明教育对城市社会治理作用的理论进行一定的探讨。

骆东平教授等的《三峡流域城市社会治理法治化研究》一书，以全国社会管理创新的试点城市——宜昌市的城市社会治理法治化实践为研究对象，重点就宜昌市城市社会治理法治化、社会稳定风险评估与应急管理法治化、特殊人群管理法治化、非政府组织法治化和"智慧城市"建设等几大方面的实践与理论问题进行了研究。以探究当下城市社会治理中本地优势资源的开发与本地社会服务水平提升中的诸多理论与实践问题。意在阐释城市社会治理需将创新社会治理置于法治化的轨道中，需科学规划社会治理立法进程、有序推进公民参与公共决策、积极营造社区法治文化氛围和全面保障社会组织服务民生。

李见顺博士的《三峡流域城市社会社区自治的理论与实践研究》一书，从逻辑的、历史的和现实的三个层面探讨了三峡流域城市社区自治的理论问题和实践模式，对三峡流域社会建设背景下城市社区自治的产生与发展进行理论总结，并提出适应社会建设需要的城市社区自治重构模式和路线图。

朱静博士和梁贤艳副教授等的《三峡流域城市社会安全治理研究》一书，主要选择了我国各地运行较好的城市社会安全治理模式进行比较研究，这些城市包括山东烟台、浙江平阳、辽宁沈阳、江苏淮安、四川遂宁、湖北宜昌等，通过比较研究，归纳出这些城市社会安全治理的特征和经验。

　　《丛书》的研撰经过了艰辛努力，也得到了多方的帮助和支持。2012年，在宜昌市政协主席、市社会管理创新领导小组办公室（以下简称"市创新办"）主任李亚隆同志的支持下，三峡大学应用社会学研究所与宜昌市社会管理创新办公室联合申报湖北省人文社科重点研究基地三峡大学区域社会管理创新与发展研究中心并获得成功，开始实质性合作研究。我们派出朱静博士等到市创新办挂职工作，学习宜昌市社会管理创新工作，参与市创新办相关工作。多次请市创新办相关领导和工作人员来社管研究中心讲座，介绍宜昌市社会管理创新工作，并一直保持紧密合作关系，进行了政校联合攻关。

　　2014年8月，笔者率《丛书》编撰人员赴三峡流域中的恩施土家族苗族自治州、利川市、黔江区、涪陵区、湘西土家族苗族自治州、张家界市、怀化市、铜仁市等地区进行了为期20余天的实地调研，2014年10月又在宜昌市、荆州市等调研三周，各书作者还分别进行了专项实地深入调研。其他地方我们也通过其他途径联系获得了需要的资料。各地政府和部门的相关领导和干部都给予了大力支持和热情接待，使我们的调研得以顺利进行，并获得了近两千万字的第一手重要资料。借此，笔者要向以上各地党委政府及其部门的相关领导表示衷心的感谢！

　　著名社会学家、中国人民大学一级教授郑杭生先生生前是我们社管研究中心名誉主任，他十分关心《丛书》的研撰和出版工作，并对《丛书》框架和各著作的提纲给予了许多具体的指导性意见。我们也以《丛书》的出版表达对郑先生的深切怀念和万分感激之情。

　　我们还得到中国社会科学出版社副总编辑曹宏举编审的细心指导和大力支持，责任编辑张林主任也给予了大力帮助，在此一并致谢。

　　《丛书》得以顺利出版，还要特别感谢三峡大学党委书记李建林教授、校长何伟军教授，他们不仅出任编委会顾问，在《丛书》研撰的整体方向上把脉，还给我们全体编撰人员以极大的鼓励和支持。还要感谢三峡大学科技处（社科处）许文年处长、周卫华副处长，马克思主义学院胡孝红院长、胡俊修和黎见春副院长等给予的大力支持。

　　《丛书》涉及社会学、文化学、民族学、管理学、法学、教育学等多个学科，虽然各著作的负责人属于在相应领域里有较深造诣或者有一定研究特长的专家、教授和博士，但毕竟着眼于一个区域的城市社会治理的研究的知识和经验有限，所以，书中定有不足或不妥之处，还请各位学者、广大读者和三峡流域各地的领导、干部批评指正。

谭志松

于三峡大学云锦花园专家楼

2015 年 3 月 1 日

目　　录

绪　论 ……………………………………………………………… (1)

　　一　中国城市化的基本历程 ……………………………… (2)

　　二　城市文化在城市化进程中的作用 …………………… (3)

　　三　文化竞争力与文化管理创新 ………………………… (5)

　　四　三峡流域城市文化在西部大开发中的战略地位 …… (7)

　　五　三峡流域城市社会文化管理研究的对象和范围 …… (8)

　　六　三峡流域城市社会文化管理研究的价值和意义 …… (10)

第一章　城市社会文化及其管理的相关理论 ………………… (14)

　第一节　城市社会文化 ……………………………………… (14)

　　一　城市 ……………………………………………………… (15)

　　二　文化 ……………………………………………………… (22)

　　三　城市文化 ……………………………………………… (29)

　第二节　城市社会文化管理基本理论 …………………… (43)

　　一　管理 ……………………………………………………… (44)

　　二　社会管理 ……………………………………………… (45)

　　三　城市社会文化管理 …………………………………… (47)

第二章　三峡流域城市社会文化的特点 …………………… (74)

　第一节　三峡流域城市社会文化概述 …………………… (74)

　　一　三峡流域物质文化遗产概观 ………………………… (76)

　　二　三峡流域城市非物质文化遗产概况 ………………… (89)

　第二节　三峡流域城市社会文化的地域性特征 ………… (94)

一　地域文化的概念及其属性 ……………………………………（94）

二　源远流长的巴楚文化 ……………………………………………（·97）

三　悠久厚重的码头文化 ……………………………………………（105）

四　色彩绚烂的山水文化 ……………………………………………（112）

五　荡气回肠的移民文化 ……………………………………………（122）

第三节　三峡流域城市社会文化的民族性 ………………………（135）

一　一般意义上的文化民族性 ……………………………………（135）

二　三峡流域城市社会文化民族性的具体表现 ………………（139）

第三章　三峡流域城市社会文化管理现状 ……………………（160）

第一节　民族文化的保护与传承 …………………………………（160）

一　文化遗产资源保护 ………………………………………………（161）

二　文化遗产传承的基本方式 ……………………………………（165）

三　保护措施的制定 …………………………………………………（169）

第二节　三峡流域城市文化事业管理成就 ……………………（173）

一　"十二五"期间宜昌市公共文化服务体系建设情况 ……（175）

二　"十二五"期间荆州市文化工作成就 ………………………（182）

三　"十二五"期间恩施州城市文化事业发展成就 …………（188）

四　"十二五"期间怀化市文化事业发展情况 ………………（193）

五　"十二五"期间黔江区公共文化服务体系建设 …………（197）

六　"十二五"期间铜仁市文化事业发展现状 ………………（199）

七　"十二五"期间张家界市文化事业发展情况简介 ………（203）

第三节　三峡流域城市产业文化发展与文化市场管理 ………（204）

一　宜昌市文化产业发展与文化市场管理 ……………………（205）

二　荆州市文化产业发展与文化市场监管 ……………………（211）

三　恩施州文化产业与文化市场管理 …………………………（216）

四　怀化市文化产业与文化市场管理 …………………………（219）

五　湘西州文化产业与文化市场管理 …………………………（224）

六　张家界市文化产业与文化市场管理 ………………………（228）

七　涪陵区文化产业发展 …………………………………………（230）

第四节　三峡流域城市文化体制改革的成就及文化

　　　　管理存在的问题 …………………………………………（233）

一　三峡流域城市文化管理体制改革成就 ……………………（233）

二　三峡流域城市文化管理存在的主要问题 …………………（244）

第四章　三峡流域城市社会文化管理创新 …………………（254）

第一节　城市文化管理创新的必要性 …………………………（254）

一　城市文化管理创新是改变一元化城市文化管理

体制的发展需要 …………………………………………（254）

二　文化管理创新是适应多元城市文化治理的现实要求 ……（255）

第二节　城市文化管理主体的创新 ……………………………（256）

一　城市社会管理的主体 ………………………………………（256）

二　城市文化管理主体的结构 …………………………………（259）

三　三峡流域城市文化管理主体的创新维度 …………………（262）

第三节　城市文化管理客体的创新 ……………………………（268）

一　公益性文化事业管理创新 …………………………………（268）

二　经营性文化产业管理创新 …………………………………（274）

第四节　城市文化管理体制的创新 ……………………………（282）

一　中国文化管理体制改革的历史与现状 ……………………（283）

二　三峡流域城市文化管理体制改革的路径 …………………（285）

第五节　三峡流域城市文化形象建设 …………………………（299）

一　文化在城市建设中的作用 …………………………………（299）

二　地方城市文化形象体系的建构——以湖北省

宜昌市为例 ………………………………………………（303）

余　论 ……………………………………………………………（319）

参考文献 …………………………………………………………（324）

一　专著 …………………………………………………………（324）

二　博士、硕士学位论文 ………………………………………（327）

三　期刊论文 ……………………………………………………（328）

后　记 ……………………………………………………………（332）

绪　　论

城市是人类生活的重要场所，是随着社会文明的发展逐渐采用的一种居住方式，它是人类社会生产生活、社会运作和历史文化所形成的一种最大限度的聚合体。在这里，人类各民族所创造出来的既互相区别又彼此联系、风格各异、色彩斑斓的文明通过各种方式汇集或聚焦，最终凝聚成人类社会的效能和社会意义。因此，"城市就成为一种象征形式，象征着人类社会中种种关系的总和：它既是神圣精神世界——庙宇的所在，又是世俗物质世界——市场的所在；它既是法庭的所在，又是研求知识的科学团体的所在。城市这个环境可以促使人类文明的生成物不断增多、不断丰富。城市这个环境也会促使人类经验不断化育出有生命（viable）含义的符号和象征，化育出人类的各种行为模式，化育出有序化的体制、制度。城市这个环境可以集中展现人类文明的全部重要含义；同时，城市这个环境，也让各民族各时期的时令庆典和仪节活动，绽放成为一幕幕栩栩如生的历史事件和戏剧性场面，映现出一个全新的而又有自主意识的人类社会。"① 城市的出现，从根本上改变了远古时期人类社会乡村个体性和家族式的生产和生活方式，与此同时也改变了人类社会过去相对简单得多的关系结构，随着城市的发展而变得越来越复杂，并逐步营造出典型的市民社会契约关系的价值与土壤，这在西方城市社会表现得尤为突出，而中国这种新的社会关系正在逐渐培育和形成之中。在新的社会关系中，城市市民创造出不同于传统乡村的新的文明和社会规范，感受着城市文明所带来的生活的舒适与便捷，也相应承担着生存

---

① ［美］刘易斯·芒福德：《城市文化》，宋俊岭、李翔宁、周鸣浩译，中国建筑工业出版社 2009 年版，第 1 页。

的压力与竞争，享受着城市社会发展带来的各种文明成果。

一 中国城市化的基本历程

纵观古今中外的文明发展进程，虽然大致上经历过从原始社会、奴隶社会到封建社会、资本主义社会的历史进程，有一定的社会发展规律，但在人类社会发展的具体过程中却存在着风格迥异、形式多样的历史发展空间和社会类型。通过简单比较我们便不难发现，和西方国家城市相比，中国传统的城市不仅在其建构理念、发展模式、空间形态和符号特征等诸多方面具有相当明显的差异，而且在发展的时序和阶段上也存在比较大的差别，单从由社会空间结构和文化结构所决定的城市物化的空间结构，就可以看出中西方城市所存在的本质性不同：西方属于典型的市民社会的城市物化空间结构，一切以市民为中心，借助契约性关系维持城市的运行；而中国则属于典型的权力结构属性的城市社会物化空间结构，权贵决定城市的发展与走向，而市民则没有决定城市的基本话语权。正如张鸿雁教授所云："从发展的序列来看，中国城市在历史上既没有出现如古罗马那样的城市整体衰落，也没有出现过西方式的中世纪城市文艺复兴。"① 在中国几千年的发展历史上，城市基本上是作为政治、军事和文化的中心，一直处于某种连续发展的过程中，虽然经过无数战火的洗礼、数不清的权力更替而带来的多次革命性的变革，但城市始终是权力的集中之所，并在渐变中构建新的集权式的城市权力体系。

从乡村走向城市是人类经济社会发展的必由之路，是人类文明进步的必然结果。城市化是现代社会的一个必然趋势，城市化水平是一个国家或地区经济发展的重要标志，也是衡量一个国家或地区社会组织程度和管理水平的重要标志，是衡量现代社会进步发达程度的一个重要标志。当历史进入21世纪，随着城市化进程的进一步加快，人类社会从整体上正面临城市社会的到来，据统计，现在世界上大约有54%的人居住在城市，未来二十年全世界将有近七成人口生活在城市里。就新中国成立以来的历史而言，1978年的改革开放是一个明显的界限，此前我国城市化进程一直在低水平徘徊，发展速度极其缓慢，基本处于停滞状态，用一

---

① 张鸿雁：《城市文化资本论》，东南大学出版社2010年版，第30页。

组数据就足以说明：从 1949 年到 1977 年，在长达 28 年的时间内，我国的城市化水平仅比新中国成立前提高 8.32 个百分点，年平均增长 0.29%；从 1978 年改革开放以后，我国城市化的步伐开始加快，特别是从 21 世纪初随着我国经济结构的巨大变化，社会主义市场经济的逐步确立，出现了迅猛的城市化浪潮；而加快城镇化建设速度更是"胡温体制"和"习李体制"承先启后几届政府共同推进的重大战略目标。2011 年 3 月 5 日公布的国家"十二五"（2011—2015 年）规划纲要草案明确提出，到 2015 年，中国城镇化率有望由 2011 年的 47.5% 提高到 51.5%。而事实上据国家统计局 2014 年 2 月 24 日发布的《2013 年国民经济和社会发展统计公报》表明，至 2013 年"年末全国大陆总人口为 136072 万人，比上年末增加 668 万人，其中城镇常住人口为 73111 万人，占总人口比重为 53.73%，比上年末提高 1.16 个百分点"，与世界平均水平相当。① 也就是说，中国城镇化的现实发展速度已经大大超过规划纲要的预期，仅用不到一半的时间就完成了城镇化的五年规划任务。这是中国社会结构的一个历史性变化，成为一个具有重要历史意义的标志性坐标，它意味着中国整个社会已经进入一个新的时期，即所谓"城市社会时代"。按照西方发达国家城市化水平的进度，城市化人口每 20—25 年翻一番，预计到 2039 年前后，中国城市化人口将达到 70%—80%，从整体上全面实现城市社会的转型。可见，城市化正成为中国现代化的重要目标和结果，影响亿万人民的日常生活，推动社会向前发展。在现代化与城市化越来越同一化的今天，几乎每个人都能够感受到自己与春潮涌动、日新月异的城市化进程息息相关，很少有人能够置身事外。

二　城市文化在城市化进程中的作用

以宏观的视野来观照现实，在经济全球化、一体化的当今世界，国家与国家之间、民族与民族之间的竞争早已超越了过去那种单纯的经济或军事意义上的竞争，也不再是纯粹科技水平的竞争，而是包括政治、经济、科技和文化在内的综合实力的竞争。很长时段内被我国政府和民

---

① 中国社会科学院 2014 年 7 月 30 日发布的 2013《城市蓝皮书》认为，中国真实的完全城镇化率仅 42.2%，比国家统计局公布的常住人口城镇化率低 10.53 个百分点。

众所忽略的文化，在西方则早已作为一个国家与经济、科技硬实力相对的软实力，其在综合国力竞争中所处的地位和所产生的作用越来越被凸显出来，并逐渐取代经济因素和科技资本，成为一个国家最有价值、最具战略意义的核心竞争力，对一个国家和民族经济、社会的发展产生着日益重要的作用。从某种意义上可以说，在经济全球化的国际大背景下，日益激烈的市场竞争与其说是国与国不同实体间经济的竞争，不如说是不同民族间的文化之争，未来的时代将是一个文化决定国家兴衰存亡的时代。为了夺取未来经济发展的制高点，取得民族发展和社会进步的优势地位，以美国为代表的一些西方先进国家未雨绸缪，其社会学者和国家管理者早在20世纪后半叶就开始关注并研究文化与经济的内在关系，"许多国家采取实际措施，大力提升文化竞争力，发展文化产业。例如，美国文化产业的产值占GDP的近1/5，其视听产品出口超过航天工业，成为全美第一大出口贸易产品，占据40%以上的国际音像市场份额；英国文化产业的年产值近600亿英镑，其规模已与汽车工业不相上下，成为仅次于美国的世界第二大创意产品生产国；而日本的娱乐业1993年就已超过汽车工业产值，其漫画、动画和游戏三大产业组成的新文化产业更是占据了世界市场份额的1/3。韩国为尽快摆脱亚洲经济危机，也开始向文化产业进军。在'文化立国'及'文化产业发展5年计划'等战略的支持下，韩国的文化产品与服务出口逐年增长，成为新兴的文化出口国。"[①] 中国的管理者和学者对文化的价值认识显然比较滞后，对文化价值的利用还处在探索过程中，直到2014年年底，文化产业的产值才占整个GDP的3%左右，其成长空间巨大。但进入21世纪以来，受西方发达国家成功经验的启发和影响，包括中国在内的发展中国家也逐步认识到要想发展本国经济，扩大自己国家的国际影响力，赢得其他国家的尊重、支持与信任，就必须从文化软实力的建构、培育入手，使之成为真正具有综合实力的国家。

随着中国、南非、巴西、俄罗斯等金砖国家经济的迅速崛起，世界经济的格局正在改变，中国已经成为世界第二大经济实体。但和所有新

---

① 柳泪：《文化竞争力提升背景下政府文化管理职能创新研究》，硕士学位论文，湖南大学，2011年，第1页。

兴经济体一样，中国经过三十多年主要依靠自然资源几近破坏式的发掘和廉价劳动力资源的超负荷运用所创造的经济奇迹发展到今天，如果不改变发展方式，很难继续引领世界经济发展风潮，保持快速平稳的发展状态。在当今世界各国都十分注重大力提升文化竞争力的客观背景下，作为拥有14亿人口而物质资源相对贫乏的大国，要在激烈甚至惨烈的国际竞争中保持主导和优势地位，要在城镇化进程不断加快的现实条件下，全面实现党中央提出的建设小康社会的伟大战略目标和历史任务，就必须占据文化的制高点，充分利用城市文化资本建构国家强大的文化竞争力。

三　文化竞争力与文化管理创新

在西方，文化竞争力较为普遍地被认为是一种"影响他国意愿的能力与无形的权力资源"。① 作为一个复杂的系统，文化竞争力主要应该由精神感召力、社会凝聚力、市场吸引力、思想影响力以及心理驱动力诸因素所构成。"文化竞争力的提升需要政府注重主流文化自身的积极构建，大力发展与繁荣文化产业和文化事业，创新文化市场管理；在政治文化领域构建体现国家根本利益与国家意识形态的社会主义核心价值；在传统文化领域构建代表中国文化核心价值观的思想体系；在公共文化领域构建引领行业发展、体现国家指导方针的一系列公共政策、法律法规等，完善相关制度体制改革与创新。"② 改革开放前，中国受苏联政治体制和经济模式的影响，长期实行计划经济体制，对文化的管理实行的是党委领导、政府包办的一元化管理模式，即政府对城市文化具有绝对的主导和管制权力。这种文化管理模式产生的根据是，认为政府本身具有无限的理性和无限的能力，能够有效应对和解决文化管理过程中出现的各种问题和挑战。毋庸置疑，从我国六十多年的文化发展历史看，政府一元主导的文化管理格局在一段时间内确实对我国文化事业的发展发

---

① Robert O. Keohane, JosephS. Nye Jr. , *Power and Interdependence in the Information Age*, Foreign Affairs, 1998, (5): pp. 87 - 88.

② 柳汨：《文化竞争力提升背景下政府文化管理职能创新研究》，硕士学位论文，湖南大学，2011年，第14页。

挥过一定积极作用，但同时也应该清醒地看到，这种管理模式的理论依据是站不住脚的，它的负面影响也不容忽视，其破坏性也是巨大的。"这表现在政府对市场运作的过多干预，以及对民间力量和智慧的关注不足，与此同时，政府权力的高度集中又为内部人员'寻租'行为提供了滋生的土壤，影响了文化产业的高效发展。"① 对纷繁复杂的城市社会文化进行管理与治理，单纯依靠政府的力量是根本不可能完成的，因为政府的精力和能力都是有限的，不仅不能对所有文化事务面面俱到，甚至经常会出现政府管理失灵和失效现象。在这种一元文化管理体制之下，城市政府及其相关部门作为绝对主体管理城市文化领域的一切事务，而本应该成为文化管理有机组成部分的市场、社会组织等却被不同程度地边缘化甚至排除在外，其危害是巨大的，不仅造成政府层面的政事不分、管办不分现象频出，而且市场、社会的自主性和创造能力也遭受到相当程度的损害乃至扼杀。

从 20 世纪 80 年代实行改革开放以来，中国在经济改革的同时，也一定程度加强了文化管理体制机制的变革。在党和政府主导城市文化管理的基本前提下，开始注重一定程度引入市场和社会第三方的力量参与国家的文化建设与文化管理工作，从而使我国的文化事业和管理水平得到提升，迈上一个新的台阶。虽然包括三峡流域城市在内的城市文化管理体制改革取得一定成效，但长期计划经济体制下形成的"政府办文化"的观念根深蒂固，很难在短期内彻底改变，所导致的城市政府一元化文化管理的行为惯性仍然普遍存在于城市文化管理的现实当中，非政府组织、文化社会团体和个人参与城市文化建设与管理的渠道不畅，发挥的作用相当有限，当下多元文化利益诉求的表达与满足难以真正实现，这在西部民族地区城市表现得尤为突出。随着社会的不断进步和我国社会主义市场经济地位的确立，对文化实行多元化管理是现代城市文化管理发展的必然趋势。因此进一步深化改革文化管理体制机制，充分发挥党、政部门之外的第三方力量的补充与支持作用，已成为我国文化工作的当务之急。

---

① 刘吉发、吴绒：《多元治理视阈下的政府文化管理创新：陕西视角》，《长安大学学报》2013 年第 4 期，第 70 页。

四　三峡流域城市文化在西部大开发中的战略地位

国内习惯上将整个中国大陆划分为东、中、西部三大经济带，并以此作为主要依据制定我国区域经济发展战略。而很长时间以来，由于各种政治、经济、国防和历史的原因，国家实行的是非均衡发展策略，从而造成西部地区与中东部地区经济的差距越来越大。有鉴于此，1995年9月中共十四届五中全会审议并通过的《中共中央关于制定国民经济和社会发展"九五"计划和2010年远景目标的建议》纲要中，党中央明确提出经济开发重点战略向西转移的方针。2012年国家《西部大开发"十二五"规划》更进一步明确西部大开发的战略目标，强调经济的均衡性可持续性发展。该规划第二十九节"大力发展现代服务业"中说："依托丰富旅游资源，深入挖掘文化内涵，加强资源整合，积极发展文化、生态、休闲、度假旅游，提升旅游服务水平，打造富有西部特色的旅游产品体系。加强旅游基础设施建设，鼓励旅游公共服务主体多元化，促进旅游公共服务建设和运营市场化。重点培育一批跨区域精品旅游线路，形成一批国内著名和国际知名的旅游目的地。实施红色旅游二期规划，完善景点景区配套基础设施，提升陈列布展水平。大力发展具有地方和民族特色的文化创意、影视制作、演艺娱乐、出版发行和会展等文化产业，培育一批有特色、有品牌、有实力的文化骨干企业，建设一批文化产业基地和产业园区。"第四十八节"繁荣文化事业"中说："坚持中国特色社会主义文化发展道路，大力推进社会主义核心价值体系建设，促进民族文化交流，建设中华民族共有精神家园。……本着经济实用原则有序实施地市级图书馆、文化馆、博物馆建设工程，以及县及县以上城镇数字影院建设。大力推进以文艺骨干、文化大户为重点的文化人才队伍建设，加强对基层文化活动积极分子的培养和扶持。加强文物和非物质文化遗产保护工作，实施西部文化和自然遗产保护专项工程。深入挖掘民族传统文化资源，促进优秀传统文化传承、创新和发展。深入开展历史文化名城、名镇、名村及民族特色村寨保护与发展工作。加强基层公共体育设施和民族特色体育场馆建设，打造……特色体育竞技活动品牌，促进群众性文化体育活动发展。加快文化'走出去'步伐，扩大对外文化交流，构建以优秀民族文化为主体、吸收外来有益文化的对外开放格局。"这充分证明国家对大西部文化引领经济发展工作的重视。

三峡流域地处中国的西部,具有特殊且重要的战略意义,是国家西部大开发战略实施不可或缺的重要组成部分。这一地区城市经济社会的发展,直接关系中国现代化第三个战略目标的实现。而在实现国家西部大开发战略和促进三峡流域城市经济社会发展的过程中,城市文化建设与管理是一个不容忽视、关系重大的环节。因此,三峡流域城市发展与治理就不仅是一个关乎经济的问题,而且还是一个文化建设与管理的问题,换言之,在三峡流域城市社会的发展中如何通过区域城市文化的复兴来促进经济的振兴,如何通过经济开发来促进区域城市民族文化发展,需要进行深入全面的探讨与研究。正如《国务院关于西部大开发"十二五"规划的批复》(国函〔2012〕8号)所言:"深入实施西部大开发战略,是党中央、国务院作出的重大决策,各有关方面要统一思想、坚定信心、开拓创新、扎实工作,努力建设经济繁荣、社会进步、生活安定、民族团结、山川秀美的西部地区,不断开创西部大开发新局面。"三峡流域城市应该抓住国家西部大开发的重要机遇,利用本地区丰厚的文化资源发展民族地区的经济,增强区域城市的竞争实力。

五 三峡流域城市社会文化管理研究的对象和范围

三峡流域城市社会文化管理研究是从人类学、社会学、管理学、文化学等角度对某一区域的城市社会文化及其管理进行综合性研究。要使这一研究有的放矢,具有现实针对性,首先必须对研究的对象加以清楚说明。

本书研究的对象是三峡流域城市社会文化管理,对此可以从三个层次来理解。

第一,本书研究对象的地理范围涉及中国中西部四省(市),具体来说,是指:湖北的宜昌市、恩施土家族苗族自治州、荆州市、荆门市、神农架林区及其所属各县;湖南的湘西土家族苗族自治州、张家界市、常德市、怀化市及其所属各县;重庆市的南川区、黔江区、石柱土家族自治县、秀山土家族苗族自治县、彭水苗族土家族自治县、巫山县、巫溪县、奉节县、云阳县、开县、万州区、忠县、涪陵区、丰都县、武隆县、长寿县、酉阳土家族苗族自治县等;贵州的铜仁市所属各县。这一区域由长江三峡及清江、乌江、沅水等三条支流流经的地域所构成,属于少数民族聚集区，域内少数民族以土家族、苗族、傣族等为主体。这一地区主要属于高山峡谷地带，植被、物产丰富，但山大人稀，长时间交通不便，经济相对落后，属于国家重点扶贫、开发的西部区域。这一区域的先民在历史的长河中创造了辉煌灿烂的民族文化，留下大量光耀中国、享誉世界的物质与非物质文化遗产，是祖先留给后人极其宝贵的精神财富。

第二，本书研究对象涉及的城市是三峡流域内的地市级和县级城市，从城市规模看，以中小城市为主。根据统计，所涉及的比较重要的地级和县级城市城区人口数依次为：宜昌市159万；恩施市44万；荆州市90万；荆门市38万；吉首市28万；张家界市约20万；常德市60万；怀化市约20万；铜仁市约23万；黔江区20万；涪陵区30万左右；南川区20万左右。国务院2014年10月29日发布《关于调整城市规模划分标准的通知》文件规定："以城区常住人口为统计口径，将城市划分为五类七档。城区常住人口50万以下的城市为小城市，其中20万以上50万以下的城市为Ⅰ型小城市，20万以下的城市为Ⅱ型小城市；城区常住人口50万以上100万以下的城市为中等城市；城区常住人口100万以上500万以下的城市为大城市，其中300万以上500万以下的城市为Ⅰ型大城市，100万以上300万以下的城市为Ⅱ型大城市；城区常住人口500万以上1000万以下的城市为特大城市；城区常住人口1000万以上的城市为超大城市。"按照这一新的城市规模划分标准，这一区域内的城市仅有宜昌市进入大城市行列，而可以列入中等城市的，也仅有荆州市和常德市等少数地级市，更多的属于Ⅰ型、Ⅱ型小城市，与中国其他区域特别是东南沿海地区相比，城市规模明显偏小，城市发展水平和管理能力相对落后。

第三，本书研究针对的是三峡流域地市级和县级城市社会文化及其管理的问题。与其他区域城市社会文化相比，三峡流域城市文化既具有共性，更有其独特性。作为西部大开发的重要组成部分和民族聚集区域，三峡流域城市如何走上社会发展的快车道，如何利用本地优势资源发展当地经济，如何运用科学管理理论经营民族地区城市，是"新常态"下城市管理者需要深入思考的问题。现代城市作为区域政治、经济、文化、教育、科技和信息中心，是劳动力、资本、各类经济、生活基础设施高度聚集，人流、资金流、物资流、能量流、信息流高度交汇，子系统繁多的多维度、多结构、多层次、多要素间关联关系高度繁杂的开放的复杂巨系统。城市管理同样也是一个非常复杂的巨系统，联合国人类居住中心《关于健全的城市管理规范：建设"包容性城市"的宣言草案》对城市管理有如下定义："城市管理是个人和公私机构用以规划和管理城市公共事务的众多方法的总和。它是一个解决各种冲突或不同利益以及采取合作行动的持续过程，包括正式的制度，也包括非正式的安排和公民社会资本。"一般的城市社会管理多从行政管理、经济管理、社会管理、社会组织管理、卫生管理、工商管理、企业管理等方面入手，一直以来，文化在多数政府官员和其他权力者眼里不过是可有可无、锦上添花的装饰而已，从金钱到精力对城市文化建设与管理的投入远远不够；而从文化的角度考虑对城市加以管理者更是少之又少。这种情况若长期得不到改变，我国经济要得到持续健康发展、尽快缩小与发达国家的差距的目标就很难实现。对此我们必须保持清醒的认识和警惕。

六　三峡流域城市社会文化管理研究的价值和意义

改革开放三十多年来，随着政治、经济、文化的巨大发展与进步，中国的城市化进程不断加快，无论是包括北京、上海、广州、武汉等经济发达的大都市，还是相对落后的中西部中小城市，都正在经历着日新月异的变化。从中国城市化的社会实践来看，东部地区与西部地区城市化水平存在着明显的巨大差距。上海已经具有典型的后工业社会的文化符号，而青海、西藏等则仍然保持有原始的自然经济结构，分布着大量的国家级贫困地区。因此，在中国这样一个多类型、多层次、多样态的社会空间里，城市化出现混合型、多梯度的发展不可避免。

三峡流域城市作为中国西部相对贫困的民族区域政治、经济、文化的综合体，也正随着国家的巨变而发生改变。城市是一个复杂的利益聚合体，存在多种利益相关者，无论是市民、企业、外来务工人员、非营利组织、甚至城市政府作为利益主体，在政治、经济和文化等诸多方面，都具有各自自身的不同利益诉求。从政治而言，和东部发达地区城市一样，三峡流域城市主体结构和利益诉求也具有多元化的特点，不同民族、不同阶层、不同团体的政治主体，都应该具有参与政治系统、获得公平公共服务等基本权利和有效途径，因此，民主政治机制是现代社会利益关系协调的重要方式，只有通过政治资源的有效配置和政治制度合理安排，才能实现社会利益分配和利益矛盾解决的最大公平。从经济上说，作为中华人民共和国的重要组成部分，三峡流域民众具有平等享受国家经济政策、物质资源和经济发展成果的权利。面对三峡流域这样一个自然资源相对贫乏、经济基础非常薄弱的西部地区及其城市，党和政府甚至应该在经济与社会发展上做政策倾斜和资金扶持，使其尽快缩小与其他经济相对发达地区的差距，从而实现整个国家的均衡发展。但遗憾的是，或许是出于国家安全战略和整体经济发展的需要，新中国成立以后的前三十年里，身处中国西部地区的三峡流域为国家经济发展和国防安全做出了重大牺牲，其城市建设几乎处于全面停顿状态；中共十一届三中全会以来，又由于国家提出让一部分人和一部分地区先富裕和发展起来，国家的经济发展重心主要放在东南沿海地区，内陆特别是西部城市经济基础本来就很薄弱，又较少得到政府的政策和财政支持，其经济、文化、社会发展水平与东部的差距越拉越大，三峡流域的人民和城市市民未能充分而公平地享受国家社会改革带来的经济成果。当然，随着历史进入 21 世纪，这种局面正在得到改变，国家西部发展战略的提出，为三峡流域及其城市的发展带来新的希望，如何利用这一战略机遇加快本地区经济的发展，是摆在三峡流域城市管理者、学者和广大民众面前的重要课题。从文化角度看，三峡流域城市社会文化是这一区域城市历史与现代文明有机融合的统一体，是居住在这些城市中的老百姓生活的印记，也是人类知识进步与创新的体现。由城市社会主流意识凝练而成的城市精神，是三峡流域城市文化的灵魂和核心，它通过城市规划和管制等实体化方式逐步形成。长期以来，文化始终处于政治、经济的附庸地位，在夹缝中艰难生存。改革开放以后，在以经济建设为中心观念的指导下，在以 GDP 作为考察地方政府政绩的唯一标准的大环境下，我国的大多数城市管理者，尤其是西部地区的城市政府对城市文化很难给予真正的重视。然而，城市文化是生活其间的城市市民感知城市变化和进行自我身份认定的核心，正如联合国教科文组织 2002 年 8 月的一篇讨论文章所言："文化价值是人们作为一个国家和地区公民身份认知的根本，是人们相互交流的基础，文化为经济发展的启动设定了成功的框架。"① 城市的文化价值日益成为城市发展的主动力，以文化价值为主体的休闲、文化和创意经济已成为当前世界和中国部分发达地区城市经济的主导。因此，三峡流域城市文化应该成为三峡流域城市规划和管理的基本要素，它决定着流域内城市的整体格局、设施分布以及管理效果。

本书研究对象以三峡流域地市级城市为主，适当兼顾县级城市。所用资料主要来源于本书研究组成员社会调查所收集的这一地区的城市社会发展规划、政府各部门工作计划和总结、社区调研材料等，并参考流域内城市政府网公开发布的相关信息。

为了真实地了解三峡流域城市文化的整体情况，在三峡大学正校级领导谭志松教授的带领下，"三峡流域社会治理研究"课题组成员邓莹辉教授、宋仕平教授、陈金明教授、骆东平教授、李见顺博士、覃美洲副教授、梁贤燕副教授等于 2014 年 7 月花了近一个月的时间，先后深入湖北的恩施土家族苗族自治州首府恩施市、利川市，重庆的黔江区、涪陵区，贵州的铜仁市，湖南的湘西土家族苗族自治州、怀化市、张家界市等地调研，与当地相关部门座谈，到实地进行文化保护、传承、建设和利用情况的调查，总结经验，发现问题。此前和此后，课题组多次分别到宜昌市及所属的兴山县、秭归县、长阳土家族自治县、五峰土家族自治县，荆州市的荆州区、沙市区，荆门市及所属的钟祥市等地进行更广泛的文化调查研究工作，以期通过对三峡流域内不同地区具有代表性和典型性的城市文化个案的深入挖掘、分析，总结这一地区文化发展的共性特征和独特品格，进而寻找民族地区城市文化发展的某些规律，助当地经济发展、社会和谐和人民幸福指数提高一臂之力。

通过调查不难发现，作为国家西部连片重点扶贫开发地区，三峡流域具有自然地理相连、气候环境相似、传统产业相同、文化习俗相通、致贫因素相近的特点，其区域城市的发展程度远远低于全国平均水平。"穷山恶水""交通不便"是大多数人对这一区域城市的主要印象和标签，而对其更深入的民族精神、社会人文特征则知之甚少。可以说，外界对

---

① William S Logan, *The Cultural Role of Capital Cities*: *Hanoi and Hue*, *Vietnam*, Pacific Affairs, Winter 2005/2006, (4): pp. 559 – 575.

三峡流域城市自然环境的认识远甚于对其社会人文环境的认识。从理论研究层面看，对此一区域的研究多局限于政治、经济和民族文化遗产方面，对三峡流域城市社会文化方面的研究极为薄弱，而这方面的研究又极为重要。

（一）从实践意义上说：第一，三峡流域城市具有重要的经济意义和战略意义，尤其在国家西部大开发战略实施过程中，它连接东、西部的独特区位优势更凸显了其重要地位。而为了保证这一流域具有经济和战略意义的城市的稳定，就必须对其社会和文化特点有充分的认识。第二，三峡流域城市在西部经济崛起腾飞过程中扮演重要角色，承担着越来越重要的作用：该区域城市经济健康有序发展，可以为中国国民经济找到新的稳定的增长点；该民族地区人民物质生活水平提高和生活质量的改变，能够提振西部少数民族发展经济、迅速参与国际竞争的信心。而城市的经济从来都是在与非经济的城市社会文化因素的交互作用中发展的，经济的发展往往受到来自社会文化方面的非经济因素的制约。因此，研究三峡流域城市经济社会，就必须认识和分析该地区社会文化的特点。第三，过去许多发展中国家或地区曾走过重经济速度轻社会效益的弯路，而中国一些发达地区很长时间单纯以经济增长为目标，甚至把 GDP 的增长作为唯一追求的目标，从而导致边建设边污染、经济建设难以持续健康发展的严重后果。因此，经济发展相对滞后的三峡流域城市在制订城市规划时必须遵循以人为本、物质文明和精神文明共同进步的理念。而这样的发展规划的制定，离不开对三峡流域城市的历史和社会文化现状的认识。

（二）就学术意义而言，研究三峡流域城市的社会文化特征有其重要的价值。主要表现在：其一，三峡流域城市多是位于武陵地区的山区城市，其社会人文特征在诸多方面既与东部城市有很大不同，也和西南、西北边疆城市存在较大区别。对这一区域城市社会文化及其管理的研究，有助于丰富城市学、城市社会学、城市社会管理学的理论内容。其二，三峡流域城市作为一个少数民族聚居的城市群，对它的社会文化特征及其管理的研究，将极大地推动民族人类学的研究，同时也为少数民族政策的制定和民族文化的管理提供实践经验和案例。

第一章

城市社会文化及其管理的相关理论

　　城市是人类栖息的家园，无论是物质上的，还是精神上的都是如此。从世界范围看，人们走进城市的速度、享受城市生活的态度、管理城市事务的方式都是不一样的。与早已完成城市化的西方国家相比，中国的城市化进程虽然晚了许多，但正在迎头赶上。当今中国民众正以一种兴奋、紧张和期待的心情迎接一个全新时代的到来——走进城市生活。中国的城市化正以前所未有的姿态和不可思议的速度展开，一个延续了几千年的传统型农业社会，试图在短短几十年里华丽转身为工业社会和市民社会。"中国式城市文艺复兴"则正在成为这个变革时代的文化表现。"当代中国城市社会正在涌动、酝酿着一个新的文化时期的到来，这就是在中国社会发展的历程中从未发生过的，而西方已经走过的'城市文艺复兴'的道路。"[①] 中国城市文艺复兴是一场比历史上任何时期都更复杂、更有意义的文化变革，其过程虽然充满艰辛和痛苦，但结局的美好是可以期待的。

第一节　城市社会文化

　　要研究城市社会文化，首先必须辨析清楚几个基本概念：何谓城市？何谓文化？何谓城市文化？其次要明确几个问题：城市与文化的关系是怎样的？如何管理与建设城市文化？以下我们将对这些问题一一展开具体分析。

---

① 张鸿雁：《"中国式城市文艺复兴"新论》，《社会科学》2009 年第 3 期。

一　城市

（一）城市的定义

城市并非一开始就是人类的居住形式之一，而是伴随着人类生产能力、生活水平的不断提高与社会的进步逐步发展起来的，它是人类社会文明的重要体现。作为一般的理解，我们自然可以简单地说，所谓城市就是人类社会权力和历史文化逐步形成的内容复杂、形式多样的汇聚体。但作为一种学术研究，我们应该进行更深入的思考和更准确细致的辨析。城市作为一个异常复杂的社会系统，它不能仅仅看作各类不同人群的简单汇聚集中，也不应该看作各种社会生活设施的简单组合堆砌，更不能仅仅视其为社会各类管理机构和服务部门的简单设置运行。城市既是自然发展的结果，更是人类社会进步的产物。因此从理论层面来说，正是由于城市本身的构成原理和它的外在表现极其复杂，很难用简洁的语言给城市下一个清晰、完善和准确的定义。正如刘传江先生所言："在现有研究城市问题的文献中，人们难以找到一个即使是能为多数人所认可的较完整的定义。这种局面形成的一个重要原因，在于城市是一个十分复杂的社会系统，城市这一概念本身具有广泛性，经济学、社会学、人口学、地理学、历史学、文化学和城市学等不同学科的学者从各自专业视野的研究很难达成共识。"① 尽管如此，为了研究问题的方便，我们还是要试图结合前人的相关理论和论述，给城市确定一个相对科学的定义。

一般来说，所谓下定义，就是一种用简洁明确的语言对事物的本质特征作概括的说明方法。下定义可以根据说明的目的需要，从不同的角度考虑，有的着重说明特性，有的着重说明作用，有的既说明特性又说明作用。据此，给一个事物下定义大概有三种方式或角度：描述特性、说明功能和揭示本质。

城市不仅仅是地理学、生态学、经济学、政治学上的一个单位，它还是一个文化学上的单位，也就是说，从某种意义上说，城市是一种文化形态。美国学者帕克认为："城市是一种心理状态，是各种礼俗和传统构成的整体，是这些礼俗中所包含，并随传统而流传的那些统一思想和

---

① 刘传江：《中国城市化的制度安排与创新》，武汉大学出版社1999年版，第23页。

感情所构成的整体。换言之，城市绝非简单的物质现象，绝非简单的人工构筑物。城市已同其居民们的各种重要活动密切地联系在一起，它是自然的产物，而尤其是人类属性的产物。"① 与物质、经济或政治属性相比，城市的文化属性应该成为研究者更为关注的因素。

人类社会经历了漫长的演进历史，随着历史经验的积累和文明水平的提高，人类的生产力水平发展到一定程度，人们的劳动产品便出现可供交换的剩余产品；随着新的职业的不断出现，原来单一的社会阶层逐渐分化，社会分工越来越细，手工业劳动开始从纯粹的农业劳动中分离出来成为相对独立的门类，聚集在一起工作，城市于此时逐步形成。关于城市何以产生，中外学界有一个基本共识，那就是城市形成的初始原因主要是为了财产的捍卫和人身安全的保障："城市兴起的具体地点虽然不同，但是它的作用则是相同的，即都是为了防御和保护的目的而兴建起来的。"② 而城市之所以能够称作城市，按照英国学者戈登·柴尔德的说法，它的产生至少应该符合以下十大标准。

第一，最初城市较之过去任何聚落都广大、人口较稠密；

第二，人口构成和功能发生变化，专门化工匠、运输工人、商人、官吏和僧侣产生；

第三，直接生产者必须向神或神权下的国王纳税，使剩余财富集中；

第四，标志性公共建筑出现，而且是社会剩余财富的象征；

第五，僧侣、官吏和军事首长形成统治阶层，劳心阶层和劳力阶层分化；

第六，财富经营迫使文字发明；

第七，文字的发明进一步推动科学——算学、几何学、天文学——的产生；

第八，有专家被供养着专门从事美术等新的活动；

第九，剩余财富用于外来商品输入，促成了原料贸易的发展；

第十，由于原料能够输入，同时受到以居住地位（而非亲族地位）为基础的国家的保护，专门化工匠成为城市政治构成的下层成员。

---

① ［美］帕克等：《城市社会学》，宋俊岭等译，华夏出版社1987年版，第1—2页。

② 张光直：《关于中国初期"城市"这个概念》，《文物》1985年第2期，第26页。

这十大标准简单归纳成一句话，就是指古代社会演进过程中从事生产活动人口的分化。戈登·柴尔德特别强调生产技术的进步、贸易活动的发达在城市发展过程中的重要性，它是造成人类社会内部生产与非生产活动人口的分化、促进城市变革的基本动力。①

当然我们必须认识到，戈登·柴尔德的这些城市产生的诸项标准是根据西方的历史文明提出来的，具有一定的针对性和特殊性。西方的社会科学理论是在西方文明和历史发展经验基础上的总结，中国城市的发展有自己的特点和规律，完全依照西方社会科学家归纳出来的城市定义来理解中国城市，显然是有缺陷的。"中国封建制度的最大特点之一，是城市的性质及其发展道路，与欧洲封建时代的城市完全不同，因而中国古代城市在整个封建经济结构中所处的地位，及其对经济发展所起的作用，亦完全不同。"② 和西方城市乃经济起飞的产物不同，中国最早的城市主要是作为政治权力的工具与象征。

（二）中国城市的发展历程

从世界范围看，人类城市的发展进程大约经历了三个阶段。

第一阶段为城市的自然形成时期。这一阶段的聚集主要有以下几种类型，形成几大核心区域：一是因军事需要形成的军事要塞；二是因政治统治需要而形成的政权及神权核心聚集人群；三是根据剩余产品交易的需要形成的贸易核心聚集。总体上看，这一阶段属于自然状态的简单型聚集阶段，而非理性化、科学规范化的产物。这是世界城市发展历史中持续时间最长的阶段，直到欧洲掀起工业革命后才真正宣告结束。

第二阶段是城市迅速发展的城市化时期。随着西方工业革命的兴起和大规模经济贸易的展开，欧洲城市便进入一个全新的发展时期——大规模状态的集约聚集阶段。相对于前一个时期，此一阶段的城市发展速度和水平明显提高，整个社会生产生活节奏迅速加快，经济发展方式、市民生活方式、人的价值观念和社会文化生活全面转型变化，传统乡村生活所形成的一整套道德价值观念、生产生活模式以及人际关系被彻底打破，全新的城市市民文化形态得以逐步确立。经过两百多年的发展，许多西方发达国

---

① 参见张光直《关于中国初期"城市"这个概念》，《文物》1985 年第 2 期，第 61 页。

② 傅筑夫：《中国经济史论丛》上册，生活·读书·新知三联书店 1980 年版，第 321 页。

家已经完成了这一城市发展的历史进程，但对于包括中国在内的更多的发展中国家来说，这一进程还远没有结束，他们还在"旅途"。

第三阶段是在城市化进程完成后出现的"逆城市化"的弥散阶段，即城市的郊区化趋势。"物极必反"是一切事物发展的基本规律，城市发展也不例外。世界城市化发展进入鼎盛之后，必然会接踵而至地出现诸如人口密度过大、交通拥挤严重、环境恶劣、空气污染等应接不暇的问题，这些问题会严重阻碍城市的进一步发展，也会严重影响城市市民的生活质量。为了改善自己的生活质量和生活环境，部分有条件的优势群体会选择工作在城市中心、而生活在郊区的生存方式，即"逆城市化"的生活方式，传统的单向聚集的城市形态由此发生巨变，向城市四周弥散也成为市民生活的一种选择。[①]

中国城市发展形态与世界情况基本一致，虽然其发展历程从时间上有所错位。中国是世界文明古国，也是世界六大城市发源地之一，而且城市文明自其产生之日起便没有间断过，其丰富的内涵对中外城市文化具有广泛而深远的影响。在数千年的历史长河中，中国城市经历了从城到市、再发展到城市的曲折过程，其城市形态丰富多彩，城市生活多种多样，成就了古代中国的城市辉煌。根据不同时期城市发展的特征，有学者将中国古代城市的发展历史分为三个时期：城市起源和初期发展时期、封建社会时期、近现代时期。

城市起源和初期发展时期。据考古学资料证明，距今六千年至四千年前，我国已经出现了城市的萌芽——有城墙包围的居民点，考古学界称之为"古城"。当代考古学界在黄河流域和长江流域等地发现了五十多座距今四千多年的古城遗址。其中：湖南澧县城头山古城遗址是迄今为止发现的最早的一座古城；而在已经发现的古城中最有意义的当属山西临汾陶寺遗址，它可能是唐尧部落的活动中心，已经具备初期都城的性质；河南偃师二里头遗址被考古学界公认为中国最早的都城遗址；商代最著名的城市，当属位于今河南安阳的殷墟。周朝统治者把筑城作为立国的基本方略，以黄河中、下游为中心建立了许多城市，并逐渐向四周发展。早期的城市功能以政治、军事为主。

①   参见陈宇飞《城市文化概论》，文化艺术出版社 2008 年版，第 3—4 页。

　　封建社会城市的发展。战国时代后期，随着生产力的发展，城市的经济功能大大加强，因而出现了完整意义上的城市。秦汉时期建立了首都、郡、县三级城市体系。由于经济重心在北方，所以城市的分布以北方为主，如长安、洛阳等。但从东汉末至六朝的长期动荡，北方城市遭受严重破坏，而南方城市则得到更多发展，如金陵、扬州等。唐代经济发展繁荣，建立了首都、道治、郡府、县城四级城市体系，道驻地通常成为区域中心城市。宋代在中国城市发展史上是一座高峰，从封闭性城市向开放型城市转变，不仅首次出现百万人口的特大城市（如柳永《望海潮》中所描写的"东南形胜，三吴都会，钱塘自古繁华。烟柳画桥，风帘翠幕，参差十万人家"就是百万人口的大城市杭州的真实写照），而且出现了新型的城市聚落——镇与市，从而使中国城市等级体系更加丰富。元、明、清三代的统一局势，造就了我国城市发展史上最为辉煌宏伟的都城——北京，但此一阶段的城市发展总体上未在宋代的基础上有大的突破，甚至在某些方面还有所后退。

　　近现代社会时期的城市发展。从中国城市发展进程看，从19世纪下半叶到20世纪中期，由于受到世界资本主义列强的野蛮侵略，加上国内军阀割据混战的困扰，导致旧中国城市化的发展长时间处于不均衡状态，上海、广州、武汉等沿海、沿江开埠城市发展较快，而内陆城市则基本停滞不前。新中国成立以后，中国城市化发展走过相当曲折的道路，其发展历程可以分为几个阶段：自20世纪50年代中期以后建立了城乡二元分割的社会结构，使得城市化长期处于停滞状态；改革开放以后，中国城市化进程明显加快；最近20年是城镇化高歌猛进的时代。

　　中国城市发展虽然具有相当程度的稳定性，但城市本身依然具有革命性的功能与价值。按照张鸿雁先生的解释，所谓"城市革命"及城市发展到某一阶段发生的生活方式、社会结构、经济结构、产业结构、空间结构、管理制度和城市功能等方面"质"的改变和变迁，是一种社会进化的表现方式。他认为，看似稳定的中国城市形态，实际上潜在地发生过五次"城市革命"，而在中国经济和社会发展前沿的社会里，正孕育着"第六次城市革命"。①

———————

① 参见张鸿雁《城市文化资本论》，东南大学出版社2010年版，第30—37页。

中国的第一次"城市革命"是以城市发生为代表的，起源于原始社会后期至夏代，此次城市的发生创造了中国历史上最早的城市分工和国家形态。在城市结构体系内，充分表现出东方式的社会结构关系并充分体现了体力和脑力劳动的社会分工、手工业和农业的分离以及与商业的分离。同时第一次创造了东方式的、全新的城乡差别关系和城乡空间体系，创造了通过围墙分离出的城乡两种生活空间——"都"与"鄙"、"国"与"野"、"城"与"乡"；中国式的城乡两种生活方式——"城市人（国人）"与"农村人（野人）"。"而这一历程从夏代到商代，再到西周，及至明清时代，经历了两千多年。在这两千多年的历史中，创造了以权力结构为主要价值取向的城市空间，留下了高台式的、廊柱型的具有权力象征属性的空间符号与建筑体系，留下了中华民族的文字符号与国家理念，更留下了一种民族文化符号化的抽象——华夏民族、炎黄子孙的文化认同。"① 人类的第一次"城市革命"被认为比任何"革命"都显得重要，因为它第一次实现了城市与乡村的空间分离、城市与乡村的社会阶级分离、城市内部脑力与体力劳动的分工，从此以后人类便有了专门从事非体力劳动的群体，人类社会由此也进入社会加速发展的历史进程，而这一加速的动力本质就在于文化、知识、智慧的力量。

中国的第二次"城市革命"是以城市私人工商业的兴起为代表的，主要发生在春秋战国时期，是第一次大规模城市建设时代，也被视为中国文化思想的"黄金时代"。这一时期华夏大地出现了完全意义上的城市，其主要标志是在政治中心、军事中心之外，还出现了新型的具有工商业特点的城市，城市中出现了独立的手工业和私人工商业者群体，出现了"四民分业"的职业格局，构成"士农工商"这一典型的职业阶层体系。"特别是城市私人工商业的发展，第一次为中国社会创造了城市市民的文化指向，并创造了某种传统意义上的商业经济关系和商业伦理。……在此基础上，城市所表现出来的区域空间功能，也为地域政治文化格局的出现创造了空间与前提，由此形成了差异化地域城市文化和'百家争鸣'时代的兴起。"② 这一历史阶段出现了比较充分发展的地域

---

① 张鸿雁：《城市文化资本论》，东南大学出版社 2010 年版，第 31 页。
② 同上书，第 32 页。

性市场关系和地域文化，构建了中国城市发展的形态基础——"封闭式棋盘型里坊制"的格局与样态。

中国第三次"城市革命"发生在宋代，以"破墙开店"为标志。宋代以前，中国城市的空间形态长期以"里坊制"为主，这种封闭式格局一方面体现出中国城市的权力集中性的本质特点和功能，另一方面也表现出传统城市在地域文化上的适应性功能。"里坊制"发展到唐代达到极致，虽经战火或朝代更替，其整体格局仍基本稳定。随着宋朝经济的繁荣，城市化水平的快速提高（宋代城市化人口为25%—30%，是当时世界城市化发展水平最高的国家），"中国古典意义上的'城市市民社会'在这一时期有萌芽状态发生，其代表符号就是商业领域商品交换要素的流行。……更引人注目的是属于市民社会的戏剧、小说等在当时社会里面发生与成长，并为中国的城市市民社会文化奠定了基础。"① 这种全新的商业经济结构和城市市场结构空间，打破了汉唐以来的"里坊制"封闭式城市空间结构，进入一个与西方中世纪经济社会发展相似的阶段和社会形态。遗憾的是，随着蒙古人入主中原，其"游牧文化"权力政治和"游牧经济体系"使宋代新出现的中国古典式的资本主义萌芽夭折。而由于明代皇权政治的强化，封闭式"里坊制"又重新回归城市生活。虽然明、清时期江南市镇也延续宋代"城市革命"的历史出现过局部的开放，使中国传统城市社会空间朝前迈进了一步，但这种"犹抱琵琶半遮面"式的改变与同时代迅速发展的西方各国城市革命相比，则显得步履艰难，速度迟缓甚多。

中国第四次"城市革命"发生在近现代，以引入西方城市的近代城市管理为代表。"这一次城市的革命性变迁是世界经济在某种程度上出现一体化发展的必然结果，是近代社会西方列强文化东渐的必然结果，也是西方工业文明经济与文化扩张的必然结果。"② 清末"洋务运动"学习引进西方的文化与技术，西方用坚船利炮强行霸占中国部分地区和城市，在占领城市或租界地中推行西方城市建设与管理制度，建立西方式的城市空间结构体系。这种管理模式直接影响了中国的城市管理制度和文化，使西方城市市民社会的文化要素、生活方式和城市公共生活开始进入中国人的城市生

---

① 张鸿雁：《城市文化资本论》，东南大学出版社 2010 年版，第 33 页。
② 同上。

活，上海外滩堪称中国近代社会一个最为典型的国际化资本的城市空间体，是一个完整见证与实践中国"第四次城市革命"的"历史地段"。

中国第五次"城市革命"开始于 20 世纪 80 年代前后，以改革开放为标志。中国虽然经历了 1949 年巨大的朝代更替政治变革，但城市化水平十分低下，和一百年前的水平差不多，至 1978 年也仅仅达到 17.8%，是当时世界城市化水平最低的国家。1978 年开始的改革开放具有重要的意义，封闭了几千年的中国第一次主动地把自己的社会和城市生活融入世界经济文化潮流之中。从 1978 年到 2012 年，中国仅仅用三十多年时间，便将城市化水平提高到 50% 以上，从思想观念到社会实践都发生了质的改变。此次城市革命的意义深刻，影响巨大。"中国的城市化在多层面表现着当代社会问题与正负功能，其主体表现为多类型的城市变迁……一方面城市化在高速发展，城市在整体上进化与重构；另一方面，又因为某些制度性结构影响，很多城市正在丧失本土性特征，甚至优于急功近利和城市管理的政绩效应使一些城市正出现某些'建设性破坏'，一些'城市记忆'正在丧失，一些城市文化资源正在被浪费，更有甚者，城市整体发展带来对自然资源毁灭性冲击。"① 这些城市化过程中出现的问题和负面影响，需要我们去认真反省，清醒面对，重新建构中国城市化道路与模式，创新城市管理理念，重新认识城市文化价值，充分利用城市文化资本为中国城市化建设和经济社会发展服务。

中国城市经过数千年的发展，到如今其基本格局已经大致确定。我们可以对城市进行多种分类：按人口的数量、密度和规模来分，有小城市、中等城市、大城市、国际化大都市、世界城市等；按城市功能和经济发展的程度来分，有集市型、功能型、综合性、城市圈等。本书所研究的三峡流域城市主要属于中小型城市类型。

二　文化

文化是人类历史发展的产物，是人类物质文明和精神文明的综合性积累。由于世界各个国家各个民族所处的环境不同，所经历的过程不同，其文化在长期的发展过程中形成了各自的特征、价值、功能和结构，体

---

① 张鸿雁：《城市文化资本论》，东南大学出版社 2010 年版，第 36 页。

现着该民族的传统精神，并逐渐成为一个国家和民族软实力的重要标志。

（一）文化的基本内涵

文化被认为是有史以来意义最为复杂的词汇之一，古今中外对其的理解和解释不尽相同。中国汉语中很早就出现过"文化"一词，从古汉语来看，"文化"是由"文"与"化"两个词语所组成，最早见于《周易》："关乎人文，以化成天下。"汉代刘向《说苑》中亦有"文化不改，然后加诛"的内容，其"文化"与"武功"相对，其意义是"文治教化"。这与现代人们所谓的"文化"概念有根本区别。文化一词来源虽然已久，但文化的现代定义却直到 19 世纪才被学者赋予。在当今社会，"文化"一词曝光的频率颇高，但当人们脱口而出"文化"这一词语时，未必能够准确说出其真正含义。事实上要给文化下一个准确的定义是很困难的，尽管世界上无数的学者给文化下过多种不同的定义。据 A. 克鲁伯和 C. 克拉克洪《文化：关于概念和定义的检讨》一书统计，仅仅1871—1951 年关于文化的定义就高达 164 种之多，而到今天，已有两百多种文化定义。梳理这些文化定义，可以归纳为以下六大类型：①列举、描述性定义。这一类型以博厄斯的观点为代表，他认为，文化包括一个社区中所有社会习惯、个人对其生活之社会习惯之反应及由此而决定的人类活动。②历史性定义。旨在强调文化的社会遗留性及其传统性，认为文化即社会的遗传。③规范性定义。这一定义类型强调文化是一种具有特色的生活方式，或是具有动力的规范观念及其影响。④心理性定义。根据这一类型的定义，文化是满足欲求、解决问题和调适环境以及人际关系的制度，是一个调适、学习和选择的过程。⑤结构性定义。这种类型的定义皆以每一文化系统的性质及可隔离的文化现象之间所具有的组织之相互关系为中心，它必须建立在概念模型上，并且用以解释行为，而文化本身却不属于行为。⑥遗传性定义。这种类型的定义侧重在遗传方面。它的中心命题是关心文化的来源、文化存在及继续生存的原因等。① 可见，在文化的定义上学界争论颇多，很难达成共识。但我们并不

---

① 参见俞晓敏《中国文化管理体制改革与创新研究》，博士学位论文，吉林大学，2008年，第31—32 页；刘吉发、金栋昌、陈怀平《文化管理学导论》，中国人民大学出版社 2013 年版，第 2 页。

能因此就否定"定义"文化的作用、价值和意义。

第一个为"文化"下一个明确而全面的定义的人是英国学者爱德华·泰勒，他在其《原始文化》"关于文化的科学"一章中指出："文化或者文明就是由作为社会成员的人所获得的，包括知识、信念、艺术、道德法则、法律、风俗以及其他能力和习惯的复杂整体。就对其可以作一般原理的研究的意义上说，在不同社会中的文化条件是一个适于对人类思想和活动法则进行研究的主题。"① 根据泰勒的解释，所谓文化，是指任何社会的全部生活方式，它由物质生活方式和精神生活方式两大部分所组成。所谓物质生活方式，主要包括人们的衣、食、住、行、工作、娱乐等实际方式；精神生活方式包括信仰结构、价值结构和规范（习俗、道德、法律）结构。② 从其所描述的内涵和外延看，这是一个较为典型的广义的文化概念。自泰勒之后，不断有学者从不同角度对文化做出了新的定义和阐述。例如：O. 林纳勃格把文化界定为"由社会环境所决定的'生活方式'之整体"。③ C. 克鲁克洪和 W. H. 凯利对文化的定义则是："一个文化乃历史上源起于为求生存所作的明显或含蓄之设计体系，此体系为此一群体之全部成员，或某部分之成员所共有。"④ 综合前人的论述，我们可以从广义和狭义两个方面对文化定义做出以下阐释。

从广义上讲，文化是指人类在改造自然和社会的实践活动过程中所创造的物质财富、精神财富以及在社会实践活动中所形成的关系的总和，它既包括有形的物质资源和创造物，也包含语言、习俗、礼仪、信仰等精神方面的财富和人类关系。从狭义角度言，文化是指人类在改造自然和社会的社会实践活动过程中，所创造的物质财富和精神财富以及在社会实践活动中所创造的精神财富，主要包括哲学、宗教、教育、文学、艺术、科学、风俗习惯等为代表的精神文化和以政治、法律、经济体制

---

① ［美］马文·哈里斯：《文化、人、自然——普通人类学导引》，顾建光、高云霞译，浙江人民出版社1992年版，第136页。

② 参见刘新成主编《首都社会管理与区域协调发展创新研究》，首都师范大学出版社2013年版，第55页。

③ 王晓：《城市文化竞争力测评体系及其应用研究》，硕士学位论文，华南理工大学，2008，第14—15页。

④ ［美］克莱德·克鲁克洪：《文化与个人》，高佳译，浙江人民出版社1986年版。

与机制为代表的制度文化。本书所讨论的"文化"属于广义文化的范畴，是一种与文化内容直接关联的文化范畴，既涉及物质形态的文化，也关联非物质形态的制度文化和精神文化。

（二）文化的基本特征

文化既是人类过去历史价值的体现，又与人的现实生活相伴而行，并决定着人类未来生活的走向。文化"作为人类社会的特定现象，在其本质属性、内涵形态、发展取向上各有规定性，这种规定性被分别界定为人本性、多样性、传递性，从而构成了文化区别于其他事物的特征属性。"① 刘吉发等专家认为：从本质上言，由于文化的产生、发展是以人的产生与发展为核心依据的，故其有典型的人本特征；文化本质在多元群体关系中表现出内容上的多元性和形式上的多样性；文化是人类在长期活动中形成的、凝聚着民族精神和历史特色的人文内核，具有较强的稳定性，能够使民族文化的传承经久不衰、不断丰富和发展。

文化的特征是文化本质的体现。综合来看，文化主要表现出以下几个方面的特征。

第一，文化具有主体性。文化即"人化"，人是文化的主体，文化的主体是由人主体性决定的。"人的主体性是指人作为实践活动和文化活动的主体的质的规定性，是在与客体的相互作用中体现出来的人的自觉性、自主性、自为性和创造性。"② 文化的主体性表现为文化主体的目的性与工具性的统一、文化主体的生产性和消费性的统一。人的主体性与文化主体性之间是辩证统一的关系，即"人化"和"化人"的关系。换句话说就是，人可以创造文化，文化反过来能够塑造人。

第二，文化具有实践性。实践是人类能动地改造客观世界而创造文化的活动，文化是人类社会生产生活实践所创造、创新的一切成果，是对客观世界进行认识、利用和改造的自然结果。文化的实践性表现有二：一是文化源于实践，文化是实践的产物，实践对文化具有决定作用；二是文化指导实践，文化对实践有反作用。因此，实践与文化具有相互依

① 刘吉发、金栋昌、陈怀平：《文化管理学导论》，中国人民大学出版社 2013 年版，第3 页。

② 徐华、周晓阳：《论文化的基本特征》，《南华大学学报》2012 年第 4 期，第 23 页。

赖的关系。

第三，文化具有创造性。文化是人这一主体在认识和改造客观世界、认识和改造人自身的实践过程中创造的产物，是主体创造性的外在体现，创造性是文化的灵魂，是文化的本质特征。没有创造性的文化必定是一种行将就木的腐朽文化，中华民族要实现民族文化的伟大复兴，关键就在于充分发挥文化主体的创造能力，创造并创新社会主义优秀文化。

第四，文化具有系统性。文化是一个有机整体，它是由诸多相互联系、作用和影响的文化要素所构成的具有一定层次性的文化系统。每个国家和民族都有自成系统的文化体系，而文化的普遍性、传播性和交流性又决定了任何文化系统都不可能完全封闭，而应该是开放的，因此，我们在建设中国特色社会主义城市文化的过程中，应当树立开放意识，主动学习其他国家和民族文化的精华，不断增强自身文化的软实力。

第五，文化具有历史性。对此可以从三个角度加以理解。一是文化的发展是一个从量变到质变的过程，在大部分时间内文化都处于渐变过程，呈现出相对稳定性和渐进性的状态；只有极少时段处于质变状态，表现出动态性和剧变性，文化就是量变与质变、稳定性与动态性、继承延续与发展创新的辩证统一。二是文化的发展受到文化自身规律的制约，呈现出由低级到高级的循序渐进、逐步进化的发展历程，虽然过程中有曲折，但总体上是向前进的，是进步性与曲折性的统一。三是文化的发展是在继承的基础上不断创新的过程，没有继承的文化如同无源之水，而没有创新的文化则如死水一潭，只有把文化继承与文化创新两者结合起来，才能促进文化健康持久地向前发展。

根据以上的具体分析，结合一些学者的观点，笔者认同这样的看法："文化具有主体性、实践性、创造性、系统性、历史性等基本特征。其中，主体性是文化的本质属性，实践性是文化的基础，创造性是文化的动力，系统性是文化的表现方式，历史性是文化的表现风格。"[1] 当然，关于文化的特征可以从不同角度去理解和认识，吕世辰、蒋美华主编的《社会学概论》中将文化特征分为文化的实践构建性、文化的后天性、文化的民族地域性、文化的象征表现性、文化的阶级政治性、文化的共享

---

[1]　徐华、周晓阳：《论文化的基本特征》，《南华大学学报》2012年第4期，第26页。

性以及文化的动态变迁性等七个方面①，这从另一视角给我们提供了观察和研究文化的方法，可以作为人们理解文化特征的有益补充。

（三）文化的功能

所谓功能是指事物或方法所发挥的有利作用和效能。《汉书·宣帝纪》："五日一听事，自丞相以下各奉职奏事，以傅奏其言，考试功能。"此处功能即效能，功效之意。西方学术界将生物科学中的"功能"（function）一词引入社会科学之后，关于"功能"的概念便五花八门，综合起来主要分为两类：一类是社会性的功能概念，即从社会的角度定义，认为文化功能就是满足人类生理上的基本需要以及派生的各种社会需要；另一类是结构性的功能概念，或认为文化主要是满足社会体系稳定运行与延续的需要，或认为文化功能就是文化元素之间的相互关联与制约。

文化功能不是单一的，而具有多样性的特征，学界从社会、结构、性质等不同角度可以把文化的功能分为不同的类型。如吕世辰、蒋美华等从社会的角度对文化功能予以分析，认为文化应该具有以下五个方面的功能：文化的记忆和认知功能；文化的传播功能；文化使社会有了行为规范；文化是民族、阶层和社会分野的标志；文化的导向和整合功能。②赵东海则围绕人的本质论述文化的功能，认为文化的功能从根本上说，就是对作为历史活动主体的人的不断塑造。文化功能有两个层次：首先是作用在社会物理层面的功能（显层），主要是满足人精神上、物质上的需要；其次是作用在人文化心理层面的功能（隐层），起着启蒙人、发展人的作用。③

相比之下，笔者对何星亮先生的观点更为认同。他在《文化功能及其变迁》一文中认为，可以从不同角度对文化的功能类型进行分类。

1. 从文化性质的角度可以把文化的功能分为生理性功能、社会性功能和心理性功能三大类

生理性需求是人类的本能需要，也是基本需要，为民族生理性需要而创造的文化主要是物质文化；社会性功能就是满足人与人之间、人与

①　参见吕世辰、蒋美华主编《社会学概论》，高等教育出版社 2014 年版，第 339—340 页。
②　同上书，第 344—346 页。
③　参见赵东海《论文化的功能》，《科学管理研究》2004 年第 6 期。

社会之间关系的各种需求，分为教化的功能、规范的功能、整合的功能、凝聚的功能和适应的功能等；心理功能就是满足人们物质之外的更高的精神需要，包括艺术的需求、尊重的需求、认知的需求、信仰的需求、自我实现的需求等。

2. 从结构的角度可以把文化的功能分为正功能与负功能、显功能与潜功能等四种、两对文化功能类型

正功能就是积极的功能，某种事物对他一事物存在和成长具有正面的支持、帮助作用；负功能就是消极功能，某一事物不仅无助于他者存在与成长，反而起着妨碍和破坏的作用。一般而言，民族文化中的习俗文化、观念文化、宗教文化等都可能存在正面的、积极的作用和消极的、负面的影响，包括现有的一些制度文化同样也具有正功能和负功能。正功能和负功能的区分，有助于全面科学地认识制度、法规和习俗文化影响的多元性，以便决策部门在制定相关政策、制度或法规时对风险有充分的预判。显功能是有意识要达到的结果，潜功能是无意识的结果。如参加葬礼，对死者的哀悼是显功能，对其家属的尊重是潜功能。区分显功能和潜功能有重要意义，它可以让人观察和分析问题更加深入全面。

当然，文化的功能并非一成不变的，它会随着社会的变迁而发生质或量的变化。或功能扩大，如土家族的"女儿会"就从单纯的男女相亲变成经济文化盛会，与文化旅游、经贸交流密切相连。或功能缩小，如传统的家庭教育功能、电视普及后的电影功能、网络化时代的报纸等传媒功能、电子邮件和微信出现以后的书信交流功能都大大降低。或功能转换，如马车从古代重要的交通工具转变为现代满足旅游者新鲜感的工具，宗教仪式从建立或加强人与神之间的关系，变成为吸引游客和引进外资的重要手段等。或功能消失，如牛耕传统，在机械化农业时代几乎完全丧失其功能，油灯等照明工具，在电器化时代也没有多大用处。①

文化功能具有多样性的特征，一方面文化功能的概念可以从不同的角度定义，另一方面文化功能的类型也可以从不同的视角予以分类。

---

① 参见何星亮《文化功能及其变迁》，《中南民族大学学报》2013 年第 5 期。

三　城市文化

城市并不是简单的物质现象，它不仅仅是由一个个单纯的个体通过聚合的方式形成的集合体，也不仅仅是各种人工构筑的社会设施（如房屋、街道、雕塑等）拼凑堆积的聚合体或各类民事民政机构（如政府、法院等）的简单汇集，城市还是一种心理状态，是由人类社会各种礼俗和文化传统构成的有机整体。城市如果不同生活其间的居民的各种重要活动密切地联系在一起，就不是真正意义上的城市。城市既是自然的产物，由自然空间构成其基本骨架，更是人类属性的产物，人类所创造的文化构成城市的灵魂。所以说，城市是根植在它的居民的生活习惯和风俗礼仪之中，城市的组织形式既有物质的，又有精神道德的，两者互相依存，互相作用。从人类历史的经验看，人类所有的伟大文化都是由城市孕育产生的。

城市的出现是人类走向成熟和文明的标志，是文化发展到一定历史阶段的必然结果。城市是人类进步的典型产物，它完整记录了人类成长的历史和人类文明的进程，是文明产物的集合体。"人类所有的伟大文化都是由城市产生的。第二代优秀人类，是擅长建造城市的动物。这就是世界史的实际标准，这个标准不同于人类史的标准；世界史就是人类的城市时代史。国家、政府、政治、宗教等等，无不是从人类生存的这一基本形式——城市——中发展起来并附着其上的。"① 城市在不断发展进步的过程中，产生了各种不同地域及不同时代特色的生活方式、行为模式与建筑形式，亦即城市文化。城市文化是人类城市在发展过程中经过长期生产生活的积淀所创造和形成的独具特色的城市精神、价值观念、行为规范等精神财富的总和。城市文化是在城市的发展中逐步形成的，它根植于生活其间的城市市民的价值观念和道德情感，通过有别于法律的形式规范着市民的思想和行为，决定着每个城市市民的行为方式与城市特色。从某种意义上说，城市乃文化的载体，文化则是城市的灵魂，

---

① ［美］R. E. 帕克等：《城市社会学——芝加哥学派城市研究文集》，宋俊岭等译，华夏出版社 1987 年版，第 2—3 页。另外参见斯宾格勒著《西方的没落》上册，齐世荣等译，商务印书馆 1963 年版，第 199—200 页。

两者互相依存，共同促进人类的文明发展与社会进步。

（一）城市文化的内涵

所谓城市文化"是指具有城市特征的文化模式，是城市在发展过程中形成的生活环境、生活方式、生活习俗和价值观念结合而成的复杂整体，及其在城市物质空间和社会活动中的反映。"① 以大文化的视角看，作为人类文化的一种特殊形态，从广义上说，城市文化不仅是指某一特定城市的文化教育设施、城市居民的知识水平、民众所受教育程度等狭义文化现象，而应该是包括特定城市所创造的一切物质文化、制度文化和精神文化的总和所形成的整体形象，换言之，城市文化是物质文明和精神文明两类成果的集合体。

城市文化作为人类文化的一种特殊形态，是人类文化发展到一定阶段的产物。因此，对城市文化的内涵，李扬帆的《探讨城市文化的结构及其作用》一文认为可以从如下四个方面加以理解。

第一，城市文化是城市的历史传统和社会发展的结果。城市社会的变迁本身是一个文化的大题目。它的外在表现是城市建设和人文景观。"城市是一本打开的书"，城市的规划、布局、生态环境、市政设施、建筑艺术等所构成的人文景观，是城市的光荣和骄傲，也是城市的困惑和失落。

第二，城市文化反映城市的制度组织和社会结构。城市的权力结构、自主程度、决策和管理、城市的政治生活和公共生活、社会分工和专业分化、社会团体和组织程度等，反映出城市是充满活力、高效和有机的、以人为中心的，还是僵硬而低效、非理性的，两种不同的管理和制度。

第三，城市文化是城市的文化建设和文化产品成果的反映。城市的文化建设和文化产品包括学校、学术机构、体育场、图书馆、公园等文化设施的建设；还表现为广播电视、文化团体的建设以及各类文化产品的数量和质量、价值和功能、风格和特色、品位和层次等。这是狭义的文化所反映的城市文化状态。

第四，城市文化体现城市的人口构成及其文化素质。城市人口在民

_____

① 刘新成主编：《首都社会管理与区域协调发展创新研究》，首都师范大学出版社 2013 年版，第 557 页。

族、年龄、职业、信仰、健康等方面的动因，也是城市文化的有机组成部分和重要指标。①

作为与乡村文化相对应而存在的城市文化，它既有与乡村文化一致的共性，也有自身独具的特性。从横向而言，城市文化主要包括政治文化、经济文化、管理文化、企业文化、校园文化、商业文化、学术文化、家庭文化、机关文化、艺术文化、服饰文化、生活习俗文化等。从纵向来看，城市文化包含城市的房屋建筑、地理环境、自然和人文景观、文化雕塑、广场、街道等表层的物质文化；在城市法律规范、管理制度、行为准则、典礼仪式、城市形象、生产生活方式以及其他行为方式中所体现的行为文化；城市精神、价值观念、最高目标、风俗习惯、道德规范等深层次的观念文化等三个层次。

（二）城市文化的结构

对于城市文化，我们可以从不同角度予以观察。从形而上的角度而言，城市文化是一个城市特殊的历史、特殊的形象、特殊的精神，是城市居民所秉持的思维方式、价值观念、行为方式、生活方式。从形而下的角度来说，城市文化则是指城市具体的文化设施、文化活动、文化管理等。② 城市文化内容极其丰富，根据不同的标准，可以把城市文化分为若干个层次，如著名经济学家埃里克·兰巴德的"四层次论"：底层是人口、地理、经济、社会组织等四个不断相互作用的要素；第二层是政府程序、城市领导、城市文化三个要素，城市文化则作用于所有因素；第三层次是城市及其社会环境与外部关系（即城市建设、市民生活和风土人情等）；第四个层次是城市建设过程和城市政府的管理权限。因此，城市是一个文化上井然有序并前后承接的有机整体，是多重因素互相影响所构成的"连续统一体"。③ 一般而言，从现代文化构成角度考虑，学术界多把城市文化结构系统分为三个层次。

第一层是物质层次的城市文化，包括建筑、广场、公园、名胜古迹

① 参见李扬帆《探讨城市文化的结构及其作用》，《旅游纵览》2012年第6期，第43页。
② 参见钟海帆《城市文化——从精神层面到运作机制》，《深圳商报》2008年3月30日。
③ 参见刘新成主编《首都社会管理与区域协调发展创新研究》，首都师范大学出版社2013年版，第58页。

等城市构建物，也包括具有浓郁地方特色的工业产品如瓷器、酒、茶等。第二层是制度层次的城市文化，主要指有关城市的法律、法规、体制、政策。第三层是精神层次的城市文化，包括人的素质、道德观念、价值标准、审美情趣等。把文化分为三个层次是广义的城市文化概念。而狭义的城市文化则仅指精神层面的文化，它是城市文化最核心和灵魂的部分，当然同时也是形成物质层文化的基础和原因。

1. 城市的物质文化

物质文化是指为了满足人类生存和发展需要所创造的物质产品及其所表现的文化，包括饮食、服饰、建筑、交通、生产工具，以及乡村、城市等，是文化要素或者文化景观的物质表现方面。城市的物质文化是城市文化的表层。它由城市的可感知的、有形的各类基础设施构成，包括城市布局、城市建筑、城市道路、城市广场、城市公园、城市通信设施、公共住宅、水源及给排水设施、垃圾处理设施与市场上流通的各色商品，以及行道树、草地、花卉等人工自然环境所构成的城市物质文化的外壳。

2. 城市的制度文化

制度文化是人类为了自身生存、社会发展的需要而主动创制出来的有组织的规范体系。主要包括国家的行政管理体制、人才培养选拔制度、法律制度和民间的礼仪俗规等内容。制度文化是人类文化的一个重要层面，它是物质文化和精神文化的中介。作为有组织的社会规范系统，它既是物质文化的反映形式，又是精神文化的物化形态，是人类在物质生产过程中所结成的各种身份关系的总和。社会的法律制度、政治制度、经济制度以及人与人之间的各种关系准则等，都是制度文化的反映。城市的制度文化是城市文化的中层结构，是城市文化的制度化、规范化的表现形式。城市文化的变迁必然通过各种制度的变迁表现出来。城市的制度文化以物质文化为基础，但主要满足于城市居民的更深层次的需求，即由于人的交往需求而产生的合理地处理个人之间、个人与群体之间关系的需求。在城市的制度文化的诸设施中，最主要的有家庭制度、经济制度和政治制度。

3. 城市的精神文化

精神文化是指属于精神、思想、观念范畴的文化，是代表一定民族的特点反映其理论思维水平的思维方式、价值取向、伦理观念、心理状态、理想人格、审美情趣等精神成果的总和。城市的精神文化是城市文化的内核或深层结构。城市的精神文化与狭义的文化概念内涵相一致，是相对于城市物质文化、制度文化的城市精神文明的总和，包括一个城市的知识、信仰、艺术、道德、法律、习俗以及作为一个城市成员的人所习得的其他一切能力和习惯。在城市的精神文化中，又可以分成两部分：一部分是通过一定的物质载体如印刷媒体、电子媒体，以及其他有形物质媒体得以记录、表现、保存、传递的文化；另一部分则以城市市民的思想观念、心理状态等形式存在。就前者而言，又可以再细分为两种类型：城市公益性文化与城市经营性文化。城市公益性文化如学术性书刊、城市历史文化遗产、街头艺术雕塑、图书馆、博物馆等，其基本特征是创造性和公益性，以提高市民的思想道德和科学文化素质为最高价值取向。而城市的经营性文化则是城市文化产业，如娱乐业、休闲业、传媒业等所提供的娱乐性、益智性、消遣性、休闲性的文化产品和文化服务。以思想观念形式存在的城市精神文化，如城市居民的价值观、精神追求、精神境界、理想信念、伦理道德、传统、风俗习惯等，则是城市居民的行为方式以及指导、影响、支配城市居民行为的规范、准则和城市居民价值观念与行为心理的总和。它往往通过一个城市的民俗民风以及居民的精神风貌和道德水平表现出来，是人们判断城市文化水平的重要标准之一。

城市文化结构的各个层面并不是孤立地存在，而是相互影响、相互作用、互相联系的，它们共同形成了一个浑然有机的整体。理解城市文化结构的各个层面之间的相互影响、相互作用的内在机制，无疑是我们理解整体性的城市文化的一个出发点。城市的物质文化是城市的"外衣"，城市的发展离不开诸如房屋、街道、交通、公共建筑等物质文化要素。城市的制度文化是城市的"骨架"，它为城市的物质文化和精神文化发展提供制度保证。而城市的精神文化则是城市的"灵魂"，城市居民的行为方式和指导、影响、支配行为的一整套规范、准则、价值观念等，既是城市社会的现实在他们头脑中的反映，同时，又反过来影响和改造现实，影响城市物质文化、制度文化的进步速度。

（三）城市文化的特点

城市在不断地发展过程中，产生了不同地域、不同时代特色的生活方式、行为模式与建筑形式，也就是通常所谓的城市文化。城市文化受社会、政治、经济乃至地理环境等因素的影响，并在其影响中形成了自身的城市文化特点。综合中外学者的有关论述，城市文化主要表现出以下五个方面的特征。

1. 聚集性

聚集性既是城市的本质性特征，也是城市文化的基本属性。城市的聚集性表现在多个方面，首先表现出的是人口的聚集，城市的发展需要大规模的人口；其次是生产资料的聚集，如大量的资金、新的技术、足够居住的建筑以及频繁的信息交流；再次是人才和文化资源的聚集，人口的大量流入城市，必然导致精英人才的荟萃和优质文化资源的集中；最后是精神财富的聚集。与以上聚集相适应的城市生活方式、价值观念等成为凝聚城市市民极其重要的精神动力，它是一个城市能够形成独特个性的主要原因，更是一个城市发展壮大的推动力量。在城市各种要素聚集的过程中，产生于不同时代、来自不同方向的各种物质财富、思想观念和生活方式等不断地渗透融合，使城市文化的覆盖面越来越广泛，内涵越来越丰富，形式越来越多样，凝聚力越来越强大，最终导致文化在城市的聚集和繁荣，并逐步形成地域性和民族性鲜明的文化特色。

2. 层次性

法国历史学家莫里斯·埃马尔曾经说过："城市是一些纵横交错、布局密集的空间，是按照虽不成文但人人均需严格遵守的一套一定之规部署的，这些反映在城市生活各个层次上的规定，决定了文化的复杂性。"城市文化作为综合性的复杂统一体，具有多层次性。概言之，城市文化由三个层次所构成：一是物质文化层。如城市的主要建筑、公园、道路、广场、雕塑、市徽、标志物等，这些是城市发展过程中市民所创造的物质财富的长期积累和集中体现。二是行为文化层。它是城市居民在人际交往中约定俗成的以礼俗、民俗、风俗等形态表现出来的行为模式、社会秩序、人际关系、管理模式等，是人的行为在城市文化中的体现，如城市政府行为状况、市民素质、各种社交活动等。三是观念文化层。它包括城市的主体精神、城市市民的价值观念、城市运行的法律法规等。与物质文化层和行为文化层相比，观念文化层无疑是一种升华了的城市文化，代表城市文化形象的最高境界，最能体现城市文化形象的本质特征。

3. 多元性

从一定意义上说，城市本来就是多个人群聚集共存的场所，开放性的城市使不同地域、不同民族、不同语言以及不同习性的人聚集在一起，不同的文化、不同的习俗传统、不同的技术在城市进行碰撞、交流、渗透、融合，新的种族、新的文化以及新的社会形态从彼此的融合交流中产生出来，形成异彩纷呈的多元文化。经过历史大浪淘沙般地冲击与洗礼，风格各异的文化形态在城市这座大熔炉里求同存异，多元共生。城市文化的多元化特点，使得市民之间、城市之间、国家民族之间的交流变得尤为重要。多元性的一个重要体现就是城市生活的差异性，城市越来越开放使得个人同其同类相分离的可能性在不断地发展，并且不断强化着个人共性中的个性差别。多元差异性的城市文化环境可以为每个市民提供更多工作和生活选择的可能，能够最大限度地激发城市的内在活力，增强城市市民的创造精神。

4. 地域性

由于所处的地理位置不同，生产生活方式等的差异，历史地形成了不同的地域，如东方和西方，亚洲与非洲，南部与北部等，而生活在不同地域的人们又创造出特色鲜明的地域文化。城市的建立需要一定的物理空间，或依山而建，或逐水而居，或滨海而筑，或建于平原之地。自然环境的影响使得不同城市之间存在着深层次的文化差异，其影响越是多样化，城市的整体特性就表现得越是复杂，同时也越有个性。城市作为所处地域的中心，它承载着所在区域民众所创造和积累的历史文化传统，而这些历史文化传统又是所有市民对自己所生活的城市的文化产生认同感、归属感和凝聚力的基础，同时也是一个城市个性形成的根本原因。差异性是文化生态的生命基因，城市文化的地域性差异可以让城市文化的发展永远充满活力，是城市能够长久延续的重要内容，因而是城市应保存的有价值的文化内涵。在全球化势不可挡的今天，虽然包括城市文化在内的所有文化国际化的趋势越来越强烈，但是每个城市仍然应该保持其独特的自然、人文和历史文化，更加关注能够使民众产生认同感和归属感的地域文化。事实证明，像法国的巴黎、意大利的罗马、中国的西安等中外名城正是因其过去的和现在的城市文化、因其独特的地域文化个性而享誉世界。

5. 辐射性

与聚集性相对应，城市文化还具有辐射性（或扩散性）的特点。城市一旦建立，它就可以为各种交流提供便捷的通道或平台。不同文化进入城市后相互碰撞、融合，形成新的城市文化，在城市产生影响进行反馈，然后又以城市为中心逐步向外辐射和扩散，形成区域性影响。城市文化的辐射性既是城市的天然属性和功能，因为城市居于一个区域的中心、交通要道的交汇点，对周边地区的影响是必然的；也与城市人口的流动性关系密切，人口从各地涌向城市，造成了城市文化聚集性特点，而从城市四散到各地或其他城市，也会把城市的文化扩散到其他区域，形成城市文化的扩散性特点。因此，城市文化的聚集性和扩散性是不可分割的，在城市文化不断聚集和扩散的过程中，人类文化得到交流，文明得到了进一步的发展。

（四）中国城市传统文化的特点

中国城市文化除了具备以上五个方面的基本特征外，还有其与自身发展历史相关的城市传统文化特点。传统文化是城市文化中最有竞争力和最有研究价值的遗传基因。

中国是有着五千多年发展历史的国家，是享誉世界的四大文明古国之一。据安徽省文物考古研究所最新的考古发现，安徽含山凌家滩原始部落遗址是中国最早的城市，说明中国早在5500年前就出现了城市，比两河流域的巴比伦还要早一千多年。中国古典城市和城市文化一直延续至今，中间从未间断或消失。中国城市的发展经历了十分错综复杂的过程，积累沉淀了异常丰富深厚的社会文化。中国城市社会文化表现出鲜明的民族特点，这些特点概括起来大致可以从两个方面加以理解：一是物质层面的城市文化历史悠久、丰富深厚；二是精神层面的城市文化相对比较封闭和保守，可以说是精华与糟粕并存。

1. 物质层面的悠久深厚性

中国是一个具有五千多年发展历史的文明古国，而中国城市历史几乎与中国历史一样漫长悠久。其城市文化不仅源远流长，而且内容博大精深，形式丰富多彩。城市是人类会聚群居之地，是人类社会群体型社会关系的行为结果，而作为人类知识和智慧结晶的文化会在城市得到全面而系统的反映。从物质层面来看，不同历史时期保存下来的各种城市建筑、名胜古迹、山水园林、广场庙宇、特色街巷和桥梁刻石等历史文化遗存，以及由这些具体可见可感的事物所构成的城市历史文化环境，是最能反映一个城市的文明发展程度与水平的。从远古到现代，经过数千年漫长历史长河的持续不间断的积淀，我国城市文化内涵极其丰富深厚，形成了数不胜数的独具民族特色的历史文化名城，如北京、西安、南京、杭州、洛阳、咸阳、开封、荆州、钟祥、凤凰等；而具有典型地方特色及浓郁民俗风情的城市更是比比皆是。除此之外，我国还有许多因某种地域文化特色而显示出其独特文化魅力的城市，如江西景德镇被称为中国的"瓷都"，因而其城市文化具有非常深厚的瓷文化韵味；云南昆明因气候温和、四季如春、气候宜人而被誉为"春城"；湖北宜昌拥有世界上最大的水电站，故有"世界水电之都"的美称；江西省樟树市被誉为"江南药都"，体现出浓郁的药文化色彩。我国这些经过历史长河积淀而形成的色彩斑斓的文化，是城市的宝贵财富，反过来又对城市发展产生巨大的影响。

2. 观念层面的封闭保守性

中国封建大一统性政治体制在创造博大精深、丰富多彩的城市物质文化的同时，也形成了与封建政治体制相适应的封闭守旧、稳定保守的观念意识文化。之所以如此，原因是多方面的。首先是地理环境的影响。由于我国地处相对独立的大陆，东边是一望无际的太平洋，西边有高峻的帕米尔高原，南北两面是几乎没有开发的蛮荒之地，加上这块与世隔绝的内陆本身又土地肥沃、气候温和，天然的地理环境自古便形成了中国以种植业为主的自给自足的农耕经济。其次是儒家思想的影响。先秦时期出现的以孔孟为代表的儒家思想一直是中国几千年占据统治地位的正统思想观念，尽管中间先后出现过道家、佛教、天主教等异端思想和宗教的冲击，但并没有从根本上动摇其统治地位。儒家的中庸思想、忠孝观念、等级意识等不断地蚕食人们的创造能力和改革意识。最后是封建集权制度的影响。众所周知，中国是一个具有几千年封建帝制历史的中央集权国家，"普天之下，莫非王土；率土之滨，莫非王臣"。长期的高度集权制度造成中国社会森严的等级观念、浓厚的忠君思想以及无处不在的奴性意识。所以，中国的官员多上恭下倨，唯上级之命是从；中国的老百姓都习惯于服从，很少反抗命运不公。中国两千多年的社会几乎可以说是在原地打转，其思想观念并没有发生真正意义上的革命性巨变，因循守旧、闭关锁国不仅成为大众的普遍心理，而且成为历代统治阶级的基本国策。这直接导致中国的经济和文化堡垒强大到只有借助外部力量才能撼动它，如近代中国被西方的炮舰轰开国门。但这种通过外部力量入侵中国经济、文化的方式，其破坏性是巨大的，有时甚至是毁灭性的，带给国家大量的资源丧失和民族灾难。因此，当世界经济、文化进入全球化的时代，我们必须以一种开放性和包容性的心态对待西方文化对传统文化的影响，将西方科学、民主、自由、平等思想，和中国传统的讲仁爱、重节操、舍生取义等观念加以融合，与时俱进，重塑中国的时代精神。

（五）城市文化的地位与作用

城市文化是城市竞争力的综合性标志。一座城市是否具备吸引力和竞争力，虽然关系政治、经济和社会诸多因素的影响，但究其实质，最终都是文化资源、文化环境以及文化发展水平的体现。一个城市再大，经济再发达，如果没有文化底蕴，也不过是发育不良的"贫血巨人"，难以长久地保持旺盛生命力。

城市文化在城市化历史进程中占据十分重要的地位，它是城市形象的灵魂，是城市赖以生存的内在精神支柱和外在物化标志。无论是从城市形象的物质层面还是精神层面看，城市形象展示给人们的，首先都是文化意义上的魅力和深度。城市文化既可以丰富城市的外在形象，如具有民族特色的代表性建筑，古老的街巷、传统的民居、名人的纪念馆等，都可以唤起民众对自己所生活城市的集体记忆。城市文化更可以充实城市的内在底蕴，在体现城市优秀历史文化传统的基础上形成的富有本民族特色的物质文化、精神文化、制度文化和生态文化，可以陶冶城市市民的情操，提升民众的素养，塑造城市的形象，提高城市的文明水平。一座有文化的城市，自然是一个有修养、有趣味、有品位的城市，会成为有吸引力和竞争力的城市。

城市文化对于一个城市的经济和社会发展来说，起着决定性的作用，其对城市实施发展战略、提升城市竞争力、增强城市社会效益、凝聚城市居民等诸多方面具有十分重要的意义，重视城市文化已经成为城市管理者的共识。因此，在 21 世纪，面临全球一体化的情况，城市发展的关键在于城市是否具有自己的特色，是否具有吸引人才、技术、资本的独特性，也就是是否具有自己的城市文化。概括起来，城市文化对城市发展的作用主要体现在以下三个方面：

（1）从经济价值来看，城市文化及文化力是推动城市经济发展的重要力量

"文化力"这一概念最早是 20 世纪 80 年代由日本著名学者名和太郎在其《经济与文化》一书中提出来的，他认为文化是产业的重要因素。但他没有为文化力下一个严格的定义。张德等曾经为方便读者理解，对其给出过一个描述性的解释："文化力就是组织文化对组织管理的作用。它包括导向、规范、激励、凝聚、约束、辐射等方面。"[①] 张德等虽然主要是针对企业的文化力而言的，但这一理解同样适用于对一个国家或一座城市文化的建设与管理。文化力是综合国力的重要构成要素，城市文化力自然是城市综合实力的体现。从当今国家层面和城市之间的政治、经济、文化竞争中不难看出，构成国家和城市竞争优势的各种传统因素的作用正遭到逐步削弱，而文化竞争的重要性则日益凸显，甚至有学者认为，文化力在政治力、经济力和文化力构成的三维系统中，已经居于决定性地位，而越来越多的国家和城市领导者也开始重视文化带来的竞争优势。城市文化对城市经济、社会的可持续性健康发展起着重要的作用，甚至在未来成为决定国家和城市兴衰的关键因素。不仅文化本身就是生产力，而且经济力中的物力、财力、科技都是由人运作的，而经营理念是运作物力与财力的灵魂和精神。建设、管理并利用好优秀的城市文化，是经营和营销城市、提高城市经济发展水平、塑造城市魅力形象、提升城市综合竞争实力的有效途径。由此可见，不但城市文化力自身有巨大的能量，而且对经济发展、社会进步具有举足轻重的影响。

所谓城市文化力，就是如前所述的城市物质文化、制度文化和精神文化相互作用后必然形成的一种以人的主观能动性为特征的综合力，是

---

① 张德、吴剑平：《文化管理——对科学管理的超越》，清华大学出版社 2008 年版，第 78 页。

通过具有凝聚力的城市文化激发出来的人的本质力量。文化力应该包括智力因素（科技、教育等）、精神力量（理想、道德、价值观等）、文化网络、传统文化等内容。文化力就是要通过转变人的意识观念，提高人的思想觉悟，鼓舞人的精神斗志，从而把城市民众的主观能动作用充分调动起来而实现的。因此，文化力并非能在实践中立竿见影，短时间就产生效果，而是要有一个相对长期的转化过程。但是，如果文化力一旦形成，便会表现出无比强大的动能，而且具有持久的韧性，无时无刻都在影响甚至支配着城市整体经济力的强弱和性质。

经过几十年的发展，中国的经济过分依赖资源的时代已经成为过去。当我们的经济发展到更少地依赖于制造业而更多地依赖于知识的时候，城市文化的经济价值也日益凸显，主要体现在两个方面。

第一，城市文化在旅游业上的作用是关键。这通常是吸引游客首次到该城市的主要原因。旅游可能是一个人发掘和知道某个地方的第一步，接着可能对其进行投资。未来的城市发展依靠旅游业的主要挑战，是要让旅游部门有这样的观念：旅游是依靠文化而活的，而这就是文化在旅游业中的作用。

第二，文化部门是世界发达经济中增长最快的一个部门，因此它是经济发展的范围、规模和重要性的一部分。文化产业的发展有力地推动了城市经济的增长，其经济效益显而易见。在西欧国家，从事文化活动的就业者占全部就业者的 1.5%—3.5%。在文化中心如伦敦和纽约，超过 20 万人在文化部门工作，占城市就业人口的 5%。

此外，城市文化对于城市经济的持续发展所起的作用还表现在：通过城市文化的健康发展，在减少其社会成本的同时，却可以增加社会收益。诸如良好的城市文化，有助于城市居民形成积极向上的精神风貌，这样可以减少犯罪，从而减少安全的成本，同时还可以减少城市居民吸毒等危害自身和社会的行为，而把这些精力都转到城市的文化和经济的发展上，引导城市可持续发展。

2. 从社会价值来看，城市文化是促进市民提高自身素质、建设文明城市的内在动力

文化是推动人类社会由低级向高级发展的动力。城市是人类文化集聚的地方，城市的发展，尤其是建设文明城市，应该更直接得益于城市

文化这个内部力量的推动。文明城市是城市化过程的内在要求，城市文化对整个社会的发展有延伸辐射作用，但很难想象，一个文化素质低下的市民充斥的城市，怎能发挥向周边地区传播文明的作用。城市文化环境是城市的灵魂，它涉及市民素质、社会风气，民俗风情、新闻传播等各种文化现象和文化活动，以及与之相配套的城市文化设施。良好的城市文化环境，会使人对这座城市有种独特的印象和亲和力，使人在精神上产生共鸣，甚至会产生宾至如归的感觉。文明城市的真正魅力正在于此。因此，加强城市文化建设，有利于城市居民自身素质的提高和发展，有利于广大市民文明习惯的形成，有利于社会文明风气的巩固，有利于文明城市的建设。塑造美好的城市形象，以促进城市的可持续发展。

3. 从生态效益来看，城市文化对城市生态环境有深刻的影响

建设"生态城市"是城市可持续发展的主要目标之一。现代人在"自然之主"意识的驱使下，错误地把城市化进程独立于生态系统和自然环境之外去加以考虑、规划和设计，结果导致了一系列具有时代特征的城市病的产生：交通拥挤，住房紧张，环境污染，蓝天、绿地、碧水逐渐被蚕食，城市和大自然日渐背离，城市人长期承受着心理压迫感和精神桎梏感。究其原因，既有城市化机制方面的，也有技术方面的，但笔者认为，更重要的原因在于文化观念跟不上城市发展的需要。观念支配人的行为，从某种意义上说，社会的变革首先应从文化观念领域开始。不同的文化观念，诸如自然观、价值观、科学技术观等，都会导致不同的行为结果。当代全球环境恶化，同掠夺式的地球观密切相关。科学技术的进步，为人们提供了强有力的武器和手段，使人类作为主人和征服者的自我意识被刺激得膨胀起来，这强烈地反映在人类的城市观和对待城市生态环境的态度上。由此可见，城市生态环境问题的产生有其深刻的文化根源，很大程度上是由于人们精神追求太少，文化观念落后，缺乏系统观念和长远目光，这是导致城市建设难以尽如人意的根本原因。而且，人们对城市和生态环境的理解往往只停留在物质层面上，而对文化观念给予城市生态环境的影响缺乏足够的认识，因而忽视了城市文化环境的建设。造成现代市井繁荣的背后是精神文化的极度贫乏。

总之，城市的发展既取决于其经济活力，也取决于其文化状况。城

市的先进文化是城市全面发展的动力基础，培育先进的城市文化是每一代城市人的历史责任，培育先进城市文化势在必行。① 在经济与社会全面、和谐的发展过程中，无论是企业文化力、商业文化力、金融文化力，还是城市文化力，作为一种强大的经济发展的内在驱动力，在当今市场经济的汪洋大海中发挥着越来越重要的作用，每个城市的形象力都正在或试图展示其独有的风采，期望自己城市文化的影响力受到人们越来越多的重视。从三峡流域城市文化建设现状入手，围绕政府、民间团体、企业以及个人在城市文化形象塑造过程中的地位和作用进行深入探讨与研究，科学分析三峡流域城市文化形象建设所面临的困境、挑战和发展机遇，通过文化力的发掘推动经济力的发展壮大，是摆在我们面前的光荣而艰巨的任务。可以说，城市文化力是一个城市发展的灵魂，同时也是一个城市生命力的根本源泉。邓小平同志曾提出要物质文明和精神文明两手抓、两手都要硬的思想；胡锦涛总书记提出科学发展观；习近平总书记则进一步提出关于提高国家文化软实力，认为这关系"两个一百年"奋斗目标和中华民族伟大复兴中国梦的实现，通过文化力启动经济力符合我们党这一伟大的建设目标。"弘扬社会主义先进文化，深化文化体制改革，推动社会主义文化大发展大繁荣，增强全民族文化创造活力，推动文化事业全面繁荣、文化产业快速发展，不断丰富人民精神世界、增强人民精神力量，不断增强文化整体实力和竞争力，朝着建设社会主义文化强国的目标不断前进"的思想，不仅是新时期国家的战略思想，也是构建三峡流域城市文化形象战略的新思维。正如陈宇飞《城市文化概论》中所言："在今天的全球化时代中，文化对城市健康发展的价值导向作用、作为精神价值观形成动力促进和推动社会进步的作用、作为智慧成果对于人和世界不断丰富的支持作用、促进文化经济社会一体互动发展作用和保障人民高品质生活内涵作用的重要性，已经逐渐为人们所认识。"②

（六）城市文化遗产的价值和意义

城市不仅是物质性的，还是精神性的。它是历史的记忆，情感的载

---

① 参见李扬帆《探讨城市文化的结构及其作用》，《旅游纵览》2012 年第 6 期，第 44—45 页。

② 陈宇飞：《城市文化概论》，文化艺术出版社 2008 年版，第 10 页。

体，及其一方水土特定文化的执有者。① 作为人类的一种社会组织结构形式，城市是一个巨大的经济、社会和文化的有机综合体，它的发展需要创造核心竞争力。一座城市要具备核心竞争力，当然需要依赖于对该城市核心物质资源系统的开发与利用，但物质资源的有限性，决定了城市要持续健康的发展，更需要全新意义上的城市经济与文化的创新，即城市发展的动力更多来自对所属的历史文化资源的科学有效的利用。现代科学技术发展到今天，城市的核心资源已经不仅仅是自然资源，亦不仅仅是技术和人才，它应该还包括诸如城市社会结构关系、社会竞争环境、城市政策、人文环境、城市形象以及城市社会文化资本的运用等要素。这些要素缺一不可，任何一项要素如果得不到充分发育和培养，都会影响城市的健康持续发展。

城市文化遗产是城市文明发展历史上最有价值的成果，它既是一个城市整个文化脉络的源头和有机组成部分，又与当代城市文化有着极为密切的血缘关系，与此同时还包含深厚的民族文化精神，体现出某一民族的文化传统、审美追求和价值取向。

第二节　城市社会文化管理基本理论

随着我国进入城市社会时代，市场经济体制需要重新建构，利益格局被迫重新调整，社会结构发生剧烈变动，传统文化和外来文化互相碰撞和冲击，人们的思想和价值观念逐步多元化。这一切变化对包括城市社会文化管理在内的城市社会管理提出严峻考验和挑战。深入推进城市社会文化管理的改革创新，是适应城市社会文化发展变化的必然要求，同时也是促进新的城市社会文化体系形成的重要保证。

城市文化是一个城市软实力的体现，城市文化资本是城市决胜未来的新动力。因此，管理好城市文化具有重要的现实意义和深远的历史意义。加强和创新城市社会文化管理，是党和国家根据国际国内形势发展的客观需要、城市文化实践的基础和社会文化发展的规律所做出的重大

---

① 冯骥才：《中国城市的再造——关于当前的"新造城运动"》，《现代城市研究》2004 年第 1 期，第 8 页。

战略决策。要真正实现城市社会文化管理的科学化、系统化、人性化，必须首先弄清楚与城市社会文化管理相关的概念的内涵。

一　管理

管理是伴随人类共同劳动而产生的一项活动，也就是说，自从有了人类社会就有了管理。随着社会生产力的发展，管理实践活动越来越复杂与深入，管理思想在实践中得以萌芽和发展，并逐渐由零星琐碎的认识和经验，上升为系统化的管理理论。

要了解管理理论，首先必须对管理这一哲学范畴做出科学的界定。但这看似简单的问题，却因其内容含量丰富、学科发展迅速而变得异常困难。不同民族、不同时代、不同专业门类、不同社会制度都有各自不同的管理概念。

对于管理这一概念，中西方人有不同的理解。西方人因生活环境的影响，形成了海洋文化和外向型国民性格，造就了他们长于逻辑思辨，崇尚科学，热衷知识、法治和权力，以强调文化生活为主的文化传统；中国大陆性封闭环境则塑造出一种内敛型的民族性格、自省的思维方式以及崇尚伦理道德和和谐统一的心理特征。不同的文化特性和心理造就了不同的传统文化。西方传统文化是一种崇尚科学主义的"工具理性"文化、注重自我价值实现和强调法治的"智性"文化；而中国传统文化则是一种讲究人文精神、崇尚道德修养、提倡中庸和谐的"价值理性"文化，是一种强调集体主义精神、追求道德完满自足的"德性"文化。西方管理学界公认法约尔对管理本质的理解最具权威性，他于1916年出版《工业管理与一般管理》一书，给管理下了如下定义："管理，就是实行计划、组织、指挥、协调和控制。"[①] 虽然这一定义并非完整，但其基本要素已经确定，后来的管理学家也只是在此基础之上根据时代需要和实践发展进行不断地修正和补充。如常见的有下面几种定义。

管理就是决策。——赫伯特·A. 西蒙

管理就是领导。——穆尼

---

① ［法］法约尔：《工业管理与一般管理》，周安华等译，中国社会科学出版社1982年版，第5页。

协调是管理的本质。——孔茨

管理就是设计并保持一种良好的环境，使人在群体里高效率地完成既定目标的过程。——韦里克

管理就是一个或者更多的人来协调他人活动，以便收到个人单独活动所不能收到的效果而进行的过程。——小詹姆斯·H. 唐纳利

此外还有其他说法，如：

管理就是计划、组织、控制等活动的过程。

管理就是筹划、组织和控制一个组织或一组人的工作。

给管理下一个广义而切实的定义，可把它看成这样的一种活动，即它发挥某些职能，以便有效地获取、利用人的努力和物质资源，来实现某个目标。

管理就是通过其他人来完成工作。

管理就是由专门机构和人员进行的控制人和组织的行为使之趋向既定目标的技术、科学和活动。

管理就是管理者为使客观事物的存在和发展合乎一定的目的而采用相应的方式所进行的活动。①

中国人对管理的理解和界定显然应该不同于西方。中国人强调道德伦理和中庸和谐，是一种价值理性文化、德性文化，因此，他们根据自己的价值观和传统文化，把管理文化的本质规定为"以人为本"的人学。

二　社会管理

（一）社会管理的含义

社会管理行为和措施都是源于社会管理理念，而由于社会管理理念的不同，往往导致对社会管理体制的理解多有不同。按照科学管理的理论，管理就是组织、规划、协调、监督、控制和服务的过程。根据这一逻辑，社会学和政治学专家对社会管理所下的定义便有广义和狭义之分。

"社会管理是指国家通过自己的权力机关或授权部门，依据一定的规则，对社会生活方方面面的干预、协调、调节、控制等行为，它是政府以调整社会关系、规范社会行为、维护社会秩序为目的而对社会活动所

---

① 参见王德清、么加利主编《管理哲学》，重庆大学出版社 2004 年版，第 1—2 页。

进行的管理。"① 这是所谓广义的社会管理，它是指对包括政治子系统、经济子系统、思想文化子系统和社会生活子系统等在内的整个社会大系统的管理。

所谓狭义的社会管理主要指与政治、经济、思想文化各子系统并列的社会子系统或社会生活子系统的管理。相比较而言，俞可平教授对社会管理所下的定义简明扼要："社会管理是规范和协调社会组织、社会事务和社会生活的活动。"② 就其内容言，社会管理包括对人们的社会行为进行规制监管、对复杂的社会关系进行协调和为满足人们生存和复杂的需要而提供的服务，从其范围来看，社会管理既包括国家或政府对社会的管理，也包括社会的自治，以及国家与社会的协同共治等。③

（二）社会管理与社会治理

2013 年 11 月 12 日中国共产党第十八届中央委员会第三次全体会议通过的《中共中央关于全面深化改革若干重大问题的决定》对全面深化改革做出了战略部署，其中"创新社会治理体制"成为全面深化改革的重要战略部署之一。"社会治理"与"社会管理"虽只有一字之差，却有很大区别。"社会治理"与"社会管理"的区别集中表现在三个方面：一是覆盖的范围不同，"社会管理"在社会实践中往往被理解为无所不包，涵盖的领域过于宽泛，在实践中不容易把握、很难界定；"社会治理"则主要聚焦于如何激发社会组织活力、预防和化解社会矛盾、健全公共安全体系等问题上。二是相比于"社会管理"，"社会治理"更突出地强调正面鼓励和支持社会各方面力量的参与，强调更好地发挥社会力量的积极作用，而不是单纯依靠政府对社会进行管控。三是"社会治理"更加强调法律制度和社会规范的建设，特别提倡要用法治思维和法治方式来化解各种社会矛盾。中共十八届三中全会通过的《中共中央关于全面深化改革若干重大问题的决定》已经把"推进国家治理体系和治理能力现代化"写进全面深化改革的总目标，这是我国历史上第一次明确提出国

---

① 潘丽霞：《论第三部门与社会管理职能》，《四川行政学院学报》2004 年第 5 期。

② 俞可平：《推进社会和管理体制的改革创新》，《学习时报》2007 年 4 月 23 日，第 388 期。

③ 参见何增科等《中国社会管理体制改革研究》，法律出版社 2013 年版，第 1 页。

家治理体系和治理能力的现代化。随着世界经济的一体化和全球化，随着中国政治和经济的改革不断引向深入，社会治理体系已经成为国家治理体系的一个重要组成部分，创新型社会治理模式要求人们特别是社会问题专家更多地关注和研究政府、市场、社会三者之间可能出现的冲突与合作方式。正如我国20世纪80年代开始的经济改革的中心议题是怎样处理好政府与市场的关系，21世纪关于社会治理所讨论的核心议题就是如何科学地处理好政府与社会的复杂关系，实际上就是要处理好政府部门、经济市场和社会组织三者之间的关系，厘清三者各自的责任、权利和义务，明确社会分工。其目的是为了更好地调动起社会各方面的力量，发挥市场的竞争优势，建立起一个公平竞争的社会环境和运行秩序。

三　城市社会文化管理

（一）社会文化的管理诉求及其基本含义

1. 城市社会文化的管理诉求

文化是一个国家和民族的灵魂，是维系其政治、经济、社会互动共生的精神纽带。"这既意味着文化与其他范畴统合为社会整体的属性，又规定着文化必须服从社会整体发展规律的基本使命。具体而言，出于文化的、经济的、政治的有机统一目的，对文化应有特定的管理，辅助其实现从自发到自为乃至自觉的跨越。"①

对社会文化进行管理是社会文化发展规律的内在要求。因为文化在其发展过程中会出现良莠不齐、鱼龙混杂的现象，先进文化又会受到落后文化的排斥挤压，甚至出现短时间的文化逆势发展的情况。因此，我们必须按照文化的发展规律对文化进行科学有效的管理，以利于促进文化在时代环境中优胜劣汰，使中华民族文化更健康地向前发展，并保持自身文化在社会发展中的先进性。

对社会文化进行管理是社会文化经济属性的必然诉求。随着文化生产力的解放与发展，文化产品的不断丰富，物质文化与非物质文化遗产逐步成为继物质资源、技术资源、人力资源、资金资源和信息资源之后

---

① 刘吉发、金栋昌、陈怀平：《文化管理学导论》，中国人民大学出版社2013年版，第4页。

的第六大资源——文化资源，而且由于文化资源具有可重复利用性和虚拟性，文化产品及其产业越来越成为国民经济重要的组成部分。文化的经济化促进了经济的发展，极大地提升了国家实力。

对社会文化进行管理是社会文化政治属性的基本规定。文化是人们长期积累的生活经验与人生智慧的总结，同时也是一定时代生产力与生产关系的体现。在阶级社会里，以统治阶级观念为核心的文化形态，作为主流意识形态，必然成为维护阶级统治、保障政治权力的文化工具。而当阶级消灭之后，文化便会从维护统治阶级的意识形态工具，转变为人们围绕公共权力开展政治生活的观念体现和精神支撑。因此，无论社会发展到何种程度，文化与政治始终会密切相连。文化的这种政治属性要求对文化的发展必须加以引导、规划和管理，使其成为满足国家和民族发展需要的文化形态。[①]

2. 社会文化管理的基本含义及其分类

（1）社会文化管理的基本内涵

关于文化管理概念，学术界一般分为两个方面：一是以文化为对象的管理；二是将文化作为手段的文化管理。笔者在此所论述的文化管理是就前者而言，作为社会管理大系统中的一个子系统，文化管理是对于文化事业以及文化工作的管理，换言之，这种文化管理是文化管理主体按照管理学的基本原理和文化发展的基本规律，对文化范畴与事务实施计划、组织、领导、控制和协调的行为过程。相对其他社会管理活动，文化管理具有个性鲜明的特点和属性，即明显的政治性、系统性和交叉性。从城市社会文化管理的目标看，它包括发展城市文化产业、繁荣城市文化事业和促进城市文化建设等；从社会文化管理的手段看，主要包括行政（政策、指令、规划、文件、制度、决定等文化协调控制）、法律（文化立法、文化执法、文化司法和普法教育在内的法律规范）、经济（经济政策、财税制度、价格、利率、金融等经济杠杆的宏观调节）等多样化的形式。[②]

---

① 参见刘吉发、金栋昌、陈怀平《文化管理学导论》，中国人民大学出版社 2013 年版，第4—5 页。

② 同上书，第66—67 页。

（2）社会文化管理客体的分类

社会文化管理对象是一个相当复杂的系统或体系，可以根据不同的标准加以划分，借助刘吉发先生等人的立足于文化管理客体内容体系、要素特征和发生流程等三个划分标准，可以对文化管理对象做出如下分类。

第一，按文化管理客体的内容体系可以分为文化事业和文化产业。在中国，文化事业主要是指由政府宏观领导和直接控制的文化艺术活动和文化建设事业，是国家意识形态的体现。发展文化事业是满足各民族群众基本文化需求的主要途径和推进社会主义文化建设的重要内容。文化产业则是指文化事业中可以经营的内容，它一方面具有经济属性，赢利是其目的之一，另一方面也具有意识形态属性。

第二，按文化管理客体的要素特征可以分为文化服务、文化活动、文化组织和文化工作者。依据表现形态，文化服务可以分为有形的文化产品和无形的文化服务。前者往往以某种物质形态（如书籍、光碟、工艺品等）表现出来，供消费者进行消费和享受；后者主要指文化消费和享受过程中通过令人愉悦的形式（如艺术表演、网上冲浪等）让受众得到慰藉的服务。文化活动是加强文化交流、促进文化发展的重要形式。根据文化活动的性质可以分为公益性和经济性两种不同性质的文化活动；按照活动的范围，可以分为国内文化活动和国际文化活动。文化组织是指直接承当文化产品和文化服务的相关部门，它们是文化管理主体对文化管理对象实施有效管理的组织保障和桥梁。文化工作者直接承当文化活动与文化产品和服务等各个环节的工作，按其工作职责，可以分为领导层文化工作者和工作层文化工作者，前者是文化活动和文化任务的组织保障，后者则承担直接的文化工作。

第三，按文化管理客体的发生流程可以分为文化的生成、文化的流通和文化的享受。文化的生成是文化发展和创新的源泉，它隐含对原有文化的继承和创新两层含义。因此，对传统文化必须在对其主体价值加以继承的基础上，不断吸收、融合与探索，保证文化的持续性和发展性。文化的流通是文化生成的进一步延展，促使文化由单向传播向多元传播转化，扩大文化的效力和影响力。对文化流通的管理主要是对流通渠道、对象和内容的管理。文化的享受是文化充分发挥辐射渗透作用的主要途径，对文化享受的管理，即对文化享受和消费的引导和规范。①

（二）城市社会文化管理

1. 城市社会管理的主体

（1）我国城市社会管理主体的构成

随着中国改革开放的不断深入、经济财富的迅速积累、社会结构的深刻变化，我国城市也逐渐进入了社会矛盾凸显期。要构建一个稳定有序、公平正义、平安幸福的和谐社会，就应该加强城市社会建设和管理，推进社会管理体制的进一步创新，"建立健全党委领导、政府负责、社会协同、公众参与的社会管理格局"。② 2003 年中共十六届六中全会在就社会主义和谐社会建设做出战略部署的同时，特别就社会管理做出专门安排，主要内容包括建设服务型政府，强化社会管理和公共服务职能；推进社区建设，实现政府行政管理和社区自我管理的有效衔接、政府依法行政和居民依法自治良性互动；健全社会组织，增强社会服务功能；形成科学有效的利益协调机制、诉求表达机制、矛盾调处机制、权益保障机制，统筹协调各方面利益关系，妥善处理社会矛盾；完善应急管理体制机制，有效应对各种风险；建设宏大的社会工作人才队伍。2012 年中共十八大报告用更大、更完整的篇幅对社会管理创新的内容特别是强化社会管理服务理念做了深刻阐述。这充分说明党和政府对社会管理创新的极度重视。

我国现阶段的城市社会管理体制逐渐由"行政管控型"调整到制度化建设的轨道上，开启了与社会主义市场经济体制相适应的具有中国特色的现代社会管理体制建设时期。按照汪大海《社会管理》的阐述，这一新的现代社会管理体制中的社会管理主体应该由以下几个部分组成：党委领导；政府负责；社会协同；公众参与。他所论述的虽然是具有普遍性的社会管理问题，而城市社会管理正是社会管理的集中和典型体现，因此，以之来观察城市社会管理应该是没有任何问题的。

党委的领导作用。在中国这样的社会主义国家的城市管理体制中，

---

① 参见刘吉发、金栋昌、陈怀平《文化管理学导论》，中国人民大学出版社 2013 年版，第68—70 页。

② 汪大海：《社会管理》，中国人民大学出版社 2013 年版，第 66 页。

中国共产党作为城市社会管理的主体之一，处于城市社会管理的领导地位。其作用体现在：其一，共产党是城市社会管理体系中的政治核心，能够凝聚城市社会管理各方面的力量参与城市社会建设；其二，共产党对城市社会管理具有领导作用，能够有效保证城市社会管理体制改革和创新目标的实现；其三，科学制定城市社会管理政策，引导城市社会各方力量参与城市社会管理和服务，提升管理和服务城市社会的能力；其四，将党的政治和组织优势转化为管理城市社会、服务城市社会的优势，实现党的领导作用的全方位覆盖。

政府的主导作用。我国现有城市管理体制中，城市政府是理所当然的城市社会管理的主体之一，负有主导城市社会管理、提供更好城市公共服务的责任。在城市社会管理体制中，政府的主导作用主要体现在：依据党的路线、方针和政策，制订科学有效的城市社会管理改革与创新规划；保证城市社会管理的财力投入，特别是在公共财政方面要按照公平、公正的原则，妥善协调和处理城市社会各个方面的利益关系；制定并不断完善城市社会管理相关的法律、法规和政策，从制度上为国家的城市社会管理提供有力保障；支持并引导城市市民参与城市社会管理，鼓励城市居民关心城市社会事务，让民众逐步培养自我管理的意识。

社会组织的协同管理作用。在我国现有的城市社会管理体制中，除城市政府及相关职能部门外，还存在诸如工会等非政权性质的社团群众组织、居民委员会等基层民众性自治组织、以公共服务为目的和使命的社会组织、从事文教卫生科技等活动的事业单位以及企业等组织形式，它们同样也是城市社会管理的主体之一。这些组织或单位通过互相协同工作，其社会力量可以与党和政府形成互动、互联、互补的城市社会管理和公共服务网络。

城市市民参与管理的作用。中国实行的是社会主义制度，人民当家做主，享有直接参与社会管理的权力。市民可以通过各种途径参与国家立法、城市政府公共决策等。市民参与能够有效督促城市政府相关信息的公开透明，并清楚表达市民对有关城市政策的意见、看法和态度；能够增进城市政府与市民之间的相互了解与信任，增强对政府决策的认同感与执行力；能够通过亲自参与城市社区管理，增强市民自身的城市社会管理技能和城市社会治理能力，从而提升政府城市社会治理的效果。①

（2）城市文化管理主体的结构

首先看城市文化管理主体的内涵与外延。

城市文化管理是城市社会管理这一庞大体系中的子系统，与社会管理相比，城市文化管理主体的结构有其基本相似的一面，但也存在明显的差别。文化管理是一个涵盖多种因素的复杂系统，包括主体因素、客体因素、手段模式因素等。"主体因素是文化管理的能动因素，直接决定文化管理的宏观高度和战略全局；客体因素是文化管理的作用对象，规定着文化管理的直接内容与关注重心；手段模式因素是文化管理的实现途径，制约着文化管理的综合效能与发展创新。就其本质而言，文化管理是上述三种主要因素的组合与创新，而这其中文化管理主体对于文化管理系统具有核心引导作用，是文化管理中需要首先关注的因素。"② 关于城市文化管理主体的结构，我们可以根据刘吉发等人的相关论述，并结合上述汪大海《社会管理》的有关内容加以辨析。

关于城市文化管理主体的定义，学界往往从不同的角度做出内涵和外延各不相同的解释。简单地说，所谓城市文化管理主体就是指在以城市文化事务为对象的管理活动中，根据所制定的城市文化发展目标，遵循一定原则程序，对城市文化管理要素、环节及其关系进行管理的个人和群体的总称。"文化管理主体是一个主体系统，它既涵盖微观多元的个体层次的管理主体，又囊括具有多重属性的组织层次的管理主体。"③《文化管理学导论》一书围绕文化管理的基本内涵，将文化管理主体分为组织层面的文化管理主体和个体层面的文化管理主体两大类别。从组织层面而言，按照文化管理主体的角色一般可以分为：政党的文化战略及意识形态部门；文化行政管理部门；文化社会力量。从个体层面来看，根据所承担的角色职务、业务类别、综合程度等标准，可以将其划分为三类：战略型文化管理者；策略型文化管理者；业务型文化管理者。

---

① 参见汪大海《社会管理》，中国人民大学出版社 2013 年版，第 67—70 页。

② 刘吉发、金栋昌、陈怀平：《文化管理学导论》，中国人民大学出版社 2013 年版，第 39—40 页。

③ 同上书，第 43 页。

其次看城市文化管理主体的类型。

根据文化管理主体的相关理论，结合三峡流域城市文化管理的现实实践，我们认为，城市文化管理的主体大概可以分为：党的城市文化管理组织；政府的城市文化管理组织；群众文化管理组织；部门文化事业管理组织。

其一，关于党的城市文化管理组织。

从机构设置看，中国共产党的城市文化管理组织主要包括城市各级党组织中的部门，如宣传部、文明办；城市各级政府文化管理部门中的党组；城市大型文化社团和文化单位中的党组。其文化管理职能是：深入研究马克思列宁主义文化思想、艺术理论以及国际上的城市文化管理最新成果，结合所在城市实际情况，探索在新的历史条件下和我国社会目前的新常态下开展文化工作的方式方法，提出有利于城市文化事业发展的指导性意见；坚持党的路线、方针和政策，主导制定和调整城市文化发展战略规划、文化发展的基本方针和政策；在城市各类文化活动中发挥监督与保障作用。

其二，关于政府的城市文化管理组织。

市级城市政府文化管理机构设置一般主要包括文化局、广电局、新闻出版局。县级城市政府文化管理机构设置与市级城市设置基本一致，大同小异，主要是文化局、广电局（电视台）等。

从本质上看，党的城市文化管理组织与政府的城市文化管理组织的功能和地位基本相同，都是对城市文化进行宏观管理，在文化管理主体系统中都居于主导地位。但两者关注的侧重点有所区别，就管理本身而言，党的城市文化管理组织对城市文化的管理比较间接，侧重于文化发展宏观政策的制定和总体发展方向的把握；政府的城市文化管理组织对城市文化的管理则显得更为直接，重点在于城市文化基本政策的实施与落实。

其三，关于城市群众文化管理组织。

主要包括城市文化社团组织、城市社区的文化组织、城市企业的文化组织等。城市文化社团组织既有如文联、作协这样的由政府帮助组建、并在一定程度上接受城市政府领导和资助的半官方机构，也存在如书画社、摄影俱乐部、曲艺演出团等完全由城市文艺工作者自愿组成的、与政府没有直接隶属关系的民间组织。城市群众文化管理组织的主要功能是：为城市广大文艺工作者和爱好者提供相互学习、相互交流的机会和场所，出版相关领域的书刊和报纸；开展各种形式的文化活动和文化研究；组织城市文化相关领域的各种评奖，以有效促进文化建设；切实保障城市文化工作者和文艺爱好者的基本权益；加强本社团成员与其他社团之间的联系。

城市社区的文化组织主要由文化馆、文化活动中心、图书室等组成。文化馆是群众事业单位，其主要功能是：举办各类展览、讲座、培训等，普及科学文化知识，开展社会教育，提高社区群众文化素质，促进社区精神文明建设；组织社区开展丰富多彩的、群众喜闻乐见的文化活动；开展社区流动文化服务；指导社区群众业余文艺团队建设，辅导和培训社区群众文艺骨干；组织并指导社区群众文艺创作，开展群众文化工作理论研究；收集、整理、研究社区非物质文化遗产，开展非物质文化遗产的普查、展示、宣传活动，指导传承人开展传习活动；建成全国文化信息资源共享工程基层服务点，开展数字文化信息服务；指导社区文化中心工作，为社区文化中心培训人员，并向社区文化中心配送文化资源和文化服务；指导社区老年文化、老年教育、少儿文化工作；开展社区对外民间文化交流。社区文化活动中心主要为社区居民提供文化、体育、教育、科普等多功能服务。社区图书室不仅是读书的地方，也是居民间交流的平台，设立的目的是为居民提供信息服务，其作用在城市文化建设中不可替代。

城市企业的文化组织主要是办公室、外联部、企划设计部等，其职能是：负责公司形象塑造、维护、发展和传播企业文化；负责企业形象的设计和宣传；负责公司各类标识的设计和维护负责公司参展的布景；负责公司的网站宣传。

2. 城市社会文化管理客体

（1）文化管理客体的基本内涵

文化管理客体就是文化管理主体进行管理的对象，"它是以文化为核心内容的，借助于组织、活动、项目以及政策等形式在文化继承（保护）、创制（生产）、流通和传播（消费）领域中表现出来，具有系统性、调节性，是动态发展的客观存在，与文化管理主体构成主客体的管理范畴，是文化管理主体的作用对象。"① 文化管理客体的自身结构和文化管理客体之间的结构都具有系统性。首先，文化管理客体在构成要素上具有自身特定的结构，如文化事业系统就是由文化馆、图书馆、科技馆、博物馆等一系列文化设施和必要的文化教育与文化服务作为补充而共同构成的，通过彼此功能的协调来保证文化事业职能的发挥。其次，文化管理客体强调彼此之间功能的文化互补性，如文化事业和文化产业之间在功能上具有互补性与相互促进作用，文化事业保证人民群众的基本文化需求和权益，而文化事业的发展壮大有助于解放和发展文化生产力，最大限度地满足民众多层次、多样化的文化需求，从而整体上保障文化功能的充分发挥。文化管理客体与文化管理主体之间是一种辩证统一的关系，文化管理客体在管理目标和管理手段上都是文化管理主体的被动的作用对象，但在这一作用过程中，它不是简单地受动，而是在其主体性的影响下，从管理取向和管理手段等方面发挥着能动的反作用。

（2）文化管理的外延

由于文化管理客体内部具有内容和功能的多样性特点，这为学界提供了用不同标准划分文化管理客体类型的可能性。参考刘吉发等《文化管理学导论》中的观点，一般而言，我们可以从文化管理客体的内容体系、要素特征以及管理客体的发生流程等标准来了解其外延分类。

第一，按照文化管理客体的内容，可以将文化管理客体大致上分为两大部分：文化事业和文化产业。"文化事业是中国特色社会主义文化建设的重要组成部分，是中国特有的文化概念，主要指由政府宏观领导和直接控制的文化艺术活动和文化建设事业，是国家意识形态的表现，具有突出的时代性、民族性、服务性和公共性特点。"② 它由文化设施和文化教育两个层次所构成。文化设施主要包括各级文化馆、群艺馆、图书馆、博物馆、科技馆、文化广场等；文化教育包括基础教育和专业领域的文化艺术教育等。文化事业是通过建设比较完善的公共文化服务体系来满足广大人民群众的基本文化需求，为社会主义建设提供精神动力和

---

① 刘吉发、金栋昌、陈怀平：《文化管理学导论》，中国人民大学出版社 2013 年版，第65—66 页。

② 田川流、何群：《文化管理学概论》，云南大学出版社 2006 年版，第 83 页。

智力支持。文化产业是文化事业中可以经营的内容，具有明显的经济属性。文化产业在西方早已成为国民经济中重要的经济支柱，被誉为21世纪的"朝阳工业"，但在我国很长时间都没有文化产业的明确概念或意识。随着社会主义市场经济体制的建立和文化管理体制改革的深化，中共十七届六中全会提出要将文化事业与文化产业共同发展好，双轮驱动，促进社会主义特色文化健康有序发展，不断满足人民的精神和文化消费需求水平。国家统计局2004年发布的《文化及相关产业分类》"将文化产业划分为文化产业核心层、文化产业外围层和相关文化产业层三个层次"①，包括新闻服务、出版发行和版权服务、广播电视电影服务、文化艺术服务、互联网信息服务、文化休闲娱乐服务、其他文化服务、文化用品设备及相关产品的生产和文化用品设备及相关文化产品的销售等九大类别。文化产业的发展不仅可以满足不同群体多层次、多样化的文化需求，而且能够推动区域经济的增长和社会经济的稳定持续发展。

第二，根据文化管理客体的要素特征，可以将文化管理客体分为文化服务、文化活动、文化组织以及文化工作者等。文化服务可以分为有形的文化产品和无形的文化服务两种表现形态。有形的文化产品是指书籍、光盘、工艺品等以物质形态呈现的文化消费和享受的物品；无形的文化服务则主要是指现场的文艺表演、网上冲浪等文化消费和娱乐活动等。根据不同划分原则，文化服务可以有如下几种分类方式：按照性质的不同分为公益性文化服务和非公益性文化服务；按照地域不同可以分为境内文化服务和境外文化服务；按照文化产业结构层次分为核心文化产品和服务、外围文化产品和服务、相关文化产品和服务。文化活动是加强文化交流、促进文化发展的重要形式。根据文化活动性质，可以将其分为文化公益活动和文化经济活动：文化公益活动一般属于群众文化性质，社会效益是第一选择，体现文化传播和交流的公益性；文化经济活动是通过文艺演出、图书促销、文化旅游、民间艺术活动等各种文化交易活动，满足各种层次的文化需求。文化组织是直接承担文化产品和服务的提供者，是文化管理体系中文化管理主体作用于客体的桥梁和纽带。文化工作者则承担文化活动和文化服务各个环节的工作，根据文化

①　胡惠林：《文化产业学》，高等教育出版社2006年版，第65页。

工作的性质，可以将文化工作者分为文化生产者、文化流通者和文化服务者。文化工作者的主要任务就是通过探寻文化艺术发展规律，引导文化消费者树立健康和谐的消费理念和培育良好的文化消费习惯。

第三，根据文化管理客体的发生流程分为文化的生成、流通和享受三个阶段，实际上是对文化过程的管理。文化的生成既是对传统文化的继承，亦包含对传统文化的创新，通过对传统文化不断吸收、融合和改造创新，充实和完善文化的内涵。文化的流通是文化生成的进一步延伸和扩展，借助文化由自体向他体流动，实现文化由一元传播向多元传播转化，从而使文化的影响力获得逐步提升。文化的享受是文化产生辐射渗透作用的重要途径，同时也是文化发展的阶段性状态。通过对文化生产、文化流通和文化享受的管理，能够保证文化生成的持续性和发展性、文化流通的放射性和拓展性，保证文化的永续性发展和超越。

3. 公益性文化事业

中国要建设社会主义现代化强国，实现中国梦，不仅需要经济、军事的强大，更需要文化的强大。而要建设文化强国，就必须发展繁荣本民族公益性文化事业，让人民群众的基本文化权利得到充分保障。《中共中央关于深化文化体制改革、推动社会主义文化大发展大繁荣若干重大问题的决定》中明确提出："满足人民基本文化需求是社会主义文化建设的基本任务。"这既是党和政府的根本职责，也是社会文明发展进步的显著标志。

（1）公益性文化事业的内涵

要论述清楚公益性文化事业的内涵，首先应该明白什么是文化事业。这一概念是一个具有浓厚中国特色的术语，是我国政治经济体制当中存在的文化事业单位的集合名词。对于文化事业这一概念可以从两个方面理解：从内容上说，它是指具有一定目的性和规模性的对社会发展产生影响的一系列文化娱乐活动；从形式上说，它又是指具体的文化事业组织。文化活动所依托的载体是文化事业单位，国务院于2004年修改后公布的《事业单位登记管理暂行条例》给文化事业单位下的定义是："事业单位是指国家为了社会公益目的，由国家机关举办或者其他组织利用国有资产举办的，从事教育、科技、文化、卫生等活动的社会服务组织。"

文化事业也有广义和狭义之分，广义的文化事业包括科技业、教育业、文化业、卫生业等内容；而狭义的文化事业则是指公益性的文化事业，主要包括图书馆、博物馆、文化科技艺术以及学术性研究等。我国文化事业的内涵伴随时代的变化和社会的发展也在不断发展与改变。计划经济时代，我国文化领域仅有事业单位唯一体制；改革开放以来，随着政治体制、经济体制改革的不断深入，文化事业的内涵得以不断拓展，特别是"2000 年 10 月中共十五届五中全会通过的《中共中央关于制定国民经济和社会发展第十个五年计划的建议》中首次出现'文化产业'一词后，文化事业和文化产业以两种不同类型的文化形式分类指导和管理"。① 文化事业的本质特征和范畴体系更加明确清晰。结合上述相关内容，刘吉发等将公益性文化事业的定义表述为：国家为了公益目的而由国家机关举办或其他组织利用国有资产举办的，具有非营利性质的，旨在维护广大人民群众基本文化权益的文化活动及其载体的结合。② 也有学者作如下的表述："公益性文化事业是指国家从社会公益目的出发，由国家机关或社会兴办的非营利性的文化事业组织及其所开展的各项活动。"③ 其基本内涵和外延都没有多大差别。

关于公益文化事业所涉及的范围，一般认为大致包括五个方面：第一是传播和弘扬具有中国特色社会主义意识形态和价值观所需要的文化产品及其服务；第二是社会公益性文化事业，如公共图书馆、博物馆和艺术馆等；第三是丰富和满足民众基本文化需求的大众文化、群众文化活动等；第四是专业性强、艺术水准高的高雅文化或精英文化，如音乐、美术、文艺理论等；第五是需要保护与传承的优秀传统文化及遗产、地域性特色文化、民族民间艺术等。

也有学者将其内容归纳为四个方面："一是以国家和政府工具的身份在宣扬社会主义意识形态和价值观念的过程中所必备的文化设施和活动，如党报党刊以及广播、电视；二是相对简单的公益性文化事业，如公共

---

①　郭珉媛：《论公益性文化事业的部门发展战略构想》，《前沿》2008 年第 11 期，第 127 页。

②　参见刘吉发、金栋昌、陈怀平《文化管理学导论》，中国人民大学出版社 2013 年版，第 73 页。

③　刘春静、高艳萍：《提高居民文化素质、大力培育我省新兴文化消费市场的调研》，《理论探讨》2010 年第 1 期，第 119 页。

图书馆、科学宫、博物馆等提供的文化产品和服务；三是用来满足人民群众文化娱乐需求的群众文体活动，如公益文化演出和娱乐活动等；四是需要国家保护的具有特色的民间艺术或优秀传统文化，如作为国粹的京剧、昆剧等文化事业单位。"[1]

也有人认为公益性文化事业的范畴体系由三个方面所构成：一是"国际社会基本一致的福利性文化事业"，例如，城市和社区各级别的公共图书馆、博物馆、科技馆、文化馆、艺术馆、文物古迹、文化广场以及文化公园等为人们提供的文化产品和相关服务；二是"为丰富广大人民群众业余生活所需要的各种基层文化、群众文化活动及载体"，如，工人体育馆、工人文化宫、青少年文化宫、妇女儿童活动中心、职工活动中心、党员之家等；三是"反映民族特色和国家水准的高层次高品位的高雅文化及其载体"[2]，如，中国京剧院、中央歌剧院、中央芭蕾舞团、宜昌三峡国际大剧院、荆州楚剧团、涪陵大剧院、湘西州民族歌舞团等。

这三种概括并没有本质差异，其目的都是为了便于文化领域的分类管理，为推动公益文化事业的健康发展寻找理论支持和现实依据。

（2）公益性文化事业与经营性文化产业的区别

中国的文化事业包括公益性文化事业与经营性文化产业，两者相辅相成，密不可分，但同时又有本质的区别。对公益性文化事业和经营性文化产业加以明确的划分，可以有效地对其加以扶持和发展。

我国公益性文化事业与经营性文化产业的区别，主要表现在以下几个方面。

第一，生产目的差别。公益性文化事业是为普通民众提供公益性文化产品和公益性文化服务，它是根据国家和公众的需求为活动目标的。而经营性文化产业提供文化产品和文化服务是以赢利为出发点，以市场需求为转移。

第二，组织性质差异。中国公益性文化事业组织如学校、福利院、救助站等是政府的附属单位，不以经济利益为目的，其管理方式参照事

---

① 贾云贺：《中国公益性文化事业的现状与对策》，硕士学位论文，辽宁大学，2012年，第7页。

② 参见孙萍《文化管理学》，中国人民大学出版社2005年版，第151—152页。

业单位的管理。而经营性文化产业组织属于企业性质，它是以赢利为目的的组织，采用企业运营方式进行文化产品生产和经营活动。

第三，运营体制机制区别。公益性文化事业完全依赖国家财政支持，由国家提供全额资金，以寻求最高社会效益为基本原则。而经营性文化产业把利益放在优先位置，强调以最小的投入获得最大的产出为经营理念，经济效益最大化是其生产和服务的原则。

第四，资本来源的不同。资金是生产文化产品和文化服务的物质基础，无论是公益性文化事业，还是经营性文化产业都离不开资本的支持。公益性文化事业的主要资本来源于国家，不同体制下的中、西方国家在此问题上都一样，概莫能外。而经营性文化产业的资金来源，则因社会制度的不同而有较大差别。在中国社会主义市场经济条件下，经营性文化产业的资本可以从银行、企业、民间等不同的渠道和经济成分中获得。

第五，调控方式的差异。公益性文化事业一般是由国家采取行政命令的方式直接加以调控管理，政府对其生产的文化产品和提供的文化服务有明确的要求，从事公益性文化事业活动的组织和个人不得擅自行事。而政府对于经营性文化产业大都采取间接的调控方式，通过从宏观政策和法律规范上对其活动加以引导、规范和限制，对经营性文化产业起到推动和指导的作用。[①]

4. 经营性文化产业

在文化实力成为世界各国综合国力竞争重要因素的今天，许多国家特别是西方发达国家早已经把文化产业作为本国的重点发展的产业甚至是支柱性产业，并且创造出了非常可观的经济效益和社会效益。虽然中国的文化产业起步较晚，但党和政府对其能够增强民族文化活力、显示国家发展潜力的认识越来越深刻，中共十八大特别强调"要深化文化体制改革，解放和发展文化生产力"[②]，就充分证实了这一点。作为两种文化服务类行业之一的经营性文化产业被称为"无烟工业""朝阳产业"，

---

① 参见贾云贺《中国公益性文化事业的现状与对策》，硕士学位论文，辽宁大学，2012年，第7—8页。

② 《坚定不移沿着中国特色社会主义道路前进　为全面建成小康社会而奋斗》，人民出版社2012年版，第31页。

在世界经济活动中扮演着越来越重要的角色。

（1）关于经营性文化产业的内涵

文化产业这一概念是在 20 世纪 40 年代中期由法兰克福学派的霍克海默和阿多诺最早提出来的。随着文化产业的蓬勃发展，对于文化产业的理论探讨也在不断创新，出现许多不一样的阐述、分析和定义，如在英国、新西兰、新加坡、中国香港等国家和地区，文化产业被称为"创意产业"；在韩国则被称为"文化内容产业"。各个国家和地区对文化产业的定义各不相同，联合国教科文组织将其定义为按照工业标准生产、再生产、储存以及分配文化产品和服务的一系列活动。我国的学者一般将其定义为：主要是通过市场机制、遵循价值规律，通过生产公众喜爱的文化产品，以市场交换的方式来进行经营的新兴产业。公众通过购买文化服务，满足自己的精神需求；企业通过提供文化产品和文化服务，获得所追求的利润。从理论上讲，与公益性文化产品主要满足公众的基本文化需求不同，经营性文化产业满足的是公众较高的文化需求。尽管中外学者以及政府部门对"经营性文化产业"的概念存在着分歧，但对其内涵也存在着基本共识，一般都承认经营性文化产业的内涵有如下几个特点。

首先，经营性文化产业从本质上说是一种文化经济形态，它是采取市场化的原则，通过提供文化产品和文化服务来实现自己的价值（以经济价值为主、社会价值为辅）的一种产业形态。

其次，经营性文化产业是一种经济集合体，它是通过一系列生产、交换和分配具有符号意义的文化产品和文化服务而获取利润，实现其经济和文化价值的文化活动或行业的集合。

再次，经营性文化产业有着自身独立完整的价值链条，它是一个包含原创、批量化生产、存储、销售等多个环节的巨大且完整的产业链，通过这一产业链将文化产品的提供者、营销者和消费者有机地串联起来，形成共生共荣的利益关系体。

最后，经营性文化产业是以文化为基础、创意为内核、文化市场为导向的经济活动，它通过文化的经济化和经济的文化化实现经济与文化的互动，将文学艺术创作、欣赏与发展的艺术规律涵泳于经济规律之中，借助产业化和市场化的路径，去满足民众日益多元化的文化消费需求。

一个国家或一座城市经营性文化产业的发展，与这个国家或城市的经济发展密切相关。随着近年来三峡流域城市社会经济的高速发展，作为文化事业重要组成部分的经营性文化产业发展也日益迅速，越来越成为国民经济不可或缺的重要力量。

（2）经营性文化产业的构成系统

经营性文化产业涉及的领域非常广泛，结构体系相当复杂。我国国家统计局依据"以《国民经济行业分类》为基础、兼顾部门管理需要和可操作性、与国际分类标准相衔接"的原则将文化及相关产业分为五个层级。

第一层包括文化产品的生产、文化相关产品的生产两部分，用"第一部分""第二部分"表示；

第二层根据管理需要和文化生产活动的自身特点分为 10 个大类，用"一""二"……"十"表示；

第三层依照文化生产活动的相近性分为 50 个中类，在每个大类下分别用"（一）""（二）""（三）"……表示；

第四层共有 120 个小类，是文化及相关产业的具体活动类别，直接用《国民经济行业分类》（GB/T 4754—2011）相对应行业小类的名称和代码表示。对含有部分文化生产活动的小类，在其名称后用"＊"标出。第五层为带"＊"小类下设置的延伸层。通过在类别名称前加"—"表示，不设代码和顺序号，其包含的活动内容在表 1－2 中加以说明。

具体分类如表 1－1。

表 1－1　　　　　　　文化及相关产业的类别名称和行业代码

类别名称	国民经济行业代码
第一部分　文化产品的生产	
一、新闻出版发行服务	
（一）新闻服务	
新闻业	8510
（二）出版服务	
图书出版	8521
报纸出版	8522
期刊出版	8523
音像制品出版	8524

类别名称	国民经济行业代码
电子出版物出版	8525
其他出版业	8529
（三）发行服务	
图书批发	5143
报刊批发	5144
音像制品及电子出版物批发	5145
图书、报刊零售	5243
音像制品及电子出版物零售	5244
二、广播电视电影服务	
（一）广播电视服务	
广播	8610
电视	8620
（二）电影和影视录音服务	
电影和影视节目制作	8630
电影和影视节目发行	8640
电影放映	8650
录音制作	8660
三、文化艺术服务	
（一）文艺创作与表演服务	
文艺创作与表演	8710
艺术表演场馆	8720
（二）图书馆与档案馆服务	
图书馆	8731
档案馆	8732
（三）文化遗产保护服务	
文物及非物质文化遗产保护	8740
博物馆	8750
烈士陵园、纪念馆	8760
（四）群众文化服务	
群众文化活动	8770
（五）文化研究和社团服务	

类别名称	国民经济行业代码
社会人文科学研究	7350
专业性团体（的服务）*	9421
——学术理论社会团体的服务	
——文化团体的服务	
（六）文化艺术培训服务	
文化艺术培训	8293
其他未列明教育 *	8299
——美术、舞蹈、音乐辅导服务	
（七）其他文化艺术服务	
其他文化艺术业	8790
四、文化信息传输服务	
（一）互联网信息服务	
互联网信息服务	6420
（二）增值电信服务（文化部分）	
其他电信服务 *	6319
——增值电信服务（文化部分）	
（三）广播电视传输服务	
有线广播电视传输服务	6321
无线广播电视传输服务	6322
卫星传输服务 *	6330
——传输、覆盖与接收服务	
——设计、安装、调试、测试、监测等服务	
五、文化创意和设计服务	
（一）广告服务	
广告业	7240
（二）文化软件服务	
软件开发 *	6510
——多媒体、动漫游戏软件开发	
数字内容服务 *	6591
——数字动漫、游戏设计制作	
（三）建筑设计服务	

续表

类别名称	国民经济行业代码
工程勘察设计 *	7482
——房屋建筑工程设计服务	
——室内装饰设计服务	
——风景园林工程专项设计服务	
（四）专业设计服务	
专业化设计服务	7491
六、文化休闲娱乐服务	
（一）景区游览服务	
公园管理	7851
游览景区管理	7852
野生动物保护 *	7712
——动物园和海洋馆、水族馆管理服务	
野生植物保护 *	7713
——植物园管理服务	
（二）娱乐休闲服务	
歌舞厅娱乐活动	8911
电子游艺厅娱乐活动	8912
网吧活动	8913
其他室内娱乐活动	8919
游乐园	8920
其他娱乐业	8990
（三）摄影扩印服务	
摄影扩印服务	7492
七、工艺美术品的生产	
（一）工艺美术品的制造	
雕塑工艺品制造	2431
金属工艺品制造	2432
漆器工艺品制造	2433
花画工艺品制造	2434
天然植物纤维编织工艺品制造	2435
抽纱刺绣工艺品制造	2436

续表

类别名称	国民经济行业代码
地毯、挂毯制造	2437
珠宝首饰及有关物品制造	2438
其他工艺美术品制造	2439
（二）园林、陈设艺术及其他陶瓷制品的制造	
园林、陈设艺术及其他陶瓷制品制造 *	3079
——陈设艺术陶瓷制品制造	
（三）工艺美术品的销售	
首饰、工艺品及收藏品批发	5146
珠宝首饰零售	5245
工艺美术品及收藏品零售	5246
第二部分　文化相关产品的生产	
八、文化产品生产的辅助生产	
（一）版权服务	
知识产权服务 *	7250
——版权和文化软件服务	
（二）印刷复制服务	
书、报刊印刷	2311
本册印制	2312
包装装潢及其他印刷	2319
装订及印刷相关服务	2320
记录媒介复制	2330
（三）文化经纪代理服务	
文化娱乐经纪人	8941
其他文化艺术经纪代理	8949
（四）文化贸易代理与拍卖服务	
贸易代理 *	5181
——文化贸易代理服务	
拍卖 *	5182
——艺（美）术品、文物、古董、字画拍卖服务	
（五）文化出租服务	
娱乐及体育设备出租 *	7121

续表

类别名称	国民经济行业代码
——视频设备、照相器材和娱乐设备的出租服务	
图书出租	7122
音像制品出租	7123
（六）会展服务	
会议及展览服务	7292
（七）其他文化辅助生产	
其他未列明商务服务业 *	7299
——公司礼仪和模特服务	
——大型活动组织服务	
——票务服务	
九、文化用品的生产	
（一）办公用品的制造	
文具制造	2411
笔的制造	2412
墨水、墨汁制造	2414
（二）乐器的制造	
中乐器制造	2421
西乐器制造	2422
电子乐器制造	2423
其他乐器及零件制造	2429
（三）玩具的制造	
玩具制造	2450
（四）游艺器材及娱乐用品的制造	
露天游乐场所游乐设备制造	2461
游艺用品及室内游艺器材制造	2462
其他娱乐用品制造	2469
（五）视听设备的制造	
电视机制造	3951
音响设备制造	3952
影视录放设备制造	3953
（六）焰火、鞭炮产品的制造	

类别名称	国民经济行业代码
焰火、鞭炮产品制造	2672
（七）文化用纸的制造	
机制纸及纸板制造 *	2221
——文化用机制纸及纸板制造	
手工纸制造	2222
（八）文化用油墨颜料的制造	
油墨及类似产品制造	2642
颜料制造 *	2643
——文化用颜料制造	
（九）文化用化学品的制造	
信息化学品制造 *	2664
——文化用信息化学品的制造	
（十）其他文化用品的制造	
照明灯具制造 *	3872
——装饰用灯和影视舞台灯制造	
其他电子设备制造 *	3990
——电子快译通、电子记事本、电子词典等制造	
（十一）文具乐器照相器材的销售	
文具用品批发	5141
文具用品零售	5241
乐器零售	5247
照相器材零售	5248
（十二）文化用家电的销售	
家用电器批发 *	5137
——文化用家用电器批发	
家用视听设备零售	5271
（十三）其他文化用品的销售	
其他文化用品批发	5149
其他文化用品零售	5249
十、文化专用设备的生产	
（一）印刷专用设备的制造	

续表

类别名称	国民经济行业代码
印刷专用设备制造	3542
（二）广播电视电影专用设备的制造	
广播电视节目制作及发射设备制造	3931
广播电视接收设备及器材制造	3932
应用电视设备及其他广播电视设备制造	3939
电影机械制造	3471
（三）其他文化专用设备的制造	
幻灯及投影设备制造	3472
照相机及器材制造	3473
复印和胶印设备制造	3474
（四）广播电视电影专用设备的批发	
通信及广播电视设备批发 *	5178
——广播电视电影专用设备批发	
（五）舞台照明设备的批发	
电气设备批发 *	5176
——舞台照明设备的批发	

表1-2　　　　　　对延伸层文化生产活动内容的说明

序号	类别名称及代码		文化生产活动的内容
	小类	延伸层	
1	专业性团体（的服务）（9421）	学术理论社会团体的服务	包括：党的理论研究、史学研究、思想工作研究、社会人文科学研究等团体的服务
		文化团体的服务	包括：新闻、图书、报刊、音像、版权、广播、电视、电影、演员、作家、文学艺术、美术家、摄影家、文物、博物馆、图书馆、文化馆、游乐园、公园、文艺理论研究、民族文化等团体的服务
2	其他未列明教育（8299）	美术、舞蹈、音乐辅导服务	包括：美术、舞蹈和音乐等辅导服务
3	其他电信服务（6319）	增值电信服务（文化部分）	包括：手机报、个性化铃音、网络广告等业务服务

序号	类别名称及代码		文化生产活动的内容
	小类	延伸层	
4	卫星传输服务 (6330)	传输、覆盖 与接收服务	包括：卫星广播电视信号的传输、覆盖与接收服务
		设计、安装、 调试、测试、 监测等服务	包括：卫星广播电视传输、覆盖、接收系统的设计、 安装、调试、测试、监测等服务
5	软件开发（6510）	多媒体、动漫 游戏软件开发	包括：应用软件开发及经营中的多媒体软件和动漫 游戏软件开发及经营活动
6	数字内容服务 (6591)	数字动漫、 游戏设计制作	包括：数字动漫制作和游戏设计制作等服务
7	工程勘察设计 (7482)	房屋建筑工程 设计服务	包括：房屋（住宅、商业用房、公用事业用房、其 他房屋）建筑工程设计服务
		室内装饰 设计服务	包括：住宅室内装饰设计服务和其他室内装饰设计 服务
		风景园林工程 专项设计服务	包括：各类风景园林工程专项设计服务
8	野生动物保护 (7712)	动物园和海 洋馆、水族 馆管理服务	包括：动物园管理服务，放养动物园管理服务，鸟 类动物园管理服务，海洋馆、水族馆管理服务
9	野生植物保护 (7713)	植物园 管理服务	包括：各类植物园管理服务
10	园林、陈设艺术 及其他陶瓷制品 制造（3079）	陈设艺术陶 瓷制品制造	包括：室内陈设艺术陶瓷制品、工艺陶瓷制品、陶 瓷壁画、陶瓷制塑像和其他陈设艺术陶瓷制品的 制造
11	知识产权服务 (7250)	版权和文化 软件服务	版权服务包括：版权代理服务，版权鉴定服务，版 权咨询服务，海外作品登记服务，涉外音像合同认 证服务，著作权使用报酬收转服务，版权贸易服务 和其他版权服务。文化软件服务指与文化有关的软 件服务，包括软件代理、软件著作权登记、软件鉴 定等服务

序号	类别名称及代码		文化生产活动的内容
	小类	延伸层	
12	贸易代理（5181）	文化贸易代理服务	包括：文化用品、图书、音像、文化用家用电器和广播电视器材等国际国内贸易代理服务
13	拍卖（5182）	艺（美）术品、文物、古董、字画拍卖服务	包括：艺（美）术品拍卖服务，文物拍卖服务，古董、字画拍卖服务
14	娱乐及体育设备出租（7121）	视频设备、照相器材和娱乐设备的出租服务	包括：视频设备出租服务、照相器材出租服务、娱乐设备出租服务
15	其他未列明商务服务业（7299）	公司礼仪和模特服务	公司礼仪服务包括：开业典礼、庆典及其他重大活动的礼仪服务，模特服务包括服装模特、艺术模特和其他模特等服务
		大型活动组织服务	包括：文艺晚会策划组织服务，大型庆典活动策划组织服务，艺术、模特大赛策划组织服务，艺术节、电影节等策划组织服务，民间活动策划组织服务，公益演出、展览等活动的策划组织服务，其他大型活动的策划组织服务
		票务服务	包括：电影票务服务，文艺演出票务服务，展览、博览会票务服务
16	机制纸及纸板制造（2221）	文化用机制纸及纸板制造	包括：未涂布印刷书写用纸制造，涂布类印刷用纸制造，感应纸及纸板制造
17	颜料制造（2643）	文化用颜料制造	包括：水彩颜料、水粉颜料、油画颜料、国画颜料、调色料、其他艺术用颜料、美工塑型用膏等制造
18	信息化学品制造（2664）	文化用信息化学品的制造	包括：感光胶片的制造，摄影感光纸、纸板及纺织物制造，摄影用化学制剂、复印机用化学制剂制造，空白磁带、空白磁盘、空盘制造
19	照明灯具制造（3872）	装饰用灯和影视舞台灯制造	包括：装饰用灯（圣诞树用成套灯具、其他装饰用灯）和影视舞台灯的制造
20	其他电子设备制造（3990）	电子快译通、电子记事本、电子词典等制造	包括：电子快译通、电子记事本、电子词典等电子设备的制造

续表

序号	类别名称及代码		文化生产活动的内容
	小类	延伸层	
21	家用电器批发（5137）	文化用家用电器批发	包括：电视机、摄录像设备、便携式收录放设备、音响设备等的批发
22	通信及广播电视设备批发（5178）	广播电视电影专用设备批发	包括：广播设备、电视设备、电影设备、广播电视卫星设备等的批发
23	电气设备批发（5176）	舞台照明设备的批发	包括：各类舞台照明设备的批发

资料来源：国家统计局《文化及相关产业分类（2012）》，见国家统计局网站 2012—07—31。

与 2004 年发布的《文化及相关产业分类》把文化产业划分为九大门类相比，国家统计局 2012 年 7 月发布的《文化及相关产业分类（2012）》发生了较大变化，新的分类将文化产业划分为五个层级、十大类，依次为新闻出版发行服务、广播电视电影服务、文化艺术服务、文化信息传输服务、文化创意和设计服务、文化休闲娱乐服务、工艺美术品的生产、文化产品的辅助生产、文化用品的生产和文化专用设备的生产。每一大类又分为 50 个种类、120 个小类。可见文化产业是一个随国家经济文化发展而不断变化和发展的产业门类，它与文化工业、创意产业都有密切的联系。就文化工业与文化产业的关系看，两者是源与流的关系，文化产业是对文化工业的继承与创新，"文化产业是起始于文化工业语境，进而在产业结构中不断获取合法地位与发展空间的文化经济形态"。[①] 从创意产业与文化产业的逻辑关系言，两者应该是种与属的关系，也就是说，文化产业的外延包含创意产业的外延。按照英国创意产业专题组（Creative Industries Task Force）及英国文化、传媒与体育部所给定的"创意产业是指那些有创造性的个人运用其创造力、个人技能和才干，做出原创性的知识产权，同时这些活动有创造财富与工作机会的潜力"[②] 的定义，

① 刘吉发、金栋昌、陈怀平：《文化管理学导论》，中国人民大学出版社 2013 年版，第 82 页。

② 罗兵、温思美：《文化产业与创意产业概念的外延与内涵比较研究》，《甘肃社会科学》2006 年第 5 期，第 119 页。

创意产业主要应该包括广告业、建筑设计、艺术品与古艺术市场、手工艺术品、设计业、服装设计、电影、交互娱乐软件艺术、音乐、电视与广播、表演艺术、出版业、软件业等，这些产业门类都属于文化产业的范畴体系。同时，文化产业和创意产业的共同特性是将创新作为其发展的关键要素，通过创意或创新实现自己的价值。

第二章

三峡流域城市社会文化的特点

三峡流域内星罗棋布着一座座魅力四射、生机盎然的文化名城，几千年的发展历史孕育了它们沉潜厚重的文化底蕴，融巴楚文化、民族文化、宗教文化、码头文化、山水文化、战争文化、民俗文化、红色文化等于一体，这些与现代都市文化交相辉映，形成了独特的人文精神。山的雄壮，水的灵性，铸就了三峡流域城市社会文化独特的魅力。

第一节　三峡流域城市社会文化概述

本书所研究的三峡流域，从行政空间上看，涉及四省（市），具体来说，它是指：湖北省的恩施土家族苗族自治州及其所辖8个县市，恩施市、利川市、建始县、巴东县、鹤峰县、宣恩县、咸丰县、来凤县；宜昌市及其所辖13个县市区，西陵区、夷陵区、伍家区、猇亭区、点军区、五峰土家族自治县、长阳土家族自治县、宜都市、枝江市、当阳市、远安县、秭归县、兴山县；荆州市及其所辖8个县市区，荆州区、沙市区、江陵县、公安县、松滋市、石首市、监利县、洪湖市；荆门市所辖6个县区，东宝区、掇刀区、屈家岭管理区、沙洋县、京山县、钟祥县；神农架林区（副地级保护区）。湖南省的湘西土家族苗族自治区所辖8个县市区，吉首市、泸溪县、凤凰县、花垣县、保靖县、古丈县、永顺县、龙山县；张家界所辖4个县区，武陵源区、永定区、慈利县、桑植县；怀化市所辖13个县市区，鹤城区、洪江区、会同县、中方县、溆浦县、辰溪县、沅陵县、麻阳苗族自治县、芷江侗族自治县、靖州苗族自治县、洪江市、新晃侗族自治县、通道侗族自治县；常德市所辖9个县市区，武陵区、鼎城区、桃源县、汉寿县、安乡县、澧县、临澧县、石门县、津市。贵州省的铜仁市及其所辖10个县市区，万山区、沿河土家族自治县、德江县、印江土家族苗族自治县、思南县、石阡县、江口县、碧江区、玉屏县、松桃苗族自治县。重庆市的黔江区、涪陵区、万州区、酉阳土家族苗族自治县、秀山土家族苗族自治县、彭水苗族土家族自治县、石柱土家族苗族自治县、武隆县、丰都县、忠县、云阳县、奉节县、巫山县、开县、巫溪县等15个区县。从物理空间看，这一区域由长江三峡（瞿塘峡、巫峡、西陵峡）及乌江（又称黔江，发源于贵州省境内威宁县香炉山花鱼洞，流经黔北及川东南，在四川省涪陵市注入长江）、清江（发源于湖北省恩施土家族苗族自治州利川市之齐岳山，流经利川、恩施、宣恩、建始、巴东、长阳、宜都等7个县市，在宜都陆城汇入长江）、沅江（又称沅水，源出贵州省都匀市斗篷山，流经黔东南、黔中西沅陵县，至黔城以下始称沅江，在常德市汉寿县注入洞庭湖）等三条支流流经的地域所构成。从人员构成看，这一区域属于少数民族聚集区，域内少数民族以土家族、苗族、侗族等为主体。从经济发展水平看，这一地区主要属于高山峡谷地带，植被、物产丰富，但山大人稀，长时间交通不便，经济相对落后，属于国家重点扶贫、开发的西部区域。从文化的角度看，这一区域的先民在历史的长河中创造了辉煌灿烂的民族文化，留下大量光耀中国、享誉世界的物质与非物质文化遗产，是祖先留给后人极其宝贵的精神财富。而三峡流域城市文化正是在民族文化的滋养下逐步产生和发展起来的，并形成鲜明的区域文化特色。因此，按照地理空间分布，三峡流域城市是一个同居武陵山脉、同饮长江流水、民间风俗相似、旅游经济为主、巴楚文化同源而构成的一个有机整体。

　　三峡流域地处中国的西南部，在古代属于蜀国、巴国和楚国统治。这一流域的各个城市虽然在历史上分属不同的行政区域管理，从而创造出各不相同的政治和社会文化，但因其所处的基本环境大致相似（除湖北的荆州市、荆门市之外），地理环境是众山连绵，地势险峻，沟壑纵横，号称"八山半水一分半田"，经济基础比较薄弱；区域内的城市基本上都依大江大河而建，很长时期都依靠水路与外界连接，借助码头便利加强贸易；多数地区历史上较为封闭，与主流文化比较隔膜，物质资源也十分贫乏。如此的生活环境也造成这一区域不同于中国其他地区的地方色彩浓郁的三峡流域区域文化，如以巴蜀文化、巴楚文化、荆楚文化等为代表的地域传统文化；以土家族、苗族、侗族等为代表的民族文化；以屈原、王昭君、张居正、沈从文等为代表的名人文化；以刘备借荆州、张飞战长坂坡、关羽大意失荆州等为代表的三国文化；以夷陵大战、石牌大战等为代表的战争文化；以瞿塘峡摩崖石刻、涪陵区白鹤梁题刻、三游洞摩崖等为代表的江河文化；以荆州古城墙、钟祥明显陵、凤凰古城、三峡大坝、土家吊脚楼、苗寨、侗寨鼓楼等为代表的建筑文化；以端午节、苗族四月八、农历二十四节气等为代表的节庆文化；以土苗民歌、地域性戏曲舞蹈、制作技艺为代表的非物质文化……可以说，以武陵山区为主体的三峡流域文化不仅种类繁多，内容极为丰富，而且具有很强的共性特征和鲜明的个性色彩。

一　三峡流域物质文化遗产概观

物质文化遗产又称"有形文化遗产"，即传统意义上的"文化遗产"，根据《保护世界文化和自然遗产公约》（简称《世界遗产公约》），包括历史文物、历史建筑、人类文化遗址。

文物，从历史、艺术或科学角度看，具有突出的普遍价值的建筑物、碑刻和雕塑、书籍、书法与绘画、考古性质成分或结构、铭文、洞窟以及联合体。

建筑群，从历史、艺术或科学角度看，在建筑式样、分布均匀或与环境景色结合方面具有突出的普遍价值的单立或连接的建筑群。

文化遗址，从历史、审美、人种学或人类学角度看，具有突出的普遍价值的人类工程或自然与人联合工程以及考古等区域。

中国制定有《中华人民共和国文物保护法》（1982 年通过，2015 年最新修订），于 1985 年正式加入《保护世界文化与自然遗产公约》，并于 2002 年由文化部、国家文物局、国家计委、财政部、教育部、建设部、国土资源部、环保总局、国家林业局向各地方政府发布了《关于加强和改善世界遗产保护管理工作的意见》。

（一）三峡流域世界级物质文化遗产

世界遗产是指被联合国教科文组织和世界遗产委员会确认的人类罕见的、目前无法替代的财富，是全人类公认的具有突出意义和普遍价值的文物古迹及自然景观。《世界遗产名录》是 1976 年世界遗产委员会成立时建立的，世界遗产委员会隶属于联合国教科文组织。联合国教科文组织于 1972 年 11 月 16 日在第十七次大会上正式通过了《保护世界文化和自然遗产公约》，其目的是为了保护世界文化和自然遗产。凡提名列入《世界遗产名录》的文化遗产项目，必须符合下列一项或几项标准方可获得批准：①代表一种独特的艺术成就，一种创造性的天才杰作；②能在一定时期内或世界某一文化区域内，对建筑艺术、纪念物艺术、城镇规划或景观设计方面的发展产生过大影响；③能为一种已消逝的文明或文化传统提供一种独特的至少是特殊的见证；④可作为一种建筑或建筑群或景观的杰出范例，展示出人类历史上一个（或几个）重要阶段；⑤可作为传统的人类居住地或使用地的杰出范例，代表一种（或几种）文化，尤其在不可逆转之变化的影响下变得易于损坏；⑥与具特殊普遍意义的事件或现行传统或思想或信仰或文学艺术作品有直接或实质的联系。

中国是世界上著名的文明古国，于 1985 年 12 月 12 日加入《世界遗产公约》，并于 1999 年 10 月 29 日当选为世界遗产委员会成员。截至 2015 年 7 月底，中国已有 48 个项目被联合国教科文组织列入《世界遗产名录》，其中世界文化遗产 30 处、世界自然遗产 11 处、世界文化和自然遗产 4 处、世界文化景观遗产 3 处。其数量居全球第二，仅次于意大利的 51 处。这 48 个被列入《世界遗产名录》项目按类别和批准时间先后列表如 2 - 1 所示。

表 2 - 1　　　　　　　　中国列入《世界遗产名录》的项目

文化遗产（34 处）	
长城 1987 年 12 月	故宫（明清皇宫）1987 年 12 月
陕西秦始皇陵兵马俑 1987 年 12 月	甘肃敦煌莫高窟 1987 年 12 月
北京周口店北京猿人遗址 1987 年 12 月	西藏布达拉宫 1994 年 12 月
河北承德避暑山庄及周围寺庙 1994 年 12 月	山东曲阜孔庙、孔府及孔林 1994 年 12 月
湖北武当山古建筑群 1994 年 12 月	江西庐山风景名胜区 1996 年 12 月
云南丽江古城 1997 年 12 月	山西平遥古城 1997 年 12 月
江苏苏州古典园林 1997 年 12 月	北京颐和园 1998 年 11 月
北京天坛 1998 年 11 月	重庆大足石刻 1999 年 12 月

续表

文化遗产（34 处）	
四川青城山和都江堰 2000 年 11 月	河南洛阳龙门石窟 2000 年 11 月
明清皇家陵寝 2000 年 11 月	安徽古村落：西递、宏村 2000 年 11 月
山西大同云冈石窟 2000 年 12 月	高句丽王城、王陵及贵族墓葬 2004 年 7 月
澳门历史城区 2005 年 7 月	安阳殷墟 2006 年 7 月
开平碉楼与村落 2007 年 6 月	福建土楼 2008 年 7 月
山西五台山 2009 年 6 月	登封"天地之中"历史建筑群 2010 年 7 月
杭州西湖文化景观 2011 年 6 月	元上都遗址 2012 年 6 月
云南红河哈尼梯田文化景观 2013 年 6 月	京杭大运河 2014 年 6 月
丝绸之路 2014 年 6 月	土司遗址 2015 年 7 月

文化与自然遗产（4 处）	
山东泰山 1987 年 12 月	安徽黄山 1990 年 12 月
四川眉山—乐山风景名胜区 1996 年 12 月	福建武夷山 1999 年 12 月

自然遗产（10 处）	
湖南国家级名胜区 1992 年 12 月	四川九寨沟国家级名胜区 1992 年 12 月
四川黄龙国家级名胜区 1992 年 12 月	云南三江并流 2003 年 7 月
四川大熊猫栖息地 2006 年 7 月	中国南方喀斯特 2007 年 6 月
江西三清山 2008 年 7 月	"中国丹霞" 2010 年 8 月
云南澄江化石地 2012 年 7 月	新疆天山 2013 年 6 月

这 48 项世界遗产可分为世界文化遗产、世界自然遗产、世界文化和自然遗产、世界文化景观遗产等四大类别。悠久的历史让中国拥有了一份珍贵无比的世界文化和自然遗产，它们不仅是中国人的巨大财富，同时也是世界人民的共同瑰宝。而三峡流域竟有幸拥有 3 处世界遗产，分别是湖南武陵源国家级名胜区（武陵源风景名胜区位于中国中部湖南省西北部，由张家界市的张家界国家森林公园、慈利县的索溪峪自然保护区和桑植县的天子山自然保护区组合而成）于 1992 年 12 月被批准列入联合国教科文组织《世界遗产名录》；湖北荆门钟祥市辖区的明显陵作为

明清皇家陵寝之一于 2000 年 11 月被列入《世界遗产名录》。2015 年 7 月，联合国教科文组织世界遗产委员会在德国波恩将土司遗址（包括湖南永顺老司城、湖北唐崖土司城和贵州播州海龙屯土司遗址，前两处都在三峡流域内）列入《世界遗产名录》。下面对三峡流域进入《世界遗产名录》的 3 个项目予以简单介绍。

1. 武陵源国家级名胜区

武陵源风景名胜区位于湖南省张家界市。总面积 264 平方千米，由张家界国家森林公园、索溪峪和天子山等三大景区组成。主要景观为石英砂岩峰林地貌，境内共有 3103 座奇峰，姿态万千，蔚为壮观。加之沟壑纵横，溪涧密布，森林茂密，人迹罕至，森林覆盖率 85%，植被覆盖率 99%，中、高等植物三千余种，乔木树种七百余种，可供观赏园林花卉多达四百五十种。陆生脊椎动物五十科 116 种。区内地下溶洞串珠贯玉，已开发的黄龙洞初探长度达十一千米。武陵源以奇峰、怪石、幽谷、秀水、溶洞"五绝"而闻名于世。

湖南武陵源国家级名胜区之所以被列入世界自然遗产，其原因主要是：第一，具有突出价值的地质地貌；第二，奇特多姿的地貌景观；第三，完整的生态系统；第四，珍奇的地质遗迹景观；第五，多姿多彩的气候景观。武陵源独特的石英砂岩峰林在国内外均属罕见，在三百六十多平方千米的面积中，目前所知有山峰三千多座，这些突兀的岩壁峰石，连绵万顷，层峦叠嶂。每当雨过天晴或阴雨连绵天气，山谷中生出的云雾缭绕在层峦叠嶂之间，云海时浓时淡，石峰若隐若现，景象变幻万千。武陵源水绕山转，据称仅张家界就有"秀水八百"，众多的瀑、泉、溪、潭、湖各呈其妙。金鞭溪是一条十余千米长的溪流，从张家界沿溪一直可以走到索溪峪，两岸峡谷对峙，山水倒映溪间，别具风味。

武陵源的溶洞数量多、规模大、极富特色，其中最为著名的是索溪峪的"黄龙洞"。黄龙洞全长 7.5 千米，洞内分为四层，景观奇异，是武陵源最为著名的游览胜地之一。

2. 明显陵

明显陵位于湖北省钟祥市城东 5 千米的纯德山，是明世宗嘉靖皇帝的父亲恭睿皇帝和母亲章圣皇太后的合葬墓，始建于明正德十四年（1519），陵墓面积 1.83 平方千米，是我国中南地区唯一的一座明代帝王陵墓，是我国明代帝陵中最大的单体陵墓。其"一陵两冢"的陵寝结构，为历代帝王陵墓中绝无仅有。明显陵的建筑格局，从整体看，宛如一个巨大的"宝瓶"，分内外围城，外围城高6米、宽1.8米、长三千五百余米，红墙黄瓦，随山势起伏，雄伟壮观。外围城南端为两重陵门，称新、旧红门。红门内状似游龙的龙形神道连接陵寝，神道两侧建有龙凤门、石雕文武臣、将军、立马、臣马、麒麟、象、骆驼、狮子、獬豸、华表、御碑亭及龙行神道，九曲河蜿蜒其间，其上架有五道汉白玉石拱桥。内围城建有棱恩门、棱恩大殿、明楼、茔城、瑶台等，建筑宏大，雄伟壮观。特别是呈"8"字形的两大茔城，两座隐秘的地下玄宫由瑶台相连，神秘莫测，隐藏着一段动人心魄的宫廷历史。外围城外，原建有陵卫、更铺、军户、礼生乐户等。明显陵布局巧夺天工，工艺浮雕精美绝伦。优美的自然风光，神奇的风水宝地，雄伟的皇帝陵寝，动人心魄的明宫故事，令游人心迷神摇流连忘返。2000年11月30日，在澳大利亚凯恩斯召开的第24届世界遗产委员会会议做出决定，将中国的三处明清皇家陵寝——明显陵（湖北钟祥市）、清东陵（河北遵化市）、清西陵（河北易县）列入世界遗产名录。

3. 土司遗址

以湖南永顺老司城遗址、湖北唐崖土司城遗址和贵州播州海龙屯遗址为代表的土司遗址是中国最新晋级进入《世界遗产名录》中的世界文化遗产。2015年7月4日，联合国教科文组织世界遗产委员会成员在德国波恩一致通过土司遗址入选世界文化遗产名录。世界遗产委员会认为，土司遗址反映了13—20世纪初期古代中国在西南群山密布的多民族聚居地区推行管理少数民族地区的政治制度。土司遗址系列遗产中的湖北唐崖土司城遗址位于咸丰县尖山乡（现改名唐崖镇）唐崖河畔，所辖范围方圆近100千米，是14世纪至18世纪土家族著名首领唐崖覃氏土司的政治、经济、军事和文化中心，占地规模约0.8平方千米。唐崖土司城遗址保存非常完整，城中街巷至今仍清晰可见，遗址拥有三街十八巷三十六院，建有衙署、宫言堂、大小衙门、存钱库、牢房、阅书院靶场、箭道、左右营房、万兽园等，也因此被故宫博物院原院长、著名考古学家张忠培先生誉为"小故宫"。

土司遗址系列中的老司城遗址位于湖南省湘西土家族苗族自治州永

顺县，是湖广地区土司体系中的最高职级机构——宣慰司的治所遗址，永顺宣慰司土司为彭氏家族，属民以土家族为主，是当代国内规模最大、保存最完整、历史最悠久的古代土司城遗址。北京故宫博物院原院长、中国考古理事会理事长张忠培说："老司城是西南少数民族地区保存最为完整的军事性城堡，是中国南方少数民族地区最具典型性的古文化遗存。老司城遗址及溪州铜柱，是研究土家族历史文化、中国土司制度及区域民族自治制度的珍贵实物资料……从综合的角度来看，我们世界文化遗产还没有这种类型的，这是中国一个很有特色的类型。"① 留存至今的土司城寨及官署建筑遗存曾是中央委任、世袭管理当地族群的首领"土司"的行政和生活中心，其中湖南永顺老司城遗址、湖北恩施唐崖土司城址、贵州遵义海龙屯是相对集中于湘鄂黔交界山区的代表性土司遗址，在选址特征、整体布局、功能类型、建筑形式、材料和工艺等方面既展现出当地民族鲜明的文化特色，又在此基础上表现出显著的土司统治权力象征、民族文化交流和国家认同等土司遗址特有的共性特征，是该历史时期土司制度管理智慧的代表性物证。土司遗址系列遗产见证了古代中国作为统一多民族国家，对西南山地多民族聚居地区独特的"齐政修教、因俗而治"的管理智慧，这一管理智慧促进了民族地区的持续发展、有助于国家的长期统一，并在维护民族文化多样性传承方面具有突出的意义。

（二）三峡流域国家级历史文化名城

国家历史文化名城是 1982 年根据北京大学侯仁之、建设部郑孝燮和故宫博物院单士元三位先生提议而建立的一种文物保护机制，是由中华人民共和国国务院确定并公布的。被列入国家历史文化名城名单的均为保存文物特别丰富、具有重大历史价值或者纪念意义、且正在延续使用的城市。这些城市有的曾被各朝帝王选作都城；有的曾是当时的政治、经济重镇；有的曾是重大历史事件的发生地；有的因拥有珍贵的文物遗迹而享有盛名；有的则因出产精美的工艺品而著称于世。作为一个完整的概念，"历史文化名城是指一座城市应该具有重要的历史文化价值，有清晰和绵延不断的历史延续性，有独特的历史人文景观和建筑风貌，有

① 张忠培：《规模最大土司王城：湖南永顺土司城遗址》，《中华民居》2014 年 5 月刊。

重要的历史文化纪念标志物和承载体，有比较丰富和多样的文化风俗和文化仪式活动，有相当数量的非物质文化遗产传承，有鲜明的城市精神文化内涵。历史文化名城的文化状态要和所处区位的人文地理、经济地理、自然地理环境有很高的关联度，是历史上在关联区域内重要的军事、政治、文化、社会习俗的节点和中心。他们通常可以代表关联区域的基本文化特征，可以反映出特定范围内的历史文化生活和当代社会文化生活的价值内涵。"① 文化名城的价值和意义主要通过城市的物质形态、行为方式、制度形态以及精神内涵等多个层面加以表现和实现。

三峡流域城市群具有悠久的历史和特色鲜明、底蕴深厚的文化。其中一些城市或至今依然保存着十分丰富的文物资源，或具有重大历史价值，或承载着厚重的民族文化。如湖北荆州市（江陵）是国务院 1982 年 2 月 8 日公布的第一批 24 座国家历史文化名城之一；湖北钟祥市是 1994 年 1 月 4 日公布的第三批 37 座国家历史文化名城之一；湖南凤凰县于 2001 年 12 月 17 日被增补为国家历史文化名城。而该流域内省级历史文化名城更是蔚为大观。这是对三峡流域城市的历史特色和文化价值的充分肯定。

中国是世界上仅有的文明古国之一，其五千多年的悠久历史孕育了许多或文化底蕴深厚，或具有重大历史和文化价值的名城。关于历史文化名城确定的标准，1982 年颁布的《中华人民共和国文物保护法》中明确规定："历史文化名城是保存文物十分丰富、具有重大历史价值和革命意义的城市。"在具体审定工作中要掌握以下几点"审定原则"。第一，不但要看城市的历史，还要着重当前是否保存较为丰富、完好的文物古迹和具有重大历史、科学、艺术价值。第二，历史文化名城和文物保护单位是有区别的。作为历史文化名城的现状格局和面貌应保存着历史特色，并具有一定的代表城市传统风貌的街区。第三，文物古迹主要分布在城市市区或郊区，保护和合理使用这些历史文化遗产对该城市的性质、布局、建设方针有重要影响。到目前为止，国务院已经先后审批、公布三批并不断增补共计 113 座国家级历史文化名城。

第一批（1982 年 2 月 8 日由国务院批准公布 24 个）：北京、承德、

---

① 陈宇飞：《城市文化概论》，文化艺术出版社 2008 年版，第 149 页。

大同、南京、苏州、扬州、杭州、绍兴、泉州、景德镇、曲阜、洛阳、开封、江陵、长沙、广州、桂林、成都、遵义、昆明、大理、拉萨、西安、延安。

第二批（1986 年 12 月 8 日由国务院批准公布 38 个）：上海、天津、沈阳、武汉、南昌、重庆、保定、平遥、呼和浩特、镇江、常熟、徐州、淮安、宁波、歙县、亳州、寿县、福州、漳州、济南、安阳、商丘、南阳、襄樊、潮州、阆中、宜宾、自贡、镇远、丽江、日喀则、韩城、榆林、武威、张掖、敦煌、银川、喀什。

第三批（1994 年 1 月 4 日由国务院批准公布 37 个）：邹城、正定、邯郸、新绛、代县、祁县、哈尔滨、吉林、集安、衢州、临海、长汀、赣州、青岛、聊城、临淄、郑州、浚县、随州、钟祥、岳阳、肇庆、佛山、梅州、雷州、柳州、琼山、乐山、都江堰、泸州、建水、巍山、江孜、咸阳、汉中、天水、同仁。

增补批（2001—2011 年陆续增补的中国的国家级历史文化名城 14 个）：山海关、秦皇岛市、凤凰、濮阳、安庆、泰安、海口、颍州、金华、绩溪、吐鲁番、特克斯、无锡、南通、北海、宜兴、嘉兴、太原。

这些历史文化名城是生活在这些城市的一代代先辈不断积累留存下来的珍贵遗产，具有非常重要的历史、文化、科学、教育以及美学价值。而在三峡流域这片神奇的土地上，能够拥有江陵（荆州）、钟祥、凤凰等数座弥足珍贵的历史文化名城，不仅能够极大提升该地区的文化影响，而且可以利用其丰富多样的文化资源促进当地经济持续健康发展。

1. 江陵（荆州）

江陵是荆州的古称。它是春秋战国时楚国都城所在地，位于湖北省中南部，南临浩浩长江，北有悠悠汉水，东接百里洞庭，西靠三峡崇岭，自古以来就是江汉平原的经济和文化重镇；是湖北省五大区域性中心城市之一、国务院公布的首批 24 座中国历史文化名城之一、湖北三峡城市圈重要的一员、中国中南地区重要的工业生产基地和轻纺织基地，素有"长江经济带钢腰"之称。2012 年入选"2012 年度中国特色魅力城市 200 强"。

江陵（荆州）是一座历史悠久、文化灿烂的文明古城，建城历史长达两千七百余年，是楚文化的发源地和三国文化的中心。早在公元前 689

年，楚文王便建都于郢（现荆州区纪南城），前后历经 20 位楚王，在此定都时间长达 411 年之久，创造了堪与古希腊雅典文化相媲美的楚文化。江陵一开始就是大国都城，是当时南方最大的都会。春秋中期楚国北上争霸，得到中原许多小国的追随，灭国达五十余个之多，差不多将汉水以北的姬姓小国吞并殆尽。故史书云："汉阳诸姬，楚实尽之。"周顷王六年（前 613）楚庄王继位，楚国进入全盛时期，庄王率师北伐，"观兵于周郊"，向周王"问鼎小大轻重"；大败晋师于邲；包围宋都九个月，迫其终降楚，楚国由此成为"春秋五霸""战国七雄"之一。战国后期，在秦国日益富强的同时，楚国却走向衰落。秦昭王二十九年（前 278），秦将白起先后攻入鄢郢与纪郢，尽毁都城，史称"白起拔郢"。自此，楚国四百余年的辉煌历史一去不复返。西汉初曾在此封有两代临江王，但为时不长。三国时期，荆州为群雄逐鹿之地，境内三国文化遗存遍布。江陵建都的第二个高潮始自东晋，终于南北朝，先后有晋安帝、齐和帝、梁元帝短期移都于此，这几个朝代领域广大，江陵成为当时中国南方仅次于建康（今南京）的第二政治中心。恭帝元年（554），西魏破江陵城，梁元帝自焚，江陵遭受一次浩劫。西魏立萧詧（555—562 年在位）为梁主，年号大定。隋末唐初又有萧铣重建的梁国，存在仅 3 年。唐代设江陵县为荆州治，是当时中国南方重镇，唐肃宗时在 760 年及 762 年曾两度设为南都江陵府，是唐代五都之一。江陵建都的最后高潮在五代，五代十国中的荆南（南平）国就在江陵。唐哀宗天祐三年（906）朱温以高季兴为荆南节度使，高氏从此占有荆州。后来后梁曾封季兴为渤海王，后唐封其为南平王。荆南地域狭小，但经济颇为繁荣，是诸大国间的缓冲国。宋设江陵府。明、清置荆州府。建文帝曾迁封辽王于此，历八王 180 年。1949 年沙市镇划出成立沙市市，其轻工业发达，在 20 世纪 80 年代迅速崛起，号称"三楚明星城市"。1994 年合江陵与沙市为荆沙市。1996 年更名为荆州市。

荆州市有十分丰富的文化遗产，如荆州古城墙、荆州博物馆、战国楚王墓、关帝庙、张居正故居等。荆州古城墙被国务院公布为全国重点文物保护单位，因墙体保持完整，形制完备，在中国七大古城墙中排名第二，被专家们誉为"中国南方不可多得的完璧"。荆州博物馆馆藏文物非常丰富，文物珍品陈列独具地域特色，考古研究成果丰硕，居于中国地市级"十佳博物馆"之首。出土珍贵文物十二万余件，其中有战国丝绸、吴王夫差矛、战国秦汉漆器、中国也是世界上最早的数学专著《算数书》和萧和"二年造律"的《二年律令》等汉初简牍，以及迄今为止保存年代最久远、最为完好的西汉男尸。张居正故居位于古城东大门内，由于历史原因，其故居毁于战乱。后由荆州市重建张居正故居，并恢复其原有建筑景观布局，包括大学士府、九鸟苑、陈列馆、文化艺术碑廊、首辅论证群雕等。走道两侧有翁仲（石人）、石马及其他镇墓石兽，距中心约半径 15 米处有垒筑之 3 米高土墙。鉴于其生前功绩卓著，墓筑于万历十年（1582），石碑高 4.7 米，镌刻有"明相太师、太傅张文忠公之墓"，有石雕香炉、蜡台，以便于供奉祭祀。

2. 凤凰古城

现代著名文学家沈从文先生在其《边城》中有这样一段描述："若从一百年前某种较旧一点的地图上寻找，当可有黔北、川东（今为渝东南）、湘西一处极偏僻的角隅上，发现一个名为'镇竿'的小点，那里同别的小点一样，事实上应当有一个城市，在那城市里，安顿下三五千人口……"这就是颇有几分神秘色彩的、曾被新西兰著名作家路易·艾黎称赞为中国最美丽小城——凤凰古城。

凤凰古城位于湖南省湘西土家族苗族自治州的西南部，因背靠的青山酷似一只展翅欲飞的凤凰而得名，是一个以苗族、土家族为主的少数民族聚居地。早在春秋战国时期，凤凰为"五溪苗蛮之地"，属楚国疆域。秦一统天下，分天下为 36 郡，凤凰当时属黔中郡。两汉至宋代，其归属间或小有变化，但基本属于武陵郡。明朝承元制，设五寨长官司和竿子坪长官司，属保靖宣慰司管辖。明永乐三年，置竿子坪长官司，仍属保靖宣慰司管辖。明隆庆三年，在凤凰山设凤凰营。清朝顺治年间在五寨司设镇竿协副将。清康熙三年，为辰沅永靖道治。康熙三十九年，又将沅州镇总兵官移驻五寨司城，将镇竿副将换防驻沅州。康熙四十三年，苗人向化，裁去土司，置凤凰营于今县城，在凤凰山的原凤凰营地设置通判。雍正七年，设辰沅永靖兵备道。乾隆元年，改沅州为府属兵备，十六年改凤凰营为凤凰厅，通判升为同知。嘉庆二年，凤凰厅升为直隶厅，属湖南布政使司。新中国成立后凤凰古城初属沅陵专区，1955年划归湘西苗族自治州，1957 年改属湘西土家族苗族自治州至今。

　　凤凰古城与吉首的德夯苗寨、永顺的猛洞河、贵州的梵净山相毗邻，是怀化、吉首、贵州铜仁三地之间的必经之路。高速路、国道和湘黔省道从县境穿越而过，铜仁大兴机场距县城仅 27 千米，交通非常便利。古城以风景秀丽、历史悠久而著称于世，名胜古迹不可胜数。城内，古代用紫红沙石砌成的城楼、沿沱江边而建的吊脚楼群、明清古院落风采依然，古老朴实的沱江千古以来静静地流淌，滋养着这片神奇的土地和人民；城外有南华山国家森林公园、城下艺术宫殿奇梁洞、建于唐代的黄丝桥古城、举世瞩目的南方长城等风景区。这里不仅风景优美，有着土、苗等少数民族的浓郁风情，而且人杰地灵、贤达辈出。有为维护民族尊严怒斩外国不法传教士的一品钦差大臣、贵州提督田兴恕；有定海浴血抗英、万古流芳的民族英雄郑国鸿；有民国第一任民选内阁总理、"湖南神童"熊希龄；还有现当代文学巨匠沈从文、国画大师黄永玉……它与云南丽江古城、山西平遥古城媲美，享有"北平遥，南凤凰"的美誉。2001 年，凤凰古城被授予国家历史文化名城称号，国家 AAAA 级景区，国家物质文化遗产。凤凰古城是湖南省十大文化遗产之一，在"湘西旅游经济圈"中占据龙头老大的地位，与里耶古城、老司城共同被评为湘西旅游的三块金字招牌。

　　3. 钟祥

　　钟祥古称郢，是中国历史文化名城，中国优秀旅游城市，中国长寿之乡，世界文化遗产——明显陵所在地，也是国家可持续发展实验区、全国生态示范区、全国科技文化教育先进县（市）、省级园林城市、全国绿化模范县市、全省最佳金融信用县（市）、全国资源枯竭转型试点城市、湖北省级文明城市、湖北省级卫生城市。中华人民共和国成立后，钟祥属荆州行署管辖，1992 年 5 月撤县设市。1996 年 12 月 2 日，国务院批准将荆州市管辖的钟祥划归荆门市代管。2003 年 6 月，钟祥市成为湖北省第一批扩权市县，2007 年被国务院国资委研究室定位为发展省辖市。

　　钟祥历史文化源远流长。尧舜时期，钟祥已有石城墉基——天成石壁；春秋战国时期，城池开始营造，为楚别邑；西汉时置郢县，东汉时设竟陵郡，依山垒石筑成方城，名曰石城；三国时吴于此置牙门戍；西晋时羊祜于此置石城戍；南北朝宋时置长寿县。自此以后直至明朝的一千三百余年中，钟祥或为郡、县，或为州、府，从未间断，其沿革传承，自明朝嘉靖十年（1513）称钟祥至今已四百八十多年。钟祥是楚文化重要的发源地之一，楚文化的产生和形成有赖于钟祥这片沃土，《诗经》305篇中，就有如《关雎》《汉广》等充满楚国意绪的十数篇与钟祥有着密切的联系。刘勰《文心雕龙·时序》篇有"惟齐楚两国，颇有文学。齐开庄衢之第，楚广兰台之宫"之句，其中所说的"兰台"就雄峙于钟祥郢中，既是楚王与群臣设计国事之处，又是楚王与文人兴会抒怀之地。兰台培育了楚文化的两代文豪——屈原、宋玉，写下大量与此地风物有关的名作佳篇，精妙绝伦的屈骚、楚辞由此而被后世文人不断发扬光大。

明正德十六年武宗朱厚照驾崩，朱厚熜得以堂弟身份离开钟祥进京登基，次年改元嘉靖，是为明世宗。嘉靖十年（1531），明世宗以"风水宝地，祥瑞所钟"之意赐名家乡"钟祥"，升钟祥为承天府，与顺天府北京、应天府南京并为全国三大直辖府，为江汉、湖广的政治、经济、文化中心，盛极一时。嘉靖帝在位的近半个世纪内，于钟祥境内兴建了金碧辉煌的宫殿和极度奢华的皇陵。直到近五百年后的今天，明显陵、元佑宫、兴王宫等一批明代宫苑陵寝建筑群，依然显示着皇家的帝王气派，与郢中明建规制的城区街衢、深宅民居交相辉映，在高楼林立的现代都市中，焕发出古韵悠扬的历史神采。

（三）三峡流域国家级重点文物保护

全国重点文物保护单位是我国对不可移动文物所核定的最高保护级别——即中国国家级文物保护单位。根据《中华人民共和国文物保护法》中第十三条的规定，国务院所属的文物行政部门（国家文物局）在省、市、县级文物保护单位中，选择具有重大历史、艺术、科学价值者确定为全国重点文物保护单位，或者直接确定，并报国务院核定公布。到目前为止，国家已经前后公布七批全国重点文物保护单位名单。

1. 三峡流域内湖北四城市共有47项国家级重点文物保护单位

宜昌市（15项）：玉泉寺及铁塔、关庙山遗址、磨盘山遗址、季家湖城址、青山墓群、关陵、黄陵庙、凤凰山古建筑群、三游洞摩崖、杨守敬故居和墓、长阳人遗址、南襄城遗址、李来亨抗清遗址、杨家湾老屋、百宝寨岩屋。

荆州市（14项）：楚纪南故城、湘鄂西革命根据地旧址、八岭山古墓群、鸡公山遗址、荆州城墙、走马岭遗址、阴湘城遗址、鸡鸣城遗址、荆州三观、荆州万寿宝塔、荆江分洪闸、桂花树遗址、郢城遗址、马山墓群。

荆门市（9项）：屈家岭遗址、纪山楚墓群、明显陵、马家垸遗址、钟祥文风塔、城河遗址、龙王山遗址、苏家垄墓群、中共鄂豫边区委员会旧址。

恩施市（9项）：大水井古建筑群、建始直立人遗址、施州城址、唐崖土司城址、容美土司遗址、鱼木寨、仙佛寺石窟、五里坪革命旧址、彭家寨古建筑群。

2. 湖南更是文物大省，其国家级重点文物保护单位数量位居前列，三峡流域内的湖南四城市共有65项

湘西州（12项）：永顺溪州铜柱、老司城遗址、龙山里耶古城遗址、凤凰古城堡、沈从文故居、湘鄂川黔革命委员会旧址、保靖县四方城遗址、魏家寨古城遗址、永顺县不二门遗址、羊峰古城遗址和龙山里耶大板东汉遗址与墓葬、里耶麦茶战国墓群。

常德市（28项）：常德铁幢、城头山遗址、彭头山遗址、八十垱遗址、桃花源古建筑群、余家碑坊、虎爪山遗址、鸡公垱遗址、十里岗遗址、汤家岗遗址、三元官遗址、孙家岗遗址、鸡叫城遗址、丁家岗遗址、划城岗遗址、皂市遗址、申鸣城遗址、采菱城遗址、索县汉代遗址、九里楚墓群、青山崖墓群、南禅湾晋墓群、花瓦寺塔、夹山寺、澧州文庙、澧州古城墙、星子宫古建筑群、林伯渠故居。

张家界市（7项）：贺龙故居，湘鄂川黔革命根据地旧址，骑龙岗古墓群，普光禅寺古建筑群，田家大院，石堰坪古建筑群，红二、六军团长征出发地旧址。

怀化市（17项）：龙兴寺、马田鼓楼、向警予故居、芋头侗寨古建筑群、高庙遗址、高椅村古建筑群、洪江古建筑群、坪坦风雨桥、抗日胜利芷江受降旧址、安江农校纪念园、荆坪村古建筑群、黔城古建筑群、芷江天后宫、恭城书院、芙蓉楼、兵书阁与文星桥、白衣观。

3. 贵州省铜仁地区境内国家级重点文物保护单位

石阡县万寿宫、铜仁市东山古建筑群、松桃苗族自治县寨英古建筑群、思南县思唐镇古建筑群、万山特区汞矿遗址，以及沿河、德江、印江等县的黔东特区革命委员会旧址。

4. 三峡流域内的重庆 15 区县国家级重点文物保护单位

忠县石宝寨、丁房阙—无铭阙；涪陵区白鹤梁题刻；丰都县高家镇遗址；奉节县白帝城、瞿塘峡摩崖石刻；云阳县张桓侯庙、彭氏宗祠；巫山县龙骨坡遗址；酉阳县赵世炎故居、南腰界红三军司令部旧址；开县刘伯承故居；巫溪县荆竹坝岩棺群。

二　三峡流域城市非物质文化遗产概况

根据联合国教科文组织《保护非物质文化遗产公约》中定义：非物质文化遗产（intangible cultural heritage）指被各群体、团体，有时为个人所视为其文化遗产的各种实践、表演、表现形式、知识体系和技能及其有关的工具、实物、工艺品和文化场所。各个群体和团体随着其所处环境、与自然界的相互关系和历史条件的变化，不断使这种代代相传的非物质文化遗产得到创新，同时使他们自己具有一种认同感和历史感，从而促进了文化多样性和激发人类的创造力。

2011 年 2 月 25 日第十一届全国人民代表大会常务委员会第十九次会议通过的《中华人民共和国非物质文化遗产法》中明确指出："本法所称非物质文化遗产，是指各族人民世代相传并视为其文化遗产组成部分的各种传统文化表现形式，以及与传统文化表现形式相关的实物和场所。包括：（一）传统口头文学以及作为其载体的语言；（二）传统美术、书法、音乐、舞蹈、戏剧、曲艺和杂技；（三）传统技艺、医药和历法；（四）传统礼仪、节庆等民俗；（五）传统体育和游艺；（六）其他非物质文化遗产。"关于建立国家级"非物质文化遗产代表性项目名录"，该法认为："国务院建立国家级非物质文化遗产代表性项目名录，将体现中华民族优秀传统文化，具有重大历史、文学、艺术、科学价值的非物质文化遗产项目列入名录予以保护。"由此可见，非物质文化遗产是指各种以非物质形态存在的与群众生活密切相关、世代相承的传统文化表现形式。非物质文化遗产是以人为本的活态文化遗产，它强调的是以人为核心的技艺、经验、精神，其特点是活态流变。对其加以不同程度的保护，是为了继承和弘扬中华民族优秀传统文化，促进社会主义精神文明建设。

为使中国的非物质文化遗产保护工作规范化，2009 年国务院发布

《关于加强文化遗产保护的通知》，并制定"国家＋省＋市＋县"共4级保护体系，要求各地方和各有关部门贯彻"保护为主、抢救第一、合理利用、传承发展"的工作方针，切实做好非物质文化遗产的保护、管理和合理利用工作。我国现有的国家、省、市、县四级保护模式就是根据这一通知精神确立的。

所谓国家级非物质文化遗产名录，是经中华人民共和国国务院批准，由文化部确定并公布的非物质文化遗产名录。中华人民共和国国务院分别于2006年、2008年、2011年、2014年先后批准命名了四批国家级非物质文化遗产名录：2006年5月20日第一批国家级非物质文化遗产名录（共518项）；2008年6月14日第二批国家级非物质文化遗产名录（共计510项）；2011年6月10日第三批国家级非物质文化遗产名录（共计191项）；2014年7月16日第四批国家级非物质文化遗产名录（共计298项）。

三峡流域城市拥有非常丰富的非物质文化遗产，是生活在这片土地上的人民世世代代不断创造和积累下来的极为宝贵的精神财富。根据国家先后共四次公布的国家级非物质文化遗产名录，我们可以对三峡流域城市的非物质文化遗产情况进行一个简单梳理，从而更清楚地了解该地区文化发展的历史与现状。

从类型上分，三峡流域城市非物质文化遗产包括民间文学、民间音乐、民间舞蹈、传统戏剧、曲艺、杂技与竞技、民间美术、传统手工技艺、传统医药、民俗等，几乎包含了国家非物质文化遗产名录所列举的所有项目。从分布区域看，湖北的宜昌市、恩施土家族苗族自治州，湖南省的湘西土家族苗族自治州、怀化市，重庆的酉阳、秀山等自治县，其非物质文化遗产项目数量众多，是三峡流域城市文化的典型代表。

（一）三峡流域内湖北相关城市进入国家级非物质文化遗产名录的项目

1. 宜昌市（19项）

端午节（屈原故里端午民俗）（湖北省宜昌市、秭归县）；土家族撒叶儿嗬（湖北省长阳土家族自治县）；兴山民歌（湖北省兴山县）；下堡坪民间故事（湖北省宜昌市夷陵区）；青林寺谜语（湖北省宜都市）；宜昌丝竹（湖北省宜昌市夷陵区）；枝江民间吹打乐（湖北省枝江市）；王昭君传说（湖北省兴山县）；屈原传说（湖北省秭归县）；都镇湾故事（湖北省长阳土家族自治县）；江河号子（长江峡江号子、秭归船工号子）（湖北省宜昌市夷陵区、伍家岗区、秭归县）；锣鼓艺术（宜昌堂调）（湖北省宜昌市）；薅草锣鼓（宜昌薅草锣鼓、五峰土家族薅草锣鼓、兴山薅草锣鼓、长阳山歌）（湖北省宜昌市、五峰土家族自治县、兴山县、长阳土家族自治县）；唢呐艺术（远安呜音）（湖北省远安县）；土家族打溜子（湖北省五峰土家族自治县）；南曲（湖北省长阳土家族自治县、五峰土家族自治县）；庙会（当阳关帝庙会）（湖北省当阳市）；蚕桑习俗（嫘祖习俗）（湖北省远安县）；土家族撒叶儿嗬（湖北省五峰土家族自治县）。

2. 恩施土家族苗族自治州（15项）

薅草锣鼓（湖北省宣恩薅草锣鼓）；土家族打溜子（湖北省鹤峰围鼓）；土家族摆手舞（恩施摆手舞）（湖北省恩施市）；灯戏（湖北省恩施市）；傩戏（鹤峰傩戏、恩施傩戏）（湖北省鹤峰县、恩施市）；江河号子（长江峡江号子）（湖北省巴东县）；肉连响（湖北省利川市）；南剧（湖北省来凤县、咸丰县）；恩施扬琴（湖北省恩施市）；利川灯歌（湖北省利川市）；三棒鼓（湖北省宣恩县）；土家族吊脚楼营造技艺（湖北省咸丰县）；龙舞（地龙灯）（湖北省来凤县）；土家族撒叶儿嗬（湖北省巴东县）；绿茶制作技艺（恩施玉露制作技艺）（湖北省恩施市）。

3. 荆州市（8项）

鼓盆歌（湖北省荆州市）；马山民歌（湖北省荆州市荆州区）；啰啰咚（湖北省监利县）；说鼓子（湖北省公安县、松滋市）；荆河戏（湖北省荆州市）；铅锡刻镂技艺（湖北省荆州市）；漆器髹饰技艺（楚式漆器髹饰技艺）（湖北省荆州市）；跳三鼓（湖北省石首市）。

4. 荆门市（1项）

中医传统制剂方法（夏氏丹药制作技艺）（湖北省京山县）。

5. 神农架林区（1项）

黑暗传（神农架林区）。

（二）三峡流域内湖南相关城市进入国家级非物质文化遗产名录的项目

1. 湘西土家族苗族自治州（25 项）

土家族打溜子（湖南省湘西土家族苗族自治州）；土家族摆手舞（湖南省湘西土家族苗族自治州）；湘西苗族鼓舞（湖南省湘西土家族苗族自治州）；湘西土家族毛古斯舞（湖南省湘西土家族苗族自治州）；高腔（辰河高腔）（泸溪县）；土家族织锦技艺（湘西土家族苗族自治州）；苗族银饰锻制技艺（湖南省凤凰县）；土家族梯玛歌（湖南省龙山县）；江河号子（酉水船工号子）（湖南省保靖县）；苗族民歌（湘西苗族民歌）（湖南省吉首市）；土家族咚咚喹（湖南省龙山县）；彩扎（凤凰纸扎）（湖南省凤凰县）；剪纸（踏虎凿花）（湖南省泸溪县）；蓝印花布印染技艺（湖南省凤凰县）；苗族服饰（湖南省湘西土家族苗族自治州）；盘瓠传说（湖南省泸溪县）；土家族哭嫁歌（湖南省永顺县、古丈县）；苗画（湖南省保靖县）；土家族吊脚楼营造技艺（湖南省永顺县）；土家年（湖南省永顺县）；苗族古歌（湖南省花垣县）；挑花（苗族挑花）（湖南省泸溪县）；苗医药（癫痫症疗法、钻节风疗法）（湖南省凤凰县、花垣县）；苗族四月八（湖南省吉首市）；农历二十四节气（苗族赶秋）（湖南省花垣县）。

2. 怀化市（14 项）

靖州苗族歌鼟（湖南省靖州苗族侗族自治县）；高腔（辰河高腔）（辰溪县）；目连戏（辰河目连戏）（湖南省溆浦县）；傩戏（侗族傩戏、沅陵辰州傩戏）（湖南省新晃侗族自治县、沅陵县）；石雕（沅洲石雕）（湖南省芷江侗族自治县）；阳戏（上河阳戏）（怀化市鹤城区）；茶山号子（湖南省辰溪县）；芦笙音乐（湖南省通道侗族自治县）；侗锦织造技艺（湖南省通道侗族自治县）；侗戏（湖南省通道侗族自治县）；挑花（花瑶挑花）（湖南省溆浦县）；赛龙舟（湖南省沅陵县）；龙舞（芷江蟉龙）（湖南省芷江侗族自治县）；阳戏（上河阳戏）（湖南省怀化市鹤城区）。

3. 常德市（7 项）

澧水船工号子（湖南省澧县）；高腔（常德高腔）（湖南省常德市）；荆河戏（湖南省澧县）；常德丝弦（湖南省常德市）；花鼓戏（湖南省常德市）；孟姜女传说（湖南省津市市）；鼓盆歌（湖南省澧县）。

4. 张家界市（4项）

桑植民歌（湖南省桑植县）；仗鼓舞（桑植仗鼓舞）（湖南省桑植县）；张家界阳戏（湖南省张家界市永定区）；土家族撒叶儿嗬（湖南省桑植县）。

（三）三峡流域内贵州相关城市进入国家级非物质文化遗产名录的项目

铜仁市（7项）：花灯戏（思南花灯戏）（贵州省思南县）；傩戏（德江傩堂戏）（贵州省德江县）；木偶戏（石阡木偶戏）（贵州省石阡县）；仡佬毛龙节（贵州省石阡县）；赛龙舟（贵州省铜仁市）；农历二十四节气（石阡说春）（贵州省石阡县）；土家族民歌（贵州省沿河土家族自治县）。

（四）三峡流域内重庆相关城市进入国家级非物质文化遗产名录的项目

重庆相关区县（15项）：南溪号子（重庆市黔江区）；石柱土家啰儿调（重庆市石柱土家族自治县）；秀山民歌（重庆市秀山土家族苗族自治县）；秀山花灯（重庆市秀山土家族苗族自治县）；酉阳民歌（重庆市酉阳土家族苗族自治县）；搬运号子（龙骨坡抬工号子）（重庆市巫山县）；榨菜传统制作技艺（涪陵榨菜传统制作技艺）（重庆市涪陵区）；土家族摆手舞（酉阳摆手舞）（重庆市酉阳土家族苗族自治县）；酉阳古歌（重庆市酉阳土家族苗族自治县）；土家族吊脚楼营造技艺（重庆市石柱土家族自治县）；狮舞（高台狮舞）（重庆市彭水苗族土家族自治县）；金钱板（重庆市万州区）；玩牛（重庆市石柱土家族自治县）；苗族民歌（重庆市彭水苗族土家族自治县）；庙会（丰都庙会）（重庆市丰都县）。

以上列举的还仅仅是三峡流域城市所拥有的国家级非物质文化遗产。根据国家所建立的非物质文化遗产四级保护体系，这一区域还有数量更为庞大的非物质文化遗产进入所在地区的省级、市级和县级保护名录，而且随着国家对传统文化越来越重视，其经济价值、文化价值、社会价值被不断发现，该地区将会有更多的优秀民族文化被挖掘、整理、保护和利用，让古老的传统民族文化重新绽放绚丽的色彩。通过笔者以上的简单梳理可以看出，三峡流域城市是历史悠久的文明区域，拥有丰富多彩的各种文化遗产。作为本区域文化遗产的重要组成部分，三峡流域城市非物质文化遗产是世世代代生活于此的人们发展历史的见证和华夏文化重要的组成部分，蕴含着以土家族、苗族、侗族为主体的民族特有的精神价值、思维方式、想象力和文化意识，体现着该地区民族强大的生命力和丰富的创造力。保护和利用好这些具有鲜明民族特色的非物质文化遗产，对于继承和发扬民族优秀文化传统、增进民族间友好团结和维护国家统一、增强民族自信心和凝聚力、促进社会主义精神文明建设都具有十分重要而深远的意义。

第二节　三峡流域城市社会文化的地域性特征

一　地域文化的概念及其属性

文化具有地域性，从某种意义上说，地域性是文化的本质特征。一个国家或民族的文化，实际上是由不同地域文化构成的一个复杂的联合体，如华夏文化就是由诸如中原文化、西域文化、齐鲁文化、燕赵文化、三晋文化、三秦文化、巴蜀文化、荆楚文化、吴越文化、湖湘文化、岭南文化等无数个地域文化子系统构成的文化大系统。

经过长期创造和积累所形成的地域文化是华夏民族宝贵的精神财富，特色鲜明的地域文化正在或者已经成为区域性城市经济社会持续健康发展不可忽视的极其重要的推动力量，它不仅可以为地方城市经济的发展提供强大的精神动力和有效的智力支持，而且可以通过与所在区域的经济和社会各种方式的交流与融合，创造出新的经济价值和社会效益，推动社会生产力的不断发展。对地域文化展开的研究工作，就是"研究文化原生形态和发展过程的以空间地域为前提的文化分布。它将具有相近的生存方式和文化特征的集结作为单独的认识对象，然后进行历史的和文化学的分类和归纳，从而重建历史时期的文化景观。"① 地域文化的经济和社会价值正在被相关城市政府、学者乃至民众逐步深入地认识，研究地域城市文化、管理和利用好地域城市文化、借助地域城市文化实现区域城市经济社会的腾飞，是摆在我们面前的义不容辞的紧迫任务。

---

① 王健：《区域文化研究的理论与实践论略》，《徐州师范大学学报》2002 年第 1 期。

三峡流域城市处于巴蜀文化与荆楚文化互相渗透影响的结合地带，具有明显的多样性、交融性特征。研究三峡流域城市文化的地域性特征，利用三峡流域地域文化促进当地经济发展，提升三峡流域城市的竞争实力，扩大其在国际国内的社会影响，具有十分重要的现实意义。

（一）地域文化的概念和特征

与文化概念一样，地域文化也是人文科学领域里非常难以把握和定义的概念之一。学术界一般认为，所谓地域文化应该"是一门研究人类文化空间组合的地理人文学科，与文化地理学大同小异"。因此，一些学者又把地域文化称为"区域文化"①。也有人把地域文化概括为一种"文化传统"，认为"地域文化专指中华大地特定区域源远流长、独具特色、传承至今仍发挥作用的文化传统"。② 还有人把地域文化等同于特定区域的人文精神的体现，认为"地域文化应当是以地域为基础，以历史为主线，以景物为载体，以现实为表象，在社会进程中发挥作用的人文精神"。③ 以上的相关论述，虽然所站的角度不同，关注的重点有异，但其解释一定程度反映了文化的人类学意义。通过比较分析，我们似乎可以对地域文化这一概念作出这样的解释：所谓"地域文化"当是指在一定的空间范围内特定人群的行为模式和思维模式；而不同地域内人们的行为模式和思维模式的不同，便导致了地域文化的差异性。

（二）地域性：地域文化的本质属性

正如陈大路、谷晓红所言，每一种文化就其实质来说，都有它的地域性。"文化的地域性表现在某一地域文化在空间上占有一定的地域单元，有一定的所属范围。某一地域的文化特征一定是本地域所独有或独创的，这种文化特征因其独特性、典型性而与其他地域的文化特征区别开来，并且打上了该地域文化的深刻烙印。某一地域文化的产生源自本地特殊的自然和人文环境，它的传播都是以本地为中心逐渐向地域周边渗透扩张，其文化变迁也以自身的基本特征为基础而因内外各种因素的

---

① 路柳：《关于地域文化研究的几个问题》，《山东社会科学》2004年第12期。

② 唐永进：《繁荣地域文化促进社会经济发展》，《天府新论》2004年第5期。

③ 李建平：《关于地域文化研究的几个问题》，2006年3月14日，人民网（http：//blog. people. com. cn/）。

影响而变化。从某种意义上说，地域文化的地域性是生活在这片土地上的人们在长期生产、生活以及社会历史的发展演进中不断积累而形成的。一个区域无论是显性文化（如名胜古迹、历史文化遗存、地方传说等），还是隐性文化（如社会风俗、思维习惯、道德传统和价值观等），无一不渗透着浓郁的地域色彩。地域文化所孕育所陶冶的人的个体无论走到哪里，都会因其地域文化特质而使他有别于另一地域文化个体。"① 英国学者特瑞·伊格尔顿则从另外的角度论述了地域文化的作用和价值，他认为："同一性文化是一种社会的、人民的、传统的生活方式，其特点是渗透所有事物并且使人觉得有归属感的品质。"② 三峡流域作为一个整体，其文化具有自身独特的地域性特征；而三峡流域内部又是由各个更小区域彼此既有关联又有所区别的亚文化形态构成的一个复杂的文化体系。三峡流域内的城市社会文化同样具有这一特点。

城市是人类经历漫长的生产生活岁月而逐渐发展形成的，由于人类的城市所处的地理位置不同，生产生活方式的差异，历史地形成了不同的地域，进而创造出不同特色的城市社会文化。与此同时，自然环境也对文化产生深层次的影响，自然的影响越是多样化，城市社会文化的特性越是复杂，也就越有个性。"作为地域的中心，城市承载着其所在区域历史文化传统的积淀，这是城市文化产生认同感、归宿感的基础，也是城市个性形成的根本原因。"③ 城市的发展离不开城市文化，一座城市过去和现在的文化都是这座城市最宝贵的财富，是城市的价值所在。从本质上看，一座城市能否保持活力、长久延续，关键取决于城市文化的延续。如果剔除经过长期历史积淀的城市文化，则该城市的凝聚力、辐射力、存在价值和个性魅力以及社会知名度就会大打折扣。地域性是三峡流域城市社会文化的重要特性之一，从一定意义上说，其独特魅力与根本价值也在于此。

三峡流域城市社会文化是由三峡区域独特的自然环境和社会结构影响而形成的。自然环境对文化的影响是巨大的："凡居民材，必因天地寒

---

① 陈大路、谷晓红：《地域文化基本特征的新审视》，《学术交流》2007 年第 11 期。

② ［英］特瑞·伊格尔顿：《文化的观念》，方杰译，南京大学出版社 2006 年版，第 21 页。

③ 武向青：《浅析城市文化的特征及其功能》，《工程建设与档案》2004 年第 4 期。

暖燥热湿。广谷大川异制，民生其间异俗，刚柔、轻重、迟速异齐，五味异和，器械异制，衣服异宜。"（《礼记·王制》）地理环境的不同造成南北文化、文学风格的巨大差异："燕赵多慷慨悲歌之士，吴楚多放诞纤丽之文，自古然矣。自唐以前，于诗于文于赋，皆南北各为家数。长城饮马，河梁携手，北人之气概也；江南草长，洞庭始波，南人之情怀也。散文之长江大河一泻千里者，北人为优；骈文之镂云刻月善移我情者，南人为优。盖文章根于性灵，其受四周社会之影响特甚焉。"① 就地势而言，三峡流域城市建设多依山傍水，山水城市特性突出；就所处位置而言，三峡流域主要城市从古至今多处于交通要道，码头城市特征鲜明；从城市发展变迁来看，三峡流域许多城市或因战乱或由于工程建设而搬迁，移民城市色彩浓烈。与前面所述的三峡流域城市处于巴蜀、巴楚文化多重文化影响之下，形成的交融性特点，共同构成了三峡流域城市文化个性鲜明的地域性特征。

二　源远流长的巴楚文化

从地理空间看，三峡流域在古代要么属于巴国领地，要么受楚国管辖，或者先巴后楚。如：涪陵，夏商至春秋前期，为濮人居住区；春秋中后期至战国中期为巴国地；战国中后期为楚国地。黔江，《禹贡》为梁州之域，商周为巴国地，秦属巴郡。万州，夏商属梁州地，周属巴子国，秦属巴郡朐忍县。恩施，春秋为巴子国地；战国为楚地；秦属黔中郡。宜昌曾经是楚文化和巴文化发展的重要地带。荆州，古称"江陵"，是春秋战国时楚国都城所在地，是楚文化的发祥地和中心。荆门属荆州之域，也是楚文化的主要地区之一。湘西，唐虞之时，有"蛮地"之称，属"三苗"范围；夏，为"荆州之域"；商代，属楚"鬼方"地域；西周至春秋，属楚"黔中地"；战国时属楚黔中郡。张家界市历史悠久，商周时期地属荆楚，春秋战国为楚之黔中地，原名大庸，是古庸国所在地。怀化古称"荆楚之地"，春秋之时属楚巫中地，战国之世，属楚黔中郡地。铜仁所属区域，春秋战国属楚黔中。因此，从文化的地域性来说，三峡

<hr>

① 梁启超：《中国地理大势论》，刘梦溪主编《中国现代学术经典·梁启超卷》，河北教育出版社1996年版，第707页。

流域城市文化具有明显的巴楚文化特征和传统。

(一) 巴国、巴人与巴文化

三峡流域是早期人类活动的重要区域之一，其祖先在这块神奇的土地上创造了丰富多彩的传统文化——巴文化和楚文化。据潘光旦先生推断，在距今大约四千二百年前的夏代初年，在湖北宜昌市长阳土家族自治县境内的武落钟离山出现了巴人的第一个君王——廪君，这可能就是巴人古国的开始。① 由于后来遭到楚国的威胁和挤压，巴人被迫向西迁徙，最后大致定居于今涪陵、重庆一带。公元前 1046 年，巴人因参加周武王伐纣而建立功勋，被周封为子国。据《华阳国志·巴志》载："周武王伐纣，实得巴蜀之师，著乎《尚书》。巴师勇锐，歌舞以凌，殷人前徒倒戈。故世称之曰：武王伐纣，前歌后舞也。武王既克殷，以其宗姬封于巴，爵之以子，——古者远国虽大，爵不过子，故吴、楚及巴皆曰子。"② 这时的巴国应该称为"巴子国"，简称巴国，定都江州（今重庆）。经过三百多年的发展扩张，到春秋中期至战国前期，巴国国力达到鼎盛阶段，进入所谓"七国称王，巴亦称王"的时期。同样据《华阳国志·巴志》记载，这时的巴国疆域"其地东至鱼复（今奉节），西至僰道（今宜宾），北接汉中（今汉中），南极黔涪（今湘西、鄂西、渝东南、黔东北等地）。"③ 其所辖之区域比当时中原的韩、赵、魏三国领土之和还大。但从公元前 377 年巴、蜀联合攻打楚国，被楚国打败，便开始一蹶不振。公元前 339—329 年楚国大举进攻巴国，所属核心区域涪陵、江州等地纷纷陷落，至公元前 316 年，巴国终于被强秦所灭，三千多年的古巴国历史戛然而止。

所谓巴人，简单地说就是生活在巴国土地上的人。据著名社会学家、考古专家管维良教授研究发现，早期的巴人极有可能根据不同的图腾崇拜分为三支：一是主要活动在大巴山、巫山一带的巴人，以巴蛇为其图腾，史称"龙蛇巴人"。这支巴人早期可能在三支巴人中最为强大，故巴人就是以其图腾来命名。他们沿长江而下不断扩张，最终在洞庭湖一带

---

① 《潘光旦文集》（第七卷），北京大学出版社 1993 年版，第 443 页。

② 《二十五别史》第十卷，《华阳国志·巴志》，齐鲁书社 2000 年版，第 2 页。

③ 同上。

被后羿打败后，只好由汉江退到今陕西汉中一带，其大部分后来与汉族融为一体。二是生活在长江三峡奉节一带的巴人，多以渔猎为生，故将鱼凫作为图腾加以崇拜，称为"鱼凫巴人"。这支巴人沿长江上游逐步迁移，后进入四川平原。三是居住在鄂西山区的巴人，以白虎为图腾，被称为"白虎巴人"。他们一路西迁直到涪陵、重庆一带，不仅建立了后来的巴子国，而且逐渐成为巴人的主体。① 从地域空间看，三峡流域中的湘西、鄂西、黔东北、渝东南等广大地区都属于古巴国的核心区域。

巴人在开创基业、建立国家和建设家园的历史进程中，创造出自己独特的文化，巴文化是伴随着巴人的诞生和繁衍而产生和发展的。所谓"巴文化，就是世代聚居于古代巴属领地上的巴人在自身的民族繁衍、发祥的历史进程中，创立并与汉文化、楚文化、蜀文化等融合而成的一个包含多层次、多方面内容的区域文化形态，它是古代巴人及其巴属领地开发和进步状态的标志。"② 巴文化概念有广义和狭义之分，按照朱世学《三峡考古与巴文化研究》中的解释，狭义的巴文化指的是夏商周时期在三峡地区及临近区域由巴民族所创造的具有区域文化特征的文化存遗。③而广义的巴文化是指人类社会出现以来，巴族地区人群生活方式的总和，它包含史前时代及整个文明时代。④ 巴国文化的内涵极其丰富，笔者在此仅选取一些有代表性的巴国文化形式略作叙述与分析，以期达到窥一斑而见全身的目的。

1. 巴国文化遗址、文物和古迹

关于巴文化的缘起与发展，俞伟超先生曾精辟地予以概括："在三峡地区，巴人最初大约是在西陵峡地区最先发达起来，后来因受楚人之迫，逐渐向巫峡及其以西地段转移。现在，在三峡库区已找到了百余处三代时期的巴人遗址和墓地。其中巫山县双堰塘、云阳县李家坝和忠县㳉井沟一带的遗址群，规模巨大，内涵丰富，是当时巴人的政治、经济文化中心。大约在战国末至秦代，巴人首领的墓地已西移至涪陵市的小田溪。"⑤ 从

---

① 参见管维良《巴族史》，香港天地出版社 1996 年版。
② 周兴茂：《巴人、巴国与巴文化》，《徐州师范大学学报》2007 年第 4 期，第 59 页。
③ 参见朱世学《三峡考古与巴文化研究》，科学出版社 2009 年版，第 1—5 页。
④ 同上书，第 509—517 页。
⑤ 《长江三峡出土文物精粹·序》，中国三峡出版社 1998 年版。

目前考古发掘出来的材料来考察，巴文化的历史可以上溯至距今7000—6000年前的新石器时代早期。"与历史文献不同的是，巴文化似乎在新石器时代是其最发达的时期，其分布范围包括鄂西的城背溪、柳林溪、朝天嘴、楠木园、中宝岛、石家河到巫山的大溪、奉节的老关庙、忠县的哨棚嘴、丰都的玉溪坪等。"① 从考古发现来看，出土的巴国器物很多，早期以陶器为主，如罐、釜、盆、豆等。冯汉骥先生曾将巴蜀陶器作过区分："二者皆有罐、釜、盆，但蜀人食器则是一种尖底盏，巴人则为豆。"而在这些器物中，腹部倾垂的圜底罐或釜则始终是一种辨识巴文化的最基本的器物，贯穿于巴文化的整个发展历史。战国以后巴文化虽然仍保留有早期巴文化的一些代表性器组，但铜器则逐渐成为巴文化的新特色，尤其是以釜、鍪、甑为组合的铜容器和柳叶形剑、烟荷包式钺等兵器为这时巴文化的典型特征，器物上多有虎纹、掌心纹和巴人图形符号标志，虎钮、虎头饰更是盛行。

在巴文化中心地带的巫山县境内，坐落着堪称我国史前文化代表的龙骨坡文化遗址、大溪文化遗址、培石文化遗址，具有重要的历史文化价值。奉节的历史文化遗存中也有许多包括巴文化在内的古文化遗址（夔门剑齿象化石、旧石器时代遗址、新石器时代遗址、商周以来历代建城遗址）、古迹（摩崖石刻、碑刻、宫观寺院、古建筑）、墓葬（汉墓葬、悬棺、岩墓等）、文物（石器、铜铁器、陶器、瓷器、木器等）。巴文化的诞生和发展对整个华夏文明都产生过巨大影响，在中国文化史上占据显著地位，对研究中国文化乃至人类文化意义重大。

2. 巴文化的山地属性

自然环境是文化的生成依托，对文化的发展具有重要影响作用。一般而言，一种文化的生成与发展，不可避免地会深深打上自然的烙印。巴人世世代代生息繁衍在中国西南的高山大川，山地既是巴人赖以生存的衣食宝库，也是他们面临的恶劣自然环境，它带给巴人生活和发展的艰辛，也成就了巴文化的山地文化性格。这种山地文化有其独特的结构，首先从价值观或人文精神层面看，巴民族崇力尚武，其"白虎文化"充分体现了巴人的阳刚之气。这从延续到今天的土家族白虎图腾崇拜、狩

---

① 汤惠生：《烟雨三峡：三峡的巴文化》，《中国文物报》2005年2月25日第3版。

猎遗风、民间歌舞、傩戏、传说故事以及尚武风气等民俗民风中都得到充分体现。

3. 巴人的白虎文化

潘光旦先生在《湘西北的"土家"与古代巴人》一书中,通过考证得出巴人信仰白虎的结论。巴人之所以崇虎,当与巴人处于老虎频繁出没的崇山峻岭有密切联系。而将白虎上升为巴人各支系的共同图腾则有一个非常复杂衍变的过程,简言之,"把虎崇拜转化为白虎崇拜,这既与从西北迁来的氐羌尚白有关,也与自称'伯虎'的虎方有关,称廪君和廪君死后化白虎则与林氏国有联系。巴人对白虎信仰的选择,最终确立了他们的图腾信仰,以后巴人及其后裔都把它作为民族的象征"。① 巴人的白虎信仰一旦建立,便渗透到巴人及其后代生活的各个方面,形成了独特的白虎文化。第一,由于白虎乃巴人首领廪君魂魄所化,因此它便与巴人及其后裔有了血缘关联以及互化功能:文献中巴人被称为"虎蛮""虎奴""虎人"等;巴人居住地区关于虎有人性、正义感、责任心、人虎互化的传说故事比比皆是。第二,巴人对白虎神的祭祀特别隆重,从早期的人祭到后来各种各样的牲祭,特别是白虎祭祀中的还傩愿最能体现其民族特色。第三,文学作品和艺术活动中充分展现出白虎文化对巴人精神生活的介入,《摆手歌》《梯玛歌》、跳丧歌、山歌中都有对白虎的赞美;摆手舞本身就是对白虎神的祭祀,撒尔嗬舞蹈中亦有很多模仿老虎的动作;土家族民间文艺中对白虎的描绘和颂赞是其重要表现主题。第四,白虎信仰与民俗事象紧密结合,使巴人生活地区的民俗中表现出丰富多彩的白虎文化,白虎信仰渗透其民众的衣食住行、婚丧嫁娶以及农事活动之中。第五,巴人将白虎镌刻于各种器物上,形成生动形象的白虎象征文化,其中虎钮镎于是最富有特色的象征性器物,是巴人崇虎事实的最好证明。第六,巴人居住活动的地方留下诸多与虎有关的地名,如白虎山、虎牙山、李耳坪、猫猫山等地名是巴人崇拜虎的活化石。第七,白虎文化作为一种象征文化表现于巴人社会活动的各个层面和文学艺术活动之中,并作为一种文化因子潜藏于巴人后裔的集体无意识,影响着民族的精神面貌、观念形态和思维方式。白虎文化是巴文化区别于

① 黄柏权:《土家族白虎文化》,中国文联出版社 2001 年版,第 8 页。

其他民族文化的重要标志。①

（二）楚国与楚文化

楚国是周朝时期由华夏族在中国南方建立的一个诸侯国。楚人是华夏族（汉族别称）南迁的一支，最初根据地在河南新郑的祝融之墟，即有熊之墟（新郑在上古时期又称"有熊"）。

楚人的祖先最早活动在黄河流域的中原地区，他们的一支在上古民族冲突的旋涡中及商王朝的驱逐下，逐渐南迁。商朝末年，楚人首领鬻熊协助周文王姬昌起兵灭商，成为功臣。公元前1042年，周成王封鬻熊曾孙熊绎为子爵，楚始建国。楚熊渠时期，西征庸国，东攻扬越。春秋前期，楚大举进攻蛮人，史称楚武王"大启群蛮"。楚文王时期，灭邓国、绞国、权国、罗国、申国等。公元前306年，灭越国。因此，楚国全盛时是当时中国地域最广的诸侯国，其辖地大致包括今天的湖北、湖南全部，重庆、贵州、河南、安徽、江苏、江西、浙江的部分地方。公元前224年，秦国名将王翦率领60万秦军南下攻楚，楚国溃败。公元前223年，楚国被秦国所灭。

（三）文化的交融性

由于巴国地处当时两个相对强大的国家之间：西边是蜀国，东边是楚国。在历史悠久的多年征伐争斗中，巴国与邻国的文化交流亦不可避免。楚人尚巫，巴人重鬼，蜀人崇仙，不同的文化相互交织影响，形成了巴文化交融性和包容性特点，以至于人们在谈到巴国这个比蜀、楚历史更为悠久、同时又更早地消失在人们的视线里的国度的文化时，往往会以巴蜀文化、巴楚文化来代替，因此巴文化在一定程度上失去了自己的独立性。但我们应该明确，正是有了始于夏商、亡于春秋、没有固定疆域、一直迁徙建城的巴国，有了巴人创造的巴文化的存在，才成就了我们今天反复提及讨论的巴蜀文化和巴楚文化。

1. 巴蜀文化

《华阳国志·蜀志》开篇有云："蜀之为国，肇于人皇，与巴同囿。"这证明古巴国西面与蜀国接壤。② 两国之间在地理位置上自古就具有密切

---

① 参见黄柏权《土家族白虎文化》，中国文联出版社2001年版，第12—14页。

② 参见常璩《华阳国志译注》，汪启明、赵静译注，四川大学出版社2007年版，第1—5页。

相连的关系。早期两国文化表现出较明确的地域性：蜀地以平原为主，农业发达，以稻作文化为主；巴地多山川河流，鱼盐为生，以渔猎文化为主。但两国先后被秦灭后，在秦文化的大一统体制下被强制性地融合、曲折交错而形成了后之所谓"巴蜀文化"。"巴蜀文化"是现代学术以及社会各界经常使用的专有名词，最早由卫聚贤于1941年在其《巴蜀文化》一书中提出，《中国大百科全书·考古卷》对"巴蜀文化"做了这样的界定："巴蜀文化是中国西南地区古代巴、蜀两族先民留下的物质文化。主要分布在四川省境内。其时代大约从商代后期直至战国晚期，前后延续上千年。"但根据时代的发展和学术研究的深入，今天看来，这一界定从某种意义上说已经不够妥帖。故林向先生在《"巴蜀文化"辨证》一文中对"巴蜀文化"作了新的解释："巴蜀文化是中国西南地区以古代巴、蜀为主的族群的先民们留下的文化遗产，主要分布在四川盆地及其邻近地区。其时代大约相当于春秋战国秦汉时期。前后延续上千年。"巴蜀文化有狭义和广义之分：狭义的巴蜀文化指的是秦统一巴蜀之前还称为巴蜀时期的文化；而现在一般所谓的巴蜀文化则是广义的概念，是指包括四川省与重庆市两者及邻近地域在内的、以历史悠久的巴文化和蜀文化为主体的、包括地域内各少数民族文化在内的、由古至今的地区文化的总汇。①

巴蜀文化是在融合巴文化和蜀文化两种文化的共通之处、同时又保留了各自一定的传统特征的基础上形成的，这从出土的文物可以得到证明，如：蜀地出土的青铜戈，其形制即为巴式特征的上刃平直类直援，戈的一面雕刻巴蜀文字，直援下部装饰着半浮雕的巴族虎图腾，这是古代巴人的典型标志；而戈的另一面则浮雕着蜀人形象，椎髻、左衽、佩刀。两种不同形象并置于青铜器物上，充分证明文化的融合和包容是巴蜀文化的本质特征，体现了巴文化"海纳百川、有容乃大"的文化精神。

2. 巴楚文化

巴文化在自然空间上向东辐射传播，在与楚文化不断碰撞、相互影响的过程中形成了后世所说的"巴楚文化"。"不论从载籍还是考古资料看，与巴国发生关系的，除蜀以外，主要是楚国，而巴、楚之间的和战

① 参见林向《"巴蜀文化"辨证》，《华中师范大学学报》2006年第4期。

关系均比巴、蜀之间频繁。"① 巴楚文化是存在于巴楚交错地带——三峡流域内的一种具有鲜明地域特色的复合性文化，其存在虽然有数千年的悠久历史，但巴楚文化这一概念却迟至 20 世纪 80 年代才被学者初次提出。楚、巴两国相邻，文化交流十分频繁，特别是楚国逐渐占领今重庆市忠县以东巴国的长江沿线国土，设立巫郡、黔中郡之后，这些本以巴文化为主的地区却逐渐让楚文化占据了绝对优势。巴、楚两国在历史上的交流方式既有通婚、联盟，而更多的是通过战争。据历史记载，早期的巴人在伐楚战争中掠夺过楚国的城池；其后两国又联合灭庸伐商；再后来楚国凭借军事优势占领巴国的经济来源——盐泉，逐渐蚕食了巴国的疆域。从历史发展进程看，巴、楚文化的碰撞与交流从立国之初便已开始，直到两国灭亡之后的很长时间仍然在延续着。"从楚文化因素的分布范围、各种器物的种类和数量来看，到战国中期，楚文化对巴文化的影响处于鼎盛时期。"② 从已经发表的三峡考古资料看，楚文化因素在巴人活动的三峡区域有着非常广泛的分布，长江沿岸的宜昌、秭归、巴东、巫山、奉节、万州、云阳、忠县、涪陵等地发掘出大量的楚文化遗址和楚墓群。这些文化遗存或是楚文化特征占据主导地位，或是巴文化特征更为明显，或是楚文化和巴文化共存。通过对三峡区域的考古材料的研究可以判断，"峡区的楚文化遗存最早可断为春秋早期，最晚的可断为战国晚期。春秋早期楚文化分布范围可达今宜昌西陵峡地区、秭归一带。春秋中期楚文化遗存较少，在空间上没有什么进展。春秋晚期楚人势力急剧向西扩展，奉节老关庙、新浦、云阳李家坝等遗址均含有楚文化因素。战国中期是楚人西进的又一高潮。最西可达今忠县一带，忠县发现了一批战国中期楚墓"。③ 楚国的铁器、陶器、青铜器都对巴文化产生了较大影响，特别是铁器、青铜器的影响更为深远，如涪陵小田溪出土的秦及西汉初年的尊缶和编钟、宜昌朱家台出土的铁锸和铁刀等，都是楚式器物。巴人在直接吸收楚式器物的同时，亦对自身固有的产品加以改

---

① 段渝：《先秦巴文化与巴楚文化的形成》，《华中师范大学学报》2004 年第 6 期，第 17 页。

② 黄尚明：《论楚文化对巴文化的影响》，《江汉考古》2004 年第 2 期，第 72 页。

③ 同上书，第 68—69 页。

造，如云阳李家坝、故陵等地出土的巴人剑就是在原有的柳叶形剑的基础上，模仿楚式剑的形制改造而成，是巴楚文化融合的产物。

从当今的考古发掘中多次巴楚墓同现、巴楚器物共存于巴国区域或楚国境内的情况可以看出，楚文化和巴文化融合的程度相当高。这说明，早在几千年之前巴楚文化就在同一疆域里共存共荣，并随着交流的深入而融为一体。如出土于湖北江陵李家台4号墓的漆木虎座立凤是楚文物中最富特征的器物之一，被很多学者视为巴楚文化互相融合的典型见证。这种器物是在楚人墓葬中用以招魂引导逝者升天的镇墓兽，多出现在春秋晚期到战国晚期的楚国贵族墓中。凤是楚人尊崇的自然神，虎则是巴人的图腾。无论凤立虎背之上是否可能隐含楚国打败巴国而巴国臣服于楚国的文化寓意，但这一器物仅仅从形式上便融合了巴文化勇武、大气，和楚文化飘逸、浪漫的不同特征，一反传统镇墓兽的神秘、阴森，给人以轻松、优美之感。正是有了如此丰富而深刻的巴楚文化的融合，才最终成就了屈原这样的伟大浪漫主义爱国诗人，也才有如《战国策》的宋玉对楚王问中"客有歌于郢中者，其始曰《下里巴人》，国中属而和者数千人；其为《阳阿》《薤露》，国中属而和者数百人；其为《阳春白雪》，国中属而和者不过数十人"这样在楚国国都郢城万人齐唱巴人歌曲的空前盛况。盛唐诗人李白《古风五十九首》（其二十一）云："郢客吟《白雪》，遗响飞青天。徒劳歌此曲，举世谁为传。试为《巴人》唱，和者乃数千。吞声何足道，叹息空凄然。"《感遇四首》（其四）曰："宋玉事楚王，立身本高洁。巫山赋彩云，郢路歌白雪。举国莫能和，巴人皆卷舌。一惑登徒言，恩情遂中绝。"这虽然是作者借宋玉对楚王问的一个寓言，感叹自己怀才不遇、知音难求的凄然叹息，但同样说明巴楚文化融合的程度。这种巴文化和楚文化共存的现象，说明强国即使能够从形式上征服一个弱小的国家，但只要精神不垮，文化便能永存。巴国虽然早已消失于历史的星空，但巴文化仍然以顽强的生命力存续在巴人后代的生活中、血液里，成为巴人积极进取、永不屈服的精神写照。

三　悠久厚重的码头文化

三峡流域的城市大多建立在长江中上游及其主要支流的水边，以长江为例，自下而上临江而建的县级以上城市有：荆州市、枝江市、宜昌市、宜都市、秭归县、巴东县、巫山县、奉节县、云阳县、万州区、忠县、丰都县、涪陵区；临乌江而建的有武隆县、彭水苗族土家族自治县、沿河土家族自治县、思南县等城市；沿沅水建造的有常德市、桃源县、沅陵县、泸溪县、辰溪县、洪江县等；清江沿岸建立的有长阳土家族自治县、恩施市、利川市等。由此可见，依山傍水是三峡流域大多数城市地貌的基本特点。自古以来沿江依山而修筑的这些城市，其舟楫之利为这一区域的物资集散流通提供了便捷的通道，其中一些城市逐渐成为通都大邑，并由此在漫长岁月中形成了独特的码头文化。码头文化是基于港埠贸易与航运经济而形成的一种生活方式与行为方式。① 中国的码头最早起源于内河，码头的功能就是集散和流通，而城市也就是集散和流通的产物。一座城市的发展变迁，与码头的兴衰流变息息相关，如荆州、宜昌、万州等。从某种意义上说，码头的变迁就是一座城市兴衰历史的缩影。三峡流域的每座城市实际上都是码头城市，在城市发展史上都创造过浩如烟海、特色鲜明的码头文化，限于篇幅和能力，笔者无法在此用简短的文字对其给予清晰描绘，只能选取一二个相对重要的城市码头的发展历史，来探讨三峡流域城市文化的某些特性。

（一）荆州码头文化

1. 荆州码头的兴衰历史

中国古代有九州，荆州居其一；先秦时期楚国于此建都达411年，东汉末年，荆州又成为三国争战之地；南北朝至五代十国在此建都一个多世纪，宋以后至清代荆州一直是南方重镇之一，水陆交通冲要之地。其码头沙市港地处九省冲要之区，水陆交通十分便利，尤以水路运输见长。据史料记载，荆州沙市港有着近三千年的悠久历史，早在春秋战国时期就是楚郢都外港；唐已初具规模，始称"沙头市"，或称"沙市""沙津"。盛唐开始筑长堤，修楼肆，"十里津楼压大堤"（唐王建《江陵即事》），成为长江流域的大米市和南方丝绸之路的要冲。宋筑沙市城，设监镇，名沙市镇。据《宋史·河渠志》："江陵府去城十余里，有沙市镇，据水陆之冲。"元明曾为中兴路江陵县治。明末沙市"列巷九十九条，每

---

① 参见周德钧《近代汉口码头文化的社会学解读》，《湖北大学学报》2009 年第 4 期。

行占一巷"（刘献廷《广阳杂记》）。古城荆州在明、清时期百货聚集，商贾如云，商业得到空前繁荣，其市场的辐射力和影响力得到明显的增强，荆州沙市港一跃而成为长江十大港口之一。据乾隆版《江陵县志》载："沙津为三楚名镇，通南北诸省，贾客扬帆而来者，多至数千艘，向晚蓬灯远映，照耀常若白昼。"说明清朝沙市进入发展的兴盛时期。清末连绵的战火给荆州沙市港口的发展提供了机遇，其港口贸易从政府控制逐步走向早期的政府管理之下的自由经济。光绪二年（1876）英国强迫清政府签订《中英烟台条约》后，将沙市辟为外国船舶停泊口岸。光绪二十一年（1895）中日甲午战争后，被迫签订《马关条约》，荆州府沙市与重庆府、苏州府、杭州府一道被列为四大通商口岸之一。1896 年 1 月 1 日沙市正式对外开埠通商。开关后的中外贸易给沙市带来巨大的商机，商业经济的兴盛，使沙市城市规模快速扩张，仅仅数年间，沙市当之无愧地成为长江中游地区具有举足轻重影响的商业重镇。从此，荆州沙市港开始进入国人乃至世界的视野。虽然这种被西方列强威逼下实行的开放是屈辱的，但它却让荆州这个相对寂寂无闻的小码头进入了一个商业经济和城市建设快速发展的全新时期。沙市港在清末及民国时达到兴盛期，当时，湘鄂的农副产品、川黔的山货都在这里集散，港口内一时桅樯如林，千帆竞发。20 世纪 30 年代，荆州沙市港曾是我国仅次于天津、武汉的第三大棉花出口市场。港口有一千多艘来自英国、美国、意大利等国的商船停靠。新中国成立以后因交通手段的改变，高速公路、铁路和航空逐渐成为主要的交通运输方式，荆州港口的经济开始逐渐衰退。但近年来，随着长江经济带的兴起，港口建设重新步入快速通道，内河航运的重要地位日益凸显，荆州的码头文化正在经历一个华丽的现代转身，现代化的集装箱码头正逐步取代过去的货运码头，新的荆州码头文化已经形成。

2. 荆州码头文化的主要类型

荆州码头的兴盛，不仅带动了本地区相关行业的发展，更直接或间接地渗透到荆州民众社会生活的诸多方面，极大地影响人们的生活习惯和个性培养。码头文化与传统的荆楚文化、关公文化一道，在潜移默化中影响荆州人的性格、价值取向和精神追求。

帮会文化。在荆州码头发展的历史上，根据码头工作的需要，曾经先后出现过各式各样名目繁多的行帮组织，如码头帮、力行帮、船帮、轿帮、盐船帮、米粮帮、瓷器帮、山货帮、百货帮等。帮会的出现和大行其道，一方面是社会关系中人与人之间生存竞争的产物，另一方面也与荆州当地的码头文化有非常直接的关系。从某种意义上说，行帮是荆州码头文化的一种表现形态，体现出荆州传统文化的丰富内涵，堪称荆州码头的文化标本。

商业文化。随着近代荆州码头成为通商口岸之后，码头的繁荣自然带来包括餐饮业、工商业、服务业、文化娱乐业等在内的相关行业的极度繁荣。据记载，其时沙市长江大堤内外形成了两条繁华的工商业街：一条是堤内的中山路成为金融贸易中心；另一条是堤外的工业区，各码头周围兴建了仓库、厂房等。这些地段现在仍然还保留有中山路邮电局、老天宝银楼等以前建筑物的遗存。

饮食娱乐文化。近代开埠后的荆州沙市码头中山路是最为繁华的一条街道，街道两边各类商铺、当铺、钱庄林立，早堂面馆、餐馆、茶馆随处可见，甚至妓院、鸦片馆等也是宾客盈门，热闹非凡。而作为当时远近有名的"戏窝子"，沙市码头云集着荆河戏、花鼓戏、汉剧、皮影戏等各种戏班子。时过境迁，虽然现在已然无法重现当日的繁华热闹，但从流传至今的一句歇后语：旃檀庵看戏——挤人，仍然可以想见当年的空前盛况。

外来文化。开放码头使荆州一下成为长江中上游近代先进思想传播的土壤，西方先进的思想、现代工业文明和现代科学文化知识逐渐传入，使长期封闭的三峡流域城市民众看到"中华帝国"之外的一个新世界。19世纪末20世纪初，荆沙大地出现大量新式学堂和其他文化机构；湖广总督张之洞派遣大量留学生出国学习西方先进科学技术与文化，当时湖北留日学生居全国之首，而荆州籍留日学生又居全省之首。

传统戏曲文化。《类说》卷四十引唐代张篙笔记小说《朝野金载》云："江陵号衣冠薮泽，人言琵琶多于饭甑，措大多于鲫鱼。"明代戏剧家汤显祖亦谓："荆州是措大（即读书人）多于鲫鱼，沙市是琵琶（即戏曲）多于饭甑。"清初思想家刘献廷在《广阳杂记》中也对荆州沙市有很高的评价："沙市长街十里，列巷九十九条，每巷各占一业，便河游船如织，夜市通宵达旦，虽今京师、姑苏皆不及。"认为沙市文化的繁荣甚至超过京师与姑苏，可见当时沙市码头文化的盛况。

荆州码头的兴盛既带动了当地相关行业的发展，又深刻影响着荆州人民的社会生活。从本质上说，荆州码头文化是一种平民文化，它与荆楚文化、三国文化一道，对荆州人的性格、价值取向和精神追求起着潜移默化的影响。

（二）宜昌码头文化

作为举世闻名的水电名城，不少人都知道，宜昌是一座码头云集的城市。而与码头相辅相成的，则是一种特色鲜明的码头文化。宜昌占川鄂咽喉之利，拥黄金水道之便，沿江的小码头数不胜数，随着长江葛洲坝和三峡工程的兴建，这座城市孕育的独特的码头文化也逐渐丰满，为世人所关注。

1. 宜昌码头的风云变迁

具有"上控巴蜀，下引荆襄"的地理优势、被称为"三峡门户"的宜昌，古称夷陵，自从公元前278年秦国大将白起将其作为入川的军港，到如今成为年吞吐量达五千万吨的国际港口城市，两千多年的风霜岁月见证了这座古老而年轻的城市一路走过的辉煌。

战争军港。据史料记载，从先秦至唐代，在夷陵发生的具有较大影响的战役就达数十次之多。如早在公元前278年秦国大将白起攻打楚顷襄王的郢都时，便把夷陵作为入川的军港；战国时期蜀、楚两国在此水战，使宜昌形成了规模较大的码头；东汉建武年间，公孙胜称帝于蜀，曾率数万水师出夔门，沿江东下，直取夷陵和宜道（今宜都）分界处的西塞，以之作为军事码头抵御刘秀汉兵；三国时期著名的夷陵大战更是让宜昌这个楚之要塞、码头重镇名扬海内外。

码头之城。隋朝以前，宜昌码头的经济地位并不重要。但随着大运河的开通，使江、淮、河、海四大水系得以沟通，宜昌码头便成了当时四川与北方物资交流的枢纽之地，从唐代到明朝，其水运交通一直非常繁荣，这从一些著名文人的作品中可以窥见一二。如唐代大诗人杜甫《春夜峡州田侍御长史津亭留宴（得筵字）》中有"北斗三更席，西江万里船"的诗句，便是对当时宜昌码头的水运盛况的真切描写。宋代欧阳修被贬夷陵，曾创作散文名篇《峡州至喜亭记》，其中有"夷陵为州，当峡口，江出峡，始漫为平流。故舟人至此者，必沥酒再拜相贺，以为更生"等句子，从码头民俗的角度反映了宋代宜昌码头的繁荣。明代以前，宜昌码头主要是简易的石码头，明洪武十二年（1379），夷陵州修建临江城堡，将城市与码头连在一起，使宜昌成为独具特色的码头城市。

"过载码头"。清咸丰年间，太平天国定都南京，导致淮盐上行受阻，川盐大量下运，使宜昌码头陡然成为物资集散地，一时间在此倒载、换装、揽货、休整的船只数以千计，船民船工达万人以上。川盐的大量下运，并在宜昌转口，带来了宜昌码头文化的短暂繁荣，也极大地促进了宜昌城镇商业贸易的发展。从鄂西北山区陆路运来的货物除在宜昌本地销售外，大多经此转载运往下游各地；而通过下游船只运来的日用物资，除在宜昌码头集散经陆路销往附近地区外，多数由此换船运往上游重庆、四川，宜昌沿江街区自然成为颇具规模的商行货栈交易市场，城内鼓楼街、锁堂街一带成为商贸中心。宜昌因此被冠以"过载码头"的头衔。

现代航运。1876年宜昌开埠，意味着近代船运的兴起。随着汉宜、宜渝、宜申轮运的开通，古老的宜昌码头被近代轮运的新兴码头所取代。根据史书记载，当时的宜昌码头呈现出"帆樯如林，首尾相接"的壮观场面。从1878年招商局租小火轮开辟汉口至宜昌航线至辛亥革命前夕，先后有11家中外公司在此经营轮船航运业务，每年进出宜昌码头的轮船达四百余艘次之多；到民国时期，宜昌建有18个码头，沿江绵延十余里，从事码头搬运等工作的工人和民工有1万余人。

航运枢纽。新中国成立以后，宜昌码头规模进一步扩大，在长江航运中的作用也得到进一步提升，到1958年，宜昌沿江共有码头48座；1991年，城区港口有码头泊位121个。随着葛洲坝、三峡大坝工程的先后建成，宜昌作为省域副中心城市，区域交通枢纽的地位逐步形成，宜昌码头建设得到飞跃式发展，以宜昌城区为中心，上至秭归翻坝码头，下至枝江长江港口，沿江110千米耸立着数十个现代化码头。同时，宜昌公路、高速铁路和航空码头跟水码头相连，组成立体交通网络。预计到2020年，宜昌码头年吞吐量将超过1亿吨，成为长江中上游地区现代化的港口大都市。①

---

① 参见颜萍《穿越时空隧道，见证宜昌码头》，《城建档案》2013年第3期。

2. 宜昌码头文化

宜昌是一座山水城市，临水而建，因码头而繁荣，从数千年前的小渔村发展到今天举世闻名的现代化港口水电之都，创造出丰富多彩的码头文化。

休闲娱乐文化。宜昌作为古往今来长江上的重要码头，"商旅满关隘，茶船遍江河"。随着人员流动的日益频繁，特别是开埠后中转贸易的日益繁荣，来往宜昌的商旅增多，人口猛增。或落脚打尖，或旅游休闲，或借道转运货物，或打探航运消息。各式人等聚集于此，创造了宜昌码头种类繁多的休闲娱乐文化。一是茶馆文化。无论是常驻宜昌者，还是暂居此地者，其日常工作和休息多在茶馆里进行。宜昌茶馆不仅数量众多，民国时期大小茶馆有两百多家，抗战胜利后更达三四百家之多，成为宜昌休闲娱乐文化繁荣的一大特色；而且丰富多彩，油货茶馆、风景茶馆、文化茶馆、行业茶馆和帮会茶馆等应有尽有，各具特色。一干人聚在茶馆里或品茗吟诗，听说书、相声，看皮影、木偶；或交流生意经验，谈论天下趣闻。二是时尚文化。宜昌近代港口的对外开放和繁荣的中转贸易，带来了西洋的时尚生活设施和技术，如照相馆、电影院等。1916 年，邓子敬在南门后街开设留光照相馆，迄今已有近一百年的历史；而早在 1913 年，寰球电影院、新新电影院、莎乐美电影院等就相继设立，开始无声电影的放映，和上海同步放映大片。其紧跟时尚的作风一直影响到今天的宜昌人。此外，码头数量众多的烟馆、妓院也占很大比重，它们与茶馆、照相馆、电影院等共同促使了近代宜昌的休闲娱乐文化格局转变。

帮会文化。早在开埠前，在宜昌码头上已存在不少帮派，据《东湖县志》载：乾隆年间，渝州下楚地大米十万担计，而百货贩运均非船莫及，大都由湖北地区专航川江的宜昌、荆沙、汉阳、武昌四大帮承运，这是长江中游出现得最早的船帮。船帮一般按乡籍、航区、货种划分，垄断一定范围的货源。宜昌帮占据宜昌码头，控制着当地的运力、运量和货源。开埠后，帮会组织更是风起云涌，目不暇接。如镇川门一带的背篓帮，小南门一带的江西帮，小北门一带的本地帮，各有其势力范围。随着来宜昌谋生的外地人增多，他们以地域划分，组成大小十多个帮派。各自有严格的业务分工：四川帮主营川盐、鸦片、杂货等；湖南帮主营棉花、棉絮、粮食等；汉阳帮主营瓷器、棉纱、海味等。民国 14 年

(1925)，宜昌成立码头工会，以大阪码头为界，由本地帮、湖南帮、江西帮等组成上码头工会，分管镇川门、中水门等码头；河南帮、襄阳帮等组成下码头工会，分管二马路、太古等码头。各码头头佬兼任工会职务，商讨、决定着码头的日常事务，共同维系着码头的正常运转。①

民俗文化。一是码头相关祭祀活动。一般新船下水这天，船家都要虔诚地沐浴净身吃斋、点香烧纸、燃放爆竹，以安祭龙神；每次开船出行，要举行"开江"仪典，船家备办丰富的鸡鱼猪牲和"斋饭"祭祀河神，以求保佑旅途顺利，并打牙祭招待船工和纤夫，以便大家同心协力。清末民初，宜昌城有在卯时、午时、酉时分别鸣放火炮的习俗，东门城楼一角设有铁炮一尊，配有专门负责放炮的炮手。二是赶庙会。旧时宜昌城市市民平日生活比较辛苦单调，其娱乐生活多通过各庙宇、会馆演戏及酬神时看戏来实现。昔日宜昌古城内和关外沿江码头有二三十座庙宇和会馆可供唱戏，各行各业组成的庙会名目繁多，演出连绵不绝，成为民众日常消遣娱乐的主要方式。

水电工程文化。宜昌区域建有隔河岩、高坝洲、水布垭、葛洲坝、三峡电站等五座特大型水电大坝，还有诸多中小型水电站，已初步形成了言水电必谈宜昌、言宜昌必谈水电的文化背景。这些电站水坝不仅产生强大的电能，而且派生出丰富的水电工程文化、水电生产文化、水电科教文化、坝区移民文化等一系列丰富多彩的水电工程文化。

四　色彩绚烂的山水文化

（一）三峡流域城市的山水特性

城市的发展主要由两大因素所决定：人与自然。人们最初选择城址的时候，主要考虑的就是具体的地理特点，城址选择的正确与否，能否使其地理优势得到充分发挥，不仅会对当下人们的生活感受产生直接影响，更重要的是会长期影响一个城市的生存与发展。在中外城市发展的历史上，许多城市的城址在不断转移，甚至消失，其主要原因，除了战乱、自然灾害等因素外，地理上的不利因素起着关键作用。因此，从某

---

① 参见曹浩、张恋《试论文化生态学视域的近代宜昌码头文化》，《重庆三峡学院学报》2013年第5期。

种意义上说，城市是地理环境的产物。

自然的影响大致包括城市的地理位置、地形地貌和生态气候三个方面。城市与其所处地理位置的关系极大，城市本身就是地理位置的坐标，地理位置是城市的重要属性。在农耕时代，地理位置及其派生出来的气候、生态、交通、资源和人口问题是制约城市兴废的基本条件，对城市的影响至关重要。一般而言，地理位置决定着一座城市的资源、交通、战略地位、人口规模和发展路径等。从地理位置看，三峡流域地处中国中西部，以武陵山脉为中心，物产资源比较丰富，但长期交通不便，与东部发达省市相比，在国家的经济社会发展战略中长期不居于优先的地位，这一定程度限制了三峡流域城市的发展。但其高山大川的险要地理位置，却使它成为东部上溯西川、中原进入西南的咽喉锁钥之地，战略意义十分重要。

从地形地貌言，山水相依的面貌，赋予了三峡流域城市婀娜多姿的形态和既灵动又厚重的文化气质。以长江、乌江、清江、沅江为主体的磅礴水系，穿行于巍峨壮美的武陵群山之间，湖光山色，山水纵横，流域内的城市几乎座座都是天然的山水城市和绿色城市，虽然一般规模不大，但环境优美，四季常青，人与自然能够充分亲密接触。依山傍水的地理形态发展出三峡流域独特的天人合一的山水文化。

生态气候影响城市的宜居程度、市民生活的品质和城市的文化特色。三峡流域冬季寒冷，气候多变潮湿，地形复杂，灾害频发，生存环境比较复杂恶劣，历史发展比较曲折，因而人的抵御能力和斗争性较强，自古武陵人吃苦耐劳的品质大概与此有关。

（二）三峡流域城市的山水文化

所谓山水文化"是人们在与大自然相互作用的漫长历史中，创造出来的越来越丰富的物质财富，以及积累的种种与自然山水息息相关的精神财富，是人们在与大自然相处的过程中处理社会与自然、情感与形式、艺术与政治、天与人等的关系而形成的文化积淀，这是由于我们的祖先世世代代生活在有非常多的名山大川的这块土地上，人们的精神风貌、心理定式、价值取向、理想构架、悲欢离合都与山水休戚与共。再者，汉民族的农耕文化又受到自然条件的制约，人们的物质生存资料大都与自然山水有着密切的关系，我们的祖先在探究宇宙、理解人生、认识自我的过程中所表现出来的多姿多彩的思维形态构成了'山水文化'的丰富内涵。'山水文化'在我国悠久而灿烂的古代文化中占有重要的地位，其中尤以宗教、哲学、美学三大领域与山水的关系最为密切，三者构成了山水文化的载体，构成了山水文化的独特风貌和丰富的思想内涵。"①三峡流域自然风光明媚，山水千姿百态，可谓得天独厚；三峡流域有许多历史文化名城，历代人文荟萃。这自然与人文的两大特点，孕育出丰富多彩的三峡流域城市山水文化。三峡流域众多的名山胜水，不仅自然景观雄奇秀丽，而且沉积着深厚的文化，闪耀着璀璨夺目的异彩。这是三峡区域的宝贵财富，也是中华民族的自然与文化遗产，在中国乃至世界上都有显著的地位。

1. 山、水、城一体的山水城市景观文化

20世纪90年代，我国著名科学家钱学森先生曾提出把中国的山水诗词、中国古典园林建筑和中国的山水画融合在一起，构造中国的山水城市的城市建设理念。据记载，1990年7月31日钱学森先生给清华大学吴良镛先生的信中写道："我近年来一直在想一个问题：能不能把中国的山水诗词、中国古典园林建筑和中国的山水画融合在一起，创造'山水城市'的概念？"② 这直接引出世纪之交的一场关于21世纪的中国城市如何发展的大讨论，其讨论的热点就是建设具有中国特色城市——"山水城市"的构想。如何理解"山水城市"这一概念，由于不同学科的专家学者看问题的角度不同，可能会有不同的答案。但无论怎样表述，都应该从中国山水文化的角度去理解，才能更深刻地领会其中所蕴含的意义。

自古以来，三峡流域城市建设都懂得充分利用自然建设自己的家园，山的厚重与水的灵性成就了三峡城市市民的生态文化。对此，我们不妨选取三峡流域几个有代表性的城市，通过它们的城市山水文化的呈现，探讨三峡流域城市文化的特点。

（1）宜昌市

因水而生、因水而兴的宜昌，就是一座有着深厚山水文化底蕴的现代

---

① 唐凤鸣：《山水文化——山水城市的核心精神》，《湘南学院学报》2004年第1期，第82页。

② 傅伯杰、陈利顶、马克明等：《景观生态学原理及应用》，科学出版社2001年版，第10页。

之城。它位于中国湖北省的西部，长江三峡西陵峡的东口，地处长江上中游的分界处，"上控巴蜀，下引荆襄"，自古便以"三峡门户，川鄂咽喉"而著称于世。宜昌古名夷陵或彝陵，因为"水至此而夷，山至此而陵"而得名。宜昌在山水名城的打造过程中，在城市道路、建筑、景观设计上，充分发挥山水、园林等自然元素的优势：或以山水命名道路，如东山大道、北山坡、沿江大道、樵湖路、东湖路等；或借助山水为楼盘取名，如山水国际、山水华庭、世纪山水、清江润城、水悦城、江山多娇、梅岭壹号、运河名都、名都花园山水苑、宏信依山郡、平湖港湾、平湖国际、东山康城、长河湾、金色海岸等；或利用丰富的森林资源打造市区休闲空间，如磨基山森林公园、西塞国森林公园、石板森林公园、金银岗森林公园等。经过多年建设，宜昌形成了"两坝一峡山水相连、周边群山绿色环抱、城中绿地纵横贯通"的峡江山水森林城市格局，它也因此先后获得"中国优秀旅游城市""国家园林城市""中国十佳宜居城市""全国卫生城市""国家环保模范城市""全国文明城市"等光荣称号。置身宜昌，仿佛走进了城中有山、山中有城、山环水绕、青山绿水的人间乐园。

（2）张家界市

张家界原名大庸市，位于湖南西北部，澧水中上游，地处北中纬度，属中亚热带山原型季风湿润气候。自然山水资源丰富，山体和水系共同构成了城市最主要的景观风貌格局，成为张家界城市景观风貌的最主要特色。古城的周边为高原余脉，西北被群山环绕，东南则丘陵起伏，澧水从城南蜿蜒曲折流过，古城便静卧在青山绿水紧密环抱之中，深得天人合一之美。张家界古城是一座山水特征非常明显的城市，其城市景观风貌主要体现在丰富的城市整体轮廓、高低起伏的城市街道和呈簇群状的建筑群落等方面。经过几千年的不断建设，形成了张家界"山、水、城"三位一体、相融共生的城市整体格局。正是由于张家界拥有得天独厚的自然资源，才为这座城市提供了既丰富多彩又极具层次的山水景观，形成了内有水、近有丘、外有山的独特城市风貌。

但随着1982年9月张家界国家森林公园成为中国第一个国家森林公园，作为一座新兴的旅游城市，张家界城市的发展开始明显呈现出无序状态，城市规模迅速增长，形态发展出现了突变，在漫长的城市与自然共同"生长"的岁月里所形成的城市建设规律遭到严重破坏。2000年，张家界市政府对城市总体规划进行了修编，确立其城市性质为"湘鄂渝边区的交通和商贸中心，是面向国际的新兴山水旅游城市"，提出城市建设的可持续发展理念，重视城市文化生态，倡导山、水、城、人共融的城市发展方式。①

（3）奉节县

奉节是一座历史悠久、军事地位显要、文化积淀深厚、民风淳朴古雅的文明古城。商周之际曾为鱼国，后称鱼邑，自战国中期（约公元前314年）正式置县，历史上其县名先后为鱼复、永安、人复、奉节。因夔州治所均在奉节，故奉节也就成了夔州的代称。县城之东瞿塘峡，"西控巴渝收万壑，东连荆楚压群山"。而其标志性的自然景观——"夔门"又位于长江三峡之首的瞿塘峡西端入口处。它双峰欲合，如门半开，锁镇全川之水，扼巴蜀之咽喉，气势磅礴，雄伟壮观，素有"夔门天下雄"之美称。奉节县北连大巴山、巫山，南接七曜山；黄金水道从西至东横贯县境中部，所处地理位置优越，地形险要，自古为兵家必争之地，亦为商贸聚散繁荣之区。奉节新县城建设遵循以人为本、生态优先、突出特色的原则，从自身资源优势出发，充分利用现有城市格局和山水自然景观，采取"依山傍水，带状发展"的空间发展战略，以"山、水、绿、城"为主题，按照"显山露水"的原则营造绿色城市空间，创造以生态、文化旅游为主的富有特色的园林城市。

2. 山水城市的诗城文化

三峡流域内的每一座城市本身就是一首内涵丰富、深沉大气的诗歌，都与诗歌结下不解之缘。尤其是奉节、宜昌、巫山等更是充满诗意的三峡流域文化城市的典型代表。

（1）谈到诗城，奉节（古称夔州）应该算是一座与诗结缘的最著名的城市

历史上有上千位文学史上留名的大诗人为这座古城留下了上万首绚烂诗篇。诗仙李白数次游历奉节，其《早发白帝城》："朝辞白帝彩云间，千里江陵一日还。两岸猿声啼不住，轻舟已过万重山。"写出流放途中被

---

① 参见邓鹏《张家界城市山水景观风貌规划与设计策略研究》，硕士学位论文，湖南大学，2009年，第47—49页。

赦免的狂喜。诗圣杜甫晚年漂泊到夔州，"爱其山川不忍去"（陆游《东屯高斋记》），在此寓居两年，"每依北斗望京华"，壮志难酬，只能以诗寄情。杜甫一生创作了一千五百多首诗，其中在夔州就创作了四百三十多首，占全部诗歌的1/3以上，其《八阵图》《茅屋为秋风所破歌》《登高》等传世之作皆创作于此。夔州诗是其巅峰之作，代表了杜诗的最高成就。诗豪刘禹锡曾任夔州刺史，其间搜集当地民谣而拟作《竹枝词》："杨柳青青江水平，闻郎江上踏歌声，东边日出西边雨，道是无晴却有晴。"清新质朴，别开中唐一代诗风。当然，成就"诗城奉节"的绝不仅仅只有他们三人，古代的陈子昂、王维、白居易、孟郊、苏轼、苏辙、黄庭坚、范成大、陆游、王十朋、宋濂、杨慎、李调元，现代的郭沫若、贺敬之、陈毅等或旅居夔州或仕宦奉节，留下大量讴歌夔州山水风物的诗篇。这一传统代代相传，当今奉节写诗、出诗集的人仍不绝如缕，兴办《秋兴》《三峡诗报》《夔门诗讯》《夔门文学》《诗城》《白帝城》等文化、文学研究刊物。诗已经成为奉节的文化名片。就连奉节新县城的路标，都像一本诗词指南，徜徉在诗仙路、少陵路、竹枝路、老泉街、依斗门，无不散发着浓郁的诗歌气息。

（2）宜昌是新晋的诗城

2014年在文化部和省政府主办的中国诗歌单项最高奖——首届"中国屈原诗歌奖"颁奖暨端午诗会上，中国诗歌学会正式将"中国诗歌之城"的奖牌授予宜昌。《关于授予湖北省宜昌市"中国诗歌之城"的决定》明确说明："宜昌是伟大诗人屈原的故乡，是中国汉语诗歌的源头。在这块土地上，一代又一代的诗人，为弘扬中华诗歌传统，推动中国诗歌的繁荣与发展，作出了重要的贡献。经中国诗歌学会研究，决定授予宜昌市'中国诗歌之城'称号。"宜昌是一座有着千年文脉的历史文化名城，在古代历史上，除了屈原，还有许多著名的骚人墨客流连忘返于此处的山川美景。一千多年以前，东晋人袁崧在这里考察山川形貌，并写下了流传千古的《宜都记》，被现代学者钱钟书极为推崇，称其为中国最早独立成篇的山水记。唐代以来，中国历代著名诗人如陈子昂、张九龄、孟浩然、王维、李白、杜甫、白居易、刘禹锡、元稹、李商隐、欧阳修、苏洵、苏轼、苏辙、黄庭坚、陆游、袁宏道、袁中道等在这里挥毫泼墨，留下千古绝唱。在诗城宜昌，文化巨人欧阳修在贬任夷陵县令期间，及明代文学家袁中道寓居当阳玉泉寺期间，留下的诗作最多。而宜昌现当代作家们继承传统，辛勤耕耘，用诗歌歌咏城市的山水美景，为宜昌留下新的宝贵的精神财富。宜昌新诗学会每年举办诗会活动，并创办大型诗歌刊物《坐标》，会刊上发表的作品多人次被《诗刊》《诗选刊》《中国诗歌》等重要杂志选载，显示了宜昌作为诗城的当代力量。

（3）巫山堪称是一座充满神话色彩的浪漫诗城

幽深奇秀的峡谷景观，壮丽优美的湖泊景观，变幻莫测的云雨奇景，独特神韵的神女文化给文人提供无数的诗料，注入极大的创作热情。单是一个巫山神女的迷人风姿，就让古今无数英雄竞折腰，使众多文人雅士留下了大量诗词歌赋。自从战国时期的宋玉在《高唐赋》和《神女赋》中描写了带有传奇色彩的楚襄王和巫山神女"旦为朝云，暮为行雨。朝朝暮暮，阳台之下"人神相恋的神话传说故事后，这个美到极致、爱到极致的中国第一女神就成为中国文人们再三咏唱，表达性、爱、美的宝典："一枝红艳露凝香，云雨巫山枉断肠"（李白《清平调》）；"来如春梦几多时，去似朝云无觅处"（白居易《花非花》）；"曾经沧海难为水，除却巫山不是云"（元稹《离思》）；"油壁香车不再逢，峡云无迹任西东"（晏殊《寓意》）。中国文人之所以具有如此浓郁的巫山神女情结，是因为它是失意文人孤独生命体验的结晶，可以成为人们心灵的后方。即使到当代，这种情结依然铭刻在文人的内心深处，舒婷的"与其在悬崖上展览千年，不如在爱人肩头痛哭一晚"（《神女峰》）诗句又一次触动了人们心底最敏感的神经，唱出新一代诗人对爱情的理解。据统计，该类作品共三百多篇，既增添了神女文化的深度，也给人们留下了深刻的印象和无穷的向往。文化与美景的结合，使巫山这座城市更具浪漫气质和品牌效应。

3. 各具特色的城市山水文化

谈到城市山水文化，三峡流域可谓处处风光，美不胜收，而每座城市都有其独一无二的风景名片。如：宜昌的三游洞、三峡人家、三峡大坝、车溪、九畹溪、三峡大瀑布等；恩施的大峡谷、土司城、腾龙洞、神农溪等；湘西的凤凰城、德夯大峡谷、芙蓉古镇、南方长城、德夯苗寨等；张家界的张家界国家森林公园、天子山等；常德的桃花源、桃花江、笔架城等；怀化的万佛山、通道芋头古侗寨、芙蓉楼等；铜仁的梵净山、九龙洞、石阡温泉、苗王城等；巫山的巫峡、神女峰与神女溪、小三峡与小小三峡、大昌古镇等；奉节的瞿塘峡、夔门、白帝城、小寨天坑、永安宫、八阵图等；涪陵的白鹤梁、816核军工洞体、巴国陵墓等；万州的青龙瀑布、潭獐峡、龙泉风景区等；黔江的小南海、武陵仙山、国家地质公园、黔江国家森林公园等；丰都的丰都鬼城、双桂山国家森林公园等；酉阳的桃花源、龚滩古镇等；秀山的武陵山、酉水河、花灯寨等；彭水的阿依河、神龙谷、鞍子苗寨等；石柱的黄水森林公园、西沱古镇、重庆毕兹卡绿宫等；武隆的天生三桥、仙女山等；忠县的石宝寨、甘井沟风景区等；云阳的张飞庙、龙缸风景区等；开县的仙女洞、雪宝山、报国寺等；巫溪的红池坝、一线天、云台观等。无论是鬼斧神工的自然胜景，还是巧夺天工的人文奇观，无一不凸显三峡流域城市山水文化的独特价值。下面选取三峡流域城市一些最有代表性的山水文化景观加以评述，以便读者从中管窥这片神奇土地上所产生的文化魅力。

（1）三游洞景区

三游洞景区位于宜昌城西北，背靠长江三峡的西陵峡口，面临下牢溪，洞奇景异，山水秀丽，风景绝美。陆游《入蜀记》卷6对其有如下描写："夹江千峰万嶂，有竞起者，有独拔者，有崩欲压者，有危欲坠者，有横裂者，有直坼者，有凸者，有洼者，有鳞者，奇怪不可尽状。"[①]在陆游之前，这里已经迎来过无数迁客骚人，而其中最著名的人物当数"前三游"的中唐诗人白居易、元稹、白行简，和有"后三游"之称的苏洵、苏轼、苏辙。由于他们前赴后继的登临赋诗，使得这一座偏僻无闻的江边小山变成闻名遐迩的诗歌圣洞，文化圣山。在人们心中，三游洞早已不是单纯的自然风景区，而已经成为中国诗人的地理符号，历代凡是途经夷陵（宜昌）的人，大都要到此一游，以表对前辈诗人的仰慕之情，并以楷、隶、行、草各种字体，和诗歌、散文、壁画、题记等形式写景抒怀，镌刻于石壁之上。至今洞内外尚存有宋代欧阳修题记、明代重刻之《三游洞序》等各种壁刻和碑文四十余件，留下了宝贵的文化史料。三游洞之美，既美在自然，更美在人文，是三峡流域城市山水文化人文与自然完满融合的典范。

---

① （南宋）陆游：《入蜀记校注》，蒋方校注，湖北人民出版社2004年版，第204页。

（2）恩施大峡谷

恩施大峡谷算得上是当今恩施土家族苗族自治州最响亮的旅游文化名片，是上天赐予恩施土、苗人们的丰厚奖赏。它位于世界硒都——恩施市境内，是清江大峡谷一段，峡谷全长 108 千米，面积达 300 平方千米。峡谷中的百里绝壁、千丈瀑布、傲啸独峰、原始森林、远古村寨等景点美不胜收。自然景区则主要由大河碥风光、前山绝壁、大中小龙门峰林、板桥洞群、龙桥暗河、云龙河地缝、后山独峰、雨龙山绝壁、朝东岩绝壁、铜盆水森林公园、屯堡清江河画廊等组成。恩施大峡谷的特别之处在于，它不同于黄山的山中看谷，而是谷中看山；被誉为"天下第一奇山"的黄山以奇松、怪石、云海、温泉"四绝"闻名于世，而与美国科罗拉多大峡谷难分伯仲的恩施大峡谷则以"一段地缝（云龙河地缝），两条河流（雪照河、云龙河），三大板块（探险旅游为主的朝东岩板块、休闲度假为主的大山顶板块、山水观光为主的七星寨板块），四大神奇（绝壁峰丛、暗河上的'热云洞'、大山顶的女儿会、不同地质年代的地缝），五大特色（清江升白云、绝壁环峰丛、天桥连洞群、地缝接飞瀑、暗河配天坑）"誉满全球。大峡谷空间宏伟开阔，景观层次丰富，山体变化多端，清江河谷深切，是鄂西独一无二的纯天然山水文化景观。

（3）张家界国家森林公园

张家界国家森林公园位于湖南省西北部张家界市境内，是中国第一个国家森林公园（1982 年由国务院批准成立）；1992 年张家界国家森林公园与索溪峪风景区、天子山风景区共同构成的武陵源自然风景区被联合国教科文组织列入《世界自然遗产名录》；2004 年 2 月被列入世界地质公园。张家界森林公园地处云贵高原隆起区与洞庭湖沉降区之间，正是由于既受隆起的影响，又受沉降的牵制，加上地表水切割强烈和岩溶地貌极其发达，才形成了今日所见的这种高低悬殊、奇峰林立、万石峥嵘、溪谷纵横的自然奇观。数亿年前的地壳运动，鬼斧神工般地造就了张家界无法复制的神奇和美丽。公园自然风光以峰称奇、以谷显幽、以林见秀。其间有三千多座奇峰拔地而起，形态各异，或似玉柱神鞭，立地顶天；或像铜墙铁壁，巍然屹立；或如晃板垒卵，摇摇欲坠；或若盆景古董，玲珑剔透，形象逼真，气势壮观；或峰间峡谷，溪流潺潺，浓荫蔽日。公园集雄（黄石寨之雄）、奇（袁家界之奇）、幽（金鞭溪之幽）、野（砂刀沟之野）、险（腰子寨之险）、秀（琵琶溪之秀）于一体，汇峰、谷、壑、林、水为一色，被国内外游客誉为"人间仙境，世外桃源""天下第一奇山""山的代表、山的典型、山的精灵""扩大的盆景，缩小的仙境""中国山水画的原本"，令人叹为观止。其中最精华的部分当推十里画廊、黄石寨、金鞭溪、袁家界等。公园核心景区中部：峡谷两旁千峰耸立，林木葱茏，野花飘香；奇峰异石，千姿百态，像一幅巨大的山水画卷，并排悬挂在千仞绝壁之上，使秀美绝伦的自然奇观融进仙师画工的水墨丹青之中；人行其间，三步一景，如在画中遨游，故有"十里画廊"之美誉。俗话说"不上黄石寨，枉到张家界"，它不仅因为汉留侯张良隐居此地受难，被其师黄石公搭救的传说使其具有了历史的厚重感，更重要的是缘于其如诗如画的梦幻美景为旅游者所折服陶醉，"烟云飘渺峰尽俏，风月乍寒林无鸟；故地重来芙蓉骄，黄石不去蓬莱笑"。现代诗人肖草《重上黄石寨》对此作了极好诠释。金鞭溪水婉转曲折，幽静异常，随山而移，穿行在峰峦幽谷之间，迤逦于鸟语花香之中。金鞭溪，因溪水流经金鞭岩而得名，两岸奇峰屏列，风光如画，被誉为"世界上最美丽的峡谷"。而有"张家界后花园"之称的袁家界则是镶嵌在武陵源核心景区的一颗明珠。站在山台上，三千奇峰尽收眼底，雄险秀野，神态各异；峡谷深处，千百根石峰石柱奇伟突立，或如英武将帅，或似勇猛壮士，形象逼真，呼之欲出。真是一步一景，美妙绝伦。

（4）梵净山

梵净山又名"三山谷""辰山""思邛山"，明代以后称"梵净山"，号称"贵州第一名山""武陵第一峰"，位于贵州省东北部的铜仁地区，为武陵山脉主峰。梵净山既是一座风景优美、原始生态保存完好的自然名山，更是一座历史悠久、庄严肃穆的佛教圣山。就自然风光和生态而言，梵净山是国家级自然保护区、国际生物圈成员，具有亚热带最完整的生物体系，早在明初就被尊为"名岳之宗"；1982年，被联合国列为一级世界生态保护区。作为武陵主峰的梵净山山体庞大雄浑，摩云接天；山势雄伟，层峦叠嶂；坡陡谷深，群峰高耸；溪流纵横，飞瀑悬泻；古老地质形成的特殊地质结构，塑造了它千姿百态、峥嵘奇伟的山岳地貌景观。从文化的角度看，梵净山又是西南一座具有两千多年历史的文化名山，是一个典型的佛教圣地——弥勒菩萨道场，与山西的五台山、四川的峨眉山、安徽的九华山、浙江的普陀山齐名，被称为中国第五大佛教名山，在中国佛教史上占据极其重要的地位。无论过去还是现在，梵净山的闻名与开发均起源于佛教，遍及梵净山区的四大皇庵、四十八脚庵等庞大寺庙群，奠定了它作为著名"古佛道场"的宗教地位，佛教文化为莽苍的梵净山披上一层肃穆而神奇的色彩。

（5）巫山神女峰

巫山神女峰又名望霞峰、美人峰、仙女峰，巫山十二峰之一，位于重庆市巫山县城东约15千米处的长江三峡之巫峡北岸。古人有"峰峦上入云霄汉，山脚直插江中，议者谓泰、华、衡、庐皆无此奇"之说。[①] 因一块巨石突兀于青峰云霞之中，状若一个亭亭玉立、美丽动人的少女，故名神女峰（美人峰、仙女峰）；或因其每天第一个迎来朝霞，又最后一个送走晚霞，故又名"望霞峰"。巫山十二峰虽然各有特色，但唯有神女峰最秀丽、最有名、最被人青睐，它的闻名和开发似乎都离不开爱情元素，离不开巫山神女对爱情的热烈和坚贞。巫山神女峰堪称"中国爱情第一峰"，而巫山神女亦被视为"中国第一女神"。中唐著名诗人刘禹锡在游神女庙后赋诗云："巫山十二郁苍苍，片石亭亭号女郎。晓雾乍开疑卷幔，山花欲谢似残妆。星河好夜闲清佩，云雨归时带异香。何事神仙九天上，人间来就楚襄王。"巫山神女峰正是因其飘渺变幻的云烟及其神秘浪漫的传说而吸引了历代无数墨客骚人、守邦官吏、隐者雅士为其留下了灿若繁星的美好诗篇。历代诗人的不绝咏唱与浩浩长江一道，形成了环绕神女奔腾流淌的另一条文化江河，绵延不息，代代相传。

五　荡气回肠的移民文化

（一）移民的历史及其类别

所谓移民，古称"徙民""迁徙"。《现代汉语词典》给它的定义是"居民由一地或一国迁移到另一地或另一国落户"或"迁移到外地或外国去落户的人"。从某种角度看，我国的历史就是一部人类迁徙史。早在商朝就有关于迁徙的文字记载，我国先秦时期第一部诗歌总集《诗经》中的《公刘》《绵》就描写了周人由邰至豳及由豳至岐两次迁移的历史事

---

① 参见陆游《入蜀记校注》，蒋方校注，湖北人民出版社2004年版，第229页。

实，其中《绵》诗叙述了公刘的十世孙古公亶父率族从豳地迁居岐下的情形。秦汉以降或因饥荒，或因战争，或因朝廷强制动员，或因耕作技术普及所带来的民族大迁徙代有发生，而规模最大、影响最广的是"永嘉之乱""安史之乱""靖康之变"三次战争引起的全国性中原居民向南迁移。西晋末年，中原战乱，匈奴攻陷洛阳、掳走怀帝，酿成"永嘉之乱"，西晋灭亡。随后东晋建都建康（今南京），北方士族豪门纷纷南迁，进入长江以南，史称"永嘉之乱，衣冠南渡"。这是中国古代出现的人口南迁第一次高潮，前后持续了两个世纪之久。第二次是唐朝"安史之乱"所引发的人口南迁，"天下衣冠士庶，避地东吴，永嘉南迁，未盛于此"。这次人口南迁大潮的余波，一直持续到唐末和五代十国时期。而由金人大规模南侵造成的北宋末期的"靖康之难"，使中国再一次遭到一场巨大的社会动乱，由此产生的人口迁移，其规模之大，持续时间之长，均堪与"永嘉丧乱"和"安史之乱"相伯仲，其性质和形式也相似。据记载："建炎末，士大夫皆避地……衣冠奔蹐于道者相继。""西北士大夫遭靖康之难，多挈家寓武陵。""四方之民云集二浙，百倍常时。"连南方一些偏僻山区，也接纳了不少移民，如广西容县"介桂广间，渡江以来，避地留家者众"。当然，中国历史上的大规模人口迁徙远远不止这三次。明清以后的人口迁徙十分频繁，如"洪洞大槐树移民""江西填湖广""湖广填四川"，以及后来的"走西口""闯关东"等，都是规模巨大、影响深远的人口迁徙。

从本质上看，人类社会始终处于迁徙变动状态，城市便是人群流动、聚集的结果，"都市化在很大程度上是一种移民现象"。[1] 移民是世界历史上自古就有的现象，中国历史上出现过不同范围、不同规模、不同性质的移民情况。单从性质上看，移民有多种类型：政治型、民族型、经济型等。政治型、民族型的移民，于两晋、两宋之际这样改朝换代的过程中多有发生，北方世家大族大规模举族随政权南迁避难，在迁徙地成为汉族新政权的属民；与之相对应的少数民族内迁，也属相同类型的移民。如十六国（304—439）时期的鲜卑族拓跋部迁徙至代（今山西），建立北

---

① ［以色列］裴德·马特拉斯：《人口社会学导论》，方时壮、汪念郴译，中山大学出版社1988年版，第213页。

魏，定都平城（今大同），后北魏孝文帝又迁都洛阳，将包括鲜卑在内的百余万人民迁入并定居中原，成为籍贯中原的移民。政治性移民还包括历代被统治者流徙边远地区的政治军事上失败的对手和罪臣。经济型移民首先是新王朝建立之始的官府行为。为了尽快恢复社会经济，官府通常强制性移民实荒和招民垦荒。如：明朝初年，官府即曾有组织地移民实荒；清朝初年，也曾有以"湖广填四川"为代表的大规模移民之举。其次，当社会经济恢复发展、人口增长或土地兼并造成人口与资源新的失衡后，经济型移民成为贫民的求生手段与官府的人口对策。①

（二）三峡流域城市移民概述

三峡流域城市在其发展的不同历史阶段都存在规模大小不同的移民情况，如清初"湖广填四川"的大规模移民之举。相传，明末张献忠"屠蜀"，造成当地"横亘数十里无人烟"的惨景。清政府平乱之后，组织大量楚人入蜀，江西及其他地区之人入楚，从而留下了"湖广填四川""江西填湖广""四方填湖广"的老话。清中期以后人口暴长，政府放松了对开发长江中上游丘陵地带等跨省际人口流动的限制，大量移民迁至长江中上游山区，利用较为先进的科技手段开发土地资源，将传统农业社会的生产力水平提到了空前高度。再如近现代，随着沙市、宜昌等的开埠，特别是抗战时期大规模内迁移民、新中国成立后国家的三线建设②移民的过程多是人口向城市聚集的过程，这种聚集对三峡流域城市产业的发展、经济的繁荣、文化的改变产生了极为广泛和深刻的影响。

但是，三峡流域城市历史上这些规模或大或小的移民都无法与三峡工程建设移民相提并论，这次水库移民在移民史上不仅空前，或许绝后。

三峡库区是中国地理上的一个相对较新的地名词，它是指长江流域因三峡水电站的修建而被淹没的地区，根据三峡水库淹没处理的规划方案，库区淹没涉及湖北省、重庆市的 12 个县（区）。全淹或基本全淹的县城有 8 座：湖北省秭归县归州镇，兴山县高阳镇，巴东县信陵镇；重庆市巫山县巫峡镇，奉节县永安镇，万州区沙河镇，开县汉丰镇，丰都

---

① 参见张研《中国历史上的移民》，《寻根》2003 年第 4 期。

② 三线建设指的是自 1964 年起中华人民共和国政府在中国中西部地区的 13 个省、自治区进行的一场以战备为指导思想的大规模国防、科技、工业和交通基本设施建设。

县名山镇。大部分淹没的县城 1 座：重庆市云阳县云阳镇。部分淹没的市区和县城 4 座：重庆市万州区、涪陵区、忠县忠州镇、长寿区城关镇。其他受到影响的有湖北省所辖的夷陵区，重庆市所辖的巫溪县、武隆县、石柱县、渝北区、巴南区、江津区及重庆核心城区（包括渝中区、北碚区、沙坪坝区、南岸区、九龙坡区、大渡口区和江北区）。持续 18 年的三峡工程大移民，至 2010 年宣告结束，139.76 万移民安置任务全面完成，其中 16 万多移民远赴外省市安家。

三峡库区城市搬迁的方式主要有两种：整体外迁和就近后靠。在库区淹没涉及的 20 个城市中，湖北省的秭归县和兴山县属于整体外迁型城市；万州则是三峡库区最大的移民城市。笔者以这三个城市为例，以了解三峡库区移民的大致情况。

1. 秭归县

秭归县城原址为归州镇，位于长江北岸，距三峡大坝三十七千米。秭归"控巴蜀之咽喉，扼荆楚之要塞"，自古以来是由鄂入川的必经之地，历史悠久，地势险要。公元前 221 年秭归置县，从汉到三国、隋、唐、宋、元、明、清诸朝均设县（郡）治于此。归州成为三峡地区乃至中国的名城重镇，始于 221 年。是年，蜀帝刘备为给义弟关羽报仇，东下伐吴，在此扎营筑土城。因此秭归又称刘备城。此后兵家多次争夺，数度兴废。清嘉庆九年（1804）知州甘立朝改砖城为石城，城垣高大坚实，状如葫芦，故又名"葫芦城"。清嘉庆年间所建的古城墙，至秭归县城拆迁前，基本完整保存，是长江西陵峡两岸保存时间最长、规模最大的一座古城。归州自古以来都是一个弹丸之地，其拥塞之状，到搬迁前已到极致，不足一平方千米的县城，聚居了三万多人。街巷纵横交错，张家李家鸡犬之声相闻，由此形成归州城特有的繁荣景象和浓浓的人情味。为了三峡大坝水利工程建设，1991 年 6 月 15 日，国务院批准秭归县城由原归州古城迁往三十七千米外的茅坪剪刀峪，一座千年历史名城就此沉于江底，成为永久的记忆，宋朝陆游一首《楚城》"江上荒城猿鸟悲，隔江便是屈原祠。一千五百年间事，只有滩声似旧时"最能表达今日人们对老秭归逝去的心境。在三峡库区搬迁史上，秭归新城具有不同寻常的意义，它是崛起在长江南岸、"集三峡大坝雄姿、高峡平湖风光、屈原文化遗迹、移民文化特色于一体"的第一座移民新城。在秭归新县城的规划、建设与管理中，政府根据近期与远期相结合、移民搬迁与经济发展相结合、县城建设与环境建设相结合的思路，始终坚持"规划高起点、建设高质量、管理高标准"的"三高"原则和天人合一的可持续发展战略，全力塑造秭归新城集三峡大坝雄姿、高峡平湖风光、屈原文化遗迹、移民文化特色于一体的城市形象。秭归新县城建设于1992年，与三峡工程前期准备工作同时进行，1998年秭归县党政机关和企事业单位以及三万多城区移民迁居新城，开始了既陌生又熟悉的崭新生活。

2. 兴山县

兴山县历史悠久，人杰地灵，是中国古代四大美女之一王昭君的故乡。老县城位于高阳镇，香溪河畔，三国吴景帝永安三年（260）分秭归县之北界立兴山，因县治兴起于群山，故名兴山。历史上，兴山县城曾几经迁徙，北宋端拱二年（989），迁县城于高阳镇后就一直延续至2002年。高阳镇建在香溪河畔的山坡上，街道狭窄，人口密集，一直是湖北省最落后的县城之一，三峡库区蓄水后，这里大部分城区随之淹没。1992年12月，民政部批复同意兴山县政府迁址，2002年兴山人民告别有1013年县城历史的高阳镇，将县城整体迁往新县城古夫镇。经过政府和市民十几年的精心建设，兴山新县城展示出的美丽风采无不被中外游客叹为观止，人们称它是现代美与传统美、淳朴美与时尚美、自然美与人文美、张扬美与含蓄美、纯净美与活力美的和谐统一。这座曾经"养在深闺人未识"的新县城，现已蜕变成三峡库区乃至湖北省的一颗璀璨的明珠。当人们进入这座年轻的移民搬迁县城，所到之处都在向人们展示着"山水园林城、旅游文化城、生态环境城"的独特魅力：在蓝天白云下、青山碧水间漫步，草木葱绿，花团锦簇，街道宽敞，高楼栉比，游人如织，商贾云集。置身其间，让人心旷神怡，乐而忘返。

3. 万州区

万州区位于长江上游地区、重庆东北部，作为三峡库区的经济文化和商贸中心，自古以来都是西南地区的水陆要冲和长江中下游地区进入西南腹地的交通枢纽，属长江上游区域中心城市，因"万川毕汇""万商云集"而得名。自东汉设县至今已有1790多年历史，开埠已逾百年。中华人民共和国成立后为四川省万县地区，1993年设万县市，1997年成立重庆市万州区。万州地处中国东西部结合地带，位于三峡库区腹心，自古就是渝东、鄂西、陕南、黔东北的物资集散中心和水陆空交通枢纽。万州是三峡库区最大的移民城市，动态搬迁移民 26.3 万人，占整个库区的近 1/5。《人民日报》记者王建新、刘志强在 2013 年 9 月 15 日人民日报上撰文《库区最大移民城市万州，发展步入新轨道》称：万州将移民搬迁与城市规划建设、功能布局调整有机结合起来，推动城市建设上档升级。一是城市变大：移民搬迁前，城区仅 12 平方千米，人口 23 万人；移民后新城加快布局，老城提升品质，如今面积扩至 56.5 平方千米，人口增至 83.1 万人，城镇化率也提高到 58.5%。二是城市变美：万州依山就水，规划 80 平方千米滨江环湖地区，建设一个融江、山、湖、桥、港于一体的宜居之都；全长 25 千米的南北滨江路，如同长长的绸带，缠绕着一"湖"江水，绵延伸展。三是城市变"小"：便捷交通连通内外，空间距离感不断缩小。万州在发展中移民，在移民中发展，已经从移民重镇发展成重庆市的第二大都市。

此外，巴东、巫山、奉节、开县、丰都、云阳、涪陵、忠县等沿江库区城市都经历过规模大小有别、困难程度不同的城市搬迁工作。在新县城的规划和建设中，既重视外在物质条件的改善，也注重内在移民文化心理的重建，让广大移民在享受现代文明成果的同时，也能寻找到一个安顿心灵的精神家园。

（三）三峡流域城市移民文化的生成

从三峡流域城市移民的历史可以看出，非自愿移民占据主流，特别是三峡工程移民更是具有典型性。以三峡流域城市移民精神为核心的三峡移民文化是学术界比较关注的议题。"作为中华民族文化体系中的一个重要组成部分，三峡移民文化发轫于具有传统文化底蕴的巴渝文化，以'顾全大局的爱国精神、舍己为公的奉献精神、万众一心的协作精神、艰苦创业的拼搏精神'为主要特征，在'国家主导'和'社会动员'两大动力推动下得到广泛宣传和弘扬，在不断完善和发展过程中凝练为兼具民族特色和地域特色的社会主义新兴文化。"① 在三峡移民安置工作结束

---

①　刘晋飞、黄东东：《三峡移民文化的生成与阐释——社会建构主义理论的视角》，《学习与实践》2011 年第 7 期，第 135 页。

以后，如何进一步弘扬和研究三峡移民文化，是一个具有意义的重要课题，用西方社会建构主义理论来理解和阐释三峡流域城市移民文化生成与发展，不失为一个新的视角，可以为移民文化研究提供较好的研究路径。

要理解三峡流域城市移民文化生成的建构性。

首先，必须了解三峡移民工程的"国家主导"和"社会动员"的双重特性。三峡移民工程是一项具有诸多意义的复合型水利水电项目，包括经济技术、国家政治和社会生态等多重效益，为了实现百万移民顺利大搬迁安置的目标，国家从大局出发，要求库区移民发扬以"顾全大局的爱国精神、舍己为公的奉献精神、万众一心的协作精神、艰苦创业的拼搏精神"为基本内容的三峡移民精神。这里所说的三峡移民精神也就是三峡流域城市移民文化的基本内核。这种移民文化在被构建的过程中，国家、政府作为一方，与另外一方——移民之间存在着利益取向的不同，是矛盾的统一体。要处理二者的矛盾，平衡双方的利益，必须讲究一些互动的策略和技巧。从文化的"建构性"特征来分析，三峡流域城市移民文化的生成，在于社会建构者（国家、城市政府和城市移民）与社会建构物（三峡流域城市移民文化）之间的相互创造关系。这可以从两个方面来理解。第一，三峡流域城市移民文化的"建构"，重在彰显这一区域的文化导向和利益协调功能。三峡流域城市移民文化主要是在三峡工程建设的背景下产生的，在三峡移民的搬迁过程中，国家和城市政府采取多种手段：一是利用公共媒体大力宣扬三峡移民精神；二是依靠各级行政事业单位组织、动员搬迁。与此同时，国家和城市政府还通过影视、戏剧等艺术形式和广播、报纸等媒体塑造各种移民先进典型。"从社会发生机制来分析，国家、地方政府是主导和宣传'三峡移民文化'的重要节点，这些以官方话语为主导的传媒表达正是国家层面上各级政府对三峡移民文化的价值首肯和宣传，而百万移民群体对移民精神文化的理解、吸收和内化所达成的顺利搬迁则证实了移民群体同样成为'三峡移民文化'的建构者中的重要一极。最终，在官方话语主导的公共媒介对三峡移民工程的文化宣传和地方政府的帮促组织动员以及移民群体的积极合作构成的合力推动下，移民搬迁工作

顺利实施。"① 这说明，三峡流域城市移民文化是国家、城市政府和城市
移民群体达成某种契合的结果，而在这一文化建构过程中，国家和政府
处于主导地位，规定着移民文化的本质特征和发展方向。第二，三峡流
域城市移民文化的"建构"不仅内化为移民群体的一种道德追求，而且
有利于形成普适价值观。政府在移民搬迁安置过程中所做的宣传和表彰
等激励行为，在国家上下形成浓烈的"搬迁光荣、拒迁可耻"的整体氛
围。通过这样的方式，三峡流域城市移民文化能够更加强化移民群体对
移民搬迁工作的关系认知和价值判断，促使移民做出主动搬迁的行为选
择，体现出三峡流域城市移民文化对国家、城市政府和移民群体三者之
间的相互创造关系。

其次，在三峡流域城市移民文化的建构过程中，虽然国家和政府处
于主导和强势地位，但作为参与其间利益相关方的不同建构者，城市移
民在利益和目的的追求上充满着"异质性"。"在移民搬迁安置实践中，
三峡移民文化的生成过程不仅仅是国家、地方政府、移民群体和移民文
化之间的相互创造过程，而且是一个多方参与、利益交错、权衡利害的
博弈过程，本质就是三峡移民文化建构的社会性阐释。"② 由于在三峡流
域城市移民搬迁安置的过程中，作为自上而下、内在共存的国家、城市
政府和城市移民群体等，他们既服务于国家的总体利益，也代表着不同
阶层和团体的社会利益。因此，在以"国家利益共同体"为中心的大原
则下，各主体在相互理解、平等对话中需要达成一种"意识共谋"，以实
现共同意义的群体性交流。三峡流域城市移民文化的建构本身，就是一
个包括沟通、协商、争论、妥协、折中等互动方式的运动过程，国家考
虑的是整体社会利益，而移民则注重的是个人或群体的利益。以三峡移
民精神为核心的三峡流域城市移民文化则扮演了国家、城市政府和移民
群体之间的沟通、协商角色。由此可以看出，三峡流域城市移民文化是
一个具有逻辑贯通性的体系，是一个包涵了移民搬迁利益相关各方参与
决策和目标的集体智慧的产物。

---

① 刘晋飞、黄东东：《三峡移民文化的生成与阐释——社会建构主义理论的视角》，《学习
与实践》2011 年第 7 期，第 137 页。

② 同上书，第 137—138 页。

三峡流域城市移民文化所蕴含的"互动性"要求，体现出移民文化运作的某些规律。一是通过国家、城市政府和城市移民利益的博弈将移民与国家、移民与城市政府、移民与家庭、移民与移民等紧密结合，将移民群体与国家实体渗透到"国家利益至上"的"文化意义"之中，从而实现城市移民的个体利益与国家的整体利益之间的有机结合和转化。二是从本质上说，三峡流域城市移民所倡导的以爱国、奉献、协作、拼搏精神为主体的三峡移民精神，是一套整合国家、集体、家庭和个人等不同主体在内的、具有逻辑一致性的价值体系，对每个行动主体的行为都具有道德和情感的约束力，对国家、城市政府和移民群体具有强大的精神引导和规范功能。

（四）关于城市移民文化适应的问题

城市移民固有文化与迁入城市所在地文化是不同的自然环境与人文社会的产物，因此必然各具特色。当移民文化与迁入地文化相遇时，会发生相互碰撞，不断在矛盾、冲突中达到交融的目的，这就是移民的文化适应。"移民的'文化适应'简单地讲就是移民进入某地之后，先在某地定居下来，然后经过一段心理和文化的调适与适应之后，逐步成为当地人的过程。"① 这种"文化适应"并非单纯只是城市移民被动地接受当地的文化，而更普遍的是不同文化的互相碰撞与融合，彼此取长补短，形成一种彼此文化互相交融的状态，从而达到实现文化创新与发展的目的。

作为人类一种复杂的城市社会文化现象，文化适应是城市移民进入新的生活空间后必然要经历的一个过程。刘有安认为："不同文化背景的移民群体文化适应的内容、方式和程度也存有差异，同时移民在迁入地的文化适应具有一定的层次性和方向性。从文化适应的内容来看，移民文化适应可以分为'物质文化适应'和'非物质文化适应'；从文化适应的层次上来看，可以分为'深层文化适应'与'表层文化适应'；从文化适应的方向来看，可以分为'顺适应'和'逆适应'。"② 这里有几个概念先要厘清：一是物质文化与非物质文化。所谓"物质文化"，是指为

---

① ［美］克拉克·威斯勒：《人与文化》，钱岗南等译，商务印书馆 2004 年版，第 70 页。

② 刘有安：《论移民文化适应的类型及心理变化特征——以新中国成立后迁入宁夏的外地汉族移民为例》，《思想战线》2009 年第 6 期，第 24 页。

了满足人类生存和发展需要所创造的物质产品及其所表现的文化，包括饮食、服饰、建筑、交通、生产工具，以及乡村、城市等，是文化要素或者文化景观的物质表现方面。"非物质文化"则是指人作为社会成员所需要的知识、信仰、艺术、道德、法律、风俗以及其他能力和习惯等。物质文化与非物质文化相辅相成，互为表里，前者是后者的载体，后者是前者的核心内涵。二是深层文化与表层文化。欧洲文化大师吉尔特·霍夫斯塔德（Geert Hofstede）教授曾提出著名的"洋葱文化论"（即"多层文化论"），他认为，文化可以分为多个层次：表层是指服装、语言、建筑物等象征物（symbols）；第二层是民族性格（heroes）；第三层是礼仪（rituals）；最核心的一层是价值观（values），它是文化中最深奥的部分，是文化的基石。由此可见，文化是按特定次序和层次构成的一个复杂而不可分割的有机整体，其运行具有一定的规律性。三是顺适应与逆适应。如果城市原住民人口规模处于强势，其地域文化是新城的主流文化，那么新迁入移民要对迁入地地域文化和民族文化进行适应，这种文化适应称为"顺适应"。而"逆适应"则相反，由于移民人口规模、文化层次与原著居民相比处于强势，从而造成后者被迫适应前者的文化。

　　总体看来，三峡流域城市搬迁主要属于就近后靠，即使如秭归、兴山等整体外迁的城市离旧城也不算遥远，因此文化环境的改变对城市移民的心理冲击并没有表现得那样直接，而是体现出间接而持久的特点，并且文化的适应是相互的，移民要适应原住民的文化，而原住民同时也要学习移民的文化。从文化内容的适应看，三峡流域城市迁入移民会遇到要适应新环境的衣食住行、生产生活工具等物质文化和生活习惯、价值观念等精神文化的问题，如从过去的平房大杂院、筒子楼到现在的高楼大厦，人际交往的空间变化带来移民的陌生感、空虚感和焦虑感；从相对凉爽（炎热）的地方迁移到比较炎热（凉爽）的地方引起的对气候的不适应性；移民和原住民在饮食习惯上的差异带来的矛盾等。在双方的相互了解、摩擦碰撞与交流互动中逐步互相接受。从文化适应的层次来说，三峡流域城市移民和原住民之间的文化相互适应，是按照从浅入深分阶段进行的，"表层适应"是指城市移民和原住民表面上彼此迎合并模仿对方的文化，如饮食、语言、服饰等，但对其文化内核则抱着拒斥态度，彼此保持一定的社会距离；"深层适应"指城市移民与原住民之间能以一种平和的心态对待甚至接纳彼此的文化，从外表到内心，二者的文化已经完全融为一体。就文化适应的方向而言，三峡流域城市移民和原住民之间本身存在着人数规模、文化体系的强势与弱势的问题，文化之间的相互适应与融合的成分和程度并非是等值的。由于移民人口规模、移民的文化层次以及国家的移民政策导向等造成三峡城市移民的文化处于"顺适应"状态；而多数移民新城原住民反倒处于弱势地位，被迫适应移民的文化特质，由移民引领着当地文化，推动当地居民素质和文化水平的提高。在三峡流域城市，这种原住民"逆适应"的文化现象具有普遍性，应该引起城市政府、相关部门以及社会学者足够的重视，认真了解和研究城市移民和居民的心理，帮助他们消除彼此的隔阂与矛盾，理性地、有选择性地吸收对方文化的优点和长处，尽快逐步走向文化适应的完成阶段，实现移民文化的协调发展。

（五）三峡流域城市移民文化建设管窥

城市社会文化是城市的宝贵精神财富和无形资产，它渗透于城市生活的各个方面，赋予一座城市特有的气质，体现城市市民的社会价值取向、人生态度和审美水平，是衡量城市文明发展程度和市民生活质量的重要判断标志。从空间上说，城市虽然更多地表现出一定的地理位置、行政区划、经济单元等物质性的意义，但从根本上看，只有文化才是一个城市的灵魂和气质，是城市市民的精神家园和灵魂的寄托之所，它既可以增强一个城市的凝聚力、向心力，也能够提高市民对自己城市的归属感、自豪感，同时还可以提高城市的社会知名度、美誉度和城市的核心竞争力。因此，城市文化对于城市市民来说，其重要性是不言而喻的。

三峡流域城市本身拥有非常丰富、自成体系的传统城市文化，千百年生活在自己熟悉的文化环境中，人们早已养成各具特色的生活和工作习惯，形成了融洽和谐的社会关系。但随着诸如三峡工程这样一些不可抗拒的外力的影响，市民原有的宁静生活被迫改变。而三峡流域移民新城的建设又具有特殊性，"在空间上，这些新城是对'旧城'遗弃后的地理上的迁移；在时间上，新城是几年间'集中、快速'建立起来的；在起点上，无论是城市面积、人口的扩容还是城市规模、档次的提高，都是'旧城'无法比拟的。"① 虽然三峡流域城市移民搬迁情况不尽相同：
一是整体搬迁至远离原址的新环境，如湖北的秭归、兴山县城；二是后
靠或迁至长江对岸，与原来的环境保持某种联系。但都不同程度地改变
了人们的生存状况，影响了城市移民的物质和文化生活质量。因此，三
峡流域移民新城在文化建设上必须处理好文化传承、发展与文化的塑造、
创新的关系，前者关系到给城市移民留下文化记忆而使其稳定生活，是
否让移民对新环境产生认同感的问题；而后者则关系到城市移民能否与
时俱进，城市能否提升品位、增强综合竞争能力、带动社会经济快速发
展的问题。

　　三峡流域城市移民文化建设取得一定成就，许多城市在新城规划与
建设中十分重视原来城市传统文化、特色文化的重建，城市迁建中把最
能体现民族特色的建筑等文化原封不动搬迁到新址，是三峡库区城市移
民搬迁的一条基本原则。特色是城市的品牌，三峡搬迁城市建设不追求
大而全，而提倡小而精、美、特，既继承传统文化，又融合时代精神。
如秭归在新县城的规划与建设中，特别注意将自己的传统文化内涵赋予
其中：漫步在屈原路、天问路、桔颂路、兰慧路和长宁街、丹阳街、迎
和街，仿佛穿越回到秭归的历史岁月；桔苑小区成片"坡屋顶、小青瓦、
马头墙、吊脚楼"的仿古建筑，让曾经风光百年的新滩古民居的风姿重
现"江湖"；归州街的仿古建筑、青石板路、依山台阶和东西两座古城
楼，更是让人生出无限的思古幽情。最让市民和游客欣慰的是：与三峡
大坝遥相呼应的凤凰山已经成为三峡库区最大的文物复建区，6 栋最具特
色的古民居和我国四大渎庙之一的江渎庙已率先搬迁复建到了凤凰山；
归州古城墙、古城门、峡江古桥、摩崖石刻、纤夫石复建于此；享有盛
名的屈原祠、屈原故里牌坊整体复建也已完成。库区文物原样搬迁复建
汇聚凤凰山，为秭归新县城壮丽画卷又添上亮丽的一笔。同样是整体外
迁的兴山新城建设，在充分挖掘昭君文化的基础上，把城市置于大三峡、
神农架区域环境，在主要街道、广场、标志性建筑物等的命名上注重地
方历史文化特色的体现，重要人文景观原样复制，将城市定位为"生态

---

① 汤宏建、杨毅：《三峡库区移民新城文化建设刍议》，《重庆社会科学》2007 年第 7 期，
第 126 页。

环境城""文化旅游城""山水园林城",从总体上塑造了一座集山水园林风光、昭君文化文脉、山区城镇新姿、城郊生态绿圈于一体的城市特色。

城市的搬迁和新建,主要是"物质"和"文化"的迁移和建设,"物质"的迁建相对容易完成,只要有足够的资金做保证;但作为原有城市的文化特性、传统习惯、人文情结等"文化"的迁建却甚为困难。尽管一些移民城市政府注意到移民文化重建的重要性和必要性,并付出了一定努力,也取得一些成果。但存在的问题和困难也不少,综合起来主要表现在:从政府的层面看,唯经济论、城市 GDP 至上的意识决定了政府部门领导对城市移民文化建设缺乏热情,虽然在城市规划中,对民族特色文化重建有所体现,但在实际的新城建设中,不仅建设资金投入严重不足,而且规划中的文化用地被商业开发所取代的情况多有发生,城市移民赖以安顿心灵、寄托情感的文化空间被有意无意予以忽视。从城市移民群体本身而言:文化的断层和传承是一个必须面对的问题。旧城延续了上千年的城市形态、生活习惯、传统习俗、情感心理、人际关系等已得到移民的高度认同,当人们在一个较短的时间里集中搬迁到一个或完全或相对陌生的环境,其文化的不确定性、不相容性会不同程度地凸显出来,文化断层的问题会在相当长的历史时期内,影响到城市移民的生产、生活、工作等各个方面。而这种影响对新老移民起着完全不同的作用,随着时光的慢慢流逝,生活在搬迁新城的第一代城市移民,带着对昔日生活环境和文化氛围的思念与回忆一天天伤感地老去,而新一代城市移民,对父辈曾经的生活没有太多的体验和记忆,缺少与过去城市文化的联系,因此对移民文化的重建没有兴趣,他们更关注、更喜欢的是现代西方潮流文化。从移民群体的构成看,三峡流域搬迁新城的移民主要由三部分人所构成:原有旧城市民、城市新址居民和移民进城农民,不同地域、身份的市民尽管在同一城市,但其文化习俗、心理需求却都存在着较大的差异,这更增加了城市移民文化建设的难度。

第三节　三峡流域城市社会文化的民族性

一　一般意义上的文化民族性

一般认为，所谓民族是人们在一定的历史发展阶段上形成的具有稳定的共同地域、共同经济生活、共同语言以及表现出共同心理素质的稳定的共同体。这种共同的地域、经济生活、语言以及与此相联系产生的共同的文化传统，决定了此一民族群体在文化观念上必然具有不同于其他民族的基本特点，由此就形成了人们常言的民族文化，或称为文化的民族性。民族的基因往往通过民族文化得以传承，民族的个性也有赖于民族文化加以体现。"正是在民族这一层次上的社会才具有最鲜明的文化差异。我们感到自己所属的是某个民族，我们试图仿效我们同胞的习俗和风度。而且，我们非常方便地辨别出法国人、英国人和美国人，以及他们各自的言谈方式、风俗和服饰等。"① 世界上任何一个民族都具有与其他民族不同的文化。共同的文化是维系一个民族存在的最根本最重要的精神纽带，同时也是这个民族赖以安身立命的心灵家园和民族现代化历史进程中不可或缺的精神资源。

民族文化是内涵丰富的历史"活体"，它萌芽于特定的历史土壤，活跃在特定的历史语境，具有特殊的功能和价值。世界上任何一种文化都有其民族性。所谓文化的民族性是指能够反映民族精神、民族特性的价值观念、思维方式、国民品性、人格追求、伦理情趣等思想文化的本质特征，是文化的民族风格、民族气派的表现。文化的民族性能够反映特定民族文化类型的基本特质，具有不同于别的民族的文化心理和文化结构；能够反映特定民族的民族精神，具有超越时代、阶级的内容和精神，与民族存亡共始终。文化的民族性是经过长期的积淀才形成的，具有相对的稳定性，但它同时又在民族文化的发展过程中不断吸收其他民族的优秀文化而加以发展和创新，"民族性并不是说文化都只是本土文化，因为任何民族的文化都不可能是纯粹的，都会吸收外来文化。一个民族的

---

① ［美］菲利普·巴格比：《文化：历史的投影》，夏克、李天纲、陈江岚译，上海人民出版社 1987 年版，第 231 页。

文化不仅是由本民族的地区文化逐步融合而成，而且往往还吸收有别的民族的文化。纯而又纯的民族文化是没有的。各民族之间的文化是可以相互交流和传播的，而且文化的民族性并不会因为文化的融合或吸收而消失"。① 一个民族有着本民族的历史长期积累而形成的特有的价值观念和生活方式，在与其他民族文化的对比中能够体现出明显的区别。造成这种文化差异的主要原因有下面三点。

（一）地缘环境是影响文化的基本因素

文化是人类为了适应和改造自身的生存生活环境而进行的精神生产的产物。所以，人类的文化创造就必然要受自己所处的地理环境的制约。地理环境在一个民族形成初期，直接决定了某个民族的生产方式和生活方式，并在此基础上影响了这个民族人们的实践和认识，同时也直接形成某种特定的民族文化。靠山吃山，靠水吃水，一方水土养一方人。在沙漠地区居住的人们不可能像土地肥沃、雨水充沛的平原地区以农业生产方式为主和水草茂盛的草原地区以游牧生产方式生活。钱穆先生把人类文化的源头分为三种类型：游牧文化、农耕文化、商业文化。他认为，游牧文化发源在高寒的草原地带，农耕文化发源在河流灌溉的平原，商业文化发源在滨海地带以及近海之岛屿，并详细分析了各种地理环境对文化形成的重要作用，他指出："游牧、商业起于内不足，内不足则需向外求，因此而为流动的，进取的。……草原与滨海地带，其所凭以为资生之地者不仅感其不足，抑且深苦其内部之有阻害，于是而遂有强烈之'战胜与克服欲'。……故此种文化之特性常见为'征伐的''侵略的'。农业生活所依赖，曰气候，曰雨泽，曰土壤，此三者，皆非由人类自力安排，而若冥冥中已有为之布置妥帖而惟待人类之信任与忍耐以为顺应，乃无所用其战胜与克服。……故此种文化之特性常见为'和平的'。"② 这说明地缘环境对文化的形成具有非常重要的作用。

自然地缘环境是民族文化形成的重要条件，但并非决定性的条件。它只是为民族文化的产生和发展提供了可能性和机遇，而该文化所属的社会的政治、经济结构以及社会生产方式，才是民族文化形成的决定性

① 陈先达：《静园论丛》，中国人民大学出版社 2000 年版，第 554 页。
② 钱穆：《中国文化史导论（修订本）》，商务印书馆 1996 年版，第 2—3 页。

因素。所以，我们在肯定地缘环境影响的同时，也要避免过分夸大其作用，甚至出现环境决定文化的偏激论调。在经济全球化、科学技术高度发达、民族间交流日益频繁与便捷的今天，地缘环境对民族文化的影响力虽然依然存在，但呈现出越来越弱化的趋势。

（二）文化传统是影响民族文化的重要因素

马克思曾经说过："人们创造自己的历史，但是他们不是随心所欲地创造，并不是在他们自己选定的条件下创造，而是在自己直接碰到的既定的、从过去继承下来的条件下创造。"① 这里所说的"既定的、从过去继承下来的"的东西就是传统。所谓"传统"，本意是指帝业、学说等世代相传。如《后汉书·东夷传·倭》："自武帝灭朝鲜，使驿通於汉者三十许国，国皆称王，世世传统。"南朝梁沈约《立太子恩诏》："守器传统，於斯为重。"明胡应麟《少室山房笔丛·九流绪论上》："儒主传统翼教，而硕士名贤之训附之。"后引申为世代相传的具有特点的风俗、道德、思想、作风、艺术、制度等社会因素。传统是历史上不断积累和衣钵相传下来、借助社会生活的各种中介而转化为现代人本身存在的东西，是体现在现代人的价值观念和思维方式中的东西，是被保存在民族之中延续不断并为子孙后代所承袭运用的一种稳定结构，它存在于民族的生活方式、思维方式、价值观念、文化道德、风俗习惯之中，并在传承过程中不断创新。"在长期的历史发展过程中，古老的过时的东西不断减速减弱，而新的东西又不断凝集为传统。传统就是这样在保存和变迁中演进的。"②

文化传统的力量是巨大的，其对人和社会的影响不仅长久而且深远。"一种文化传统，一经形成，便以精神文化的积淀式对历史和现实产生潜在而深远的影响；从这个意义上说，传统不是已逝的梦影，风干的尸骸，不是一种只具考证价值的古董，而是一种将民族的过去、现在和将来联结起来，显示民族的稳定性、连续性和生命力的东西。一个民族的文化传统愈是悠久、深厚，其生命力也就愈是强大。"③ 传统可以将过去、现

---

① 《马克思恩格斯全集》第 4 卷，人民出版社 1994 年版，第 109 页。

② 陈先达：《静园论丛》，中国人民大学出版社 2000 年版，第 564 页。

③ 文怀沙、邵盈午：《中华根与本——宝学概论》，中国文联出版公司 1997 年版，第 149 页。

在和未来三者汇聚在一个统一体中，使不同社会发展的历史阶段之间保持连续性和统一性，人们可以在现实生活的律动中时时刻刻感觉到它的存在。

（三）生产方式和社会结构是影响文化的决定性因素

一个民族的成员必定生活在一定的社会形态之中，他们无法超越自己所处社会的许可范围来创造自己的文化。一种民族文化的产生和发展，其影响因素是多方面的，每一要素扮演的角色各不相同，但真正对一种文化产生决定作用的则是社会的经济生产方式和经济形态。

所谓经济生产方式是指人们生产的目的是什么，如何去组织人们生产。而社会结构所指的则是社会各要素之间相互关联的方式，它是一个民族文化形成与发展的重要基础，不同的社会结构，决定了不同的文化体系。从结构形态看，社会结构包括社会经济结构、社会政治结构和社会文化结构三种类型，三者之间的关系为：社会经济结构、政治结构决定社会的文化结构。社会经济结构（或称经济形态）主要指的是生产关系，它是社会性质的决定性因素。社会政治结构是指建立在经济结构之上的政治法律设施、政治法律制度及其相互关联的方式，包括政党、政权机构、军队、警察、法庭、监狱和关于政权的组织形式、立法、司法、宪法和规程等。不仅不同的经济生产方式和社会经济结构对一个民族文化的形成和发展具有决定性的作用，例如我国古代的农耕经济，决定了我国的古代文化基本上是自然经济下的农业文化特质，"农耕经济的持续性造就了中国文化的持续性，农耕经济的多元结构造就了中国文化兼收并蓄的包容性格，农耕经济的既早熟又不成熟，又造就了中国文化的早熟性和凝重性格"。[①] 而且建立在经济生产方式和经济结构基础之上的政治结构对文化也有重要的决定作用，譬如，在我国古代长期形成的君主专制制度和宗法制度相结合的"家国同构"的社会政治结构的影响下，在我国的文化传统中长期保留着十分浓厚的专制思想和家族观念，其具体表现为文化上的伦理政治化和政治伦理化。

因此，不同的经济生产方式和社会经济结构，一定会创造出迥异的

---

① 张岱年、方克立主编：《中国文化概论》，北京师范大学出版社1994年版，第50—53页。

社会政治结构，而不同的经济生产方式、社会经济结构和社会政治结构，又共同培植出不同的文化情感和文化心理，培育出不同的文化传统，构建出人类不同的文化体系。应该注意的是，虽然文化受到经济生产方式、社会经济结构以及社会政治结构的制约和规范，但这种影响并非完全是单向度的，而往往是相互交织的，文化作为观念属性的上层建筑，也具有相对独立性，民族文化一定程度上对本民族的经济生产方式能够起着能动的反作用。社会发展的历史已经并且将继续证明，民族文化的作用渗透在民族社会生活的各个方面，自然也包括它对民族社会结构和民族社会制度的广泛渗透。

二　三峡流域城市社会文化民族性的具体表现

任何一种民族文化类型的产生，都离不开特定的自然条件和社会历史条件，也就是在特定自然地理环境下的物质生产方式和社会组织结构。从地理环境看，三峡流域是以高山大川为主的相对封闭的区域；从物质生产方式看，传统的农业生产依然在该地区占有比较重要的地位；从社会组织结构看，传统的宗法结构还或显或隐地在人们的日常生活中扮演角色，发挥作用。由于三峡流域是一个多民族杂居，民族成分比较复杂，以土家族、苗族、侗族等为主体的地区，因此，我们在考察三峡流域城市社会文化的时候，必须特别关注其民族文化特性。

三峡流域是我国少数民族相对比较集中的地方，在这块神奇的土地上散布着两个民族自治州，30多个民族自治县（市），土家族、苗族、侗族等四十多个少数民族近两千万人繁衍生息，创造出绚丽辉煌的民族文化。它们分别是：湖北省的恩施土家族苗族自治州（下辖巴东县、建始县、恩施市、利川市、咸丰县、鹤峰县、宣恩县、来凤县）、宜昌的长阳土家族自治县、五峰土家族自治县；重庆市的石柱土家族自治县、秀山土家族苗族自治县、酉阳土家族苗族自治县、彭水苗族土家族自治县；湖南省的湘西土家族苗族自治州（下辖吉首市、龙山县、永顺县、保靖县、花垣县、凤凰县、泸溪县、古丈县），怀化市的麻阳苗族自治县、新晃侗族自治县、芷江侗族自治县、靖州苗族侗族自治县、通道侗族自治县；贵州省铜仁市的松桃苗族自治县、玉屏侗族自治县、印江土家族苗族自治县、沿河土家族自治县。而其他非民族自治地区，少数民族人口也占有相当大的比例，如湖南省常德市就是一个散杂多民族的地区，1990 年全国第四次人口普查时，全市有 33 个民族，其中少数民族人口 43 万多人，约占全市总人口的 8%，在湖南省 14 个州市中居第四位。除汉族以外，还有蒙古、回、藏、维吾尔、苗、彝、壮、布依、朝鲜、满、侗、瑶、白、土家、哈尼、傣、佤、黎、畲、高山、水、景颇、土、仫佬、锡伯、普米、俄罗斯、鄂伦春、毛南、仡佬族等 32 个民族。张家界亦是少数民族聚居区，第五次人口普查时，张家界市有少数民族 33 个，以土家族、白族、苗族为主，少数民族人口 115.25 万人，占总人口的 77.19%。2006 年末实有土家族人口 101.56 万人、白族 11.21 万人、苗族 2.67 万人，已建立土家族乡 8 个、白族乡 7 个。

"文化是人在一定的时间和空间下创造的，不同的民族实践环境赋予了文化的民族差异性，一个民族就是一个文化共同体。"[①] 每个民族都有自己独特的文化，不同的文化体系具有不可替代的个性，这就是文化的民族性，文化的民族性是三峡流域城市文化的基本特征之一，它主要通过民族语言、思维方式和价值观念表现。三峡流域虽然存在着三十多个少数民族，但真正人数众多、文化影响较大的只有土家族、苗族、侗族等几个少数民族，其他少数民族由于在当地所占人口比例很小，不能成为区域内的主流文化。因此，笔者仅选择土家、苗、侗族三个民族的文化，来探讨三峡流域城市文化的民族性特征。

（一）主要民族简介

1. 土家族

散居于湘、鄂、渝、黔毗连的武陵山区的土家族是一个古老而年轻的民族，说它古老，是因为早在先秦时期其先民就生活在此，且很多地方至今仍然保留着土家族特有的风韵；说它年轻，是由于直到 1957 年才被国务院确定为一个单一民族。它是中国 56 个民族中唯一一个地处内陆、人口达到百万人以上的民族，根据 2010 年第六次全国人口普查显示，土家族人口数量为 8353912 人，在中国的 55 个少数民族中排名第七位，仅次于壮族、回族、满族、维吾尔族、苗族、彝族。

---

①　于炳贵、郝良华：《中国国家文化安全研究》，山东人民出版社 2007 年版，第 13 页。

2. 苗族

苗族是一个历史悠久、人口众多、迁徙频繁、支系庞杂、分布辽阔、文化积累深厚的发源于中国的国际性民族。根据第六次全国人口普查数据，国内苗族人口数量为 9426007 人，在少数民族中排第五位；主要分布在贵州、湖南、云南、四川、广西、湖北、广东、海南等地，而以武陵地区为中心。同时还有两百多万的苗族人散居在越南、老挝、缅甸、美国、加拿大、澳大利亚、法国、德国、阿根廷等国。

3. 侗族

侗族是中国的少数民族之一，主要分布在：贵州省的黎平、从江、榕江、天柱、锦屏、三穗、镇远、剑河、玉屏，湖南省的新晃、芷江、靖州、通道，广西壮族自治区的三江、龙胜、融水，以及湖北恩施、宣恩、咸丰等县（市）。据第六次全国人口普查，侗族现有人口 2879974 人，在少数民族中排第十位。侗族的名称，最早以"仡伶"见于宋代文献。明、清两代曾出现"峒蛮""峒苗""峒人""洞家"等他称。新中国成立后统称侗族，民间多称"侗家"。

（二）民族语言文字

语言是文化的载体，是人们交流思想的媒介，是民族身份的标志。德国语言学家洪堡特认为，语言与民族特性是互为依托、相互塑造的关系："语言无时无刻不具备民族的形式，民族才是语言真正的和直接的创造者。"① 一个民族的语言不仅体现着该民族的精神，而且也将该民族的所有成员统一于共同的思想禀性，是民族团结的黏合剂。

从某种意义上说，所谓民族就是具有共同的语言、血缘、种族、习俗及传统等的特定人群，基于这些共同的、与生俱来的难以改变的特征，在历史发展衍变过程中形成的自然群体。语言作为一种符号、联系体系和交流方式，是民族成员间共享的"同一种文化"，是民族构建中的必要因素。

1. 土家语言

毕基语（北部土家语）和孟兹语（南部土家语）是土家族特有的民族语言，属汉藏语系藏缅语族土家语支。在历史上，毕基语曾是土家族

---

① ［德］威廉·冯·洪堡特：《论人类语言结构的差异及其对人类精神发展的影响》，姚小平译，商务印书馆 1997 年版，第 49 页。

聚居地区的通用语言和官方语言，古代土家族人基本都是以土家语言作为主要的交流方式。在隋代就有荆州多杂"蛮左"，其僻居山谷者，语言不通；在宋代，施州之地（今恩施州）"乡者则蛮夷，巴汉语相混"；到清代中叶，依然有"里籍老户，乡谈多不可解"的记载。在史籍中可以看到许多以土家语命名的人名，在现实地名中也还存有许多土家语地名。但随着明末特别是清雍正年间大规模的改土归流，土家族与汉族和其他民族的交流越来越频繁，汉语和汉文化强势侵入，加上土家族没有自己的文字，因而土家语也逐渐被取代。20 世纪 90 年代以前，整个土家族地区不懂汉语而只懂土家语的人数还有 5 万—6 万人，而现如今只有极少的一些年近八旬的老人会一些简单的土家语句和少数的词汇，七十岁以下的人基本不会土家语，完整的土家语基本在人们生活中不复存在，濒临灭绝。这对土家文化的传承将会产生巨大的消极影响。

2. 苗族语言文字

苗族语言属汉藏语系苗族瑶语族苗语支。苗语有三大方言、八个次方言。三大方言即川黔滇方言（亦称"西部方言"）、黔东方言（亦称"中部方言"）和湘西方言（亦称"东部方言"）；八个次方言是指川黔滇、滇东北、贵阳、惠水、麻山、罗泊河、重安江、甲桐等次方言。苗族过去无文字，从清朝开始逐渐创造出自己的文字。学者通过研究发现，苗文的创制主要经过了四个历史发展阶段：篆字体文字、湘西方块文字、外国传教士文字和拉丁字母拼音文字。[①] 由法国天主教传教士贝尔泰斯（R. P. Bertrais）、美国基督教传教士巴尼（Barney）和语言学家斯莫莱（Smalley）等于 1953 年确立的由 56 个声母、13 个韵母和 8 个声调所组成的统一的苗文方案是迄今为止最早的、相对较为完善的拉丁字母拼音文字符号。[②] 与此同时，新中国成立后，党和政府于"1956 年 10 月在贵阳召开了'苗族语言文字问题科学讨论会'。鉴于苗语各方言的差别较大，湘西、黔东和川黔滇方言各创制了不同的文字，即（1）以苗语湘西方言西部土语为基础方言，以湖南省花垣县吉卫乡语音为标准音的湘西方言苗文（亦称东部方言苗文），该方言文共有 48 个声母、35 个韵母、6 个

---

① 参见石朝江《苗学通论》，贵州民族出版社 2008 年版，第 530—540 页。

② 参见熊玉有《"国际苗文"的形成和作用》，《世界民族》1998 年第 3 期，第 67—69 页。

声调字母；（2）以苗语黔东方言北部土语为基础方言，以贵州省凯里市挂丁镇养蒿村语音为标准音的黔东方言苗文（亦称中部方言苗文），该方言苗文共有 32 个声母、26 个韵母、8 个声调字母；（3）以苗语川黔滇次方言为第一土语，以贵州省毕节市先进乡语音为标准音的川黔滇方言苗文（亦称西部方言苗文），该方言苗文有 56 个声母、27 个韵母、8 个声调字母。另外还改革了苗语滇东北次方言区的老苗文，这几种新创制的文字都采用了 26 个拉丁字母"①。苗文在推动苗族地区的进步与民族教育水平的提高等方面发挥了积极作用，但由于认识不足、重视不够、经费欠缺等问题造成了苗文推广普及的困难，也间接影响了民族文化的持续健康发展。对此我们必须保持高度的警惕和忧患意识。

3. 侗族语言文字

侗族语言属汉藏语系壮侗语族侗水语支，以贵州锦屏县南部侗、苗、汉族杂居区为界，分南、北两个方言。南部方言包括：贵州的黎平、榕江、锦屏（启蒙）、从江、镇远，湖南的通道，广西的龙胜、三江、融水等县。北部方言包含：贵州的天柱、三穗、剑河、锦屏（大同），湖南的新晃、靖州等县。南、北两个方言又各分三个土语区。和苗族相似，新中国成立前侗族一直没有本民族的文字。1958 年根据自愿的原则，国家组织有关专家为侗族人民创制了以拉丁字母为基础的《侗文方案》（草案），并于同年 12 月获中央民族事务委员会（现国家民族事务委员会）批准在侗族地区试验推行。侗语以侗文的标准音贵州榕江话为代表，声母有 32 个，韵母有 56 个，声调舒声 9 个，促声 6 个。侗文的产生，标志着侗族文化进入了一个新阶段。侗文从创制推行以来，虽然其间经历了"两起两落"的发展历程，但从文化多样性保护的角度看，侗族语言文字是侗族文化传承的最重要载体，在继承和弘扬侗族优秀文化方面具有十分重要的作用。尤其是在搜集、整理、记录侗族语言和文化遗产，开展侗族民间文学创作、从事学术研究等方面，侗族新创文字发挥着不可替代的重要作用。

---

① 吴正彪：《苗族语言文字的发展状况及苗文推广普及的困境与出路管窥》，《文山学院学报》2012 年第 1 期，第 75 页。

（三）民族文化特征

中国是拥有 56 个民族的大家庭，每个民族都有自己的独特文化，三峡流域作为一个多民族区域，在这片神奇的土地上生活着包括土家族、苗族、侗族在内的三十多个民族，每个民族在其发展的历史过程中都创造出特色鲜明、内涵丰富的民族物质文化、制度文化和精神文化，对中华民族的文明进步做出了重要贡献，在文化的整体共性的基础上体现着各自鲜明的个性，各民族不同的历史经历与现实处境，形成三峡流域城市民族文化发展的多样性和平衡性。

1. 民族的物质文化

物质文化是指人类为了满足自己生存和发展的需要所创造的物质产品及其所表现的文化，包括饮食、服饰、建筑、交通、生产工具等。三峡流域是少数民族聚居的地方，主要居住在湖北西部、重庆东部、湖南西北部、贵州北部交汇的武陵地区。境内以山地为主，溪流纵横，各民族处于杂居状态。相似的生活环境、不同的发展历史、相对独立而整体融合的居住状态，形成了这一区域内民族物质文化多样性和一致性共存的独特风貌。著名楚文化专家张正明先生说过："无论从'民族中'的文化多样性和'民族间'的文化一致性来看，土家族及其文化都是很有代表性的。因此，研究土家族及其文化既有特殊意义，也有普遍意义。""北起大巴山，中经巫山，南过武陵山，止于南岭，是一条文化沉积带。古代的许多文化事象，在其他地方已经绝迹或濒临绝迹了，在这个地方却尚有遗踪可寻。这么长又这么宽的一条文化沉积带，在中国是绝无仅有的。……土家族正好分布在这条文化沉积带的中部，所保存的古代文化信息特别丰富，因而颇受文化界人士和学术界人士的青睐。"① 不仅土家族是这样，三峡流域其他民族也是如此。三峡流域民族物质文化中保留着十分丰富的古代民族文化信息，是研究三峡流域城市文化极其珍贵的"活化石"。对此，我们可以从饮食、服饰、建筑等方面加以简单考察。

（1）饮食

饮食与一个民族所生活的地理环境有密切关联，也受社会生产力发

---

① 邓辉：《土家族区域经济发展史》，中央民族大学出版社 2002 年版，总序第 1 页。

展状况的影响。三峡流域各少数民族主要分布在鄂、湘、黔、渝四省（市）毗邻区域。这一区域属于亚热带山地气候，湿润温暖，降雨量充足，独特的自然环境和生产、生活方式形成了这一区域各少数民族与众不同的饮食文化。从整体上看，他们日常的主食主要有大米、苞谷、小麦、土豆、红薯等；副食则主要有黄豆、四季豆、豌豆等豆类，茄子、西红柿、白菜、青菜、萝卜、南瓜、冬瓜等蔬菜类，猪、羊、鸡、鸭、鱼等肉类，辣椒、姜、大蒜、小葱等调味品；饮品主要是茶（绿茶、红茶、油茶、豆茶等）和酒（米酒、高粱酒、稗子酒、苞谷酒、苕酒、混合酒等）。从饮食习惯看，土家族、苗族、侗族等都好酸喜辣，喜食腌腊制品，好饮茶喝酒。如：土家族有"三天不吃酸和辣，心里就像猫儿抓，走路脚软眼也花"的说法；侗族人亦称"三天不吃酸，走路打倒窜"。在侗家菜中，带酸味的占半数以上，有"无菜不腌，无菜不酸"的说法；苗族人喜食酸辣味汤菜更是闻名遐迩，据说他们用坛子腌的坛酸菜品种竟达二十余种之多，有酸辣面、酸干菜、酸泡菜、酸豇豆、酸汤菜等。有所不同的是，在食肉方面：鱼是侗族人民生活中不可缺少的食品，有"无鱼不成宴"之说；苗族人则有吃狗肉的习惯，也喜食腌鱼；土家族人则以熏肉为主。三峡流域少数民族普遍嗜酒，或自饮，或宴宾客，所谓"无酒不成席""酒重于肉"便是其真实写照；土、苗、侗族等民族自古就有家庭酿酒的传统，他们利用本地特产，酿造各种各样、浓度不一的美酒，如用大米、苞谷、高粱、红薯等食材精心酿造的高度窖酒，或用大米、苞谷面简单发酵制成的低度甜酒（又称醪糟）。茶文化是三峡流域各族人民饮食文化的重要组成部分，相比较而言，最具有民族风味特点的是油茶：侗族人一年四季都有吃油茶的习俗；土家族油茶汤的制作饮用也有悠久的历史；苗族油茶清香味浓，常用作待客饮料，做法与土家、侗族油茶颇有不同。

（2）服饰

服饰是时代的镜子，是文化的重要载体和表征，是民族或族群的重要标志。民族服饰是一个民族文化的物质性存在，也是其物质文化与精神文化相结合的产物。透过三峡流域各民族的服饰，可以折射出各民族的历史、宗教、经济、文化、艺术乃至社会习俗等，是民族文化的重要组成部分。土家族、苗族和侗族有各具特色的民族文化传统，因而其民族服饰自然也体现出各自的特征。同时也应该看到，生产生活方式的相似性、居住环境的地缘相近性使得他们的服饰又存在着一定程度的相似性。

苗族广布于中国南方各省，支系众多，其服饰式样繁复。李廷贵等主编的《苗族历史与文化》按照服饰本身的形状与样式特点，把苗族服饰分为"大襟栏干型""褶裙型""蜡染型""几何花衣披肩型""黛色对襟半场衣蜡染短袖型"等5种类型①；吴仕忠将苗族女性服饰分为173个种类②，堪称中国民族服装之最。总体上看，苗族服饰具有男装简朴、女装繁华的特点。苗族女性上衣一般穿窄袖、大领、对襟短衣，下身多着百褶裙；衣裙或长可抵足，或短不及膝；便装时则多头上戴头帕，上身大襟短衣，下身穿绣花镶边的长裤，系绣花围腰，加少许银饰衬托。男性服装相对简单，上装多为对襟短衣或右衽长衫，肩披织有几何图案的羊毛毡，头缠青色包头，小腿缠裹绑腿。

与繁复的苗族服饰相比，侗族服饰的种类相对较少。石佳能《侗族服饰文化简论》按性别、年龄的不同，把侗族服饰分为男性服饰、女性服饰和儿童服饰三类。侗族男子的传统服装一般分为对襟窄裤式和右衽短衣宽裤式两种款式。妇女服饰包括衣、裙、裤、鞋、头巾、发式和首饰，按不同地区可分为对襟裙装式、对襟裤装式、交襟左衽裙装式、交襟左衽裤装式、右衽大襟裙装式、右衽大襟裤装式等六种类型；此外，侗族妇女所佩戴银器首饰（头簪、银梳、耳环、手镯、颈圈、项链、胸花、戒指等）也是服饰的重要组成部分。儿童服饰一般是根据成人服饰款式加以剪裁制作而成，较有特色的有各种童帽，如：露头荷花绣帽，二龙抢宝童帽，银八仙童帽，狮头、狗头、猫头、兔头、鱼尾等绣花童帽等。③

比较而言，土家族服饰没有苗族那样复杂，而更接近生活，实用性更强。土家族服饰大致可以分为男子服饰、女子服饰、儿童服饰和鞋帽

---

① 参见李廷贵、张山、周光大《苗族历史与文化》，中央民族大学出版社1996年版，第204—226页。

② 参见吴仕忠等编著《中国苗族服饰图志·前言》贵州人民出版社2000年版，第8页。

③ 石佳能：《侗族服饰文化简论》，贵州民族研究1998年第2期，第89—91页。

配饰等。男子：上装为琵琶襟，分短领和矮领两种，安铜扣或布扣，衣边镶梅花和绣银钩，后发展成中老年人穿满襟和对襟，青年男子多穿滚韭菜花边对襟短衣，正中缀5—7对布扣；下装，用白布上裤腰，裤脚肥大，裤管下边沿缀花边；头包青丝帕或五六尺的白布帕，包成人字形，露出头顶，巾头向下留于左边；脚穿满耳草鞋、偏耳草鞋、钉鞋或布鞋。女子：上装则右开襟，袖大而短，饰花边，挂银铜佩饰，俗称"满襟"；姑娘出嫁时必穿"露水衣"，上着鲜艳桃花绣衣，下着八幅罗裙，与土老司八幅罗裙有异曲同工之妙，头上包白布或青布头帕；女裤青蓝色为主，白布裤腰，裤脚宽大，蓝底加青边，或青底加蓝边，后边挑两三条宽度不同的"梅花朵"或"麦穗条"，裤子膝盖部外侧绣有各种图案。土家小孩服饰突出在帽子上：按年龄、季节确定帽形，用五色丝线绣吉祥词语和花鸟图案；帽檐周围缀上各种银菩萨饰品。[①]

（3）建筑

建筑是人类为满足自身生活需要而创造的物质文化财富，地理、气候、物产条件对三峡流域民族传统建筑文化的形成和发展起到重要作用。各族人民凭借自己的聪明才智，创造、发展并形成了包括吊脚楼、鼓楼、桥梁、亭、阁、寨门等在内的丰富完善的建筑体系。笔者仅就民居建筑和公共建筑对三峡流域民族传统建筑加以简单梳理。

干栏（也称干阑）式民居是南方各族人民的共同居住形式，它是由上古巢居演变而成的高足式建筑。"南方为西南少数民族所喜用，此式优点即下部开放，空气流通，人居楼上，则地上毒蛇猛兽不易为害。"[②] 苗族、侗族民居也多采用干栏式建筑，并形成具有本民族空间特色的建筑类型。但相比而言，土家族民居形制风格与空间排列堪称独树一帜，在西南干栏民居建筑中最为独特，属"井院式干栏"，住宅正屋一般为一明两暗三开间，以龛子（厢房）作为横屋，形成干栏与井院相结合的建筑形式；土家民居建筑尤以吊脚楼最为著名，分为挑廊式吊脚楼（因在二层向外挑出一廊而得名，是土家吊脚楼的最早形式和主要建造方式）和

---

① 参见胡建荣《土家族服饰符号语义探析》，硕士学位论文，武汉理工大学，2009年，第15—18页。

② 刘致平：《中国建筑类型及结构》，中国建筑工业出版社2000年版，第9—10页。

干栏式吊脚楼（即底层架空，上层居住的一种建筑形式）。根据陈昱成博士的调查，"苗族民居建筑，大致有以下几种类型：黔东地区多为木质结构的干栏式楼房；湘西及贵州松桃等地，多为瓦木或砖木结构的平房。贵州中部地区多为木石结构的石板房屋；黔西北和滇东北多是土木或草木构成的平房"。[①] 吊脚楼也是苗族人民常见的住房，有建筑在山地斜坡上和建筑于平地的吊脚楼两种建筑形式。侗族民居和土家族、苗族的建筑大同小异。三峡流域各民族的民居建筑形制和风格既有共性，又各有千秋。

　　关于三峡流域少数民族的公共建筑，最有特色的应该是鼓楼、寨门和风雨桥等。虽然土家族也有著名的山寨，如号称"天下第一土家山寨"的利川鱼木寨，鹤峰槽门寨等，但侗族和苗族的传统公共建筑保留得更多、更完整，也似乎更具民族特色。社会学界公认侗族有三大宝——鼓楼、大歌、风雨桥。大歌属于非物质文化遗产暂且不论，侗族鼓楼和风雨桥的确赫赫有名。"侗族鼓楼是建筑于侗族村寨中的一种集楼、阁、亭于一体，形状与一株站立的杉树相似的攒尖顶、宝塔型、密檐式木结构建筑。"[②] 鼓楼是侗族集会议事、处理矛盾、休闲娱乐、应急避险等的公共空间，很多民间民俗活动都在鼓楼进行。因此，鼓楼是家族的标志，是侗族人的情感纽带和精神寄托，是文化教育与传播的重要场所。古朴典雅的塔式古建筑——鼓楼，是侗族文化中最具代表性的建筑之一，是侗族人心中的寨胆和族徽，"镇"寨的灵魂，是一种族群精神文化的标志。风雨桥（亦称廊桥、楼桥、花桥），是一种集桥、廊、亭为一体的桥梁建筑，因其可避风雨并饰彩绘而得名。桥梁由巨大的石墩、木结构的桥身、长廊和亭阁组合而成。风雨桥是南方常见的楼桥形式，并非侗族所独有，但侗族风雨桥却以独特的艺术和高超的建筑技艺而被称为"群桥之秀"。苗族鼓楼遗存稀少，但很有特色，既有宝塔式的建筑艺术，又有吊脚楼的建筑形式，它是用来存放铜鼓的楼阁，也可存放芦笙，故又称为"芦笙楼"，主要是用于族群祭祀的场所。相比之下，苗族的桥梁建

---

　　① 陈昱成：《中国苗族文化的民族学研究》，博士学位论文，中央民族大学，2007 年，第 39 页。

　　② 蒋馨岚：《侗族建筑文化遗产研究》，硕士学位论文，华中师范大学，2009 年，第 19 页。

筑艺术十分精湛，尤其以"吊脚桥"最有特色。吊脚桥一般建在难以渡越的河流和小溪上，或大或小。它既是河流两岸行人的通道，又是往来商旅避风遮雨、乘凉小憩的地方，故又称之为"风雨桥"或"回龙桥"。与侗族风雨桥的富丽精致相比，苗族风雨桥更注重实用和简约。

2. 民族的制度文化

制度文化是人类在物质生产过程中所结成的各种社会关系的总和。社会的法律制度、政治制度、经济制度以及人与人之间的各种关系准则等，都是制度文化的反映。人类不同群体因其不同的自然生存条件和不同的文化共生关系的影响，会形成不同的价值观念、思维模式和行为倾向，包含本民族文化精神的制度文化便由此产生。美国学者鲁斯·本尼迪克特认为，制度文化"是通过某个民族的活动而表现出来的一种行为规范，一种使这个民族不同于其他任何民族的方式"。[①] 不同民族制度文化的不断创造发展，形成了我国丰富多彩的人类文化景观。三峡流域民族的制度文化包括两个层面：历代中央王朝在这一地区推行的制度和区域民族民间制度文化。

（1）历代中央王朝在三峡民族区域推行的制度

秦至隋的郡县制。秦一统天下之后把全国分为 36 郡，实行郡县统治。三峡区域各民族主要分布在南郡、巴郡、黔中郡和长沙郡。汉承秦制，继续实行郡县制度，只是郡县设置发生了一些变化，如将黔中郡改为武陵郡，增设犍为郡，重新划定管辖范围等；三国时期这一地区主要归属于蜀、吴两国版图，郡县发生较大变化；西晋延续了原蜀、吴两国在苗族地区的郡县设置，东晋稍有改变；南北朝时期经历更为复杂的变动；隋朝统一后州郡合一。秦中央政府：设立"典客""典属国"等专门机构处理民族事务；在民族地区委派郡守、县令与当地"蛮夷邑群侯王"共同治理；法律、租税等方面对民族区域予以宽松、优惠政策。其后各朝各代也多在租赋上采取"优宠"、在法制上采取"因俗而治"的政策。

唐宋的羁縻府州制。所谓"羁縻"，是指封建朝廷为对少数民族地区实行有效统治，一方面委派郡守、县令到民族地区任职；另一方面又保

---

① 〔美〕鲁斯·本尼迪克特：《文化模式》，王炜译，生活·读书·新知三联书店 1988 年版，第 20 页。

留当地部落首领的地位，借助他们来贯彻朝廷意图，对少数民族进行统治。《新唐书·地理志》云：“唐兴，初未暇于四夷。自太宗平突厥，西北诸藩及蛮夷稍稍内属，即其部落列置州县，其大者为都督府，以其首领为都督、刺史，皆得世袭。虽贡赋版籍，多不上户部，然声教所暨，边州都督、都护所领，著于令式。”说明羁縻州设置始于唐代，遍及北方、东北、西北及南方、西南边疆，目的是加强对民族地区的经营和统治。宋承唐制，仍然在边疆设立羁縻州，但北方、东北及西北地区的羁縻州名存实亡，唯南方、西南地区仍在其羁縻范围。为了更好地落实“羁縻”政策，宋代朝廷实行土官制度，所谓“修其教，不易其俗；齐其政，不易其宜”，就是允许土官“因地制宜”，在不变动原有的经济体系、政治制度和社会状况的条件下，授予土官封号爵禄，使其归附中央，达到“以土官治土民”的目的。这种皇权控制下的二元结构行政管理体制，有利于保持边疆的稳定、民族的和睦和文化的交流。

　　元明清的土司制。“土官土司制度是元明清时期中国西南少数民族地区的传统职官制度，是诸朝历代羁縻职官制度的进一步发展和集大成。”[1]从时间上看，土官土司制度始于元，盛于明，衰于清，其兴衰与改土归流活动密切相连。元朝廷在西南三峡流域建立了一整套土官土司制度，包括土司、土官任命管理制度，对土官的奖惩制度等，通过任命少数民族精英担任该区域各级官吏，以实现对其有效控制与管理。明朝建立后继续推行土司土官制度，并有所调整，主要表现为：任用土司土官时多以少数民族首领为正职，汉官为辅佐官；土官、土司实行承袭制；政府对土司有一套赏罚分明的奖惩制度，有功者进秩封爵，违法者遭贬斥、失官、遭征讨等。清朝初期在西南诸省区实行多元化统治，一方面实行督、抚制，基层实行保甲制；另一方面继续沿用土司土官制度，一应政策制度沿袭明代。

　　清中叶至民国的保甲制。为加强中央集权统治，早在明代就开始在西南边疆撤销土官、设置流官的“改土归流”工作；清雍正、乾隆年间大规模推行这一改革，在西南三峡流域地区普遍建立府厅州县制度，

---

　　① 陈昱成：《中国苗族文化的民族学研究》，博士学位论文，中央民族大学，2007年，第55页。

基层政权实行"联保联坐"的保甲制度，这一制度一直延续到民国时期。

（2）三峡流域民族民间制度文化

三峡流域各民族在其发展历史中，创造了包括社会组织、生产分配、社会交往、丧葬祭祀制度等在内的极其丰富的民间制度文化。通过这些民间制度规范本民族人民的物质、精神和婚姻家庭生活。民间制度文化是官方制度文化的有效补充，它与官方制度文化一起，共同维系民族的团结和社会的稳定。

陈显成认为，苗族民间社会组织制度主要有鼓社制、议榔制、寨老制等。第一是鼓社制。所谓鼓社，即立鼓为社，是苗族特有的组织制度，源自苗族的氏族、部落、部落联盟时的社会组织体制。鼓社每十三年举行一次全体社员大会，即鼓社节，主要任务是举行隆重的祭祀活动、选举鼓头、讨论决定鼓社规约、决定其他重大事项等，起着增强民族凝聚力、思想道德教育、社区管理和社会娱乐等作用。第二是议榔制。"榔"是公约或社会契约；"议"即"集中""聚会"之意。"议榔"不同于血缘关系的宗族组织，而是以地缘关系为主的农村公社组织。议榔制的形成缘于清雍正时期人员流动的加剧，导致苗族以血缘群体为主的村寨逐渐瓦解，更多的多民族混居型地缘性村寨得以建立，大村寨内部各家族之间、相邻村寨之间为了谋求共同的利益和发展而需要彼此协调，因此形成以地域为特征的社会自治组织——榔款组织。① 议榔的最高权力机关是由榔头主持的议榔大会，主要任务是讨论组织内共同密切相关的大事，制定相关规约，选举执事首领。这种制度有利于维护村寨的公共秩序、缓和民众与国家政权的矛盾、整合民族成员之间的利益等。第三是寨老制。随着人口的增加和外来流动人口的增多，苗族过去那种血缘单姓鼓社村落共同体不复存在，取而代之的是多家族聚集一个村落，寨老制便应运而生。所谓"寨老"，是指村寨中熟悉古规古理、办事公道而被群众拥戴的自然领袖；而由寨老主持寨内一切事务的社会管理制度即"寨老制"。寨老的职责主要是负责调解寨内的各种矛

---

① 参见龙生庭、石维海、龙兴武等《中国苗族民间制度文化》，湖南人民出版社2004年版，第57页。

盾纠纷，维护本地区的社会稳定。寨老制在历史上对苗族社会的自治起到了非常重要的稳定作用。①

　　侗族民间社会组织制度主要有补腊制度、侗款制度和民间法律制度。② 首先说补腊制度。"补腊"，侗语意为"父亲与儿子"，相当于汉语的"房族"，是侗族村寨广泛存在的建立在父系血缘基础之上的一种宗族性基层组织，它以血缘为中心，地缘为纽带。"补腊"组织处于侗族社会最基层，其上是村寨组织和村寨联盟——各级"合款"组织。"补腊"组织维持其正常存在和运作、充分发挥组织功能的规范体系，即"补腊制度"。其主要特点是：人人参与，血缘、地缘限制不严；"补腊"内部禁止婚恋行为；村寨内族长和寨老天然合一，形成宗族统治和地域统治完美结合的民主治理形态；"补腊"组织之间地位平等，表现出良性互动的和谐关系。这一制度具有对内实行自治管理和对外保护本组织利益等方面的功能。其次言侗款制度。款组织是侗族社会历史上建立的以地缘和亲缘为纽带的部落之间、村寨之间、社区之间通过盟誓与约法而建立起来的带有区域行政与军事防御性质的联盟，是侗族古老的社会组织和社会制度，是侗族历史上持续时间最长、传统社会最基本最重要的社会制度，制约和规范着侗区其他社会制度。款组织由款首、款脚（传号令者）、款众（军）、款坪、款牌、款约、款判等构成。按照规模来分，款组织分小款、大款和特大款。款组织联合的过程以及共同的行动成为"合款"，合款组织用来规约全体款民思想、行动的规章制度称之为"款约"，是一种习惯法性质的法律约束形式。款约内容丰富多彩，包括成员行为规范、道德规范、家庭组织、民族起源、区域划分、宗教崇拜等各方面的内容；从形式上则分为约法款、族源款、款坪款、出征款、英雄款、创世款、习俗款、请神款、祭祀款等。侗族社会的合款组织及其政治制度具有区域性、民众性、自治性和权威性的特点，"合款是区域的自治，是民众的自治，是联合的自治，是风俗的统治"。③ 再次论民间法律

---

① 参见陈昱成《中国苗族文化的民族学研究》，博士学位论文，中央民族大学，2007年，第59—74页。

② 参见廖君湘《南部侗族传统文化特点研究》，博士学位论文，兰州大学，2006年，第80—98页。

③ 史继忠：《西南民族社会形态与经济文化类型》，云南教育出版社1997年版，第180页。

制度。一般来说，法律包含习惯法、成文法和国家法等。被民族社会全体成员认可、并赋予其法律效力的风俗习惯便构成本民族的习惯法。侗族社会的民间法律制度通过款词、耶歌、民歌及汉文碑刻"款约"等传承方式和文本形式保存至今，是功能齐全、极具权威性的民族习惯法。以"款约"为例，它由寨老（或乡老）主持村寨民众共同议定，制订时都以杀牛分肉、立无字"岩石"碑，或以汉字记侗音刻"款规款约"于石碑立于款场，来强调约法的严肃性、权威性，增强其威慑力度。"款约"的运用包括判决、惩处和执行等基本环节，其目的是惩恶扬善，保障侗族社会的安定和经济社会的发展。土家族民间社会制度比较有特点的主要有宗族制度、婚姻制度、丧葬制度。其一是宗族制度。宗族是中国历史上存在时间最长、流布最普遍的社会组织。三峡流域在历史上曾是包括土家族在内的强宗大族的聚居地，宗族势力以各种方式支配或影响着乡村社会的发展，宗族制度在乡村社会的政治、经济、文化诸方面都发挥过重要作用。所有聚族而居的宗族组织皆由宗祠、族谱、族田、族规、族长等要素构成，而族规就是宗族的法典。"宗之有规，犹国之有法也。"族规具有劝谕性和强制性，必须人人遵守，它是宗族权力的具体体现。土家各宗族组织都定有族规、族训，其族规包括成文和不成文两种形式，成文族规或载于土家族谱中，或刻于祠堂的石柱上，以家训、族训、戒条、族范、族约、族规等形式加以表现；而不成文的族规则以习俗的形式存在于日常生活之中。土家宗族制度是土家宗族组织用以规范族众行为、强化宗族意识、维护宗族秩序、凝聚宗族力量的重要工具。其二是婚姻制度。土家族原始形态的婚姻是血缘婚，其特有的兄妹结婚正是血缘婚姻的表现形式之一；土司时期氏族内同姓为婚非常流行，但有特殊规定。如《永顺府志》有"同姓为婚，嫁娶背负"的记载，《保靖县志》亦云："同姓为婚，嫁不用轿，背负新人。"夫妻关系是一种社会性的契约关系，需要以公开结合的法律形式来体现，土家族婚姻的缔结是通过婚礼与成年冠礼加以确认的。当土家男、女进入成年，便由土老司主持举行隆重的成年冠礼，且多与婚礼一并举行。婚礼与成年冠礼一并举行的意义在于，它在宣告青年男女已取得婚配的社会许可、标志其走向成年的同时，也即将承担家庭和社会责任。土家族实行一夫一妻制，其婚姻程序一般分为择偶、定亲、择期、结婚四个阶段，每一阶段都有具体的要求。土家族传统社会曾出现过"骨种婚"（姑家之女嫁舅氏之子）、"抢婚""二婚亲"（即男子续娶、女子改嫁）、"转房"（即兄亡，其妻嫁弟；或弟亡，其妻随兄）等婚姻习俗，从中可以看出土家族婚姻制度变迁的历史痕迹。此外土家族还有"哭嫁""陪十姊妹"（或"陪十兄弟"）等习俗。其三是丧葬制度。土家族的丧葬制度是在其丧葬习俗的传承过程中逐步形成的，与其宗教制度、宗族制度关系密切。一般认为，土家族历史上曾出现过四种丧葬形式：火葬、土葬、悬棺葬和拾骨葬（二次葬），唯有土葬习俗一直延续到今天。土家族丧葬习俗呈现出多元化地域特色，如北部跳丧，中部打绕棺，南部打廪，有所谓"南摆手，北跳丧"之说；丧葬仪式主持人则有北梯玛（从事祭神驱鬼巫术的土老司）与南流落（土家族的神职人员）的不同。土家族丧葬礼仪既复杂又严格，主要分为做超度法事、看风水择地、择吉日下葬等，但每个方面都有相当复杂的仪轨和禁忌，且南北存在较大区别。土家族丧葬制度从特定的角度传达了土家族文化的意义，表达了土家人对于生命的独特理解，体现了土家人的宗族观念及其宗教意识。[①]

3. 民族的精神文化

精神文化也是民族文化的重要组成部分，它指的是属于精神、思想、观念范畴的文化。一个民族的精神文化是代表这个民族的特点、反映其理论思维水平的思维方式、价值取向、伦理观念、心理状态、理想人格、审美情趣等精神成果的总和。

（1）宗教信仰

宗教是一种社会历史现象，是人类社会发展到一定历史阶段的产物。由于三峡流域各民族经济、文化发展的不平衡，其宗教信仰也有所差异。从原始宗教看，土家族没有固定的宗教信仰，主要有神灵崇拜和祖先崇拜。神灵崇拜包括对神话传说中的神灵和自然神灵等的崇拜；祖先崇拜主要表现为对土王、八部大神、向王等土家早期祖先神的崇拜，如湘西等地的八部大神崇拜、鄂西等地的廪君（白虎）崇拜。苗族的原始宗教信仰也包含自然崇拜、图腾崇拜、鬼魂崇拜、祖先崇拜等，从形式上与

---

① 参见宋仕平《土家族传统制度文化研究》，博士学位论文，南山大学，2006 年，第178—196 页。

土家族没有多少差别，但内容上存在差异，如：土家族以白虎为图腾，因为白虎乃向王天子廪君死后灵魂所化；而苗族则以盘瓠（神犬）为图腾加以崇拜，盘瓠乃苗人祖先。侗族信奉原始宗教，崇拜多神，无论是山川河流、古树巨石、桥梁、水井等，都是崇拜的对象，在其信仰的众神中最重要的是萨岁崇拜，萨岁意为始祖母，是最高的保护神。从后世宗教看，由于汉族文化和西方文化的影响，佛教、道教、天主教也先后传入三峡民族区域，至今仍对土、苗、侗族等各族人民有不同程度的影响。

（2）民族文学

在历史的长河中，三峡流域各民族人民创造了大量优秀的文学作品，成为民族精神文化的重要内容。其文学以口头文学形式为主体，包括神话、传说故事、歌谣等体裁，题材丰富，风格多样。

神话是三峡流域各民族早期共有的一种文学形式，其内容多为开天辟地、人类和万物起源等的神话。创世神话如：土家族的《衣罗娘娘》《水杉的传说》，苗族的《创世纪》《盘古》，侗族的《开天辟地》《人类起源》等。人类及万物起源神话如侗族的《侗族远祖歌》，苗族的《枫木歌》，土家族的《张古佬制天李古佬制地》等。而三峡流域各民族都流传着洪水神话，如土家族的《兄妹成亲》、侗族和苗族的《洪水滔天》等。而最具民族性的神话当属解释本民族来源的族源神话，如：土家族的《土家族的祖先》既是洪水神话，也是族源神话，和《佘氏婆婆》一样，都反映了土家民族的由来；《巴务相》《八部大神》是优秀的氏族神话；《梯玛歌》则是土家族的长篇史诗，被誉为"研究土家族方方面面的百科全书"。苗族、侗族等也保存很多同类型的神话作品。这些神话形象地反映了三峡流域各民族先民对天地开辟、人类起源、万物生成的独特认识，民间传说是民众口头创作和传播的描述特定历史人物或历史事件、解释某种地方风物或习俗的传奇性散文体叙事。三峡流域民族民间传说故事数量众多，内容丰富，风格多样，民族特色浓厚。从内容上看，包括氏族来源、人物、风俗、地方风物等的传说。比较有代表性的如《苗族姑娘的出嫁》（苗族）、《向老官人》（土家族）、《吴勉》（侗族）等，在当地都是妇孺皆知、脍炙人口的作品。

歌谣是民族文学中普及性最高、最重要、最流行的一种文学表现形式，是文学和音乐的结合。土家族的民间歌曲可分为劳动歌、习俗歌、生活歌、时政歌、情歌和童谣等六种类型，其代表作有《哭嫁歌》《薅草锣鼓歌》《告祖歌》《祝寿歌》《上梁歌》等。侗族民歌分南部方言区民歌和北部方言区民歌，南部方言的侗族民歌大致可分为大歌（即多声部）、小歌（即单声部）、礼俗歌、叙事歌四大类；北部方言区侗族民歌，大致分为玩山歌、酒歌、劳动歌、佛歌、婚嫁歌、丧事歌等。苗族歌谣分为劳动歌、时政歌、酒歌、情歌、儿歌、谜语歌等。

（3）民间艺术

这里的艺术包括音乐、舞蹈、手工艺等。三峡流域的土、苗、侗族等都是能歌善舞、多才多艺的民族，音乐歌曲极其丰富，舞蹈类型多种多样，工艺美术美轮美奂，是极其宝贵的精神文化财富。应该注意的是，民间艺术多是诗、歌、舞合一的综合性艺术。

先说音乐。苗族音乐歌曲内容极其丰富，以情歌、酒歌最为著名。以形式区分有独唱、对唱、合唱等，以曲调区分有民歌乐曲、芦笙乐曲、唢呐曲、木叶曲等，都是用苗语方言演唱，具有浓厚的地方色彩和民族风格。苗族民间乐器种类很多，常见的有木叶、芦笙、唢呐、莽筒、铜鼓、木鼓、筒箫、月琴、口弦等。侗族音乐曲调繁多，音调谐美。其久负盛名、最具侗族色彩的"大歌"采用一领众和、多声合唱的形式，音色嘹亮，气势磅礴，节奏自由；而以琵琶或加"格以琴"伴奏、曲调欢快流畅的琵琶歌亦为侗族所特有。土家族音乐内容丰富，种类多样，山歌、小调、号子、哭嫁歌、盘古歌、器乐、戏曲音乐、曲艺音乐应有尽有，或粗犷豪放，或庄重肃穆，或幽默诙谐，或慷慨悲壮，极富民族个性。

在这些民族音乐中，作为侗族三宝之一的"大歌"堪称侗族艺术的精髓之所在。侗族大歌俗称"嘎老"，嘎老即大型之歌，又含有古老之意。从文学上看，传统大歌多系描写爱情的长篇抒情歌、叙事歌或劝人为善的说理歌。从音乐方面看，其用多声部来表现内容的方法是中国目前最完善的一种民间合唱形式，演唱形式是领唱与众唱相结合，分高、低声两部。侗族大歌种类繁多，按内容、咏唱场合可分礼俗歌、踩堂歌、酒歌、情歌。因其多在侗族村寨的标志性建筑——鼓楼里演唱，故又称大歌为"鼓楼大歌"，其他场合演唱的称"戏曲大歌""场外大歌"。侗族大歌的演唱内容、表现形式都与本民族人们的习俗、性格、心理以及生活环境密切相关，是侗族历史的真实记录，是侗族文化的精华所在。

然后说舞蹈。民族舞蹈不仅是民族的娱乐活动，同时也是民族文化风情的展示，体现民族文化的独特个性。土家族舞蹈被视作是活的雕塑和动的绘画，具有极高的审美价值。原始古典的茅古斯舞、源于巴人军战舞的摆手舞、喜庆娱乐的花鼓子、祭奠亡灵的跳丧舞和八宝铜铃舞、集体娱乐的社粑粑舞以及宗教祭祀的傩堂戏。苗族舞蹈可分三大类十多种，即：笙之舞（芦笙舞、古瓢舞和胡琴舞）；鼓之舞（铜鼓舞、木鼓舞、踩鼓舞、花鼓舞和大刀舞）；摆手舞（彩鼓舞、板凳舞和拳术舞、盾牌舞、茶盘舞）。或集体表演，或个人表演。侗族民间舞蹈，有"哆耶"、芦笙舞和舞龙、舞狮等。"哆耶"是群众性的集体歌舞，或男或女，彼此互相牵手搭肩，围成圆圈，边走边唱。芦笙舞是由舞者吹奏芦笙边吹边舞的集体舞蹈。

大型舞蹈摆手舞被公认为最具土家民族特色、最能反映土家风俗的民间舞蹈。它产生于土家族古老的祭祖仪式中，已有上千年的历史。摆手舞集歌、舞、乐、剧于一体，表现开天辟地、人类繁衍、民族迁徙、狩猎捕鱼、桑蚕绩织、刀耕火种、古代战事、神话传说、饮食起居等丰富的历史和社会生活内容。按其活动规模分为"大摆手"和"小摆手"，大摆手以祭祀族群始祖"八部大神"为主，小摆手以祭祀彭公爵主、向老官人、田好汉等本姓祖先为主；按其举行时间分为"正月堂""二月堂""三月堂""五月堂""六月堂"等。其音乐包括声乐伴唱和器乐伴奏，声乐主要有起腔歌和摆手歌，乐器主要是鼓和锣，曲目多根据舞蹈内容及动作而改变。风格雄健有力、自由豪迈。

最后说手工艺。手工艺品是我国各民族人民创造的辉煌文化之一，具有深厚的历史传统和浓郁的乡土气息。因为民族与地域的不同，我国手工艺产品表现出强烈的民族特色和区域风格。三峡流域各民族的民间传统工艺主要包括刺绣、编织、彩绘、印染、雕刻、剪纸和制陶等。土家人非常擅长刺绣，西兰卡普（即花铺盖）便是土家族最负盛名的手工艺织锦产品，它是以红、蓝、青色棉线为经线，以彩色棉线、丝线或者毛线做纬线，采用通经断纬、反面挑织的方法，以手工挑织而成的锦布。西兰卡普不仅仅是一种简单的手工织锦，它还是历史文化的积淀，具有浓郁的生活气息及鲜明的民族文化特点，是土家族民间艺术的精华。

苗族最有文化价值的手工艺当属苗绣和银饰。刺绣是苗族源远流长的手工艺术，是苗族服饰主要的装饰手段，工艺复杂，做工精细。有平绣、挑花、堆绣、锁绣、贴布绣、打籽绣、破线绣、钉线绣、绉绣、辫绣、缠绣、马尾绣、锡绣、蚕丝绣等14类技法；有龙、鸟、鱼、铜鼓、花卉、蝴蝶等图案；分单色绣和彩色绣。苗族刺绣代表了中国少数民族刺绣的最高水平。苗族银饰是我国文化中的瑰宝，蕴含着苗族图腾、巫术、民俗等方面的文化记忆，闪烁着苗族人民的智慧，有很高的艺术价值和收藏价值。其制作工艺相当复杂，三十多道工序形成铸炼、锤打、焊接、编结、洗涤等一整套工艺流程。苗族银饰锻制技艺被列入第一批国家级非物质文化遗产名录。

侗族的民间手工艺制品主要有刺绣、编织、彩绘、雕刻、剪纸和刻纸等，大都实用美观，富有鲜明的民族特色，尤其是集纺织、印染、刺绣于一体的侗绣更是侗族妇女擅长的工艺，她们在服饰上刺绣出各种图案花纹、人物、禽兽、花卉、草虫，色彩绚丽，形象生动。侗族刺绣的艺术品繁多，头巾图案、婴儿背带、妇女胸兜、布花鞋、鞋垫、烟袋、挎包刺绣等内容相当广泛。

总之，三峡流域城市最具特点的文化当属三峡地域文化、民族文化和民间文化，它们是三峡流域人民数千年生产与生活过程中不断积累下来的精神财富，是该地区各民族人民集体智慧的结晶，它们不仅证明了武陵地区曾经有过的辉煌历史，而且会成为土、苗、侗族等各族人民重塑辉煌、创造美好未来的坚实的物质和精神基础，成为三峡流域城市经济、社会持续稳定发展的强大动力和城市建设取之不尽的文化资本，在未来中国乃至世界的城市竞争中将会发挥越来越重要的核心作用。从文化遗产类型看，三峡流域城市物质文化和非物质文化底蕴深厚，影响巨大。以湖南武陵源国家级名胜区、湖北荆门钟祥市辖区的明显陵和土司遗址（包括湖南永顺老司城、湖北唐崖土司城和贵州播州海龙屯土司遗址，前两处都在三峡流域内）等三处先后列入《世界遗产名录》中的文化遗产和自然遗产名录；以江陵、钟祥、凤凰为代表的城市被先后列入国家级文化名城；还有多达116项国家级非物质文化遗产和数量更多的进入省市县级保护名录的非物质文化遗产，这是大自然和祖先留给三峡流域后人无与伦比的珍贵异常的文化财富。从文化特色看，特殊的地理条件和复杂的社会变迁形成了三峡流域城市巴楚文化、码头文化、山水文化、移民文化等具有鲜明地域性特征的流域文化。所有这一切共同构成了三峡流域城市社会文化的特点，体现出三峡流域民族文化的独特价值。

第三章

三峡流域城市社会文化管理现状

第一节　民族文化的保护与传承

　　三峡流域基本上是一个以土家族、苗族、侗族等为主体的少数民族聚居区域。作为巴楚文化的发祥地和流行区域，三峡流域内城市拥有如星河灿烂般丰富多彩的物质与非物质文化遗产，这些凝聚着千百年祖先智慧的活化石，是三峡巴楚文明的底色与基因。为了让三峡流域城市的文化之脉生生不息，我们应该按照国家制定的"保护为主，抢救第一，合理利用，传承发展"的文化遗产保护方针，保护和发展城市文化多样性。在本节中，我们主要以湖北宜昌市、恩施土家族苗族自治州、湖南湘西土家族苗族自治州等近年来物质与非物质文化遗产保护与传承为例，并一定程度结合三峡流域其他城市的保护情况，论述民族文化保护与传承的基本方式、特点及其效果。

　　早在2002年春，三峡流域的宜昌市在全国率先全面启动民族民间文化资源保护工程，文化部于2003年公布了中国民族民间文化保护工程第一批10个试点，宜昌市作为唯一的地级市与浙江省、云南省同时被列入国家首批3个综合性试点单位；2004年又从全国39个项目申报单位中脱颖而出，成为第一批18个签署"试点项目任务书"的单位。湖南省湘西土家族苗族自治州进入了中国第二批民族民间文化保护工程试点名单，与江苏省苏州市、福建省泉州市同时被列为第二批3个综合性试点单位。十几年来，三峡流域市县级城市在文化遗产保护工作中做出了大量艰苦卓绝、行之有效的工作，为三峡流域城市的文化建设做出巨大贡献。

一 文化遗产资源保护

文化遗产资源保护是一个复杂的系统工程，需要相关部门和文化工作者以坚韧持久的毅力、严肃认真的态度、科学求实的方法和自我牺牲的精神去从事这一意义重大、功在当代、利在千秋的工作。三峡流域城市民族民间文化有其自身的特殊性，其保护方式是根据每种文化的具体特点不断创新保护的办法。

（一）原生态保护

1. 文化资源普查

要对三峡流域文化遗产进行有效保护，首先必须弄清楚流域内物质与非物质文化遗产的家底。按照文化部对全国非物质文化遗产资源普查的总体要求和部署，三峡流域城市政府及其相关部门组织专门班子，对域内非物质文化遗产资源进行了深入细致的田园普查工作，经过数次定期或不定期的由不同层面政府及相关部门组织的调查摸底，三峡流域内城市文化遗产的存留现状基本摸清。与三峡流域其他城市相比，宜昌市、湘西土家族苗族自治州和恩施土家族苗族自治州等城市的这项工作做得相当扎实。

从 20 世纪 80 年代开始，宜昌市群众文化系统就曾组织专门班子开展对民族民间文化的调查、收集、挖掘、整理工作，编辑出版了民间故事、民间音乐、舞蹈等 10 套集成丛书。2002 年开始新一轮非物质文化遗产资源的田野普查工作，2005 年以来，宜昌市非物质文化遗产保护中心以项目为抓手，在全市范围内对屈原故里端午习俗、长江峡江号子、宜昌堂调、薅草锣鼓等重点项目名录进行田野调查、登记备案、数字化记录、整理和保存等工作；2008 年初至 2009 年底，在全市开展了一次拉网式田野普查，并进行逐级登记、分级管理、资源共享。

恩施土家族苗族自治州按照湖北省文化厅的部署，于 2006—2008 年全面开展非物质文化遗产的普查工作，三年间召开普查座谈会 193 次，参与人（次）1626 人（次），走访传承人（次）3407 人（次），调查项目575 个，采写、收集文字资料 625.4 万字，拍摄照片 22412 张，录音 296小时，录像 481 小时，收集实物 198 件。编纂州级普查成果汇编本 186册、县市级汇编本 628 册，录入电子档文案 1376G，整理音像资料 570

盒，其中州级100盒、县市级470盒，一大批珍贵资料得以收集。经过普查，有13项国家级非物质文化遗产项目、61项省级非物质文化遗产名录，州人民政府还公布州级非物质文化遗产名录102项，八县（市）人民政府公布县市级非物质文化遗产名录331项。入选国家级非物质文化遗产项目代表性传承人5人，即肉连响的吴修富、灯戏的孟永香、傩戏的蒋品三、干栏吊脚楼建造技艺的万桃元、龙舞（地龙灯）的邓斌，省级项目传承人69人，州级项目传承人113人、认定民间艺术大师48人，八县（市）公布县市级传承人316人；另有：省级文化生态保护实验区5处，分别是恩施市文化生态保护实验区、利川市柏杨坝镇文化生态保护实验区、建始县长梁乡文化生态保护实验区、宣恩县沙道沟镇文化生态保护实验区、来凤县百福司镇文化生态保护实验区，恩施州民间文化生态保护区20项（处）。

湘西土家族苗族自治州2004年被列为"中国民族民间文化保护工程"第二批综合试点后，2005—2008年三年内投入经费500余万元，对全州非物质文化遗产资源进行全面深入的普查，基本摸清了全州非物质文化遗产资源状况，了解和掌握了全州非物质文化遗产的种类、数量、分布情况、基本环境、保护现状和存在的问题。普查结果表明，湘西土家族苗族自治州共有资源3200多项，涵盖非物质文化遗产资源全部的10大门类，其资源存量居湖南省前列，非遗数量是全省平均数的4倍。

张家界市先后完成了全国第三次文物普查和全国第一次非物质文化遗产普查工作。通过文化遗产普查，全市共登录文物点630处，新发现文物点201处。发现具有重大价值的古城、古城堡、老司城15座。全市进档入册非物质文化遗产17大类730多项，桑植民歌、张家界阳戏、桑植白族仗鼓舞被列入国家非物质文化遗产。

2. 数据资料库建立

面对浩瀚的文化遗产资源，建立城市文化资源数据库，无疑是实现社会共享和保护传承的极佳手段。从笔者调查的三峡流域城市来看，所有县市一级数据库现已完成项目、传承人、图文音像等素材的录入，建立了比较全面、完整、科学、规范的文化遗产资料系统。宜昌市、恩施土家族苗族自治州、湘西土家族苗族自治州等的相关工作做得比较扎实。

2006年以来，宜昌在开展文化遗产普查的同时，实施对全市非物质文化遗产资源的抢救性记录和建立数据库。根据相关统计，宜昌市"共对 900 多个行政村、10000 余人次民间艺人进行普查并实施登记、建档和抢救性记录。我们先后对屈原故里端午习俗、屈原传说、王昭君传说等共计 17 个门类、1268 个品种的非物质文化遗产资源进行了抢救性记录，并逐一普查登记，其中，民间文学 65 项，传统音乐 340 项，传统舞蹈 84 项，传统戏剧 42 项，曲艺 13 项，杂技 6 项，传统美术 36 项，传统技艺 82 项，传统医药 52 项，游艺、传统体育与竞技 89 项，民间知识 41 项，生产商贸习俗 35 项，消费习俗 88 项，人生礼仪 125 项，岁时时令 36 项，民间信仰 134 项"。① "通过普查和抢救性记录，我们圆满完成工作任务，成果丰厚。市非遗保护中心现已编辑整理数字声像资料 800G，拍摄制作专题片 15 部。目前记录视频素材资源总量达到 12.5T，各县市区记录采集数据量近 1.8T。"② 申遗专集、田野调查报告、巴土文化丛书、民间文艺丛书、民间文学全书、民歌专集等非物质文化保护成果不断出版面世。文化遗产资源数据库建设是一项相当复杂浩繁的系统工程，宜昌市在数据库的研发上，始终坚持持续性、开放性、通用性和兼容性等的结合，经过数年的多方探索，反复试验和不断努力，终于在 2008 年初步完成了《年轮——非物质文化遗产资源数据库》建设，既注重建库的科学性，又保证数据的适用性；既要求节约开支，又强调设备的效益。其成果经验得到文化部相关领导和专家的高度肯定。不仅如此，"本着'不漏掉一个艺术门类，不漏掉一位民间艺人'的要求，在对艺人、艺种全方位建档立案，并将海量资源信息录入数据库的同时。我们还对本地区具有地域特色和民族特色、特别是濒危的非物质文化遗产项目和高龄传承人进行了重点挖掘和整理，对抢救保护项目和民间传承人进行了录音、录像和相关资料的搜集，逐一登记造册，整理成详细的文本资料和电子资料。通过建档入库，提高了保护工作的科学性和规范化水平"。③ 此外，宜昌市特别重视数字化管理城市文化，研发了"湖北省非物质文化遗产普查

---

① 林鸿编著：《巴风楚韵——宜昌非物质文化遗产资源现状与保护传承》，三峡电子音像出版社 2013 年版，第 65—66 页。

② 同上书，第 71 页。

③ 同上书，第 73—74 页。

资源管理系统"，有效地将全市 900 多个行政村、10000 多位传承人的普查资料规范化管理，其研发的数据库软件已在全省全面推广应用。

湘西土家族苗族自治州是非物质文化遗产数字化管理系统试点第一批全国 13 个试点单位中 2 个地区级试点之一，也是唯一进入试点的国家级文化生态保护实验区。湘西土家族苗族自治州在十多年开展非物质文化遗产的保护工作中，积累了非常丰富的文字、图片以及音像资料，并较早开始了以建立数据库和网站为核心的数字化保护工作，尤其是在数据库的软件和硬件设施建设方面，一直走在全国非物质文化遗产保护的前列；湘西土家族苗族自治州的国家级非物质文化遗产名录项目"湘西苗族鼓舞""土家族织锦"已于 2013 年被列入国家非物质文化遗产数字化管理系统试点项目。进入国家试点工作后，湘西土家族苗族自治州从各个方面得到国家的大力支持，借助运用国家的技术标准、管理软件来提高本地区的保护工作水平，从而把湘西土家族苗族自治州非遗保护工作不断推向新的高度。

恩施土家族苗族自治州在非物质文化遗产普查工作的基础上，整理完成了《恩施州非物质文化遗产资源普查成果集》，全集分 9 篇共 100 卷；全州"非遗"资源普查数据也已建立数据资料库，并进入了湖北省"非遗"管理系统。围绕民族民间文化保护工作，整理编纂了恩施土家族苗族自治州民间歌曲、民间舞蹈、民间曲艺音乐、民间歌谣和民间戏剧五大集成，编纂出版了《恩施州民族研究丛书》和《民族文化丛书》。

3. 文化生态保护区的建设

三峡流域城市政府对文化生态保护工作十分重视，并取得显著效果。2010 年，"武陵山区（湘西）土家族苗族文化生态保护试验区"获得文化部的批准，成为我国设立的第 6 个国家级文化生态保护试验区，也是三峡流域首个获批设立的国家级文化生态保护试验区。该保护试验区范围涉及湘西地区 47 个乡镇，其中包括 351 处各级文物保护单位和国家历史文化名城凤凰古城、国家级历史文化名镇里耶古镇、1056 项非物质文化遗产、10 位国家级传承人以及总面积达 2899.5 平方千米的各级各类保护区等，都是重点保护对象。

与此同时，三峡流域涉及的各省市也分别建立了省级文化生态保护区，如湖北省文化厅于 2011 年公布了"湖北省文化生态保护实验区"名单，共 13 个，其中：宜昌市有 4 个，分别是宜昌市夷陵区文化生态保护实验区、秭归县文化生态保护实验区、长阳土家族自治县文化生态保护实验区、五峰土家族自治县渔洋关镇文化生态保护实验区；恩施土家族苗族自治州有 5 个，分别是恩施市文化生态保护实验区、利川市柏杨坝镇文化生态保护实验区、建始县长梁乡文化生态保护实验区、宣恩县沙道沟镇文化生态保护实验区、来凤县百福司镇文化生态保护实验区。湖南省的湘西土家族苗族自治州、张家界市、常德市、怀化市，贵州省的铜仁市，重庆市与三峡流域相关的区县都先后建立了不同级别的文化生态保护实验区。经过国家与地方多年的潜心探索和深入实践已经证明，设立特别的文化生态保护实验区，把民族文化遗产比较原生态地保存在其所属的区域及环境中，使之成为有生命力的"活文化"，应该是一种保护文化生态行之有效的方式。三峡流域是土家族、苗族和侗族人民的主要聚居地，具有独特的自然生态环境，民族文化资源丰厚，是设立文化生态保护区的理想区域。因受限于同一文化区域却往往隶属不同的行政区划，要真正建立打破行政壁垒的生态文化保护实验区有很多障碍。因此，应该从省级乃至国家层面考虑设立生态文化保护实验区这一问题。2014 年湖北省开始申报"武陵山区（鄂西南）土家族苗族文化生态保护实验区"，以非物质文化遗产保护为核心内容，将恩施土家族苗族自治州与宜昌市长阳、五峰两个土家族自治县进行整体区域保护，就是一个正确的选择，也为三峡流域突破行政区域限制，开拓出一条省际联合、共同申报文化生态保护实验区的一体化文化遗产资源保护的新路。这一项目已于当年 9 月获文化部批准。从此，三峡流域便拥有了 2 个国家级文化生态保护试验区，这将极大地推进三峡流域非物质文化遗产的保护与传承工作。

二　文化遗产传承的基本方式

对文化遗产进行保护的目的，是为了使民族传统文化得到更好的传承与发展，没有对文化遗产的保护，就谈不上对文化遗产的传承，更无法谈及对文化遗产的进一步发展。在对三峡流域城市非物质文化遗产的保护、传承与发展过程中，选择什么样的传承途径非常重要，传承途径是非物质文化遗产保护研究的重要课题之一。纵观三峡流域城市文化遗产的保护与传承的历史与现状，其主要的传承方式有以下几种形式。

（一）师徒或家族传承

师徒传承是三峡流域城市历史上非物质文化传承的最流行的方式，其师徒传承主要有几种形式：一是一个师傅带多个徒弟，如民间歌舞、乐器、编织工艺等的传承多采取这种方式；二是个别传授，如一些带有神秘性的巫术、武术、医药技术；三是家族传承，如医药中的祖传秘方、民间绝艺等，或父子相传，或传男不传女，或传女不传男。如巴东撒叶儿嗬代表性传承人黄在秀开始就是随父从艺，后又收徒传艺；再如土家梯玛仪式，通过师徒传承形式在土家族地区形成了一批非物质文化精英，如巫师、歌师、乐师、药师、工匠等。

（二）建立传习所（基地）进行传承

各级传习所是非物质文化遗产活态传承传习的基地，三峡流域城市各级政府对传习所的建立十分重视，在活态传承方面不断探索创新之路。如宜昌走出了一条利用市、县、乡（镇）、村（社区）、传承人家庭五级传承基地（传习所）网络，建立民间文化传承基地的活态传承特色之路，到2013年年底，先后建立了18家民间文化传承基地。湘西土家族苗族自治州到2014年7月已设立各级非遗传习所34个，这些传习所充分发挥自身功能，已成为全州非物质文化遗产传承传习的重要基地。将培训与传承结合是湘西州非遗传承的一大亮点和特色，近年来，全州共举办各类非遗传承培训班三十多期；资华筠、刘魁立等一批国家级专家来湘西土家族苗族自治州指导，一批非遗传承人走上讲台。恩施全州各县市都非常重视传习活动的开展，在各乡镇都广泛设立了非遗项目的传习所，鼓励传承人开展传习活动。咸丰县在高乐山镇设立了绣花鞋、何氏根雕和严氏眼科传习所，在黄金洞乡麻柳溪村设立了土家吊脚楼建造技艺传习所，在朝阳寺镇设立了地盘子传习所。建始县也已经或正在建立丝弦锣鼓、南乡锣鼓、闹年歌、喜花鼓、武丧等多个项目的传习所。2013年，恩施土家族苗族自治州土司皇宫刺绣有限公司、来凤县土家织锦村，被评为湖北省非物质文化遗产生产性保护示范基地。

（三）学校传承

利用学校对非物质文化遗产进行保护和传承是一种更科学更有意义

的途径，其涉及面更宽，影响更大，效果更佳。宜昌市是全国最早将学校作为非遗保护传承阵地的地区之一，取得很多成功经验，宜昌夷陵区下堡坪乡下堡坪中小学等13所学校成功申报湖北省非物质文化遗产传承学校；夷陵区雅鹊岭镇梅林小学被评为"湖北省非物质文化遗产传承示范基地"。

恩施土家族苗族自治州巴东县多年来一直把学校作为土家非物质文化传承教育的主阵地，在全县中小学普遍开设民族常识课，并把民族常识课纳入中考考试范围；同时全县13所民族中小学围绕"五个一"工程即"民族学校要有一幢民族特色标志性建筑，有一套民族常识乡土教材，有一台民族民间文艺节目，有一组民族传统体育项目，每个学生有一套本民族特色校服"对学生进行民族文化传承教育。

荆州市2011年开展"文化遗产日"主题活动，与长江大学团委共同主办荆州市非物质文化遗产走进长江大学暨"文化遗产日"主题活动，"非遗"进校园、进课堂的举措，扩大了荆州市非遗传承队伍，提高了传承水平和质量。唯楚木艺有限公司、荆楚民俗博物馆工艺作坊成功入选省级非物质文化遗产生产性保护示范基地。荆州市唯楚木艺有限公司被文化部命名为第二批国家级非遗生产性保护示范基地。经推荐、评审，公布第二批市级非遗传承人21人，其中12人成为第四批省级非遗传承人。2014年湖北省非物质文化遗产研究中心在长江大学隆重揭牌。

2010年5月，黔江区提出了非物质文化遗产保护传承工作"三二一"模式，即建立生态、基地、舞台三个传承体系，建立"归口保护"和"定向保护"两个保护体系（一年一次总结评比）。根据这个模式，非遗项目所在乡镇积极开展保护传承。如阿蓬江镇制定了实施方案，长期在阿蓬江中学进行传承；中塘乡在中塘小学学生中教授向氏武术。在新华中学、民族中学、职教中心、阿蓬江中学等建立8个传承基地，将8个市级非物质文化遗产项目分别落实基地进行传承，民族中学聘请马喇号子师傅在艺体老师和各班文娱委员中进行教唱，再在学生中进行教唱，编印了《马喇号子简明教材》并进入音乐课，在《校园之声》广播站中播放马喇号子；职教中心请出生在南溪村并且会唱南溪号子的学生在舞蹈、旅游管理等专业学生中教唱南溪号子，组建南溪号子队，利用"三下乡"

时间向群众演唱南溪号子；新华中学收录整理后坝山歌 100 余首，记谱 10 余首，学校音乐教师利用音乐课和晚自习前，在初一、初二和高一年级学生中进行教唱，还编排了歌舞表演节目；阿蓬江中学争取资金重新打造了 20 支莽号，聘请莽号传承人在学生中进行传授，目前有 100 余学生会演奏莽号。各学校认真进行资料收集整理、教学、演出，增加了传承的广度、深度。

张家界市自 2014 年 1 月开始启动"班班有歌声，人人唱好歌"活动，编写歌集《绿色的歌谣——张家界市中小学推广歌曲 108 首》，让全市中小学校利用音乐课、活动课、大课间和校园广播进行教唱和传唱，要求每个学生会唱 2—3 首桑植民歌、2—3 首宣传张家界的歌曲，《土家娃打溜子》《红星闪闪》《我的张家界》等桑植民歌和宣传张家界的歌曲在校园内广为传唱。

湘西土家族苗族自治州大力开展非物质文化遗产"进校园、进机关、进社区、进村组、进企业"的"五进"活动，成效显著，吉首大学已经成为湖南省"非遗"保护培训基地，吉首、花垣、泸溪、龙山、保靖等地中小学和州职业学院积极开展"非遗"进课堂活动，每年传承培训人数过万人。三峡流域其他各市县都不同程度通过大、中、小、幼儿园等学校教育形式加强"非遗"保护和传承，并积累了很多行之有效的经验，学校已成为三峡流域"非遗"传承最主要的阵地之一。限于篇幅，笔者在此就不一一详细叙述了。

（四）利用各种文化活动传承

文化节和民族传统节日是"非遗"传承的重要载体。近年来，黔江以举办黔江乡村文化节作为平台，大力传承非物质文化遗产，开展了特色文化之乡节目展演，特色文艺节目巡演、民间工艺展示、"特色文化之乡"和"民间艺术大师"评选活动，各种非物质文化遗产得到了舞台展示，黔江号子品牌初具雏形，全区评选了"特色文化之乡"14 个、"民间艺术大师"37 名。积极参加重庆市市级民族文化艺术之乡申报工作，2011 年 6 月，市命名鹅池镇为"南溪号子之乡"，濯水镇为"后河戏之乡"，马喇镇为"马喇号子之乡"。

张家界合理利用旅游资源优势，老院子、秀华山馆、大庸府城、袁家界、梦幻张家界、魅力湘西、张家界大剧院等演艺场所将一批非物质文化遗产表演项目搬上舞台，面向游人每天轮流不断地演出，其中：最具代表性的是梯玛神歌大型山水实景演出；其次由文化部门牵头，如举办山歌节、桑植民歌节等大型文艺活动，这些活动享誉全国，影响较大。另外，还利用传统节日举办山歌对唱、端午节泼水龙、五雷山庙会、茅谷斯狂欢节等活动。这些措施使许多民族民间非物质文化遗产项目得到了有益的保护和传承，呈现出枯木逢春老树新花的景象。

荆州市组织参加中国非物质文化遗产生产性保护成果大展，展示荆州"非遗"保护成果，推介荆州"非遗"产品。选送荆州特色的设计作品31件参与湖北省首届非物质文化遗产专题艺术设计比赛。代表湖北参加全国第二届非物质文化遗产博览会，完成设计、制作展区布展工作，荆州"楚式漆器髹饰技艺""铅锡刻镂技艺""荆沙鱼糕"3个"非遗"项目作为湖北展区的主要参展项目，均获参展奖，荆州"楚式漆器髹饰技艺""铅锡刻镂技艺"获传承人展示奖。

湘西土家族苗族自治州积极开展民族传统节庆活动，现已形成梁家潭三月三歌会、丹青清明歌会、断龙乡舍巴日、山江四月八跳花节、德夯国际鼓文化节、吕洞山苗族祭山、苗族赶秋、土家族摆手节等一批具有广泛群众基础、历史传统悠久的节日品牌。

2013年，铜仁市组织箫笛、喜文化、傩面具等非物质文化遗产参加了第九届深圳文博会、第十六届中国苏州国际旅游节、醉美多彩贵州第三届海峡两岸春节民俗庙会、第二届中国凯里银饰刺绣节等交流活动，充分展示了铜仁市多民族的文化资源。

三　保护措施的制定

（一）制订规划

对于本地民族文化遗产的保护工作，三峡流域城市政府一直比较重视，根据笔者的调研，宜昌市、荆州市、黔江区等许多城市都制订了"十二五"期间文化发展规划，虽然不是每个市县都制订了专门的文化发展规划，但所有政府在制订本地区《国民经济和社会发展第十二个五年规划纲要（2011—2015年）》时都不同程度对文化保护工作提出了战略目标。以下仅举数例以资说明。

《重庆市涪陵区文化发展第十二个五年规划纲要》为了实现本地区文

化影响力明显提升的目标，在加强文化遗产保护利用方面主要规划了两方面的工作。第一，进一步加强文物保护工作。一是加大投入，确保文物保护工作有效开展；二是提高文物保护科技含量，加强文物保护标准化建设；三是推进文化遗产合理利用；四是加强古籍普查和保护工作。第二，进一步加强非物质文化遗产保护工作。一是深入开展非物质文化遗产资源普查工作；二是建立非物质文化遗产名录体系；三是完善非物质文化遗产保护传承机制；四是合理开发利用非物质文化遗产资源。

宜昌市为了深化文化体制改革，积极发展公益性文化事业，大力发展文化产业，推动文化大发展大繁荣，加快省域副中心城市建设，促进全市文化与经济、政治、社会的协调发展，特编制《宜昌市文化事业和文化产业发展"十二五"规划》，其中对促进民族文化发展提出三项具体要求。第一，加强文化遗产保护。完成全市文化遗产普查，制定并实施不可移动文物保护规划。完善重大建设工程中的文物保护工作，严格项目审批、核准和备案制度，加强重要文化遗产保护。2015 年以前，完成全市古遗址、古建筑、古村落、古镇、革命历史遗迹等物质文化遗产的拍摄和记录，建成完善宜昌非物质文化遗产信息数据库，加大开发使用力度。完成 18 个国家级非物质文化遗产保护名录重点项目的数据摄录、采集、整理、制作和音像制品的出版。加强馆藏和野外文物保护，加强文化遗产定期维修工作，保存完好率不小于 95%。第二，传承发展民族民间文化。按照"抢救保护、建库联网、传承创新、开发利用"的方针，加强对民族民间文化艺术的抢救工作，研究开发保护传承巴楚文化和三峡文化，形成具有地域特色和时代特征的宜昌文化。充分挖掘巴楚文化和三峡文化资源，在文学、戏剧、音乐、美术、舞蹈、影视等艺术门类中，重点创作一批思想性、艺术性、观赏性强，具有民族民间文化特色的优秀作品，成为在全国具有一定影响的民族民间文化品牌。创建宜昌市民间文化艺术网站，将民族民间文化资源与现代科学技术相结合，创作一批与现实生活相适应的动漫、网络作品，扩大民族民间文化的社会影响。保护好非物质文化遗产代表性传承人，特别是在全国、全省有影响的民间艺人，完成拍摄记录，建立档案资料库。在全社会形成自觉保护民族民间文化艺术意识，实现民族民间文化艺术保护传承发展工作的法制化、科学化、规范化和网络化。第三，推进民族文化生态保护区建设。围绕"鄂西生态文化旅游圈"建设，在长阳、五峰、三峡大坝库区等地选择生态环境、人文环境、基础设施较好，非物质文化遗产密集，有较多的传承人，有历史文化村镇和古民居、文物，群众保护意识较强的区域，开展巴楚文化和三峡文化生态保护区建设试点。按照非物质文化遗产保护和物质文化遗产保护相结合、文化生态保护和自然生态保护相结合、整体保护和重点保护相结合的要求，采取有效的保护措施，构建文化遗产与人们的生活环境、自然环境、经济环境、社会环境和谐共处的生态环境。积极争取纳入省级、国家级民族文化生态保护区建设范畴。

《荆州市"十二五"文化发展规划》提出建立较为全面的非物质文化遗产保护体系的目标，其具体内容为"抓好非物质文化遗产的研究、保护、开发、利用活动。完成好全市非物质文化遗产普查任务，积极申报国家和省、市非物质文化遗产保护项目，同时采取有效措施，加大濒危非物质文化遗产的保护力度，鼓励支持其传承和发扬光大。到 2015 年，荆州非物质文化遗产保护事业主要发展指标和综合实力居全省各地市州前列。一是把市群艺馆办成国家一级馆；二是把非物质文化遗产展示中心办成国家 AAA 级景区，争创国家 AAAA 级景区；三是举办和引进各类优秀的陈列展览，充分发挥非物质文化遗产及其他各类展览的社会教育作用、艺术借鉴作用和科学研究作用；四是认真做好非物质文化遗产的研究、宣传和传承等工作，力争成为省级乃至国家级基地；五是做好非物质文化遗产调查及抢救性保护工作，不断丰富荆州市的文化资源；六是全面落实非物质文化遗产保护'五纳入'（即纳入社会和经济发展计划、纳入城乡建设规划、纳入财政预算、纳入体制改革、纳入领导责任制）工作；七是加强荆楚文化研究，提升荆州在全国荆楚文化研究中的地位和影响，为荆州市建设荆楚历史文化名城提供智力支持"。

《重庆市黔江区国民经济和社会发展第十二个五年规划纲要（2011—2015 年）》提出"加大文化遗产保护力度，挖掘传承优秀民俗原生态文化，开展特色村寨保护与开发试点。"

（二）法律制度

2007 年湖北省第十届人民代表大会常务委员会第 20 次会议审议通过长阳土家族自治县政府制定的《长阳土家族自治县民族民间传统文化保

护条例》。该条例对民族民间传统文化抢救与保护、传承与命名、管理与利用、法律责任等方面做了规定。

《宜昌市非物质文化遗产保护办法》已于 2009 年 3 月 13 日于市人民政府第 34 次常务会议讨论通过，自 2009 年 5 月 1 日起施行。

恩施地方立法建章，形成长效机制。在 2005 年 3 月召开的恩施土家族苗族自治州五届人大第三次会议上，《恩施土家族苗族自治州民族文化遗产保护条例》（以下简称《条例》）获得通过，2005 年 8 月 1 日正式颁布实施。对民族文化遗产的保护与管理、开发与利用、奖励与处罚等方面做出了规定，从法律层面上解决了恩施土家族苗族自治州非物质文化遗产的定位、保护和未来发展问题，为建立民族文化遗产的长效保护机制提供了法律保障，开创了全国 30 个少数民族自治州民族文化遗产保护工作立法之先河。2009 年 8 月恩施土家族苗族自治州人民政府又颁布施行了《恩施土家族苗族自治州民族文化遗产保护条例实施细则》，州人大多次组织《条例》贯彻情况的执法检查，保障和推进了《条例》的贯彻落实。

湘西土家族苗族自治州先后出台《湘西土家族苗族自治州民族民间文化遗产保护条例》《湘西土家族苗族自治州民族民间文化遗产代表性传承人保护管理暂行办法》《湘西土家族苗族自治州土家族医药苗医药条例》等多部地方性法规，从法律上促进了非遗保护。2004 年 2 月 28 日湘西土家族苗族自治州第十一届人民代表大会第二次会议通过，2004 年 5 月 31 日湖南省第十届人民代表大会常务委员会第九次会议批准《湘西土家族苗族自治州凤凰历史文化名城保护条例》。

2001 年 10 月 8 日由荆州市人民政府常务委员会议审议通过，2001 年 10 月 29 日第 29 号荆州市人民政府令发布的《荆州市历史文化名城保护暂行办法》为荆州历史文化名城的保护和管理提供了法律依据。

于 2010 年 8 月 1 日起开始实行的《玉屏侗族自治县非物质文化遗产保护条例》是贵州省首部非物质文化遗产保护条例在铜仁地区乃至全省非物质文化遗产保护工作中都具有积极意义，在全省开创了立法保护非物质文化遗产的先河。

第二节　三峡流域城市文化事业管理成就

即将过去的"十二五"时期成为我国全面建设小康社会的关键时期，也是促进民族地区文化又好又快发展的关键阶段。2012年国家在制定《国家"十二五"时期文化改革发展规划纲要》时就是针对当时文化发展现状及存在的基本问题，提出"四个面对"和"四个紧迫任务"，即"精神文化需求快速增长的新形势，我国文化产品无论是数量还是质量，都还不能很好满足人民群众多方面、多层次、多样化的精神文化需求，进一步解放和发展文化生产力、提高文化产品和服务供给能力的任务更加紧迫。面对经济发展方式加快转变、社会结构深刻调整的新形势，推动全民族文明素质提高，发挥文化引领风尚、教育人民、服务社会、推动发展的任务更加紧迫。面对现代信息科技和传播手段快速发展的新形势，加快建立文化创新体系、推进文化创新的任务更加紧迫。面对世界范围内各种思想文化交流交融交锋更加明显、斗争尖锐复杂的新形势，增强我国文化整体实力和国际竞争力，抵御国际敌对势力的文化渗透，维护国家文化安全的任务更加紧迫"。为此，该纲要以"高举中国特色社会主义伟大旗帜，以马克思列宁主义、毛泽东思想、邓小平理论和'三个代表'重要思想为指导，深入贯彻落实科学发展观，坚持社会主义先进文化前进方向，以科学发展为主题，以建设社会主义核心价值体系为根本任务，以满足人民精神文化需求为出发点和落脚点，以改革创新为动力，发展面向现代化、面向世界、面向未来的，民族的科学的大众的社会主义文化，培养高度的文化自觉和文化自信，提高全民族文明素质，增强国家文化软实力，弘扬中华文化，坚持中国特色社会主义文化发展道路，努力建设社会主义文化强国"为指导原则，根据"坚持以人为本，贴近实际、贴近生活、贴近群众，发挥人民在文化建设中的主体作用，坚持文化发展为了人民、文化发展依靠人民、文化发展成果由人民共享，促进人的全面发展，培育有理想、有道德、有文化、有纪律的社会主义公民"的指导方针，为实现"覆盖全社会的公共文化服务体系基本建立，城乡居民能够较为便捷地享受公共文化服务，基本文化权益得到更好保障"的公共文化发展战略目标，对加快构建公共文化服务体系提出了四条具体要求。

第一，构建公共文化服务体系。按照公益性、基本性、均等性、便利性的要求，以公共财政为支撑，以公益性文化单位为骨干，以全体人民为服务对象，以保障人民群众看电视、听广播、读书看报、进行公共文化鉴赏、参与公共文化活动等基本文化权益为主要内容，完善覆盖城乡、结构合理、功能健全、实用高效的公共文化服务体系。推动跨部门项目合作，统筹规划和建设基层公共文化服务设施，坚持项目建设和运行管理并重，实现资源整合、共建共享。加强社区公共文化设施建设，把社区文化中心建设纳入城乡规划和设计，拓展投资渠道。完善面向妇女、未成年人、老年人、残疾人的公共文化服务设施。推进国家公共文化服务体系示范区创建。制定公共文化服务指标体系和绩效考核办法，明确服务标准和服务规范，加强评估考核。

第二，加强公共文化产品和服务供给。加强文化馆、博物馆、图书馆、美术馆、科技馆、纪念馆、工人文化宫、青少年宫等公共文化服务设施和爱国主义教育示范基地建设并完善向社会免费开放服务。鼓励其他国有文化单位、教育机构等开展公益性文化活动，各类公共场所要为群众性文化活动提供便利。加快现代科技应用步伐，提高公共文化服务的数字化、网络化水平。以公共图书馆、学校电子阅览室、社区文化中心为依托，建立和完善未成年人公益性上网场所。鼓励扶持少数民族文化产品的创作生产，提高优秀汉语广播影视节目、出版物等的民族语言译制量，开展少数民族文字书报刊赠送活动。扩大盲人读物出版规模，有条件的地区可以公共图书馆为依托，建立盲人电子阅览室。把主要公共文化产品和服务项目、公益性文化活动纳入公共财政经常性支出预算。采取政府采购、项目补贴、定向资助、贷款贴息、税收减免等政策措施鼓励各类文化企业参与公共文化服务。鼓励国家投资、资助或拥有版权的文化产品无偿用于公共文化服务。

第三，加快城乡文化一体化发展。增加农村文化服务总量，缩小城乡文化发展差距，以农村和中西部地区为重点，加强县级文化馆和图书馆、乡镇综合文化站、村文化室建设，深入实施广播电视村村通、文化信息资源共享、农村电影放映和农家书屋等重点文化惠民工程，扩大覆盖、消除盲点、提高标准、完善服务、改进管理。大力推进农民体育健身工程。加大对革命老区、民族地区、边疆地区、贫困地区文化服务网络建设支持和帮扶力度。引导企业、社区积极开展面向农民工的公益性文化活动，尽快把农民工纳入城市公共文化服务体系，努力丰富农民工精神文化生活。建立以城带乡联动机制，合理配置城乡文化资源，鼓励城市对农村进行文化帮扶，把支持农村文化建设作为创建文明城市基本指标。鼓励文化单位面向农村提供流动服务、网点服务，推动媒体办好农村版和农村频率频道，做好主要党报党刊在农村基层发行和赠阅工作。扶持文化企业以连锁方式加强基层和农村文化网点建设，推动电影院线、演出院线向市县延伸，支持演艺团体深入基层和农村演出。

第四，广泛开展群众性文化活动。以社区文化、企业文化、村镇文化、校园文化建设为载体，积极搭建公益性文化活动平台，依托重大节庆活动和民族民间文化资源，组织开展群众乐于参与、便于参与的文化活动。深入开展全民阅读、全民健身活动，推动文化科技卫生"三下乡"、科教文体法律卫生"四进社区""送欢乐下基层"等活动经常化。支持群众依法兴办文化团体，精心培育植根群众、服务群众的文化载体和文化样式。鼓励文艺工作者、艺术院校学生和热心文化公益事业的各界人士开展文化志愿服务。

一　"十二五"期间宜昌市公共文化服务体系建设情况[①]

"十二五"期间，宜昌市公共文化服务体系建设在市委市政府的正确领导和省文化厅的指导下，在基础设施建设、服务工作开展、非遗保护等方面取得了突出成效。

（一）基础设施进一步完善

1. 全力推进公共文化基础设施建设

全市不断加大公共文化基础设施建设投入，完成一批公共图书馆、文化馆新建与装修改造工程。市群艺馆新馆按照国家一级馆建设装修工程已完成，并于2013年9月10日正式开馆；宜昌博物馆新馆建设进展顺利，主体建筑2014年5月18日正式动工，计划2016年12月正式对外开

---

① 此部分主要依据宜昌市政府及相关部门发布的近五年的工作总结、汇报材料及笔者的调研材料等信息。

放；全市 4 个公共图书馆配备了流动图书车。当阳市图书馆新馆建设完成，秭归县图书馆完成装修改造。在第 5 次公共图书馆评估定级中，兴山、长阳两个县级馆新增为国家一级馆，全市一级图书馆达到 7 个。猇亭区文化体育活动中心全面建成并投入使用。宜都、枝江、远安、五峰已规划并着手开始建设新的县级文化馆和图书馆。

2. 数字文化建设全面展开

市非遗保护中心数字化建设纳入文化部全国试点单位之一；宜昌博物馆数字化建设纳入新馆建设内容；宜昌市图书馆作为湖北省第一批列入"数字图书馆推广工程"试点的 5 个单位之一、也是湖北省公共图书馆中最早建成和使用的数字图书馆，自 2010 年全面开通并投入使用以来，年点击率达 40 多万人次；2014 年底在宜昌市数字图书馆基础平台上，为了适应移动通信科技发展与智能手机普及带来的移动终端阅读需求，宜昌市数字馆进行了移动服务平台的建设，将建成一个集信息发布、数字资源、移动 OPAC、文化地图于一体的移动服务平台。各县市区通过打造掌上宜图、微阅读、微信公众平台等数字化服务，推进文化服务形式从"传统型"向"数字型、科技型"转变。宜都市率先启动农家书屋自动化管理试点工程，以市图书馆为总馆，乡镇、村级农家书屋为分馆（或窗口），打造一个覆盖全县的总分馆流通管理自动化系统，10 个乡镇中心图书室和 18 个农家书屋已加入集群。

3. 公共文化网络全面覆盖

到 2014 年年底，全市已建成图书馆 11 个、群艺（文化）馆 12 个、博物馆 7 个、文化信息资源共享中心 12 个、乡镇街办文化站 107 个、农家书屋 1451 个，实现了 100％ 的乡镇（街道）建有文化站、公共阅览室，100％ 的行政村（社区）建有文化活动室和农家书屋。以"文化惠民，彰显特色"为目标，以完善社区（村）文化设施、展示社区（村）文化特色、激发群众文化创造活力为重点的特色文化社区（村）创建工作全面展开，首批将评选 40 个特色文化社区（村），每个将给予 5 万—8 万元以奖代补工作经费。当阳市投入超过 1 亿元，加强"市、镇、村、户"四级文化设施建设，建立了以"两馆一团一中心"（文化馆、图书馆、歌舞剧团、体育中心）、"一站一队一社团"（综合文化站、电影放映队、民间演艺团体）、"一室一户一书屋"（文化活动室、文化中心户、农家书屋）

为基础的服务网络。

（二）服务能力进一步提升

1. 免费开放制度全面落实

2011 年以来，全市市县两级文化"三馆"和综合文化站全面实现免费开放，年均服务群众 280 多万人次。为进一步提高服务水平，全市累计投入 2000 多万元，用于公共文化机构改善条件，增加服务项目。

2. 服务开展取得创新突破

市数字图书馆全面建成，数据资源量达 10GB，年点击率达 10 万次以上。市图书馆还在全省市州率先引进 24 小时自助借还书机，实现了全天候服务。市群艺馆根据服务对象的实际需求开展有个性化、针对性强的免费培训，提高了服务的实效。各县市区公共文化机构也积极探索服务新模式，宜都市图书馆总分馆制初步建成，形成 1 个总馆 28 个分馆的服务网络；兴山县建成数字图书馆，免费为山区群众服务；夷陵区文化馆探索"种文化"服务模式，荣获 2013 年"全国第五届服务农民服务基层先进集体"称号。

（三）文艺精品创作获丰收

1. 2011 年一批作品获全国全省大奖

宜昌市土家山歌《细碗莲花》夺得首届中国原生态民歌盛典金奖，并被评为中国最高文艺奖"山花奖"；兴山民歌荣获首届中国原生态民歌盛典金奖，国家级传承人陈家珍荣获优秀传承人奖；五峰民族歌舞剧团创作的民间舞蹈《土家板凳龙》获得第九届全国少数民族传统体育运动会表演类一等奖；夷陵区创作的大型原创风情歌舞诗《三峡，我的家乡》、长阳土家族自治县创作的大型民族歌舞《巴土恋歌》、五峰土家族自治县创作的大型无场次纪实剧《拥军妈妈——罗长姐》在首届湖北省少数民族文艺会演中分获 3 个大奖。由宜昌市文化局与五峰县民族歌舞剧团联合创作排练的大型无场次纪实剧《拥军妈妈——罗长姐》获得了良好的社会反响，得到了中央军委、省委政府、省军区、省双拥办、市委市政府领导的高度赞扬。

2. 2012 年七件文艺精品获全国性大奖

歌曲《巴土恋歌》获中宣部第二十七届"五个一"工程奖；李亚隆获得中国摄影最高奖——金像奖；长阳土家族自治县民间舞蹈《土家

族撒叶儿嗬》获第九届中国民间艺术节民间广场舞金奖；在第六届中国原生民歌大赛上，夷陵区选送的《花咚咚的姐》夺得对唱组银奖，长阳土家族自治县选送的《细碗莲花》获多人组合组铜奖，秭归县选送的《峡江船工号子》荣获多人组合组优秀表演奖；宜都市民歌《丹阳渔歌》获全国渔歌邀请赛银奖，是湖北省唯一获奖的地方渔歌曲目；五峰土家族自治县情景剧《妈妈》获广州军区文艺调演一等奖。十件作品在首届湖北艺术节上获奖：夷陵区表演唱《美酒喷喷香》、舞蹈《爱在山水间》获首届湖北艺术节暨第十五届楚天群星奖大奖；大型原创风情歌舞诗《三峡·我的家乡》获首届湖北艺术节暨第十届楚天文华奖优秀剧目奖；五峰土家族自治县少儿广场舞《五峰板凳龙》、远安县远安花鼓戏《吴大挖塘》、点军区表演唱《一个姑儿家》、西陵区童声表演唱《溜子经儿唱起来》、市残联少儿舞蹈《喊山的孩子》、宜都市美术作品《小丫》、市群艺馆摄影作品《佛》七件作品获首届湖北艺术节暨第十五届楚天群星奖作品奖。宜昌文化局编辑出版的《宜昌记忆》获湖北省政府出版奖。

3. 2013 年宜昌全市共创作各类文艺作品 57 部；到基层、企业演出 465 场

市歌舞剧团小品《承诺》在全市道德模范巡演中引起强烈反响；在文化部举办的第十届中国艺术节上，宜昌市选送的广场舞《五峰板凳龙》、舞蹈《爱在山水间》、音乐《美酒喷喷香》三个节目喜获全国"群星奖"，为宜昌乃至湖北增添了光彩。

4. 2014 年成功举办首届艺术节

全市 13 个县市区、11 支专业艺术院团、1000 多支业余文艺团队广泛参与，大型情景歌舞剧《大端午》、交响剧诗《明月千里》、民族歌舞剧《江山美人》、儿童剧《打个谜语你来猜》等 11 台专业剧目，2700 多件作品参加展演、展览，远安花鼓戏、长阳南曲、秭归花鼓舞、沮漳大鼓、薅草锣鼓、摆手舞等带有浓郁地方特色的文艺节目轮番亮相，全面检验了近几年来宜昌市文艺工作的丰硕成果。周立荣歌曲《江河恋》获中宣部"五个一工程奖"，张玉玲论文获第九届中国舞蹈"荷花奖"银奖，王祖龙专著《楚书法史》获中国优秀美术图书最高奖"金牛奖"金奖，刘小平小说《花彤彤的姐》入选湖北省 10 部长篇小说重点扶持项目之一；

夷陵区三幅版画入选"青山绿水中国梦"全国农民画展览，《美酒喷喷香》赴山东省参加全国第十届艺术节"群星奖"获奖节目展演，并在国家大剧院、俄罗斯成功演出。宜都市、西陵区广场舞，分别获全省广场舞比赛一、二等奖。长阳《土家撒叶儿嗬》作为全省唯一一支参赛队赴甘肃参加了第七届中国民歌大赛。

（四）文化遗产保护取得新成果

1. 项目保护工作取得新成效

截至 2014 年年底，宜昌市共有：世界级非遗名录 1 项，国家级非遗名录 19 项，省级非遗名录 45 项；国家级非遗传承人 12 人，省级非遗传承人 93 人；4 个中国民间文化艺术之乡、14 个湖北省民间文化艺术之乡、2 个国家级生态文化保护试验区、4 个省级文化生态保护试验区，长阳、五峰整体纳入"武陵山区（鄂西南）文化生态保护试验区"规划，名录数、传承人数量、民间文化艺术之乡居全省前列。屈原故里端午习俗、青林寺谜语等 9 个项目成功申报 2014 年度国家非遗保护专项资金，在全省同类市州中居于前列；兴山围鼓、枝江楠管等 6 个项目顺利申报 2014 年度省级非遗保护专项资金；夷陵区下堡坪乡下堡坪中小学等 13 所学校成功申报湖北省非物质文化遗产传承学校；秭归县凤凰山屈原故里非遗传承保护基地、长阳土家族自治县资丘民族文化馆、夷陵区雅鹊岭镇梅林小学被评为"湖北省非物质文化遗产传承示范基地"。

2. 文物保护成效显著

宜昌市政府出台《关于加强宜昌城区文物保护工作的通知》，市文化局印发《宜昌市文物保护利用发展规划（2014—2024）》，加强对文物保护的政策扶持和引导。宜昌市拥有全国文物保护单位 15 处，省级文物保护单位 64 处；第一次全国可移动文物普查有序推进，截至目前，共普查 56 家；完成第六批和第七批国保单位文物记录档案收集整理工作和文物系统外的文物认定工作，全市确定文物系统外国有文物收藏单位 43 家，认定文物 29127 件（套）；完成全市文博单位 12 个国家级、14 个省级重点文物保护专项补助资金申报工作，已到位国家级专项补助资金 3242 万元；积极配合推进环城南路历史风貌街区建设。川汉铁路遗址保护工作逐步实施，制定了《川汉铁路保护利用的建议方案》，举办了川汉铁路专题展览；杨家湾老屋修缮工程与黄陵庙白蚁综合防治工程经国家文物局评审通过；宜昌袁裕校家庭博物馆在央视专题节目《我们的传家宝——走基层·国庆特别节目》中重点报道。

3. 重视非遗传承人资助保护

全市有刘德方、孙家香、王爱民等 12 位国家级，93 位省级非遗传承人。各级政府每年为传承人提供经费，保障传承活动的开展，并在经济上扶持、在生活上关爱他们。94 岁高龄的国家级传承人孙家香由长阳县安排进福利院养老，王爱民作为特殊民间文艺人才进入夷陵区文化馆工作，享受事业单位编制待遇。

（五）文化惠民取得新实效

1. 文化惠民服务形成常态

公共文化场馆全面实现免费开放，年服务 200 多万人次，文化馆、博物馆每周平均免费开放时间超过 48 小时、图书馆每周平均开放时间超过 56 小时。公共文化服务能力全面提升，举办文物美术书法展览 500 多场、免费培训 5.6 万人次、流动文化服务 20 多万人次；开展各类演出 3000 多场，送戏下乡 2639 场（居全省首位）、观众 150.63 万人，秭归屈原艺术团全年送戏 772 场，列全省县市第一，其他演出团体演出场次全部超过 150 场。

2. 重点抓好大型群众文化活动

每年举办屈原故里端午文化节是文化部主办的、唯一的全国性端午节文化节庆活动，从 2010 年开始，已经先后举办了六届，2014 年端午文化节以“中国端午、诗意宜昌”为主题，吸引了众多海内外诗人、学者、屈氏后裔的参与，成为弘扬中国传统文化、提升宜昌城市形象的重要平台，宜昌市摘得“中国诗歌之城”桂冠，并荣膺全国“屈原诗歌奖”永久颁奖基地；从 2011 年开始，中国宜昌长江钢琴音乐节已经连续举办四届，第五届将于 2015 年 9 月举办；中国三峡国际旅游节已连续举办五次，第六次将于 2015 年 9 月举行。2013 年 9 月，中国三峡国际旅游节（2015 年 9 月将举办第六届）、中国宜昌长江钢琴音乐节与中国国际民间艺术节（统称“三节”）统筹在宜昌市举办，更是成为文化惠民的大舞台，其间，共举办 20 余场公益性文艺演出、展览、培训等群众文化活动，通过群众现场参与、到社区和村组巡演、电视和户外显示屏同步直播等方式，让人民群众深度享受文化大餐，各项活动现场参与群众达 10 余万人。“三节"以"宜昌特色、国家水平、世界影响"和"节俭办节、文化惠民、促进发展"受到全国广泛关注。

3. 打造特色群众文化活动品牌

每年举办国家、省级大型文化活动三次以上，市级文化活动 100 场以上，群众性文化活动 1000 场以上，形成了"年年有节庆、月月有演出、周周有活动"的生动局面。每年举办"三峡文化广场月月演"文艺活动、"三峡文化讲坛"公益性文化讲座、"国韵大戏台"京剧演出、"实验小剧场"、"文化力量·民间精彩"广场舞展演、"文化宜昌·全民阅读"等丰富多彩的活动。在"三峡文化广场月月演"被评为全国特色广场文化活动品牌之后，2012 年以来，市群艺馆更是突破以往在市中心夷陵广场演出的局限，深入各个社区广场，让更多的居民有了观看文艺节目、欣赏文艺作品的机会，将文化惠民送到市民的身边。逐步开创了群文系列品牌活动，有"我们的节日""少、幼儿文艺会演""故事演讲大赛"等品牌活动。各县市区每年坚持举办的西陵庙会、当阳关陵庙会、远安嫘祖庙会、秭归端午文化节、兴山昭君艺术节、长阳乡镇文化节、宜都农民读书节、夷陵区民间艺术节等活动已经成为推动地方经济社会发展的有效载体和文化品牌。

4. 群众文化热情充分激活

建立群众评价和反馈机制，以群众满意度为目标，以群众需求为风向标，推动文化惠民项目与群众文化需求的有效对接。深入开展群众文化需求万人问卷大调查，收回调查问卷 1.2 万多份，完成"宜昌市民文化需求调查研究报告"，为政府决策提供了科学依据。探索建立了公共文化地图、特色文化社区、"超市式"文化服务、"菜单化"点文化等公共文化服务方法，由过去的"送戏下乡"转为"自演团送、上下联动"，调动基层群众的积极性，提高了公共文化服务的针对性，让群众真正喜欢文化、参与文化、创造文化。

（六）队伍建设进一步加强

1. 重视专业技术人才的引进

近两年来，市级各公共文化机构均通过公开招考引进了一批专业技术人才，在一定程度上缓解了文化人才队伍青黄不接的压力。目前，全市各公共文化机构专业文化工作者达 3000 余人。

2. 民间文艺团队发展迅猛

全市已有 200 多个文艺协会、3000 多支业余艺术团和演出队，这些团队常年活跃在山村、街道、社区，极大地丰富了群众文化生活。

3. 文化志愿者队伍正在形成规模

各公共文化机构都组织开展了文化志愿服务活动。宜昌"三节"等大型活动期间都有文化志愿者服务的身影。市图书馆与三峡职院签订了志愿服务实践活动基地的协议，为在校学生参加志愿服务提供了平台。①

二　"十二五"期间荆州市文化工作成就②

"十二五"期间，在市委、市政府和市委宣传部的领导下，荆州市文化广电新闻局深入开展党的群众路线教育实践活动，围绕"繁荣文化事业，推进文化产业，规范市场秩序"等任务，全面推进文广事业、促进文化产业，各项工作呈现新进展、显现新成果。

（一）推进文化创新，实施文化精品战略

全市文化队伍将宣传核心价值体系作为出发点，不断创新文艺作品的形式和内容，加大文化精品的生产、创作、打磨力度，精心打造了一批展现荆州形象、富有荆楚特色、深受群众喜爱、"两个效益"俱佳的文化精品，为全市经济社会持续发展提供了优秀的精神动力和智力支持。

1. 紧密结合社会主义核心价值体系，拓展艺术创作内涵

加强主旋律作品的创作，将大事、时事、身边事作为创作的源泉和基础，丰富文艺作品精神内涵，贴近生活，融入时代，新创作了大批歌颂党和祖国、反映抗灾救灾、歌颂荆州发展成果的文艺作品，举办了以党建、廉政、双拥为主题的文艺会演和书画摄影作品展览等活动。加强社会道德观、价值观的培育，以"10·24"英雄群体为原型，创作了一批展现英雄事迹的舞蹈、戏剧、歌曲、书画、雕塑作品。在"10·24"

---

① 参见《宜昌市文化局工作总结》（2011、2012、2013、2014 年）、《关于全市公共文化服务体系建设情况的汇报》（2014 年 4 月）等宜昌市相关文化资料。

② 此部分主要依据荆州市政府及相关部门发布的近五年来的工作总结、汇报材料及笔者的调研材料等信息。

一周年之际，以弘扬人链精神为主题，举办了"唱响荆州·生命之链感动中国大型公益演唱会"，活动水准高、影响大，既唱响了英雄精神，又宣传了荆州文化，文化艺术项目成为宣传社会主义核心价值体系的有效载体。

2. 打造大型文化旅游剧目，提高表演艺术水平，服务文化旅游业发展

2015 年，荆州市内多家文化单位斥资 500 万元，联合打造了文化旅游风情歌舞《荆楚风》。该剧是荆州首部室内大型文化旅游剧目，受到观众的广泛好评，成为荆州旅游表演剧目的一大力作。洪湖市依托洪湖旅游资源，打造《洪湖岸边是家乡》大型实景演出项目，已经着手策划剧目、培养人才。以地方戏曲表演为突破口，进一步提高艺术团体演出水平，洪湖市承办了"湖北地方戏曲花鼓戏声腔研究座谈会"，交流花鼓戏声腔表演艺术，有效促进了荆州花鼓戏的发展。在第九届"楚天文华奖戏剧会演暨荆州花鼓戏艺术节"中，监利县花鼓戏剧团代表荆州参赛，共获得奖项 13 个，大型传统花鼓戏《罗帕记》荣获剧目奖，刘盛沛、秦丽霞 2 人分获表演一等奖。

3. 创新艺术表现形式，不拘一格，深入基层，提升艺术事业影响力

依托名人效应宣扬艺术活动，聘请了著名军旅歌唱家梦鸽为市艺术剧院名誉院长，支持艺术剧院首席歌唱家陈维在北京举办个人演唱会，邀请童安格等艺人在荆州举办演唱会，在更广泛的范围、更高的层面将社会的关注热点吸引到荆州文化事业；开展百团上山下乡巡回演出活动，全市各专业剧团、艺术表演队伍送戏下乡，开展"文化惠民、免费看戏"演出，市艺术剧院"四季放歌·流动大舞台"惠民巡演活动在基层演出；各县市区充分发挥流动舞台车的作用，将连台好戏送到群众家门口，基层群众享有了数量更多、质量更高的文化活动；举办"唱响荆州"民歌大赛，塑造荆州的时代形象，为荆州打造一张音乐名片。

（二）构建完善公共文化服务体系

荆州市文化工作者把构建公共文化服务体系作为关键点，按照体现公益性、基本性、均等性、便利性的要求，不断加快构建城市公共文化服务体系，广泛开展群众文化活动，切实做到"服务文化民生"。

1. 加强文化基础设施建设

2010 年：投入 80 万元，维修改造了市群众艺术馆；新建乡镇综合文

化站 39 个，全市乡镇综合文化站数量达 91 个；投入资金 200 万元，购置街道（社区）文化室设备，进一步完善了城市社区文化阵地的各项功能；文化信息资源共享工程建设县以上支中心 8 个，建有乡镇支中心 53 个，村级服务点 1300 个。新建农家书屋 800 家，全市已有 1973 个村拥有了农民自己的"图书馆"。2011 年：为 2 个街道文化中心和 42 个社区文化活动室配置了标准设备；新建共享工程乡镇服务点 46 个，村级服务点 1100 个，督办改建乡镇综合文化站 12 个；一批重点文化设施建设加快推进，荆州市"十二五"规划提出"在沙北新区建立市级行政文化中心，建设市图书馆新馆、市群艺馆新馆、荆州艺术大剧院等设施"，新图书馆项目成功立项，市级"两馆"建设进入实质性推进阶段。2012 年：投入 268 万元，完成了 4 个街道文化中心、44 个社区文化活动室的标准化设备采购，实现了中心城区社区标准文化设备配置全覆盖。图书馆、群艺馆、市剧院等一批公共文化服务设施纳入沙北新区建设规划。2013 年：市图书馆新馆建设，已争取两期国家扶持资金 800 万元（本年度 300 万元），目前正在基础试桩，可望年内正式动工。纳入省扶持项目的松滋市群艺馆新馆即将交付使用。完成市政府承诺的"十件实事"，争取资金 297 万元，为 37 个社区文化活动室配置了标准文化设备，提升了 112 个公共电子阅览室设备水平。2014 年：公共文化设施建设有新进展。争取和筹资 4888 万元，市图书馆新馆正式开工建设，部分县区"两馆"新建扩建工程规划、启动；争取专项资金 179 万元，积极推进中心城区公共广播网建设；争取各类项目资金 400 余万元，购置和更新公共文化设施设备。

　　2. 群众文化活动百花齐放

　　全市各级文化部门以服务人民群众基本文化权益为根本要求，坚持"群众参与、群众满意、群众受惠"的服务宗旨，围绕春节、国庆等节假日开展节庆活动，围绕文化品牌开展主题活动，围绕群众文化需求开展特色活动，群众文化生活大为丰富。群众文化传统品牌影响力持续扩大，着力打造的荆州 8 大文化品牌（"社区消夏文化节""小太阳读书节"两大文化活动品牌以及"迎春茶话会"文化惠民演出品牌、"鄂西演出联盟"院线演出品牌、基层文化建设"四个十佳"创评品牌、风情歌舞诗《呀吙咿嗬》作品品牌、"东方明珠文化体育有限公司"民营文化企业品牌、荆州市爱乐合唱团社会共建等文化品牌）质量显著提升，其中"小太阳读书节""社区消夏文化节"成为在全省乃至全国有一定知名度的文化活动,"小太阳读书节暨全民阅读活动"已经连续举办十八届,成为第一批创建国家公共文化体系的示范项目,获得了全国首次颁发的项目类"群星奖";自 2000 年夏季开始每年定期举办的社区消夏文化节已经连续举办十六届,成为荆州市社区群众文化活动的一个品牌,并于 2014 年荣获中国第十届艺术节项目类"群星奖"。市群艺馆受邀组队参加重庆举办的"革命老区红歌会",市金聚文化产业中心引进话剧《信义兄弟》来荆演出,发挥了引导社会文化趋向的积极作用。群众文化新兴品牌日渐成长,"新年音乐会""曲馨京韵演唱会""桃花会""非遗论坛""文化惠民周""红歌会""收藏品交流会"等文化活动此起彼伏,形式灵活多变。群众文化地域品牌各具特色,各县市区结合自身文化资源,建设了独树一帜的文化活动品牌,如荆州区的"社区节",洪湖市的"广场舞大赛",石首市的"唱石首、爱家乡"原创歌曲大奖赛,公安县的"三袁文化艺术节"、沙市区的"章台梅艺术节"、监利县的《啰啰咚》暨民歌大赛、松滋市的"说鼓子大赛"、洪湖市的《水乡百花艳》文艺会演等。

3. 规范社会文化团体管理,建立公共文化运行机制

2010 年开始对全市 300 多个社会文化团体进行登记,根据归属地分类管理和指导,社会办文化活动的水平得到显著提高;根据国家相关法律法规和政策,探索文化设施和文化单位的运行管理的制度化。在广泛调研和征求意见的基础上,出台《荆州市基层公共文化服务设施建设管理使用暂行办法(试行)》,进一步明确乡镇综合文化站、文化信息资源共享工程、农家书屋等公共文化服务设施的建设主体,同时对其经费保障、服务时间、内容和质量都作出了详细规定,由市政府颁行。

4. 群众文化建设成果丰硕

2010 年中国民协专家组考察通过了荆州"中国三国文化之乡"申报工作,批准设立"中国三国文化研究基地"和"中国楚文化研究中心";在第 14 届楚天群星奖书法美术摄影作品比赛中,荆州市选送作品共有 18 件获奖(金奖 3 件、银奖 3 件、铜奖 12 件);在第 14 届中小学生幼儿书法美术展中,荆州市获得金奖 105 件、银奖 155 件、铜奖 335 件;在第十届中国京剧票友邀请赛湖北选拔赛中,荆州市京剧票友赵杰、李少君获得"双十佳票友""优秀票友"称号。成功举办了"春满荆江"2013 全

市春节联欢晚会、"歌唱春天"——2013 荆州市新年军民联欢晚会、省运会倒计时一周年启动仪式等文化活动；以"喜迎省运会·文化社区行"为主题的第十四届消夏艺术节历时 41 天，在城区共举办文化活动 50 余场，培训广场舞队伍 420 余支，参与群众达 10 万人次以上；组织、协调各类社会文艺团体和相关协会，举办了荆州市 2013 年迎新春美术书法作品展、庆祝荆州市民族乐团建团十周年专场民族音乐会、"光荣绽放"——荆州市爱乐合唱艺术团十周年庆典音乐会、迎中秋汉剧展演周、"楚国故都·美丽荆州"第二届摄影大赛等群众文化活动。2014 年组织"文化力量·民间精彩"群众广场舞展演活动，200 余支团队、5 万余人参加展演比赛；举办《动起来》摄影艺术展，集中展示一批体现运动精神、荆州发展成果的优秀作品。

5. 启动"宜荆荆图书馆联盟"

联盟由荆州市图书馆发起，荆州、荆门、宜昌图书馆界共同参与，汇集三地文献信息资源，构建合作平台，促进成员馆之间交流合作，进一步促进了三地图书馆事业发展；市图书馆改善硬件环境，加强软件建设，延伸服务范围，拓展工作领域，在全国第四次公共图书馆评估定级中评为一级图书馆，全市公共图书馆上等级率达到 100%；优化阵地窗口服务，新购和受赠图书，订阅报刊，图书外借，发展集体读者单位，接待咨询读者，查询条目和解答咨询，开展读者活动，举办报告会和讲座；明德英文图书馆在中心馆、古城分馆和机关幼儿园设立了"明德英文图书"阅览专柜，使英文原版图书利用率进一步提高；开展古籍保护工程，加强了古籍管理组织保障、安全保障、技术保障、制度保障。

（三）加大"非遗"推介力度，保护与开发并重，荆州非物质文化遗产"走出去"

1. 荆州非遗精彩亮相上海世博会

上海世博会湖北活动周期间，荆州非物质文化遗产"楚系青铜器铅锡刻镂技艺""楚式漆器髹饰技艺""五虾闹鲇"进行了现场展示，在世博会大放异彩，虎座鸟架鼓被世博总局永久收藏，世博会中国元素馆留下了楚式漆器蛇鸟座屏、虎形盒两件作品，荆州文化魅力展现在国际视野之中。2010 年 10 月在山东济南举行的首届中国非物质文化遗产博览会上，荆州市选送的楚式漆器髹饰技艺代表作品《虎座鸟架鼓》、铅锡刻镂技艺代表作品《镶嵌云纹盒》双双获得展品类银奖。

2. 非遗保护工程进入科学化轨道

成立了荆州市非物质文化遗产保护工程专家委员会，负责审定荆州市非物质文化遗产保护总体规划、实施方案和工作计划，指导"非遗"保护工作的开展，对全市"非遗"名录进行评审并向上申报和推荐。在委员会的指导下，荆州"非遗"保护工作增强前瞻性与长效性，编制完成了"鼓盆歌"等5个国家级"非遗"项目的"十二五"保护规划书；地方濒危戏曲实现了数字化保护，抢救性拍摄荆河戏、荆州花鼓戏，录入国家地方戏"非遗"数据库，共拍摄了《斩于吉》《望儿楼》等荆河戏名段，以及荆州花鼓戏名篇《站花墙》《双撇笋》《并蒂莲》。

3. 新增三项国家级非物质文化遗产

在收集、整理、保存荆州非遗资源的基础上，提炼核心内容，突出传统元素，积极申报非遗项目。文化部公示的第三批国家级非物质文化遗产名录推荐项目名单中，荆州市申报的"铅锡刻镂技艺""楚式漆器髹饰技艺"两个非遗项目成功入选，第四批中又增加了荆州石首市的"跳三鼓"，到目前为止，荆州市共拥有国家级非物质文化遗产8项。

4. 加大对荆州非遗的保护与宣传力度

2010年湖北省文化厅公示第二批省级非物质文化遗产代表性传承人名录，荆州市共有8名传承人入选，2012年湖北省文化厅公示第二批省级非物质文化遗产代表性传承人名录，荆州市共有11名传承人入选，传承人队伍不断扩大。在"非遗"传承研究方面，荆州市文化局联合长江大学举办了"第二届荆州非物质文化遗产传承与发展论坛暨传承人的保护与传承学术研讨会"，参加论坛的专家学者就"非遗"保护、传承与发展问题建言献策，并对"非遗"传承人的保护现状和保护措施发表意见。论坛播放了反映荆河戏生存状况的专题片《十年的守望》，促进"非遗"走进社区、走进校园、走进群众生活。在"非遗"保护宣传方面，全国"文化遗产日"期间，举办了荆州市非物质文化遗产大型文艺晚会《荆楚遗韵》，以荆州"非遗"为基本元素，以荆楚名人和民俗为主线，突出非物质文化遗产的原生态表现形式，充分展现出历经数千年积淀的荆州文化魅力。

三　"十二五"期间恩施州城市文化事业发展成就[①]

（一）建立健全公共文化服务体系

1. 县（市）乡公共文化服务机构不断完善

州文体局和各县市文体局依据上级要求，健全文化馆、图书馆、非物质文化遗产传承保护中心、文物局等文化部门，认真实行免费开放，服务群众；全州所有乡镇都设置有"文化服务中心"，各个村都以建设"文化中心户""农家书屋"等形式，作为村文化活动开展的具体落实人与"文化惠民"的"点"。州文体局除机关设置的科室及二级单位外，还有文联所属的13个文艺家协会，各县市也依照州文艺家协会设置，组建较为完整的文艺家协会体系。另外，还依据"文化三下乡"等方式加大文化惠民的实施。

2. 公共文化服务基础设施建设不断加强

2006年至2012年年底，恩施土家族苗族自治州共投入文化惠民工程建设资金6020万元，公共文化支出占全州财政支出的2.1%。全州文化设施总面积7万平方米，有公共图书馆9个，其中7个达国家三级馆标准。州及建始县、来凤县、宣恩县图书馆配备了流动图书车，9个图书馆图书总藏量达13.5万册，年总流通达30万人次以上；全州建成文化馆9个，其中1个达国家二级馆标准；专业艺术表演团体9个，均配备了流动舞台车；全州有文物管理所8个、博物馆5个；全州88个乡镇综合文化站全面完成维修或改（扩）建工程，共投资6000余万元，建成农家书屋3184个，实现了行政村全覆盖；建成文化活动室1467个。与此同时，全面推进文化信息资源共享工程建设，全州9个图书馆的电子阅览室、州及各县市共享工程支中心均已建成投入使用；投资8.4亿元的州文化中心于2013年8月建成并投入使用，中心包括博物馆、文化馆、剧场、城市规划馆、会展中心等建筑，集民族文化传播、市民休闲集会、城市规划发布、会展服务功能于一体，已然成为恩施城市建设风采的"新地标"和最亮丽的城市文化名片；总投资约9亿元，集休闲旅游、娱乐健身于一体的土家民族文化城市综合体——土家女儿城，已于2013年10月19

---

① 此部分主要依据恩施州政府及相关部门发布的近五年的工作总结、汇报材料及笔者的调研材料等信息整理。

日正式对外开放；投资 1.3 亿元的恩施舞阳文化市场建成并投入运营；恩施市文化摩尔城、利川市文化传媒中心、巴东县民族文化公园等一批文化项目相继建成并投入使用；咸丰、来凤县民族文化中心主体工程已完工，宣恩县文化体育中心是宣恩县"十二五"规划中的重点项目，也是国家鼓励的文化产业项目，于 2013 年 5 月开工建设；建始县文化中心、鹤峰县文化艺术中心已纳入规划并完成设计。

3. 文化发展政策不断实施

恩施州高度重视民族文化的研究、保护、开发和利用，加强民族文化立法保护，先后颁布了《恩施自治州民族文化遗产保护条例》及《恩施自治州民族文化遗产保护条例实施细则》；出台了《关于加快民族文化大州建设的若干意见》，将民族文化保护内容写进《恩施自治州自治条例》，为建立民族文化保护的长效机制提供了法律保障和政策支持。另外，按照上级宣传文化部门的统一部署，恩施土家族苗族自治州公共文化馆、图书馆、博物馆、文化站按照要求全部实行了免费开放，实现了无障碍、零门槛进入，基本服务项目全部免费。从 2011 年 12 月开始实行免费开放，2012 年以来，中央财政补助恩施土家族苗族自治州的免费开放经费每年 435 万元，地方也按照相关要求进行资金配套。州财政将州两馆免费开放地方配套资金各 25 万元纳入州级财政预算。仅 2012 年，全州文化馆共开展公益活动和公益服务项目 611（项）次，组织大型文化活动91 次，大型展览 25 次，全年免费培训达 4 万人次以上。全州图书馆免费为读者查询资料 8560 人次。

（二）大力开展文化活动，不断满足人民群众的文化需求

1. 文化艺术成果丰硕

在专业文化方面，全州文化艺术工作者深入挖掘民族文化资源，创作了一批体现民族特色、反映时代精神、具有较高艺术水准的艺术精品。

（1）文学创作成绩斐然

《远去的诗魂》《巴国俪歌》相继获得全国少数民族文学骏马奖，《黑烟》获得湖北文学奖，《清江》杂志获"湖北文学奖"（单年奖）刊物奖，诗歌《换一种活法》获《民族文学》"中国梦"征文一等奖，《嫁衣》获湖北省优秀电影剧本奖。全州超过 20 人次分别获得省"五个一工程奖"、屈原文艺奖、湖北少数民族文学奖、湖北省文艺理论奖等奖项。

（2）艺术交流形式多样

恩施市民族歌舞团、来凤县南剧团，赴澳门、澳大利亚、上海世博会、广州亚运会等地区和大型活动中心进行演出；省民族歌舞团赴巴基斯坦、希腊等国交流演出，在韩国全罗文化艺术节上举办了中国湖北·湖北省民族歌舞团专场演出。优秀青年歌手张明霞和来凤摆手舞队参加了文化部、省政府组织的"荆楚文化走澳洲"系列活动，优秀青年歌手蔡呈在中国音乐学院国音堂音乐厅举行了"清江恋歌"独唱音乐会。

（3）各种获奖层出不穷

建始黄四姐歌舞团青年演员黄洁琼摘得 2011 年国际华裔小姐全球总决赛"最佳才艺小姐"单项桂冠；州文促会主席田发刚被授予"2011 年度中华文化人物"称号；巴东民族歌手谭学聪在"全国山歌大王争霸赛"上获全国"山歌大王"称号。恩施土家族苗族自治州的"西兰卡普"组合荣获 2004 年第十一届"新盖中盖杯"全国青年歌手电视大奖赛专业组民族唱法三等奖；"土苗兄妹"组合 2008 年在第 13 届 CCTV 青歌赛上摘得"原生态"组金奖，2010 年 4 月 30 日参加上海世博会开幕式演出；"撒叶儿嗬"组合 2010 年获得第十四届 CCTV 青歌赛原生态组金奖；广场舞《来凤土家摆手舞》荣获 2010 年第十五届群星奖优胜奖；恩施市大型土家风情歌舞诗剧《嗯嘎·女儿会》荣获第四届全国少数民族文艺会演表演金奖，同时还获得最佳节目奖、最佳演员奖等 10 个单项奖；咸丰县南剧《女儿寨》参加第一届湖北艺术节暨第十届"楚天文华奖"的评选，获得优秀剧目奖和个人表演奖；宣恩县文化馆舞蹈《哩嘞响》、州文化馆舞蹈《响·想·享》获得第一届湖北艺术节暨第十五届"楚天群星大奖"；音乐《哪门搞起》《十姊妹歌》《土家迎客歌》《伙计歌》，舞蹈《滚龙连厢》，戏剧《整酒》，曲艺《镇船石》《一碗油茶汤》，摄影作品《闹春》获得第一届湖北艺术节暨第十五届"楚天群星作品奖"。《哪门搞起》《哩嘞响》《响·想·享》还代表湖北省参加了 2012 年全国第十六届"群星奖"复赛。此外，书法、摄影、绘画等各个文艺门类每年都获得国家、省级展赛的各种奖项。

（4）文化宣传不拘一格

取材于本土的 30 集电视剧《大水井》、电影《拐杖老师》《我的渡口》已拍摄制作完毕，即将播出或上映。各县市文体局、各协会根据各自特色开展活动，都创办了文艺刊物，作为全县的文艺交流展示平台，起到很好的交流推介作用，2012年《清江》《女儿会》《神农溪》获评"湖北省文联系统优秀期刊（内刊）"。2013年，州文体局积极参与组织建州30周年文艺庆祝活动，精心策划，认真落实，力争通过系列文化活动，展示恩施州经济社会发展巨大成就，歌颂党和政府的亲民、惠民政策，营造欢乐祥和、振奋人心的节庆氛围。

2. 文化活动丰富多彩

（1）节庆活动

一直以来，全州文体系统充分利用元旦、春节、中秋、国庆、州庆等传统、民族节日开展文化活动。仅2012年各级文体部门围绕建党、建国、建州等节庆组织开展群众文化活动每年达260场以上。

（2）下基层活动

开展业务培训24次以上，下基层辅导2.5万余人次，送书下乡27.69万册。全州专业剧团每年送演出下乡都在200场次以上，累计送戏下乡5年来达10000多场次。社区、企业、乡村以及农民自办文化的民间文艺表演队达600余支，年演出2万场次以上，发挥了很好的社会效益。全州各县市文体局、文联谋划"送欢乐、下基层"活动新形式、新内容，引导各文艺家协会围绕中心工作，组织大型采风、笔会、会演等活动，认真打造文艺精品。

（3）公益服务活动

州文化馆、州图书馆、州博物馆不断提升免费开放服务水平，做好公益性文化艺术培训、打造"百姓大舞台"广场展示活动品牌，开展"全民阅读"暨"世界读书日"活动。州及恩施市共建城市社区文化活动室，打造州城"十分钟"文化服务圈，启动周末文化广场演出活动。在机场、火车站、学校、监狱、军营等场所广泛设置图书流通服务点；在社区、乡镇广泛开展公益性演出和免费文化艺术培训讲座，使群众能够享受就近、便捷的公共文化服务。组织开展形式多样、丰富多彩的群众文化活动，先后承办了中央电视台"欢乐中国行——魅力恩施"、"激情广场·爱国歌曲大家唱"恩施篇、湖北省民族地区原生态歌手大赛等大型文艺演出活动。

（4）文化艺术活动

成功举办了多届恩施生态文化节、土家女儿会、利川"龙船调"民歌艺术节、来凤摆手节、巴东纤夫节等节庆活动。广泛开展广场展演、文艺调演、送戏送春联下乡等群众文化活动。创建"中华诗词之州"和"中国楹联文化之州"活动，获得"荆楚诗词之州""湖北楹联文化州"称号。全州8县市分别被授予"荆楚诗词之县（市）""湖北楹联文化县（市）"称号。

3. 文化遗产保护工作扎实推进

（1）文物保护

恩施全州共有全国重点文物保护单位9处（大水井古建筑群、鱼木寨、唐崖土司城址、容美土司遗址、五里坪革命旧址、仙佛寺石窟、建始直立人遗址、施州城址、彭家寨）、省级文物保护单位57处、州级文物保护单位45处、县级文物保护单位173处。特别值得一提的是，咸丰唐崖土司城遗址与湖南老司城遗址、贵州海龙囤土司遗址共同组成中国"土司遗址"项目已于2015年7月入选世界文化遗产名录。2013年5月30日，全州正式启动了恩施州全国第一次可移动文物普查工作。加强文物执法安全监管，严格执行《文物安全巡查制度》，着力全州文物单位和各博物馆、纪念馆管理，确保文物安全，力促事业发展。从2008年至今，全州共有19个县乡被文化部命名为"中国民间文化艺术之乡"。恩施市、利川市柏杨坝镇、建始县长梁乡、宣恩县沙道沟镇、来凤县百福司镇等被命名为"湖北省第一批省级文化生态保护实验区"。恩施市三岔乡、鹤峰县走马镇白果村等20个乡（村）被恩施土家族苗族自治州人民政府命名为"恩施州民族民间文化生态保护区"。

（2）非物质文化遗产保护

全州的非物质文化遗产资源丰富，在8县市分布广泛。这些传统技艺涉及人民群众生产生活的各个方面，具有浓郁的地方特色和较高的开发价值。全州着重开展非物质文化遗产的保护、传承工作，丰富和完善了非物质文化遗产的四级名录体系和四级传承人体系。到2013年年底，入选国家级保护项目13项、省级保护项目51项，公布州级名录102项，入选国家级项目代表性传承人5人、省级69人，公布州级传承人113人。2014年恩施州又有2项入选第四批国家级非物质文化遗产名录。相继开展了原生态山民歌手大赛、恩施土家族苗族自治州民族民间文化艺术节、全州地方戏会演、民族民间舞蹈大赛、曲艺会演等一批保护展示活动，努力探索"民族民间文化活态传承"的新模式。州文体局"非遗"保护中心荣获"全省十佳非物质文化遗产保护中心"称号。武陵山区（鄂西南）土家族苗族生态文化保护区于 2014 年获文化部批准。如今，恩施土家族苗族自治州较为著名的非物质文化遗产项目如恩施女儿会、利川龙船调、宣恩耍耍、巴东撒叶儿嗬、来凤摆手舞、咸丰南剧等文化保护传承活跃，文化张力初现。

四 "十二五"期间怀化市文化事业发展情况①

怀化市文化局以中共十八大精神为指导，以打造武陵山区文化高地为目标，按照"高举旗帜、围绕大局、服务人民、改革创新、扩大影响"的总要求，在湖南省文化厅、新闻出版局和广播电影电视局的倾心指导下，在怀化市委、市政府的正确领导下，团结务实，砥砺奋进，各项工作取得新突破。

（一）文化影响不断扩大

1. 举办首届中国（湖南）侗族文化节

2013 年 4 月 17 日，由湖南省文化厅、怀化市人民政府主办，怀化市文广新局、通道侗族自治县人民政府承办的中国（湖南）侗族文化节——大戊梁歌会，在湘黔桂三省（区）交界处的牙屯堡镇龙门山上举行，现场举办侗族双歌表演、抢鱼塘比赛、斗鸟、合拢宴、篝火哆耶、民族服饰展示、大型侗锦展、芦笙踩堂、苦酒酿造技艺、巧妇盐菜比赛等系列民俗风情活动。

2. 组织开展"文化大拜年"城区群众文化系列活动

活动内容包括龙狮大拜年、地方戏曲歌舞巡演、免费电影进社区、新春灯谜会、非物质文化遗产图片展等九大板块，演出活动场面热闹壮观，得到了市领导和社会各界的高度评价，湖南省政府门户网和中国文化报以 2/3 的版面深度报道了怀化"文化大拜年"的做法。

---

① 此部分主要依据怀化市政府及相关部门发布的近五年的工作总结、汇报材料及笔者的调研材料等信息整理。

3. 广泛开展"欢乐潇湘——幸福怀化"大型群众文艺系列活动

由市委市政府主办，市委宣传部、市文广新局、各县（市、区）党委政府承办的"欢乐潇湘·幸福怀化"大型群众文艺会演每年举办一次，先在全市各赛区开展海选、会演，然后各县（市、区）提炼报送音乐、舞蹈、戏曲小品等各类节目参加市里举办的会演，经评委认真评选，共评出一、二、三等奖和优秀奖、组织工作奖若干，极大地调动了市民的参与热情。

4. 扎实开展文化下乡进社区活动

全市开展"送戏下乡·演艺惠民"活动，每年演出 800 多场次；举办怀化市雅乐进社区大型音乐会；开展文化志愿服务系列活动；举办"湖南省原创广场舞"怀化教练员培训班。

（二）公共文化服务不断拓展

1. 扩大公共文化机构免费开放效应

市县（市、区）两级文化馆、图书馆以及乡镇综合文化站全部推行免费开放，大部分县乡确立了免费开放服务品牌。仅 2013 年一年，全市 6 家免费开放博物馆、纪念馆参观人数逾 161.5 万人次，其中青少年参观人数近 60 万人次，占总人数的 37.1%；怀化市博物馆 20 万人次，包括青少年 11.6 万人次。

2. 组织开展全市第五次公共图书馆评估定级工作

市图书馆、鹤城区图书馆等 7 个图书馆获文化部"二级图书馆"称号，其他 8 个图书馆获文化部"三级图书馆"称号。完成全国首次乡镇综合文化站评估定级申报工作。开展"你读书、我埋单"、少年儿童"中国梦·我的梦"系列读书活动、图书进军营、赴市福利院献温暖等系列读书阅读活动。仅 2013 年市图书馆新书采编、上架约 3 万册，全年外借图书量为 51285 册次；到馆总人数为 75458 人次。

（三）文艺创作不断出彩

近年来，怀化市各项参赛喜获丰收：组织参加湖南省"欢乐潇湘"大型群众文艺会演决赛，辰溪、芷江联合表演的男声小组唱《沅水放排歌》、麻阳县舞蹈《快乐神仙》等 2 个节目获一等奖，通道县舞蹈《抢鱼塘》、溆浦县舞蹈《永远的丰碑》等 2 个节目获二等奖，洪江市舞蹈《花寨花妹花担担》、会同县原生态舞蹈《竹响祝捷》、沅陵县舞蹈《打布壳》等 3 个节目获三等奖，怀化市获组织奖。组织参加第七届"小荷风采"全国少儿舞蹈展演，沅陵县《躲吒过吒》、麻阳县《苗岭鸡乐》获金奖，市艺术馆《数麻雀》《洗哈哈》获银奖。组织参加第四届常德市沅水流域鼓书擂台赛，洪江市渔鼓《魅力鼓都美家乡》获二等奖和创作奖。组织参加第五届全国校园舞蹈会演，市艺术馆舞蹈《洗哈哈》获特别奖，《数麻雀》获金奖。推荐报送5件优秀美术作品参加文化部第十届中国艺术节全国优秀美术作品展览。此外，沅陵县舞协少儿舞蹈《排排坐》参加第七届CCTV电视舞蹈大赛，获优秀作品奖；麻阳县创作的舞蹈《快乐神仙》参加了中国舞蹈家协会与中央电视台联合主办的《舞蹈世界》栏目百姓健康舞展演；通道侗族自治县的耶啰耶排舞队获2013"欢乐潇湘群舞飞扬"——湖南省第三届全民广场舞大赛总决赛冠军；芷江节目《侗寨月地瓦》参加了"喜迎十艺节·全民共欢乐"全国群众文化优秀节目惠民活动。由廖泽川作词、周小峰作曲的《知己》入选湖南省文联《湖南文艺60周年音乐卷》，周小峰还被省文联成立60周年组委会确立为重点作者。

（四）文化遗产保护不断加强

文物工作：一是获得历年来最多的国家文物品牌。中方县荆坪村古建筑群、洪江市黔城古建筑群、芷江县天后宫、通道县恭城书院、洪江市芙蓉楼、通道县兵书阁与文星桥、通道县白衣观等7处古建筑晋升国务院命名的全国重点文物保护单位，至此，全市文物"国保"数量上升到17处；通道县获国家文物局颁发的"中国世界文化遗产预备名单——侗族村寨"标志牌；辰溪县五宝田、会同县高椅2个村入选第一批中国传统村落名单；麻阳县锦和镇成为省级历史文化名镇，麻阳县豪侠坪、通道县坪坦、芋头、靖州县地笋、中方县黄溪、新晃县四路、沅陵县明中等7个村成为省级历史文化名村。二是实施文物大引资大维修工程。2013年，全市文物保护单位争取到位项目资金3915万元；全市投入1800多万元用于对龙兴寺、高椅村古建筑群、坪坦风雨桥、芋头侗寨古建筑群修缮和对洪江古商城、粟裕故居、安江农校纪念园、向警予同志故居、洪江古建筑群等"国保"单位的维修。三是做好文物调查与勘探工作。完成第三批市级文物保护单位资料审核和实地调查，名单上报市政府；推动地下文物的调勘考古与资料整理；配合省文物考古研究所对怀化职教城第一期工程所涉及的芷江师范、怀化工业中专、怀化财校征地范围进行了考古调查、勘探。中方县中方镇岩头园村竹子园发掘一批战国—西汉时期的墓葬，出土200多件随葬品，其中凤鸟纹青铜戈为全市首次发现。四是启动第一次可移动文物普查工作。市政府成立由李自成副市长任组长，财政、文化、民政、档案、教育等部门主要负责人为成员的市普查工作领导小组，启动"一普"国有单位调查摸底，初步统计出各级各类国有单位7220个，经验在全省推广。

"非遗"工作：一是将麻阳县花灯戏、怀化市上河阳戏、芷江县明山石雕、侗款、侗族喉路歌作为怀化市第四批国家级非物质文化遗产代表性项目的推荐申报项目。二是促进非遗交流。通道吴念姬受邀赴武汉参加了"第一届湘赣鄂皖非物质文化遗产联展"；靖州雕花蜜饯参加了由省文化厅和省食文化研究会联合举办的湖南饮食文化展示展演系列活动；通道侗锦参加第四届中国成都国际非物质文化遗产节表演，获组委会设立的"太阳神鸟"最佳展览奖；开展第八个"文化遗产日"宣传周活动。三是开展"非遗"项目保护绩效考核工作。现场检查7个县（市、区）中13个国家级、省级非物质文化遗产代表性项目保护单位履责情况。

（五）进一步推进全民阅读，打造武陵山文化高地

一是完善运行机制，提供组织保障。目前，全市已建立组织保障机制、图书供求机制、重点阅读书目推荐机制、考核评价机制四大机制，保障全民阅读落到实处。二是突出工作特色，构筑"五大"品牌。全市现有"五大"品牌：市委、市政府启动"每月一讲""每周一歌"活动；市纪委开展了"'月'读好书"活动；积极开展"你读书，我埋单"活动；开通"全民读书月·手机阅读平台"；举办"辰海杯"美文诵读比赛。三是凸显工作主线，推动"七进"实施。市文化局在前几届推行全民阅读"七个深入"以来，始终把这项工作纳入主线，强化责任，切实把阅读推向纵深，激发全民参与。在第三届"三湘读书月"活动表彰决定中，怀化军分区预备役高炮团荣获"书香军营"称号；湖南省电力公司怀化电业局荣获"书香企业"称号；怀化市鹤城区城南街道新桥社区荣获"三湘读书月"活动"书香社区"称号；怀化市会同县文化馆苏盛跃家庭荣获第三届"三湘读书月"活动"书香家庭"称号。此外，怀化市"全民读书"活动领导小组办公室以扎实的组织工作和创新的典型推介荣获6个优秀组织奖之一。

五　"十二五"期间黔江区公共文化服务体系建设[①]

中共十七届六中全会以来，黔江区文化体制改革工作以文化惠民为重点，坚持狠抓公益性文化事业，有力促进了文化大繁荣大发展，为加快建设渝东南中心城市提供了强大精神动力。2012 年，黔江区被表彰为"全国文化体制改革工作先进地区""全国国有文艺院团体制改革工作突出贡献地区"，黔江乌江实业歌舞剧团（重庆市民族歌舞团）被表彰为"全国国有文艺院团体制改革工作先进单位"。

（一）完善了城乡文化基础设施

近年来，完成了民族文化宫续建、黔江区公共图书馆、黔江书城三大文化工程。启动了老城图书新馆、新城公共文化中心建设。文化创意产业园项目谈判基本敲定，将于近期启动规划。投资 269 万元的 7292 台项目建设即将动工。黔江广播电视台达标建设工作正在紧锣密鼓地推进，已落实了 4000 平方米办公用房，采购了 400 万元的播出系统。新建成 2 家数字影院，全区数字影院达到 3 个、11 个放映厅、971 座。已建成 218 个农家书屋，30 个乡镇、街道公共文化中心，乡镇街道文化公共中心、村文化活动室实现全覆盖。首批文化站评估定级工作中，有 3 个获评为一等、5 个获评为二等、7 个获评为三等。

（二）健全了公共文化服务网络

实施"六大工程"，构建起区、乡镇、村三级公共文化服务网络。一是实施"两馆一站"免费开放工程，区图书馆、文化馆、乡镇文化中心全面实现免费开放，基本建立公共文化服务平台。二是实施信息资源共享工程，建成 1 个区级支中心、23 个乡镇服务点、218 个村级服务点。三是实施村村通工程，已建成 1 个区级中心、27 个乡镇广播站、62 个示范村广播室、168 个行政村的 504 个广播接收终端，累计发放直播卫星设备 65458 套，广播电视村村通工程全面完成。四是实施电视扶贫工程，为农村建卡贫困户发放电视机 3500 台。五是实施电影惠民工程，落实农村一村一月一场电影，农村中小学生爱国主义教育影片观影率达到 100%。六

---

① 此部分主要依据黔江区政府及相关部门发布的 2013 年以前的总结、汇报材料等信息整理。

是实施城乡文化互动工程，2014 年将组织开展送文化下乡 60 场，已完成 30 场，近五年来共实施 300 余场。

（三）夯实了"免费开放"基础

一是出台了《黔江区公共文化服务单位免费开放考评办法（试行）》《黔江区免费开放资金管理办法》和《黔江区村文化室资金管理办法》，推动免费开放的规范化。二是建立了对口帮扶机制，出台了《关于做好基层文化帮扶工作的通知》，明确各级政府和区级部门对农家书屋建设帮扶的责任，较好地解决了农家书屋内部设施设备的投入问题。三是建立督查机制，每季度，区文广新局抽调专人组成工作巡查组，分赴 30 个乡镇、街道进行了现场指导和督促。四是建立信息工作平台，区文广新局编发《基层公共文化信息》简报，实现了信息互通，资源共享。五是形成了专题宣传机制，两馆一站常年开展免费开放工作宣传，设置免费开放公示栏，制作传单，乡镇召开村组干部会、党员会、居民小组会进行口头宣传，走进校园进行专题宣传等形式，提高了群众知晓度和满意度。六是抓好示范平台，将图书馆、文化馆作为全区"免费开放"示范工程进行建设。图书馆的"黔图培训""黔图讲座"已经打造成为服务品牌，深受市民欢迎。图书馆除常年开设有文学、书法、音乐、摄影等文艺类培训班外，还组建了讲师团，开展"送讲座下基层、进机关"活动。文化馆开设文化艺术作品展览厅、民族服饰展示厅等共十个服务项目。常年开展少儿民族舞、成人民族舞、书法、美术、音乐等基础培训班。馆内业务骨干不定期下基层，到社区、街道、企业、军营、校园进行业务辅导培训。

（四）加大了文化遗产保护力度

一是成功申报了 4 处市级文物保护单位，新公布了 18 处区级文物保护单位，全区区级文保单位达 55 处。馆藏文物达到 3000 余件，9 种馆藏古籍被列入《重庆市珍贵古籍名录》，馆藏的西双版纳傣文南传佛教古籍《尖达塔度》被列入国家级珍贵古籍名录序列，馆藏文物的数量和质量均居渝东南首位。投入 122 万元对万涛故居进行维修并重新布展，实现对外开放。出版《黔江文物志》和大型画册《黔江文物》，文物基础工作得到加强。二是创新非遗传承方式。目前，全区有非物质文化遗产项目国家级 1 项、市级 14 项、区级 54 项。有市级民族文化艺术之乡 3 个，有区级特色文化之乡 14 个，有民间艺术大师 37 名，建有非物质文化传承基地 11 个。探索创新的非物质文化遗产保护"321"模式得到重庆市有关部门的高度肯定。

（五）完善了广电传输网络

基本建成从城市到农村、有线与无线、广播与电视、数字与模拟相结合的多层次、多功能的广电传输网络。黔江电视台与黔江人民广播电台成功合并升格并相对独立运行，新成立的黔江区广播电视台《黔江新闻》实行了日播制，开设了多个专题栏目，为加快构建渝东南中心城市、全面推进三大战略提供了精神动力和舆论氛围。全面完成有线电视数字化整体转换工作，全区有线电视用户达到 4.5 万余户。广播电视无线传输工作成绩突出，7292 台已多次被国家广电总局评为技术维护先进集体。

（六）推进了文化品牌战略

一是打造名品牌。成功打造了中国武陵山民族文化节、重庆黔江民族文化周、黔江乡村文化艺术节、武陵文化广场群文展演等四大文化活动；中国武陵山民族文化节初步达到"周边认同，重庆一流，全国瞩目，长久效应"的办节目标；重庆黔江民族文化周、黔江乡村文化艺术节成为宣传黔江、打造特色民族文化精品的重要载体；武陵文化广场被评为"重庆市十佳特色文化广场"，黔江区民族小学被评为"重庆市十佳特色文化校园"，城西街道西山社区被评为"重庆市十佳特色文化社区"。二是不断推出新品牌。《南溪号子》等四个节目进入中央电视台《民歌中国》栏目；大型表演节目《白虎神鞭赶太阳》在第九届民运会上获得表演项目银奖；《母亲的火塘》参加全国第十六届"群星奖"决赛，参加了重庆市庆祝建党 91 周年文艺会演；大型歌舞诗《云上太阳》先后在国内外巡演数十场，受到高度评价，反响强烈；由黔江区政府、重庆广电集团、重庆电影集团有限公司等联合出品的都市励志轻喜剧《侯天明的梦》已于 2015 年制作完成，正在热播。

六　"十二五"期间铜仁市文化事业发展现状

在铜仁市委、市政府正确领导和贵州省厅局关心支持下，铜仁市文体广电工作以中共十八大精神为指导，始终把科学发展作为第一要务，全力推进"一业振兴"发展战略，构建"大文化"工作格局，奋力抢占武陵文化新高地，为全市与全国同步建成小康社会提供了文化支撑。由于材料所限，本节主要通过 2013 年的活动展现铜仁"十二五"期间文化事业的成就。

（一）以活动为载体，彰显文化软实力

通过举办文化活动，开展文化交流，既丰富了人民的精神文化生活，又扩大了铜仁文化的域外影响力。

1. 大型活动影响深远

梵净山文化旅游节是铜仁地区延续时间最长、规格最高、范围最广、影响最大的节庆活动，自 1998 年以来已成功举办十多届。2013 年成功举办了梵净山旅游文化节、美丽梵净山·铜仁过大年、CCTV《星光大道》铜仁选拔赛、2013 多彩贵州歌唱大赛铜仁选拔赛、2013 中国梵净山生态文明与佛教文化国际论坛等活动，国内 100 多家媒体高频率、多时段进行了宣传报道，高端宣传了"梵天净土·桃源铜仁"文化品牌。

2. 群文活动丰富多彩

举办了铜仁市民族文艺会演、铜仁市"锦江春潮"书画展、全民阅读·书香铜仁经典作品朗读、"我歌唱、我快乐"激情锦江大擂台等活动，让人民群众品味了丰盛的"精神文化大餐"。

3. 文艺创作亮点纷呈

重点打造了大型花灯剧《严寅亮与"颐和园"》在梵净山旅游文化节开幕式上演出，代表铜仁参加贵州省建省 600 周年纪念活动，并获第五届贵州省少数民族文艺会演剧目金奖；《母亲的心愿》唯一代表贵州参加"中国潜江·小品小戏大赛"，获第五届中国戏剧奖·小品小戏选拔赛推荐剧目奖等。同时，组织梵净山歌舞团赴香港、广州等地开展了文艺交流活动，对宣传铜仁深厚的文化底蕴做出了贡献。

（二）以赛事为抓手，群众体育与竞技体育相得益彰

以体育赛事活动为载体，推进群众体育与竞技体育融合发展。

1. 群体体育广泛开展

围绕"8·8"全民健身日、端午龙舟赛、"我健身、我快乐"健身季、"红红火火过大年"等主题，开展了"桃源铜仁"迎新年万人万米健身长跑、"龙腾狮跃闹元宵"龙狮大联动、"美丽梵净山·铜仁过大年"全国健身登山等健身系列活动，实现了"月月有活动、季季有赛事"。印

江县和碧江区局、石阡县局、市体校被体育总局表彰为 2009—2012 年群众体育先进单位；碧江、江口、松桃、思南局被省体育局表彰为"多彩贵州"龙舟系列活动优秀组织奖。

2. 体育赛事精彩不断

重点举办了 2013 年环梵净山国际公路自行车邀请赛、2013 年中华龙舟大赛（铜仁·碧江站）两大品牌赛事；还举办了全市老年人运动会、全市广播体操比赛、全市中学生羽毛球赛和市直机关足球赛等 20 余个赛事。尤其是环梵自行车赛和中华龙舟赛碧江站，为把梵净山打造为全国体育休闲运动基地和提升龙舟竞技之乡影响力具有积极的推动作用。碧江龙舟赛被评为"2013 年中国体育旅游精品赛事"。

3. 体育参赛捷报频传

市体校运动员韦茵倩参加第十二届全运会，获艺术体操团体全能第 8 名；参加全省首届中学生运动会获 1 金 3 银 3 铜；参加全省青少年锦标赛获 20 金 16 银 18 铜。全市老年人参加全国中老年人柔力球交流大赛获中年组集体金奖，第 22 届中国西部地区老年人网球比赛获男子丙组双打第一名，第二届全国老年人体育健身大会多个类别获优秀奖，展示了铜仁市体育健儿风采和铜仁人民精气神。

（三）以宣传为己任，凝聚发展正能量

通过广播电视双管齐下，打好内宣外宣组合拳，唱响主旋律，为全市科学发展、后发赶超、弘扬主旋律、传播好声音、凝聚正能量做出突出贡献。

1. 对内宣传鼓劲造势

通过新闻、栏目、专题、广告等宣传手段齐上阵，开设 30 余个专栏，紧扣市委、市政府发展战略，全面宣传报道全市各级各部门贯彻落实市委、市政府重大战略决策的工作措施、发展成果和成功举措，为与全国同步建成小康社会、实现后发赶超唱响最强音。

2. 对外宣传浓墨重彩

采取请进来、走出去、借帆出海、引船入港等方式，全力宣传铜仁有多美，对内凝聚"铜仁力量"，对外展示"铜仁形象"。央视播放铜仁市专题片 10 多部，来铜仁拍摄影片 3 部，自拍微电影 2 部。同时，借全国经济广播节目"评转型之潮·看黔起之路"之"梵天净土·桃

源铜仁"大型直播活动、"东南亚主流媒体贵州行"走进铜仁、2013
"全国知名网络媒体、博主多彩贵州行"大型采访团走进铜仁等高端媒
体,全力向外推介铜仁。铜仁广播电视台上送的《坚守在梵净山下的
四支抗旱队》在《贵州新闻联播》播出,市广播电视台在省级以上媒
体播出稿件765条,其中:央视播出新闻14条、央广播出新闻13条,
《贵州新闻联播》播出电视新闻261条、广播新闻477条。

3. 安全播出万无一失

全年无安全播出事件,市转播台完成了机房高压专线改造,石阡县
局杨明被广电总局评为安全播出先进工作者。

(四)以申遗为动力,传承弘扬优秀文化

通过正确处理文物(文化遗产)与城镇建设、文化旅游发展等之间
的关系,积极探索其传承弘扬的新思路。

1. 申遗工作积极推进

万山汞矿遗址申报世界文化遗存,在2012年成功申报为中国世界文
化遗存预备名单的基础上,继续加大工作力度,多次赴省文物局和国家
文物局进行汇报争取,积极与国内相关申遗专家进行沟通,寻求建议和
帮助,制订了工作方案,相关工作紧张有序,力争尽早申报成功。

2. 文物修缮常抓不懈

开展了文物安全隐患大排查,强化对文物安全日常监管,确保了无文
物安全事故发生。石阡府文庙、石阡楼上村古建筑群成功新增为全国重点
文物保护单位。完成寨英古建筑群"裕国通商"商号、东山古建筑群谢桥
堡宅和玉屏印山书院维修工程,并通过省级验收,东山古建筑群飞山宫二
期主体工程及万山高楼坪刘氏宗祠、黄道刘氏宗祠修缮工程已完成。

3. 非遗传承接力不断

组织箫笛、喜文化、傩面具等非物质文化遗产参加了第九届深圳文
博会、第十六届中国苏州国际旅游节、醉美多彩贵州第三届海峡两岸春
节民俗庙会、第二届中国凯里银饰刺绣节等交流活动,充分展示了铜仁
市多民族的文化资源。

(五)以惠民为根本,城市文化日臻完善

1. 城市文化功能更加健全

新建了江口体育馆和沿河、万山老年人体育活动中心,石阡、德江

体育馆已进入施工阶段。完成了全市公共图书馆评估定级工作，5个县级图书馆获国家二级图书馆，2个县级图书馆获国家三级图书馆；贵州傩文化博物馆完成了新馆装饰和陈列布展。印江合水造纸生态博物馆已邀请友成基金会和全球文化遗产基金会实地考察，相关工作正在积极进行。

2. 文化场馆全面开放

争取2829.33万元免费开放资金，推行了公共文化场馆免费开放。市图书馆与省图书馆、遵义图书馆和各区县图书馆实行文献资料共享馆际互借。2013年，江口县文广局、思南文工团被评为第五届全国服务农民、服务基层文化建设先进集体。

七　"十二五"期间张家界市文化事业发展情况简介①

近年来，张家界市委、市政府高度重视少数民族文化事业发展，特别是《国务院关于进一步繁荣少数民族文化事业的若干意见》下发后，市委、市政府及时进行了专题研究，出台了《中共张家界市委张家界市人民政府关于建设文化强市的意见》，通过加强公共文化基础设施建设，促进民族文化事业发展，使得全市文化软实力日益增强，少数民族文化影响力不断扩大。

（一）城市公共文化基础设施不断完善，城市文化品位得到提高

近几年来，张家界市加快文化基础设施建设，先后投入3亿元资金，建成了张家界盛唐国际民族文化交流中心、市广播电视暨宣传文化中心、张家界影视文化城、永定区宣传文化中心、武陵源区图书馆、文化馆等重大文化项目。纪念馆、乡镇综合文化站全部实现免费开放。市博物馆已完成主体工程建设，正进行展厅形式设计，市图书馆、市文化馆建设正着手前期筹备工作。全面推进了广播影视公共服务体系建设，有线电视已实现市、区（县）城区联网，传输干线总长2428千米，62个乡镇实现有线电视联网，联网率达62.2%。全面完成市县城区有线数字电视整体平移，发展数字电视用户9.16万户，建成微波中心站1个、中继站1个、收转分站1个、电视调频转播台3座，全市现有1千瓦发射机3台、

---

① 此部分主要依据张家界市政府及相关部门发布的近五年的工作总结、汇报材料及笔者的调研材料等信息整理。

300 瓦发射机 2 台，卫星电视地面接收系统发展到 14.79 万座。通过这些项目建设，进一步满足了广大市民和中外游客日益增长的精神文化需求，大幅提高了张家界城市文化品位。

（二）少数民族文化资源挖掘整理不断拓展，遗产保护和利用迈开新步伐

近年来，张家界市始终坚持"保护为主、抢救第一、合理利用、加强管理"的方针，狠抓少数民族文化遗产保护和利用工作。在全国第三次文物普查中，全市共登录文物点 630 处，新发现文物点 201 处，发现珍贵的古城、古城堡、老司城 15 座。全市：现有出土及馆藏历史文物 2 万多件，其中国家一级文物 41 件、二级文物 186 件、三级文物 1215 件；现有文物标本 2 万余件、民族文物 8000 余件、革命文物 3000 余件，珍藏土家族织锦 104 种；现有全国重点文物保护单位 7 处、省级文物保护单位 24 处、市县级文物保护单位 494 处。其中永定区王家坪镇石堰坪村古建筑群等 5 处刚被国务院列入第七批全国重点文物保护单位。在全国第一次非物质文化遗产普查中，全市进档入册的非物质文化遗产共 10 大类 730 多项，桑植民歌、张家界阳戏、桑植仗鼓舞被列入国家非物质文化遗产，桑植跳丧舞、土家糊仓习俗、土家高花灯、慈利板板龙灯等 10 项被列入湖南省非物质文化遗产保护名录。[①]

第三节　三峡流域城市产业文化发展与文化市场管理

《国家"十二五"时期文化改革发展规划纲要》明确要求坚持把社会效益放在首位，坚持社会效益和经济效益有机统一，遵循文化发展规律，适应社会主义市场经济发展要求，加强文化法制建设，一手抓繁荣、一手抓管理，推动文化事业和文化产业全面协调可持续发展。其文化产业发展的主要目标是"现代文化产业体系和文化市场体系基本建立，文化产业增加值占国民经济比重显著提升，文化产业推动经济发展方式转变的作用明显增强，逐步成长为国民经济支柱性产业。"为了落实中共十七

---

① 相关数字来源于张家界市人民政府 2013 年 7 月 10 日发布的《张家界市关于贯彻落实〈国务院关于进一步繁荣少数民族文化事业的若干意见〉的情况汇报》。

大关于深化文化体制改革和国家"十二五"时期文化改革发展目标，大力发展文化产业，推动文化大发展大繁荣的精神，变文化资源优势为新的经济增长点，加快三峡流域城市文化建设，促进民族区域城市文化与经济、政治、社会的协调发展，"十二五"时期，三峡流域城市各级政府认真落实规划要求，积极稳妥地推进本地区文化产业的管理与发展，取得明显成效。

一　宜昌市文化产业发展与文化市场管理

宜昌市编制了《宜昌市文化事业和文化产业发展"十二五"规划》，明确提出"现代文化产业体系和市场体系基本建立，文化产业形成规模，产业增加值占全市生产总值的比重达到6%左右。文化发展主要指标和综合实力居长江中上游沿线同类城市前列"的文化产业发展总体目标，具体来说，主要包括三方面。第一，文化产业形成规模。建成比较完善的文化产业生产、服务、销售网络体系，具有地方特色的文化产业规模壮大，形成多种所有制共同发展的文化产业发展格局。文化产业增加值年均递增20%以上，成为新的经济增长点，成为文化事业发展的强大支撑。第二，文化市场主体活跃。重点行业和项目对文化的拉动作用明显增强，文化创意、影视制作、出版发行、印刷复制、广告咨询、演艺娱乐、文化会展、体育赛事、数字内容和动漫等产业得到较快发展。市场主体充满活力，市场中介组织活跃，市场机制发挥作用，形成一批跨地区跨行业经营、有较强市场竞争力和带动力、年产值过5亿元的骨干文化企业和企业集团。第三，文化发展环境改善。形成统一、开放、竞争、有序的文化市场体系，区域分割、行政分割的市场壁垒逐步被打破。文化管理体制改革不断深化，新的运行机制显现活力，文化创新不断推进，走出一条具有宜昌特色的文化发展之路。通过几年的艰苦努力，宜昌市在文化产业发展和文化市场管理方面都取得了有目共睹的成绩。

（一）"十二五"期间文化产业发展情况

宜昌市文化部门深入贯彻学习中共十八大、省十次党代会和市中共五届三次全会精神，紧紧围绕全市中心工作，服务经济社会发展全局，以创建全国公共文化服务体系示范区为目标，坚持"文化服务出经验、文化创作出精品、文化产业出效益、文化改革出活力、文化队伍出人才"

的总体思路，发挥文化部门职能作用，努力推进文化强市建设，在文化产业方面取得了显著成绩，为创建全国文明城市、加快建设现代化特大城市做出应有贡献。

1. 开局之年文化产业发展态势良好

到 2011 年年底，宜昌市文化产业已初步形成了新闻出版、广播影视、演艺娱乐、印刷复制、乐器制造、文化旅游等 10 多个门类的文化产业体系；文化市场经营主体有 5800 多家，从业人员 5.34 万人，2011 年实现文化产业增加值约 60 亿元，占 GDP 的 3%。

（1）新闻出版产业不断壮大

现有正式期报刊 18 家，40 家内部资料。三峡日报传媒集团是湖北省乃至全国地市级党报中媒体类别较为齐备的传媒集团，湖北日报传媒集团三峡分社实现了新闻宣传和产业发展双丰收，全年实现经营收入 2.2 亿元。湖北省新华书店（集团）有限公司宜昌市分公司销售收入年年快速增长，2011 年图书发行净销售额 1.1 亿元，利润 1055 多万元，稳居全省市州第一销售大户。

（2）印刷业总产值快速增长

全市现有印刷企业 246 家，全行业从业人员 12670 人，资产达 13.7156 亿元，工业总产值 13.2176 亿元，利税总额 1.1 亿元。其中过 1 亿元的企业 2 家，过 1000 万元的企业有 18 家。湖北金三峡印务有限公司保持全国印刷百强，湖北金三峡印务有限公司、宜昌市综艺包装有限公司等被列入"湖北印刷企业 50 强"。

2. 2012 年文化产业加快发展

（1）重点文化企业优强发展

清江古城巴土文化产业园的酒楼、剧院、汪国新书画馆、彭秋潭纪念馆、奇石街等"三楼四街五馆"相继建成运营，成为展示巴土文化和民俗风情的亮丽窗口。积极支持三峡日报传媒集团、三峡广电总台、柏斯音乐集团向上争取资金，举办节庆活动。湖北金三峡印务有限公司保持中国印刷企业百强。柏斯音乐集团宜昌金宝乐器制造有限公司被评为第五批"国家文化产业示范基地"。省新华书店集团宜昌市分公司 2012 年图书发行净销售额 1.33 亿元，利润 1679 万元，稳居全省同类城市之首。鼓励连锁化、规模化、品牌化经营，悠活网吧连锁门店达到 37 家。

（2）重大文化产业项目开工建设

当阳关公文化旅游城、三峡日报传媒集团印刷产业园等一批文化产业项目开工建设，宜昌长江国际文化广场落户宜昌。积极支持湖北博广文化创意产业公司与央视合作制作宜昌首部动漫剧《中华鲟历险记》。

（3）文化与旅游产业不断融合

大型原创民族史诗歌舞剧《江山美人》在长阳清江古城巴土文化产业园正式公演，《礼魂》《昭君别乡》等一批具有地域风情的文化旅游节目常年驻场演出，促进了文化旅游业的快速发展。

3. 2013 年文化产业培主体、促发展

宜昌市成立了文化产业办公室，编制了《文化产业发展政策汇编》和《宜昌市文化产业单位核查调查员工作手册》《宜昌市文化局关于鼓励和支持文化产业市场主体加快发展的意见》。全年共发展文化市场主体 1971 家，全市文化产业市场主体达 15000 家，其中，文化产业法人单位 3490 家，个体户 11000 多家，过 1 亿元文化企业 16 家，5000 万元以上企业 22 家，4000 万元以上企业 238 家。评选了首批市级文化产业示范基地，申报了一批省级文化产业示范园区。

4. 2014 年文化产业成为助推城市发展之力

（1）规划为先，引领扶持

宜昌市委市政府出台《关于加快推进文化旅游业跨越式发展的意见》《宜昌千亿文化旅游产业三年行动计划》，把文化旅游产业作为全市六大千亿产业之一，重点发展，从财政、税收、金融多方面加大扶持力度，加快文化产业发展步伐。

（2）培育龙头，发展壮大

2014 年 1—10 月宜昌市文化产业完成增加值约 61.88 亿元，占 GDP 比重约 2.66%，同比增长 23.7%，高于全省平均水平。全市计划投资 1000 万元以上文化产业项目 203 个。共有 25 个文化产业意向性签约发展项目，已签约的项目 15 个，总投资 83.73 亿元；已动工的项目 8 个，投资规模达 55.83 亿元。围绕千亿产业目标，全市文化产业市场主体增加到 14300 多家，其中，文化产业法人单位 6400 多家、个体户近 8000 家，"四上"企业 238 家。产值超过 1 亿元的企业 43 家，产值在 5000 万—1

亿元的企业 27 家。

（3）重点突破，带动全局

金三峡印务有限公司进入全国新闻出版行业 50 强，并于 2014 年在香港主板成功上市，是湖北省新闻出版广电系统第一家境外上市文化企业；金宝乐器获批全国文化产业示范基地；2014 年全省 41 个项目进入国家特色文化产业项目库，宜昌市巴土文化产业园等 8 个项目入选，占全省总数 1/5；三峡人家景区石牌老街及配套项目进入 2014 年文化部文化金融合作项目库；《明月千里》《大端午》进入国家文化产业演艺业重点项目库。

5. 2015 年加快特色文化产业建设

宜昌市文化产业工作围绕《宜昌千亿文化旅游产业三年行动计划》，加快发展特色文化产业，建设现代文化产业体系。建立文化产业项目库，扶持钢琴文化产业园等十大文化产业园区建设。支持金三峡印务等 30 家重点文化企业做大做强，推动小微文化企业发展壮大。打造文旅融合精品剧目，通过开展非遗文化进景区、历史文物成景点、文艺演出进景区、文化场馆成景点等方式，推动文化与旅游产业融合发展。

（二）文化市场管理情况综述

宜昌市以创建全国文明城市为契机，坚持一手抓管理、一手抓繁荣，做到"两手抓、两加强"，探索出行之有效的工作方式，规范文化市场管理，促进文化市场管理上档次，服务上水平，为宜昌市荣膺全国文明城市做出应有贡献。

1. 文化行政执法效能进一步提升

（1）整合资源

成立了市文化市场综合执法支队，对城区文化市场实行统一执法。

（2）明确责任、加大宣传教育力度

对照文明城市测评标准，一个不漏地进行责任分解，细化措施，精心部署，层层签订责任状，向广大文化市场经营业主发放公开信，实现宣传教育全覆盖，确保达标。

（3）加强与公安、工商等部门联合执法

严查网吧等文化市场违规行为，坚决取缔黑网吧等无证经营单位。加强 12345 监督平台管理，及时处理并回复社会监督举报信息。

2. 文化市场和新闻出版管理规范有序

(1) 监管体系不断完善

文化、新闻出版市场管理严格按照全国文明城市标准做到"两手抓、两加强",坚持分工负责与齐抓共管相结合、人员巡查与技术监管相结合、日常监管和专项整治相结合、教育引导和严管重罚相结合的"四结合"监管模式,完善12318举报电话、"五老"监督、百名党员监督、百名家长监督的"四位一体"的社会监督体系。同时还创造性地开展网格化管理、社会化监督、综合化执法、人性化服务"四化",这些举措受到中宣部肯定,并向全国推广介绍。

(2) 市场监管成效显著

开展"扫黄打非""暑期专项整治""娱乐场所专项整治""网吧专项整治""打击侵犯知识产权和假冒伪劣产品""迎接党的十八大专项保障行动"等专项行动。开展文明网吧评比活动,引导全市网吧行业规范管理。2011年共检查网吧、电子游艺与歌舞娱乐场所、书报刊经营店等文化经营单位8200家(次),下达整改通知67份,暂扣、没收非法出版物、光碟5000多盘(册),责令业主整改312家次。2012年,检查文化经营单位7650家(次),其中,互联网上网服务营业场所3039家(次),歌舞娱乐场所972家(次),游艺娱乐场所355家(次),书报刊经营单位1565家(次),印刷企业955家(次),出动检查人员19024人(次),责令改正83家(次),暂扣、没收非法出版物、光碟9327册(盘)。市文化市场综合执法支队获全国"文化体制改革工作先进单位"及"查处侵权盗版案件有功单位"。2013年共出动市场检查人员9000人(次),检查各类经营单位3600多家(次),责令改正40家(次),销毁各类非法出版物11800多件,发放绿书签1200多张。2014年以网吧监管和"扫黄打非"为重点,对网吧接纳未成年人上网等焦点问题实行零容忍、严处罚,一年来共查处违规接纳未成年人案件18起,检查文化经营单位21520家(次),参检人员42800人(次),暂扣、没收非法出版物、光碟3250盘(册),立案45起,结案43起。宜昌市"扫黄打非进网格"工作经验与其他三个城市一起,被全国扫黄办向全国推广。文化市场网格化管理、社会化监督、综合化执法、人性化服务"四化"举措被中宣部在《宣传工作》上向全国推广。

（3）出版管理不断规范

加强报刊、内部资料管理，深入开展"走基层、转作风、改文风""荆楚行"采访活动，《三峡日报》荣获全省"荆楚行"采访活动先进单位；加强制度建设和队伍管理，大力开展打击"新闻敲诈"、治理有偿新闻专项行动；强化审读工作，印发《宜昌审读》15 期；积极为机关、企事业单位服务，通过努力争取，新增内刊 13 家，全市现有正式报纸 7 家、期刊 10 家、内刊 52 家。

（4）软件正版化积极推进

印发了《关于认真做好市级机关软件正版化专项检查整改工作的通知》（宜办文〔2012〕42 号），进一步明确了市级机关软件正版化整改工作要求，并将软件纳入资产管理体系。目前，已完成招标、采购、安装等各项工作。同时，进一步推进企业软件正版化工作。

3. 社会监督体系进一步完善

（1）"12318"文化市场违法举报电话保持 24 小时畅通，受理举报电话，做到举报必查、违法必处。

（2）聘请"五老"网吧监督员 1100 多名，义务监督巡查网吧。

（3）建立市直文化系统"百名党员联系网吧"工作机制，安排了100 名文化系统的党员干部联系 100 家网吧，定期检查，指导网吧业主规范文明经营。

（4）开展了"百名学生家长查网吧"活动，宜昌市文化局聘请了100 名中小学生家长担任网吧监督员，杜绝未成年人进入网吧。建立全市网吧监管服务平台系统。

4. 新闻管理、执法建设及其他

（1）新闻出版重监管、正舆论

宜昌市 7 家报纸、10 家期刊、52 家内部资料全部完成了省级审验、换证年检工作。全市 264 家印刷复制企业通过年检核验，并制定了宜昌市印刷品承印登记制度，建立了《宜昌市印刷品承印登记簿》，开展了印刷企业安全专项检查行动。市级机关软件正版化安装使用培训，完成了市级机关正版软件安装，对 13 个县市区软件正版化进行检查督办。组织各新闻出版单位开展了打击"新闻敲诈"、治理有偿新闻专项行动，完成了记者证备案工作。加强报纸期刊审读，印发《宜昌审读》18 期。

（2）执法体系不断完善

宜昌文化市场技术监管与服务平台成为全省首批试点工程正式投入使用，全市文化市场信息采集、核对、导入及经营单位主体、产品等信息，以及各级文化市场行政管理部门和执法机构的机构、人员、装备等信息全部实现数据掌控。完成文化市场电子地图试点任务。

（3）行政审批简政放权

市级行政审批事项由 19 项压缩到 2 项，严格实行一次性告知制、承诺办理制、即时办结制，审批时限由 15 个工作日压减到 5 个工作日。

二　荆州市文化产业发展与文化市场监管

（一）文化产业

2010 年以来，为大力推进文化旅游产业发展，积极落实国务院《文化产业振兴规划》，荆州市委、市政府出台了《关于加快文化旅游产业发展的若干政策意见》（荆发〔2010〕7 号），文化产业迎来快速发展的黄金时期。全市深入推进文化产业结构调整，抓好文化资源整合，优化产业发展环境，发展新兴文化产业业态，招商引资规模不断扩大，文化产业整体实力不断增强。

1. 着力打造文化产业发展平台

由荆州市倡议于 2010 年成立的"鄂西片演出联盟"，来自省直、鄂西圈及周边城市演出行业的 75 个机构加入联盟，整合鄂西近千个中小剧场、数十个演出经纪机构的演出资源，搭建起区域演出行业协作平台，采取"市场整合、扩大规模、联合经营"的战略，推进演出资源的整合互补和信息的交流共享，既发挥组织协调功能，规范市场秩序，又增强市场经营的灵活自主优势，壮大鄂西圈演出行业整体实力。2011 年策划了荆州市动漫创意文化产业园、荆楚非物质文化遗产展示中心和川主宫荆风楚韵戏博园等三个大型项目，为培育荆州市文化支柱产业进一步拓宽发展平台。

2. 招商引资力度逐年加大

2010 年规划了北京中路高档娱乐街区建设项目，招商引资 3500 万元，引进歌王 KTV 量贩广场、金莎 KTV 量贩广场、卓越百度酒吧等一批规模大、档次高、经营规范的文化娱乐企业入驻，北京中路高档娱乐街区建设初具雏形；荆州区促成区人民剧院与聚珍园投资有限公司联合开发，加快花台商务区建设进程；松滋市引资 5000 万元打造善堂文化园，将小西天佛教文化区、民俗文化园、珍珠仙女井、善堂山庄等自然和人文景观修缮一新，引进了创锐彩印包装生产项目和丰缘节能光源项目等 2 个固定资产投资 500 万元以上的项目；监利县引进省电影公司 800 万元资金建设银兴数字院线，引进湖南纵横有限公司投资 600 万元建设欢乐谷 KTV 娱乐城；江陵县加快利华彩印包装有限公司审批手续，使该公司提前投产，早日创造效益。2011 年则着力引进多门类、高档次的娱乐企业，如：成功引进飞歌 KTV 量贩广场和时代电影大世界影城两个项目，圆满完成了文化部门招商计划；荆州市文化局在北京中路高档娱乐圈组织建设了"江汉银兴影都""蓝色火焰网络会所""三国英雄电玩城"等多家投资超 1000 万元的文化娱乐休闲项目，初步形成了"美佳华"文化娱乐街区，其规模和档次在省内地市级城市中均位列前茅。2012 年主要加大文化产业项目的推介与引资力度，如荆楚戏博园建设项目纳入市政府与省文化厅签订的"厅市合作协议"，得到省文化厅资金扶持，其总体设计、容量设计以及概念设计方案已经完成；"长江国际文化广场"项目敲定，得到国资、国土、规划、城投、发改等部门大力支持，正在制定概念性设计方案，选址工作正在加快进程；市文化局就"荆楚非物质文化遗产保护传承园"项目与中核（盛华）置业有限公司签订合作协议。2013 年跟踪服务重点文化项目，推进长江国际文化广场的规划选址，华中数字出版基地（荆州园区）项目正在广泛洽谈。

3. 加大文化产业的引导与扶持力度

加强对全市文化产业发展的规划与引导，编制申报文化项目，为文化产业发展创造条件；制定了《推进文化项目建设工作方案》，华中数字出版基地（荆州园区）项目申报获得上级有关部门的批复同意；根据《省政府办公厅转发省文化厅等部门关于推动我省动漫产业发展意见的通知》精神，重点扶持以荆州市艾威网络科技有限公司为龙头的网络动漫产业，争取配套政策支持，举办双向服务产品推介会，协助做好网络游戏、动漫产品生产规划、报批和上市营运。艾威公司制作、推广和运营了一批如"爱乐棋牌嘉年华"等富有荆州文化特征、贴近百姓生活的网络动漫游戏产品，如积极争取省财政动漫产业发展资金对艾威网络科技有限公司《荆楚故事》动漫项目的资金支持。培育和支持一批如天凤、艾威、云长智等科技含量高的文化企业发展，支持云长智等动漫企业举办第四届荆州童话三国动漫节，接待境内外 50 多家文化企业参展，现场交易量 500 余万元，签订意向投资达 10 亿元以上，吸引 5 万多人次参观。创办企业天凤公司，立足服务旅游业，全年研发、生产各类文化旅游产品 10800 件。艾威公司的游戏产品成功打入国际市场，全年实现营业额达 1100 万元。网络游戏、动漫产业成为荆州市文化产业发展的新亮点。

4. 促进文化产业多样化发展

（1）电影产业健康发展

培育中心城区电影市场的同时，瞄准每个县市城区建有影院的目标，引导市电影公司开拓县级市场，控股的石首市华彩影城经营状况好于预期，投资改扩建的公安县天橙影业即将开业。2014 年全市已拥有电影院 14 家，电影票房超 5500 万元，其中市电影公司实现各项收入 3190 万元、电影票房 2512 万元，分别比 2013 年增长 28.3%、29.3%。

（2）广播电视产业加快转型

湖北广电网络荆州分公司在改善服务的同时，加快转型升级，重点发展广电宽带、数字电视业务，2014 年全年发展广电宽带用户 25126 户、数字电视用户 34072 户，实现农村有线广播电视传输服务收入 2.48 亿元。

（3）印刷出版图书发行持续增长

新华书店作为图书、音像制品发行的龙头企业，围绕服务全民阅读，带动整个行业打开市场销路，2014 年实现收入超 2.7 亿元，其中全市新华书店营业收入近 2.4 亿元；报刊企业在抓好传统发行业务的同时，积极推动新媒体发展，实现收入逾 1.2 亿元。印刷企业以技术改造为突破口，提档升级设施设备，改善和提高产品质量，实现总产值近 8.5 亿元。

（二）文化市场管理

加强制度建设，创新管理机制，提高管理水平，不断规范文化娱乐场所经营秩序，注重引导，确保任务到位、组织到位、责任到位、措施到位、处罚到位，切实净化社会文化环境。

1. 规范文化市场管理

（1）严格依法行政，落实依法治理措施

紧密结合文化管理职能，坚持法制教育和依法管理两手一起抓，文化法制工作水平显著提高。加强法律法规的学习与培训，率先在全省实施"一案一考评"工作，量化考评标准，市、县两级同步推进，文化行政工作切实做到"有法必依、执法必严"；加强市场监管和队伍建设，结合民主评议政风行风活动，召开现场会接受经营业主评议，规范文化市场行政执法行为，提高了文化执法人员的执法水平和能力；严格把关文化行政审批程序，依法优化流程，开展行政审批标准化服务；依照行政审批制度改革要求，认真清理、及时承接、下放行政审批事项；重视和鼓励各类监督，推行政务公开、透明执法，并通过构建全方位的行政监督体系、增强工作透明度，将行政权力主动置于公众监督之下；按照"四个环节""五日办结"制度，实施全项目流程再造，审批平均时限压缩80%；加强报刊审读工作，启动广播电视监听监看工作，及时发现问题，督促整改落实；组织实施新闻采编人员岗位培训考试。

（2）加强综合执法力度，创建"平安文化市场"

一是严格网吧管理。按照"政府引导、市场运作、民资兴建、统一规划、因地制宜、稳步推进"的指导原则压减网吧，形成以资本为纽带整合存量资源、以"三联"为目的连锁经营管理、以股份改造为核心建立网吧超市的网吧管理模式；严查黑网吧，严格实施身份证实名上网制度，频繁开展"零点行动""凌晨行动"和"午间突击行动"，做到网吧零点断网，确保网吧无未成年人上网，基本实现一个乡镇只设立一家网吧的目标；广泛开展星级网吧评选活动，激励和推动网吧行业守规经营、文明服务；推广网吧监控技术和连锁经营模式。二是开展文化市场专项整治行动。近几年以平安文化市场建设为主线，以网格化管理为基础，持续开展"建党90周年文化市场专项保障行动""文化市场知识产权保护专项执法行动""校园周边文化市场整治行动""文化市场暑期集中整治行动""整治互联网和打击媒体低俗信息专项整治行动""游艺娱乐场所专项整治行动""文化市场经营场所安全生产专项整治行动""城市管理'千人上街'行动""净网""清源""秋风""雷霆"等专项整治行动，查处违规经营单位，收缴各类非法出版物，进一步规范文化市场秩序，大力净化社会文化环境，确保社会和谐稳定；联合公安、工商、消防等部门开展文化市场安全生产专项整治行动，排查出消防安全隐患，对存在重大消防安全隐患的歌舞娱乐场所，提请消防部门予以查处和共同督促整改，确保了文化公共场所无安全事故发生。

2. 新闻出版和广电管理有序开展

加强审读和监听、监看，启动了报刊和内部资料审读工作，并印发了《关于进一步加强报刊审读工作的通知》，圆满完成每年春节、国庆节以及各级重大会议等重要保障期的安全播出任务；强化播出审查，加强对直播节目、法制类节目、谈话类节目的管理；重点加大对非法销售、安装地面卫星接收设施及违规开展 IPTV 业务的打击力度；开展了新闻传输、播出机构网络安全检查，清理核查了全市广播电视无线发射台频率（频道）及持证情况。配合国家局、省局整改了荆州市播出机构擅自增设、更改频道和节目呼号的违规行为，查处了多起违规广告特别是医药广告的播出。增强知识产权保护意识，基本完成县（市、区）政府机关软件正版化工作。

3. 进一步提升文化和新闻出版市场管理水平

创新文化市场管理机制，推进技术监管平台建设，增强监管能力，优化社会文化环境，促进文化市场健康有序发展。

（1）坚持疏堵结合，实施"阳光成长"工程

发挥部门优势，通过开展先进文化进社区、进农村、进企业、进学校、进基地活动，切实加强未成年人保护，促进未成年人全面发展。通过建立"阳光成长"工程教育基地，组建志愿者服务队伍，举办"阳光成长"主题系列思想道德教育活动，开展教育实践活动，捐赠"阳光成长"读物、爱心补助金等，为未成年人健康成长营造良好的社会文化环境。

（2）坚持管理创新，推行文化执法网格化管理

以中心城区街道、社区为单位划分为网格，将每个文化市场管理对象纳入网格内，采取执法人员定岗、定责、定时的日常管理方式，建立"纵向到底，横向到边"的"无缝隙、全覆盖"监管网络。市文化市场综合执法支队公示岗位责任牌 700 余份，既明确了执法人员的管理责任，又有利于接受社会监督。

（3）坚持严格执法，规范文化市场经营秩序

围绕"平安文化市场创建"，持续开展各种类型的专项集中整治行动。

（4）坚持技术监管，提升文化执法科技含量

全市文化市场执法机构熟练运用"网吧监管服务平台"和"文化市场综合执法办公系统"，提高文化市场技术监管水平。目前，全市"两个系统"的主要数据指标均位于全省前列。全省网吧监管服务平台上，全市网吧服务器安装率100%，服务器在线率89.10%，客户端安装率66.59%；全国文化市场综合执法办公系统上，全市录入经营单位1468家，录入现场检查笔录12346件，录入办结案件207件。

三　恩施州文化产业与文化市场管理

（一）恩施州文化产业

恩施土家族苗族自治州文化产业发展的重点是文娱演艺业、文化旅游业和新闻出版业，目前虽然还处于打基础、垫底子的起步阶段，但经过几年的努力也有了长足进步，取得了不少成绩。

1. 打造文化产业品牌

按照"培育与发展"的文化产业思路，结合"一县一品"特色品牌文化创建，壮大恩施文化产业的规模和品牌效应，不断实现与旅游的"联姻"，打造"女儿会""龙船调""纤夫节""摆手舞"等艺术节，吸引国内外游客，拉动相关产业的发展，同时也不断增加为旅游的文化贡献率。

2. 加大文化产业扶持力度

全州现有演出公司2家，专业剧团9家；印刷企业232家，进入全省50强的有2家；公开出版物7种，年平均图书出版70余部；文化、新闻出版、文联各协会和俱乐部等社会团体组织232家。各单位年利用各类场馆开展培训、训练、表演近10万人（次）。有15个文化产业示范基地（园区）。其中，来凤巴楚韵工贸有限公司、湖北建始清江旅游发展有限责任公司、宣恩县彭家寨民族工艺品有限公司、湖北红色世纪文化旅游投资有限公司等4家企业成功入选湖北省第三批文化产业示范基地。2013年，湖北省盛铭戈文化传媒公司（《西兰卡普》大型室内实景奇幻歌舞剧）、湖北宝石花工艺品有限公司（民族传统工艺品开发与应用）、利川腾龙风景区旅游资源开发公司（《夷水丽川》舞台剧）、湖北明捷文化产业投资公司（明捷数字出版文化产业园）等8家以经营文化产业为主的公司申报了省文化厅重点文化产业扶持项目。引进恩施市星火印务有限

责任公司彩印包装项目在恩施经济开发区工业园区落地，总投资 3000 多万元。积极申报新办印刷企业 2 家，鹤峰县谦逊印刷厂和恩施州新艺包装彩印服务有限公司分别获得出版物印刷企业资质和包装装潢印刷企业资质。目前，恩施土家族苗族自治州文化市场培育良好，文体产业发展势头喜人，依托文化大项目带动文化产业大发展的格局正逐步形成。

3. 创新体彩发行工作方法

加强体彩公益性宣传，狠抓体育彩票发行工作，创新工作方法，经常性组织小卖场，与恩施州邮政局合作，成功开创销售渠道 19 个，新增销售网点 52 台，总量达到 360 台，提高了发行额度。全年体育彩票比 2013 年同期多销售 1197.95 万元，增幅为 7.96%，共销售 16246.31 万元。同时，通过积极争取，恩施州共有 5 所小学获得"公益体彩快乐操场"活动捐赠。

4. 文化创意产业破冰

在恩施市女儿城文化产业一条街上，一方水土网络科技公司、盛铭戈文化传媒公司、好又多电子商务公司、角度策划公司、华硒传媒生活频道、苏格订制婚礼公司成为女儿城文化产业发展的新亮点。女儿城的文化创意产业还包括对传统民俗文化进行包装、策划和推广，以新颖的、有趣的、乐于接受的形式展示和销售给受众，并且能够产生一定的经济价值。通过动画产业将恩施州的文化和旅游整合，充分利用现代传播方式传承土家民族文化，创造传统方式无法创造的市场价值。

5. 建设更多重大文化产业项目

在恩施州文化产业链上，一些大的项目或在筹备，或在建设，或已经完成。金桂大道一侧，投资 8 亿元、占地 11 万平方米、建筑面积 7 万平方米的恩施州民族文化中心，集州博物馆、文化馆、影剧院、展览馆于一体，成为恩施州城地标性建筑。土家女儿城是一个集民俗、文化、旅游、商贸为一体的土家族仿古建筑群，民俗、文化、旅游、商业在这里高度有机融合，"吃、住、游、购、娱"等要素在这里高度凝聚，民俗与时尚交汇，文化与经贸同辉。城内各种商铺布陈别致，各种商品琳琅满目，各地游客摩肩接踵。来凤县文化中心和体育健身中心总投资 3.92 亿元，占地 13.8 万平方米，建筑面积 7.685 万平方米；宣恩县文体中心建设总投资约 2.6 亿元，占地 6.5 万平方米，建成后将聚集博物馆、图书馆、文化馆、演艺厅、书店、体育馆、广电传媒中心、报告厅、职工活动中心等文体活动场所。此外，咸丰县、恩施市也投入了大量资金建设图书馆、文化馆等文化产业设施。①

（二）文化市场管理

1. 强化监管确保文化市场规范有序

不断深化改革行政审批和市场监管工作，建立健全各种监督机制，加大文化市场执法力度，积极探索文化市场长效管理机制。加强版权保护与运用，完成州、县（市）软件正版化工作。封堵查缴政治性非法出版物和有害信息，大力扫除淫秽色情文化垃圾，有效遏制各类侵权盗版行为，严肃查处非法和违规报刊，净化校园周边文化环境，确保全州文化市场健康繁荣。州文化管理部门坚持专项治理整顿和日常监管相结合，切实按照"四个一律"的要求治理规范网吧，加强印刷管理和审读力度，严把准入关，督促设备老化、经营不善的印刷企业整改，提高全州印刷企业的整体水平。建立优刊升格、劣刊淘汰、适时调整的方针，使州内40多个交流赠阅的内刊内图水平上升。强化印刷发行监管，加大对印刷、复印经营单位违规行为的整顿。组织开展印刷企业"五项管理制度"执行情况和守法经营状况的全面检查。对违规企业进行了整顿或行政处罚，进一步规范了印刷活动。积极发挥职能作用，加强歌舞和游艺娱乐场所、书报刊音像出版物经营单位的日常监管。2013年全年共出动执法人员1200多人次，对书报刊经营场所、印刷企业、复制企业、电子出版物市场、学校周边的出版物市场、无证摊点和沿街兜售各类非法出版物的游商、地摊进行了全面的检查和清理，共检查出版物经营场所570多家（次），立案查处24件，办结案件21件，涉案金额累计5.904万元。强化网吧监管力度，加强技术监管和社会监管，公布监督举报电话，聘请社会监督员实现立体管理。

2. 大力开展专项治理工作

开展以网吧、游艺娱乐场所、出版物等市场为重点的整治行动。封堵查缴政治性非法出版物，严厉打击淫秽色情和侵权盗版出版物，整治违法地面卫星接收设备。积极参加治理中小学校园周边环境行动和教辅教材发

---

①　参见调研资料2013年5月《恩施州文化体育局向省文化厅雷文洁厅长调研组一行工作情况汇报》。

行秩序专项整治工作。2011—2013 年的三年间共组织开展了 100 余次"扫黄打非"集中行动，公开销毁各类非法出版物 15 万余本（盒），配合相关部门取缔无证销售摊点 510 余家（次），联合相关部门摧毁"世界安息日会"宗教组织网络，破获"夏子华买卖假书号涉嫌非法经营"等大案要案，处理"非法地面卫星接收设施贩卖"案，对非法经营活动起到很好的震慑作用。州文化体育局坚持繁荣及管理两手抓，创新工作机制、采取有力措施，促进文化市场健康有序发展，取得了显著成效，得到省厅的多次表彰。在 2012 年全省的考核中，恩施土家族苗族自治州文化市场管理和综合执法工作获 97 分，列全省第三。利川市被授予全省"扫黄打非"示范县荣誉称号，恩施市文体局和巴东县文化市场综合执法大队被表彰为全省"扫黄打非"先进集体。

3. 创新文化市场管理机制

（1）坚持专项治理整顿和日常监管相结合，加强文化市场管理

完善网吧管理长效机制，规范网吧市场秩序，严肃查处接纳未成年人等违规行为。加强城镇文化市场管理，引导农村文化市场项目提升档次，实行规范化、科学化管理。

（2）加强新闻出版行政管理，提升新闻出版业务队伍素质

加大对图书、软件、音像制品及印刷复制业监管，确保印刷业和书报刊市场规范有序，严厉打击和查缴非法出版物。抓好行业协会管理，促进行业协会行业自律和活动的开展。加强版权保护与运用，完成州、县（市）软件正版化工作。扩大法律法规宣传面，进一步增强全社会的知识产权保护意识。

（3）完善"扫黄打非"预警、快速应急、大案查处、联防协作、绩效考核等长效监管机制

开展"扫黄打非"专项整治行动，规范文化市场经营秩序，严查大案要案。封堵查缴政治性非法出版物和有害信息，大力扫除淫秽色情文化垃圾，有效遏制各类侵权盗版行为，严肃查处非法和违规报刊，净化校园周边文化环境，确保全州文化市场健康繁荣。

四　怀化市文化产业与文化市场管理

怀化市新闻出版局认真贯彻落实中共十七大和十七届六中全会精神，

紧紧围绕该市"文化强市"战略，始终以发展文化事业、壮大文化产业、强化文化市场监管为着力点深入推进怀化市新闻出版版权工作，各项工作形成良好态势。

（一）文化事业与产业

1. 深入开展全民读书活动

（1）设立怀化读书论坛

定期邀请国内和各领域专家学者到怀化做学术报告。先后邀请李肇星、叶大年、白津夫、黄国雄、郎咸平、黄中平等到怀化做学术报告，有力推进怀化读书活动，扩大了影响。

（2）定期推荐社会主流阅读书目

市委、市政府相继推荐了《读有所得》《大转折》《不可思议年代》《新思想、新知识、新经验100题》等12本书，全力推动全市读书活动。围绕建党90周年这一契机在全市开展唱红歌、读红书主题活动，机关单位、企业、学校、社区、军队纷纷参与到活动中来，阅读红书增进大家对党史的了解和认识，进一步激发干部职工的工作热情，培养日益进取、奋发向上的工作态度。

（3）进一步推进全民阅读，打造武陵山文化高地

一是完善运行机制，提供组织保障。怀化市已经建立起组织保障机制、图书供求机制、重点阅读书目推荐机制、考核评价机制四大机制，保障全民阅读落到实处。二是突出工作特色，构筑"五大"品牌。怀化市现有"五大"品牌：市委、市政府启动"每月一讲""每周一歌"活动；市纪委开展了"'月'读好书"活动；积极开展"你读书，我埋单"活动；开通"全民读书月·手机阅读平台"；举办了"辰海杯"美文诵读比赛。三是凸显工作主线，推动"七进"实施。

2. 促进印刷等文化产业发展

创新产业发展培育主体。重点抓出版发行和印刷产业发展，将过去的宏观管理改变为微观搞活。

（1）坚持企业整合

向企业宣传文化产业发展引导政策，鼓励企业重组发展；出版发行业积极打造出版发行巨头，扶持民间经济实体做大做强；积极引导印刷企业开展兼并重组，盘活存量资产，壮大企业规模。

（2）促进企业做大做强

2011 年怀化鸿裕彩色印务有限责任公司、怀化市新型印务有限公司、怀化市百草园印务有限公司年产值已近 1 亿元，与 2010 年同期相比，印刷产值增加 30%。同时，成立于 2011 年 10 月的怀化华宏印务有限公司总投资 1.3 亿元，预计年产值可达 1.2 亿元，实现税收 480 万元，可解决 200 个就业岗位。

（3）积极促进人才培养

在市新闻出版局的帮助下，市印刷行业协会与怀化商校合作开办印刷专业大专班、中专技术学历班，由过去的传帮带模式转变为专业深造模式，由过去的简单操作员提升为科技专才，为解决印刷行业人才短缺的问题探索出一条新路子。

3. 文化产业不断发展

（1）完成"三重"申报

作为"湖南省重点文化企业"申报的有：湖南洪江古商城文化旅游产业投资股份有限公司、怀化同鑫网吧连锁管理有限公司、湖南省神工铜雕有限公司、通道侗族自治县呀啰耶侗锦织艺发展公司；作为"湖南省重点文化品牌"申报的有：侗锦织艺传承（通道县呀啰耶侗锦织艺发展公司）、伟人铜雕作品（湖南省神工铜雕有限公司）；作为"湖南省重大文化项目"申报的有：市直两馆一中心项目（博物馆、艺术馆、影视中心）、洪江古商城《烟雨洪江·沅江号子》生态文艺演出。

（2）文化项目招商引资取得重大进展

在 2013 年第九届中国（深圳）国际文化产业博览会交易会上，全市 3 个重点文化旅游项目成功签约，3 个项目合计签约资金 78.2 亿元：芷江侗族自治县人民政府与湖南省文化艺术产业集团有限公司签约的"沅州古城及和平湖文化旅游开发"合作项目签约资金达 40 亿元；湖南玖联建设（北京美利方成）有限公司与芷江侗族自治县人民政府签约的"湖南（芷江）海峡两岸文化交流基地"整体开发项目签约资金为 35 亿元；麻阳苗族自治县人民政府与北京万景台科技有限公司签约的"湖南锦江国际艺术村"开发项目签约资金为 3.2 亿元。

（二）文化市场管理

1. 市县联动促进政府软件正版化

怀化市市县两级围绕政府软件正版化开展了大量卓有成效的工作。

（1）加强领导，建立横向到边、纵向到底的工作责任体系

调整充实市使用正版软件工作领导小组成员，由副市长担任组长，市新闻出版（版权）局、财政局、市政府督察室、知识产权局、政府采购办、市电子政务办主要负责人为成员，各县市区相应调整，充实政府使用正版软件工作领导小组，部署政府软件正版化工作。

（2）抓实自查整改，明确工作重点

各级各部门狠抓市政府专题会议精神的落实，深入开展自查整改工作。针对全市计算机办公软件盗版率较高的现实，全市确定了通过政府采购集中来解决办公软件正版化问题的方针。

（3）保障专项资金到位，全力推进正版化工作

为解决软件正版化资金问题，市长亲自主持召开常务会议，专题听取关于政府机关使用正版软件工作的汇报，会议形成一揽子解决市本级和各县（市、区）使用正版软件问题的方案：操作系统软件由各县（市、区）、市直各部门自行采购更换；办公软件通过"使用国产、统一购买、场地许可、资金共筹"的办法解决，资金筹集方式由各县市区和市直各部门分别按一定比例承担，并明确通过公开招标的方式统一采购办公软件；杀毒软件由各县（市、区）、市直各部门自行解决。到2012年，怀化市已完成政府系统办公软件正版化工作。

2. 加强文化市场监管

（1）加强印刷企业管理

一是按省局要求，认真做好印刷企业的年检、统计工作。二是组织法人培训班，提高企业负责人守法经营意识，自觉维护市场秩序。三是结合广告专项整治工作，加大对印刷企业检查力度，要求全市印刷复制企业健全完善承印验证制度、承印登记制度、印刷品保管制度、印刷品交付制度、印刷活动残次品销毁制度等五项制度。四是引导企业引进新技术、新设备。五是引进怀化鸿裕彩色印务有限责任公司、怀化市新型彩色印务有限公司、怀化市百草园印务有限公司、怀化市恒大彩印包装有限公司、怀化市华宏印务有限公司等，组建印刷工业园区。

（2）加强出版物发行管理

一是切实开展年检、统计工作。为认真落实省局要求，市新闻出版

局高度重视此项工作，在年检和统计工作开展前，召开各县（市、区）局分管领导及负责人会议，采取以会代训的方式，培训年检、统计工作骨干，层层分解任务，按时保质实现既定工作目标。二是加强经营业主培训。结合出版物发行单位年检工作，举办了出版物经营单位负责人培训班，学习出版物市场管理法律法规，提高经营单位负责人守法经营意识。三是发挥区位优势，引导企业向周边发展。目前，全市出版物发行单位已在贵州铜仁、凯里、都匀、湘西吉首、重庆黔江等地建立了业务网点，向周边地区辐射力度进一步增强。

（3）加强报刊出版管理

一是认真开展重新审核换证工作。按照省局要求，对全市连续性内部资料出版物单位进行了重新审核换证工作，通过此项工作的开展，进一步规范了报刊运作，纠正了一些不规范行为。二是严格坚持正确舆论导向。市新闻出版局严格按照《湖南省内部资料性出版物（报、刊型）管理暂行办法》对全市所有报、刊型内部进行管理，严格把好舆论导向关。三是加强完善日常审读制度。市新闻出版局成立审读小组，聘请兼职审读员，全年对《怀化日报》《边城晚报》《怀化广播电视报》和38种内报内刊认真开展审读，对存在问题的报刊提出意见和建议，全年编印《审读与信息》5期。四是表彰先进，努力提升办报（刊）水平。

（4）加强信息、统计、政策法规管理工作

一是认真开展统计工作。按照省局要求，积极上报新闻出版业各项统计报表，强化实地调查，确保数据准确，为上级及时掌握全省新闻出版产业发展情况提供了基本数字资料。二是积极开展法律法规学习培训。组织全局干部职工培训，举办全市行业法律法规学习培训等。三是加强信息上报。通过网络建立县、市、省三级信息网络报送制度，上报省局各类信息、材料。

（5）规范市场管理

市新闻出版局坚持"一手抓管理，一手抓繁荣"的方针。一是抓市场统计。一方面，组织有关人员对市城区管辖的文化经营单位（网吧、娱乐场所、演出场所）进行了年度实地检查和登记。另一方面，组织经营场所业主填写"文化经营场所基本信息采集表"，并报省厅。二是规范行政审批。所有行政许可审批事项施行"一站式"办理。开展全市文化市场行政审批规范化大检查、行政许可案卷交叉评议，进一步强化了文化市场行政审批人员的责任意识和服务意识。三是开展网吧连锁经营项目申报。四是开展火灾隐患大排查大整治专项活动。五是抓对外文化交流项目推介。推荐通道县申报文化部"海峡两岸文化交流基地"；溆浦县辰河高腔目连戏和芷江县妈祖文化交流研发中心应邀赴台开展两岸文化交流演出。

（6）"扫黄打非"工作不断深入

一是强化"扫黄打非"办公室职能。发挥枢纽作用，加强部门联动，积极组织开展"剑网行动""净网行动""清源行动"，中小学校周边出版物市场集中整治、非法医疗杂志专项整治等多项行动，确保国家文化安全。二是"扫黄打非"向基层延伸，凝聚了民间文化正能量，开辟了"扫黄打非"新阵地。三是积极开展宣传教育活动。怀化市文广新局、怀化市"扫黄打非"工作小组联合市知识产权局、工商局等相关部门在怀化市委广场举办以"拒绝盗版，拥抱梦想"为主题的"绿书签行动2013"大型广场宣传活动。

五 湘西州文化产业与文化市场管理

（一）文化产业发展基本情况

为贯彻中共十七大关于推动文化大发展、大繁荣的精神，近年来，湘西土家族苗族自治州委、州政府围绕"文化湘西"建设总体目标，提出文化兴州、文化强州的战略思想，出台了一系列推动生态文化旅游产业发展的重大举措，全州文化产业初步形成了包括新闻出版、广播影视、文艺表演、文化旅游、休闲娱乐、图书音像、民族工艺等行业在内的文化产业体系，呈现出持续、快速、健康发展的良好态势。湘西土家族苗族自治州先后被评为"中国最佳旅游去处""全国十佳魅力城市"。2011年9月，亚太旅游联合会、国际度假联盟组织、中华生态旅游促进会授予湘西土家族苗族自治州"中国最具投资价值旅游城市"称号。在2012中国湖南第三届旅游产业博览会上，湘西土家族苗族自治州里耶古城、芙蓉镇、凤凰古城、德夯景区、乾州古城、坐龙峡6家景区入选"湖南旅游名片"。旅游业已成为全州经济重要增长极，在调整产业结构、增加社会就业、促进财政增长等方面发挥着突出的作用。

1. 确立了文化兴州、文化强州的发展战略

湘西土家族苗族自治州是国家级生态文化保护区，立足这一特色资源和发展定位，湘西土家族苗族自治州第九次党代会提出了建设"文化湘西""文化大州"的战略目标，明确提出要把文化旅游产业培植成湘西经济社会发展的支柱产业，出台了若干举措，并先后召开了全州民族文化与文化旅游产业发展研讨会、文化体制改革及文化产业发展工作会议，先后出台了《关于进一步加快旅游产业发展的意见》《关于进一步加快文化旅游产业发展的实施方案》《关于加快推进文化产业发展的决定》《关于加快民族民间文化产业发展的若干优惠政策》《关于加快建设文化强州的实施意见》等重要文件，为加快文化旅游产业发展提供了有力的政策支持。为推动湘西土家族苗族自治州文化产业快速发展，引导、带动更多社会资本进入文化产业领域，提升文化产业自主创新能力和市场竞争能力，从 2009 年起，州委、州政府设立了州文化产业引导资金，集中支持文化产业园（基地）建设、重大文化产业项目建设、民族文化品牌建设、民族节庆文化活动展开、重大题材影视剧创作拍摄、舞台艺术精品工程和文化"走出去"专项行动，实现产业转移、结构升级。

2. 理清了四个"一"的文化产业发展思路

（1）树立一个品牌

即树立"神秘湘西"文化品牌，通过突出湘西浓郁的民族风情、神奇的山水风光和厚重的历史文化，发挥品牌效益，做大、做强、做特文化产业。

（2）依托一个资源

即依托湘西土家族苗族自治州独特、多样的民族民间文化资源，只有这样，产业发展才有特色，才具备一定的竞争力。

（3）做好一个结合

即做好文化与旅游的结合。湘西文化是湘西旅游的灵魂，湘西旅游是湘西文化的载体，两者有机结合，互为支撑，相得益彰，共同提升，共同发展。湘西土家族苗族自治州委州政府大力推进文化与旅游有机结合，用文化支撑旅游业态，用旅游拓展文化市场，将民族文化融入文化旅游产业之中，将文化元素融入"吃住行游购娱"等各个旅游要素之中，

促进文化旅游产业提质升级。大力挖掘旅游市场文化消费热点、亮点、卖点，重点打造旅游精品演艺、特色商品，提升旅游文化品位，增加旅游服务的文化含量和文化附加值；大力发展土家织锦、苗家刺绣、苗族银饰等民族工艺品加工业。吉首市创造性地利用吉首的"吉"字做文章，开发出"吉首吉"系列文化旅游产品，并荣获 2012 年中国国际旅游商品博览会金奖，填补湖南省空白；通过挖掘非物质文化遗产开发出的"傩面娃娃"，荣获 2012 年中国国际旅游商品博览会铜奖，该市乾州古城已经成为全省民族文化旅游商品开发示范点。文化与旅游的有机融合已展现出广阔的发展前景。

（4）突出一个重点

即突出项目这个重点。"十二五"期间湘西土家族苗族自治州建设的重点文化产业项目主要有：湘西武陵山民族文化产业园、吉首—德夯民族文化大峡谷、土司文化影视拍摄项目、"湘西坊"能工巧匠创业园、"烟雨凤凰"文化城、老司城非物质文化遗产园、芙蓉镇影视文化基地、湘西古苗河蚩尤旅游文化产业园等。由吉首市规划建设的湘西武陵山民族文化产业园被湖南省列为第一批"十二五"时期文化创意产业重点园区，同时被湘西土家族苗族自治州委、州政府确定为文化强州六个重大文化产业项目之一，该项目于 2012 年年底开工，目前主体工程建设已经基本完成。据相关部门 2013 年统计，全州 500 万元以上的旅游投资项目共 16 个，其中 11 个进入省旅游重点项目建设"251"工程，投资总额 42.24 亿元，累计完成投资 27.23 亿元。湘西生态文化旅游区基础建设项目在国家发改委立项；凤凰古城创建 AAAAA 级景区和申报世界文化遗产工作已纳入湖南省政府的重要议事日程；凤凰古城成功入选中国"世界文化遗产预备名单"。湘西民族文化演艺业在全省乃至全国都很有影响，占有一席之地，伴随着文化旅游市场的蓬勃发展，旅游消费市场的文化需求越来越旺，民族演艺业发展潜力巨大，前景看好，由湘西土家族苗族自治州民族歌舞团有限责任公司创作演出的大型民族风情旅游晚会——"梦里湘西·梦幻沱江"堪称湘西土家族苗族自治州最具代表性的文化演艺品牌。

3. 形成了"一区二带三极四园"的文化产业发展布局

按照"科学规划、合理布局、突出重点、集约经营、规模发展"的思路，加强文化产业园区和基地建设，突出重点项目建设，在湘西全州形成"一区二带三极四园"的产业区域布局："一区"即以乾州古城为核心的吉首文化产业综合发展区，"二带"即酉水流域文化领域风光带、旅游精品线文化产业带，"三极"即凤凰古城、芙蓉镇、里耶古镇三个文化旅游经济增长极，"四园"即土家族生态文化园、苗族生态文化园、盘瓠文化园、蚩尤文化园。

（二）文化市场管理

"十二五"期间，湘西土家族苗族自治州文化管理部门认真开展文化执法，依法履职，廉洁行政，以维护国家利益和人民群众利益为出发点，确保党和政府各项惠民利民政策落实到位，促进社会和谐发展。

1. 大力开展"扫黄打非"等专项行动

每年开展以印刷、复制、运输、出版、销售等不同环节为切入点的专项整治行动十余次，重点开展"打击手机网站传播淫秽色情信息、低俗音像制品整治和软件正版化"专项行动，有效打击和控制了各类非法出版活动和不良反动思想渗透；查处违规非法出版物、非法推销教辅材料等，有力地确保了全州文化环境安全稳定。

2. 扎实开展互联网上网服务营业场所专项行动

网吧一直是人民群众比较关心的"热点"问题，为深入开展党的群众路线教育活动，切实解决"网吧"接纳未成年人等热点难点问题，州委、州政府组建了以州委常委、州委宣传部部长为组长的领导小组，制定了《州网吧专项整治行动方案》，定期开展全州互联网上网服务营业场所（以下简称网吧）专项整治行动：召开全州网吧专项整治行动视频会议、网吧专项整治推进会、网吧专项整治现场经验交流会，全面部署、大力推进、及时总结整治行动；全州文化市场综合执法局充分发挥牵头单位的作用，州直各成员单位以及各县市积极配合，检查经营单位，行政处罚（警告、罚款、停业整顿、吊销许可证和取缔黑网吧等）违纪违规者。通过一系列专项整治行动，成效显著，网吧经营秩序日趋良好，群众满意度不断提高。

3. 认真开展广电、网络市场专项行动

针对非法设置广播电视传输前端和收视境外电视节目行为，开展专项治理工作，通过检查、处罚和整改等多种方式，有力地净化了全州网络文化市场。

4. 积极开展新闻出版、版权市场专项行动

针对新闻出版、版权市场开展了"扫黄、打假、反侵权"专项行动，严厉打击淫秽色情书刊、盗版侵权教科书、假冒伪劣工具书等出版物，重点查处侵犯知识产权、网络侵权、软件盗版等违法行为；收缴各类违法刊物、书籍，为未成年人提供了良好的成长环境，确保了文化市场安定有序，提高了社会整体文明程度。

5. 集中开展市场清理整治行动

与电信、公安、工商等部门联合开展集中整治行动，围绕"两节""两会"，校园周边环境，出版物市场，互联网上网服务营业场所开展了"保障十八大召开文化市场安全、净化声频荧屏和文化市场平安创建"等多次集中整治行动，为湘西土家族苗族自治州经济健康平稳发展起到了积极作用，同时，为构建"平安湘西、和谐湘西"也打下了坚实的基础。

六　张家界市文化产业与文化市场管理

(一) 文化产业发展迅速

到 2013 年 7 月为止，张家界市共有文化经营单位 8537 家，文化产业从业人员 31843 人，文化产业增加值达 26 亿元，占全市 GDP 总量的 8%，以演艺业、广播影视业、印刷业、文博旅游业、工艺美术业为主导的文化产业体系逐渐形成。

1. 旅游演艺产业初具规模

张家界市现有旅游演艺场所 12 家，《张家界·魅力湘西》《天门狐仙·新刘海砍樵》已成为知名旅游演艺品牌，门票收入过 1 亿元，在湖南省第四届艺术节中分别获得优秀剧目奖和田汉大奖。组建了张家界魅力神歌集团，成为全国旅游景区规模最大、实力最强的旅游演艺企业，该集团选送的《追爱》节目亮相 2012 年央视春晚，反响良好。张家界市少数民族文化企业走集团化、规模化道路，迈出了实质性步伐。

2. 广播影视业发展迅速

张家界影视文化城建成营运。有线电视网络增值业务开发成为广电支柱产业，全市广电经营收入达 8000 万元，正在实施的"三网融合"将成为广电产业新的经济增长点。

3. 印刷业快速发展

现有印刷企业 65 家，年产值达 2 亿多元，红升印务公司成为张家界市首家落户市工业园的文化企业。

4. 文博旅游业日趋活跃

湘鄂川黔苏维埃纪念馆、贺龙故居、土家风情园、老院子、普光禅寺等文化景点年接待游客量超 200 万人次。

5. 文化交流更加频繁

工艺美术业不断壮大，年收入过 1 亿元。在推进文化产业发展的同时，张家界市还积极开展少数民族文化对外宣传与交流活动，成功举办了"首届中国国际文化旅游节""情牵世博·缘定天门"大型民族集体婚礼等文化交流活动。代表湖南参加了上海世博会"湖南文化周"和"张家界活动日"，充分展示了湖南文化的独特魅力和张家界美丽的民族风情。先后与韩国、日本、美国、芬兰等国建立了文化交流合作关系，与韩国河东郡签订了民间文化艺术交流协议，与台湾少数民族开展了 5 次文化交流活动，进一步扩大了张家界的知名度。

(二) 加强文化市场监管

以"平安满意张家界"为平台，加强文化市场监管。

1. 结合"平安满意在张家界"活动，大力开展文化广电新闻出版市场专项治理，净化文化市场。先后开展了"建党 90 周年专项保障行动""打击侵犯知识产权和制售假冒伪劣商品行动""打四黑除四害"等专项行动；开展以整治互联网、手机媒体淫秽色情及低俗信息为主要内容的"净网"行动，以查堵、反制香港反动出版活动为主要内容的"清源行动"，以整治非法报刊、假新闻、假记者为主要内容的"秋风行动"。

2. "扫黄打非"常抓不懈

开展"净网2014""清源2014""秋风2014"等集中行动，重点清理演出、娱乐、出版物、网吧、网络音乐和网络游戏等市场，重点查处含有国家法律法规禁止内容的文化产品和有害信息，重点打击制售政治性非法出版物、侵权盗版出版物及色情低俗演出活动，规范音像、娱乐市场秩序，打击消除黄色、非法出版物，努力营造安全、健康、有序的社会文化环境。积极参与学校周边环境治理，努力为未成年人健康成长营造良好的文化环境。

3.组织开展了政府机关正版软件使用推广工作

强化宣传管理，加强监听监看工作，净化荧屏声频，抵制庸俗低俗媚俗之风。强化传媒机构管理，打击非法办台。认真贯彻落实《广播电视广告播出管理办法》，开展虚假违法广告专项整治行动。加强对接收境外卫星电视节目的监管，继续开展广播电视地面卫星接收设施网络共享设备专项整治行动，规范境外卫视节目传播秩序。强化新媒体管理，对互联网视听节目机构开办的《性教育、性健康、性讲座》视听节目栏目开展自查自纠。制定了《行政处罚裁量权基准》《行政执法依据》等规范性文件，全市文化广电新闻出版行政和执法工作有序运转。

七　涪陵区文化产业发展

根据笔者2014年7月的调研材料"重庆市涪陵区文化广电新闻出版局关于文化产业发展情况的报告"，并结合其他相关资料，可以对涪陵区近几年文化产业发展的大致情况做一些归纳。

近些年来，涪陵区通过深入推进文化体制改革，文化产业体系不断健全，文化产品和服务日益丰富，初步形成了以文化旅游为龙头，演艺娱乐业、广播影视业、印刷包装业、新闻出版业、体育健身业等为支撑，动漫产业、广告创意、文化会展为补充的产业格局。2012年涪陵区文化及相关产业营业收入67.31亿元，实现增加值24.16亿元，占全区生产总值的3.8%，从业人员达到12234人。2013年纳入涪陵区文化广电新闻出版局统计的文化产业经营单位超过2000家，销售收入19.5亿元，实现利税2.5亿元。到目前为止，涪陵区文化产业已初步形成了以白鹤梁水下博物馆、乌江画廊、816核军工洞为代表的文化旅游这个朝阳产业为龙头，演艺娱乐业、广播影视业、新闻出版等传统文化产业为支撑，体育健身、广告创意、文化会展为补充的产业格局。

（一）文化旅游产业加快发展

白鹤梁水下博物馆、816核军工洞、蔺市古镇、大木花谷及武陵山高山生态休闲游，以及榨菜历史文化品读、鉴赏等所谓"五朵金花，一座古城"已成为涪陵区内外及海内外共识的旅游精品，品牌美誉度、对外知名度不断提升，慕名前往旅游的人数逐年高速递增。2012年武陵山大旅游区开发建设提速推进，大裂谷景区开发建设完成，并于2014年11月成功创建国家 AAAA 级旅游景区，极大地提升了涪陵的旅游影响力；2013 年除宾馆、饭店外，旅游景区等创销售收入 30.12 亿元，文化旅游业逐渐成为文化产业新的增长点；2014 年以来，总规划面积 74.5 万平方米，围绕"一区"（江北旅游区）、打造"两城"（北山新城和涪陵古城）、突出"三特"（特色文化、特色景观、特色新区）、建设"四有"（有山水、有园林、有文化、有人气）、铸就"五 A"（AAAAA 级精品旅游区）的涪陵古城建设项目（简称"12345"工程）正稳步向前推进。另据巴渝传媒网 2015 年 3 月 25 日消息，重庆市政府公布了《重庆市 2015 年市级重点项目名单》，涪陵共有 30 个项目纳入市级重点项目，另有 6 个项目纳入市级重大前期项目。其中与文化旅游密切相关的有：北山——武陵山旅游度假区（建设主要内容为武陵山景区建设游客接待中心、职业培训中心、角帮寨等。北山景区涪州古城建设核心文化朝圣区、滨江商业区、养生度假区等三大片区）、涪陵区市级现代农业综合示范工程（建设内容为发展种养殖产业，打造生态观光果园，推进乡村旅游区建设）、涪陵现代农业（榨菜）科技园（建设内容为完成榨菜科技创新中心提档升级；完成青菜头种植示范园建设；建成榨菜文化街区）、涪陵文化创意产业园、涪陵北山新城综合开发项目。

（二）印刷包装产业一枝独秀

涪陵作为重庆市"一圈两翼"的重要节点，开全市先河，率先发展印刷包装产业群，打造三峡库区涪陵印刷包装产业基地，并逐渐形成规模，成为当地经济的重要增长极和文化产业支柱。2009 年，涪陵在李渡工业园内规划了 100 万平方米土地，鼓励有实力的印刷企业进入园区，以此为中心打造三峡库区涪陵印刷包装产业基地。到 2010 年年底，全区印刷业年工业总产值约 8.3 亿元。2012 年，"三峡库区印刷包装产业园"被重庆市政府命名为"重庆市市级文化产业示范园区"。2013 年，涪陵区有各类印刷包装企业 64 家，实现营业收入 19.5 亿元，实现增加值 6.12 亿元，其中宏声印务、太极印务、诚信包装、理想包装、宏声纸箱包装、汇科包装、博士德包装、润丰包装等 8 家印刷包装企业年产值超过 1 亿元。

（三）文化创意产业异军突起

以长美动漫基地、凯高动漫城为龙头的文化创意产业异军突起。长美动漫基地制作的水墨动画片《巴方岛》、三维动画片《巴蔓》已与国内外 23 家电视台签订播出协议；创作的动漫品牌《步行鸟》已经在国家商标总局五个领域进行了商标注册备案，并计划创作 300 集的励志动画片《步行鸟》和 1000 篇野外生存易趣漫画。2013 年 12 月 31 日，涪陵携手重庆"传媒巨舰"——重报集团联合进军文化创意产业，在涪陵新区建立创意文化产业园，该创意文化产业园占地 7.3 万平方米，总投资达 10 亿元，建筑体量达 24 万立方米，将陆续建设精英公馆、创意 Loft、文化酒店、文化步行街、集成文化会展会务功能的创意文化综合体，致力打造长江上游规模最大、最专业的文化总部经济园、文化产业创意园区。依托凯高玩具厂、投资 2 亿元的凯高动漫城已经启动。截至 2014 年年底，涪陵全区有 2 个产业园区（涪陵文化创意产业园区、涪陵区印刷产业园区）、4 个文化产业孵化园或基地。

（四）文化服务产业蓄势待发

珠宝、文化办公用品、体育健身娱乐、家用电器、书报杂志等文化产品销售态势良好，2013 年文化服务类产品销售收入近 63 亿元。广播电视、演艺娱乐、电影、网络、文化休闲娱乐、文化艺术、广告创意以及民间文艺团队等文化服务类企业业态发展正常，经营效益可观，基本能够满足各个层次不同需求的精神文化服务。其中数字电影、剧场演出发展较好。全区有影城 5 个，2013 年票房收入超过 1500 万元；大剧院的委托经营情况正常，经济收支平衡，满足了区内群众对在大剧院享受高雅文化的需求；2013 年商业演出 50 余场，公益演出 20 多场，大剧院已经成为高雅文化传播的殿堂，艺术普及提高的平台。

以上对三峡流域 7 个地级城市的文化产业发展和文化市场管理的基本情况进行了粗略梳理，可以让人们对"十二五"期间这一区域的文化发展和管理所取得的成就有一个比较清晰的了解；同时也可以通过与中东部文化相对发达的地区对比，找出自身存在的差距和问题，以便于在未来城市文化发展和文化市场管理中能够吸取经验教训，加快民族地区经济和文化发展的历史进程。

第四节　三峡流域城市文化体制改革的成就及文化管理存在的问题

一　三峡流域城市文化管理体制改革成就

从改革的内容上说，"文化体制改革主要包括宏观管理体制改革、行业管理体制改革和微观管理体制改革。宏观管理体制改革主要是指党委、政府、文化市场与文化企事业单位的结构状况与相互关系的改革，微观管理体制改革主要是指文化企事业内部的组织架构和运行机制的改革"。①三峡流域的重庆市是 2003 年国家首批文化体制改革试点城市；湖北省的宜昌市，湖南省的常德市、张家界市，贵州省的铜仁市，进入 2007 年财政部、海关总署、国家税务总局发布的《文化体制改革新增试点地区名单》，成为国家文化体制改革试点城市。在三十多年的社会发展过程中，三峡流域城市与全国一样，在文化管理体制改革上走过了相当艰难曲折的道路，虽然起步较晚，但也取得不少成绩，为后续的进一步深化改革积累了大量的经验。2012 年 2 月 17 日，在国务院召开的全国文化体制改革工作会上，湖北省的荆门市、恩施土家族苗族自治州，湖南省的常德市、张家界市、贵州省的铜仁市分别获评"全国文化体制改革先进地区"称号。

（一）文化体制改革的主要内容

1. 文化机构改革

文化机构是我国城市各级政府实施文化管理职能的重要载体，只有科学合理的设置文化管理机构，才能使城市政府文化管理活动顺利有效地进行。随着社会主义市场经济的逐步建立，我国政府文化管理职能也发生了相应的转变，与之相适应，我国城市文化机构的改革也势在必行。与东部地区相比，地处西部的三峡流域城市在政府文化管理职能与机构整合方面虽然有所滞后，但当 2009 年文化体制改革在全国全面推开以后，这一区域的地级市和区县都纷纷按照"大部制"方式，开展"文""广""新"的合并重组工作，并根据各自的现实情况和发展要求，组建起新的

文化管理机构，在职能设置、职权分配和人力资源的优化上尽量有机结合。如黔江区根据《中共重庆市委办公厅重庆市人民政府办公厅〈关于黔江区人民政府机构改革方案〉的通知》（渝委办〔2009〕186号）和《中共重庆市黔江区委重庆市黔江区人民政府关于重庆市黔江区人民政府机构改革的实施意见》（黔江委发〔2009〕41号）精神，设立"重庆市黔江区文化广电新闻出版局"；宜昌市根据湖北省委办公厅、省政府办公厅《关于印发〈宜昌市人民政府机构改革方案〉的通知》（鄂办文〔2009〕92号）和宜昌市委、市政府《关于印发〈宜昌市人民政府机构改革实施意见〉的通知》（宜文〔2010〕1号），将过去的"文化局""新闻出版局"和"版权局"三家合并，设立新的文化管理机构——"宜昌市文化局（新闻出版局、版权局）"；恩施州根据《省委办公厅、省政府办公厅关于印发〈恩施土家族苗族自治州人民政府机构改革方案〉的通知》（鄂办文〔2009〕100号）和《中共恩施州委、恩施州人民政府机构改革的实施意见》（恩施州发〔2010〕3号）精神，设立"恩施土家族苗族自治州文化体育局"，加挂"恩施土家族苗族自治州新闻出版局""恩施土家族苗族自治州版权局""恩施土家族苗族自治州文物局""恩施土家族苗族自治州文联"牌子；张家界市根据《中共张家界市委张家界市人民政府关于印发〈张家界市人民政府机构改革方案的实施意见〉的通知》（张发〔2010〕3号）和《中共张家界市委张家界市人民政府关于张家界市人民政府机构设置的通知》（张委〔2010〕8号），设立"张家界市文化广电新闻出版局"，加挂"张家界市版权局"牌子；怀化市根据湖南省编办《关于怀化市文化体制改革中有关机构编制调整事项的批复》（湘编办〔2011〕30号）精神，设立"怀化市文化广电新闻出版局"；贵州省铜仁市也由原来功能比较单一的文化局或文体局改为"文化体育广播电视局"；等等。

从上面所举的例子可以看出，三峡流域城市的文化机构改革方式大同小异，多是将文化、广电、新闻出版合并为一个机构。从内设机构看，一般有大致相似的7—9个部门，如湖南省张家界市文化广电新闻出版局下设7个部门：办公室（法制科）、文化艺术科、社会文化科（市非物质文化遗产保护办公室）、文化市场产业科、新闻出版版权科、广播电影电视科、人事科；湖北省宜昌市文化局（新闻出版局、版权局）下设8个部门：办公室、人事科、财务科、艺术科、文化市场科、社会文化与非遗保护科、新闻出版科（版权科）、文物科；重庆市黔江区文化广电新闻出版局则下辖 9 个部门：办公室、规划发展科、文化艺术科、广播电视科、新闻出版科、文物保护科、安全管理科、财务科、人事科。其人员编制一般为 25 人左右。对其管理职责作了比较大的调整，对于公共文化服务、基层文化建设和非物质文化遗产保护、文化相关产业的规划、项目建设和市场管理等具有管理、监督和提供服务指导的责任。

文化机构改革还包括文艺院团改革、文化市场综合执法改革和广播电视有线网络整合、非时政类报刊改革和新闻网站转企改制。三峡流域城市相关市县在这方面的工作也做得比较扎实，取得很多实效。兹举比较有代表性的数例以相佐证。

例一：据 2013 年《贵州年鉴》载：近年来，铜仁市认真推进各项文化体制改革工作，先后完成梵净山文化演艺有限公司转企改制，铜仁日报社报业经营体制改革，推动已转制文化企业打造合格市场主体、铜仁电视台和铜仁人民广播电台"两台合并"、市文体局和市广电局"两局"合并、市县两级文化市场综合执法改革等各项重点任务，取得积极的成果。

例二：自 2011 年《湘西州文化体制改革工作实施方案》正式发布以来，该州先后完成了全州本级及县市的文化行政管理体制和文化市场综合执法改革，有线电视网络整合，电影公司、电影院的转企改制，非时政类报刊出版单位体制改革；整合现有的文化、广播影视、新闻出版等有关行政执法机构，设立了集中统一的湘西州文化市场综合执法机构，合并现有的湘西电视台、州广播电台、边城报社，组成湘西州广播电视台。

例三：宜昌市在文艺院团改革方面迈出坚实步伐，宜昌市歌舞剧团、宜昌市京剧团、滨江剧院、五一剧场、宜昌市演出公司、宜昌市音像发行站等 6 家事业单位整体转制为企业，组建宜昌市歌舞剧院有限责任公司。该公司作为市属国有独资文化企业，是依法自主经营的市场主体，具有独立的企业法人资格。组建之后的歌舞剧院有限责任公司设立艺术工作部、产业发展部等机构，集创作演出、策划营销、剧场经营、资本运作为一体，成为主业突出、多元发展、运行高效的国有演艺企业。这些市直文艺院团转企之后，进一步深化内部机制改革，全面创新企业管理模式和内部运行机制，逐步建立其现代企业制度，形成了适应现代市场经济要求的艺术生产、市场营销、财务管理、用人、分配和投融资机制。

例四：荆州市文化体制改革稳步推进，成效显著。一是国有文艺院团改革有序推进。近几年来，荆州市艺术剧院实施了系列改革：院长公开招聘，中层以上干部实行聘任制；建立奖惩分明的分配机制；干部职工全员参保；设立专项资金，培养青年专业人才；牵头组建"鄂西片演出联盟"。各县市区剧团，深化内部机制改革，整合资源，提高惠民演出场次，增加职工收入。二是广电网络整合顺利。楚天金纬广电网络公司荆州视信网络公司顺利完成整合。三是非时政类报刊体制改革基本完成。四是电影院、电影公司转企改制、党报发行体制改革与新闻类网站转企改制工作圆满完成。

例五：黔江区创新工作体制，将广播电视台从文化管理部门单列，将有线网络资产整体划转市公司成立黔江分公司，从而实现文化管理部门由"办文化"到"管文化"的职能转变；创新运行机制，出台农村综合广播信息系统管理实施办法、"两馆一站"免费开放工作方案，以及文物工作、非物质文化遗产保护工作五年规划，探索配套"两馆一站"免费开放运行管理和考核办法。文化馆、图书馆、4 个街道文化中心和 23 个乡镇文化站全面免费开放。、

2. 文化管理职能转变

转变政府文化管理职能是文化管理体制改革的重点和核心内容。三峡流域相关城市政府针对本地区文化管理中存在的诸如文化管理理念上的"应急多而连续性不够，变化多而稳定性不够"、文化管理权限上的"管理部门统包统揽，社会力量参与较少"、文化管理方式上的"'产业性'不明显，'公益性'不清晰"、文化管理主体上的"部门交叉，职责不清，多头执法"等问题，通过改革，进一步明确文化管理的职责，把工作重心从原来政治至上的管控宣传，转向服务于民众的文化需要和文化产业的发展等方面。综合分析当下三峡流域城市文化管理的相关内容，文化管理部门（即各市县文化广电新闻出版局）的主要职责基本上包括以下几个方面。

第一，贯彻执行各级党和政府关于文化艺术、新闻出版、版权、文化市场和文物工作的路线、方针、政策，组织并监督实施。

第二，组织制订市县文化、文物、广播电影电视、新闻出版、版权事业发展规划并监督实施，推进文化艺术领域的体制机制改革。

第三，指导、管理市县艺术事业，研究、指导艺术创作与生产，扶持代表性、示范性、实验性文化艺术品种，推动各门类艺术的发展；归口组织、管理全市、县性重大文化活动。

第四，推进市县文化艺术领域的公共文化服务，规划、指导公共文化产品生产、重点文化设施建设和基层文化设施建设。

第五，组织拟订市县文化产业规划和政策，指导、协调文化产业发展。

第六，组织拟订市县非物质文化遗产保护规划，组织实施非物质文化遗产保护和优秀民族文化的传承普及工作。

第七，指导、管理市县社会文化事业，指导图书馆、文化馆（站）事业和基层文化建设；搞好图书文献资源的开发和利用，推动图书馆事业标准化、网络化、现代化建设。

第八，拟订全市县文化市场发展规划，负责全市县文化市场综合执法工作，负责对全市县文化艺术经营活动进行行业监管，指导对从事演艺活动民办机构的监管工作，负责文艺类产品网上传播的初审工作，负责对网吧等上网服务营业场所实行经营许可证管理，负责对网络游戏服务监管。

第九，负责市县新闻出版行业管理，依法对出版物市场实施监督管理；制定并组织实施出版物市场集中整治行动，组织查处非法出版物和非法出版活动的大案要案；负责市县印刷复制业的监督管理；负责市县著作权行政管理工作，组织查处著作权侵权案件。

第十，拟订全市文化艺术教育事业发展规划并监督实施，指导全市社会艺术教育和文化艺术行业职业教育。

第十一，承担市县对外文化交流和对外文化宣传工作，组织制定对外文化交流规划，指导对外文化交流活动。

第十二，为大企业、项目建设提供"直通车"服务。

第十三，承办上级交办的其他事项。

通过新的文化管理职能的确定，相关部门明确了自己的职责、权利和义务，厘清了各自管理所涉及的范围，较好地实现了管办分离的改革目标。

（二）三峡流域城市文化体制改革的主要方式

《中共中央关于深化文化体制改革推动社会主义文化大发展大繁荣若干重大问题的决定》指出："必须牢牢把握正确方向，加快推进文化体制改革，建立健全党委领导、政府管理、行业自律、社会监督、企事业单位依法运营的文化管理体制和富有活力的文化产品生产经营机制，发挥市场在文化资源配置中的积极作用，创新文化'走出去'模式，为文化繁荣发展提供强大动力。"具体来说，要求从深化国有文化单位改革、健全现代文化市场体系、创新文化管理体制、完善政策保障机制、推动中华文化走向世界、积极吸收借鉴国外优秀文化成果等六个方面着手，深化文化体制改革，推动我国社会主义文化的大发展和大繁荣。根据这一精神，"十二五"期间，三峡流域城市政府和文化部门全面落实国家关于国有文化单位的改革要求，积极稳妥地推进国有文艺院团改革工作，探索适应新形势要求的文化企业发展方式，引导转企文化单位构建面向市场、面向群众的新型演艺体制格局，认真研究事业单位分类改革政策，积极推进公益性事业单位改革。

1. 部门整合

胡锦涛总书记在中共十七大报告中提出："抓紧制定行政管理体制改革总体方案，着力转变职能、理顺关系、优化结构、提高效能，形成权责一致、分工合理、决策科学、执行顺畅、监督有力的行政管理体制……加大机构整合力度，探索实行职能有机统一的大部门体制，健全部门间协调配合机制。"这对我国新时期加快文化行政管理体制改革来说，具有非常重要的指导意义和实践价值。所谓大部门体制，又称大部门制、大部制，一般是指将职能相同或相近的部门整合、归并为一个较大的部门，或者使相同相近的职能由一个部门管理为主，以减少机构重叠、职责交叉、多头管理，增强政府履行职能的能力。

文化管理实行大部门体制的必要性主要体现在三个方面：一是有利于提高文化行政部门履行职能的能力；二是有利于适应市场经济发展的要求；三是有利于形成精干高效的文化管理组织结构。从三峡流域城市文化部门的现实看，大致都经历了区县合并、多部门整合的体制改革。如：黔江区自2000年来，文化（新闻出版）、广电经历了区县合并、两局合并两次大的改革。2000年黔江开发区广播电视局与黔江自治县广播电视局归并建立重庆市黔江区广播电视局；黔江开发区文化局与黔江自治县文化局归并建立重庆市黔江区文化局；2005年，根据中央深化体制改革，整合文化资源精神，撤销黔江区文化局和黔江区广播电视局，合并成立黔江区文化广电新闻出版局；文化、广电、新闻出版等部门的有机整合，工作运行进入了良性轨道。又如张家界市作为湖南省文化体制改革试点城市，于2010年率先启动了文化体制改革工作，市文化局、市广播电视局、市新闻出版（版权）局三局合一，成立了新张家界市文化广电新闻出版局，并加挂张家界市版权局牌子。各区县均组建了文化广电新闻出版局，相继成立了市文化市场综合执法局、区县文化市场综合执法大队。三峡流域其他县市级城市的文化部门整合模式大同小异。通过整合，基本解决了机构重叠、职能交叉、权责脱节、推诿扯皮、多头管理、效率低下的问题，从体制上理顺了文化部门间的关系，使政府文化管理运行更加顺畅，提高了文化部门履行职能的能力；一定程度上实现了政企分开、政事分开、政资分开，减少了文化行政部门对微观文化运行市场的行政干预，比较充分地发挥了文化的市场作用。

2. 管办分离

中共十八届三中全会通过的《中共中央关于全面深化改革若干重大问题的决定》要求"按照政企分开、政事分开原则，推动政府部门由办文化向管文化转变，推动党政部门与其所属的文化企事业单位进一步理顺关系。""管办分离"就是"政企分开""政事分开"的统称，也可理解为资产所有权、企事业经营权、行业管理权分开。所谓"办文化"，是指文化企业事业单位，社会组织成立、运营文化企业事业单位。所谓"管文化"，则是指以公共管理者的身份，对整个文化行业进行管理；或者以国有资产出资人身份，参与对所投资的文化企业事业单位的管理。管办分离后，各级党委、政府机关从事无巨细的繁重的办文化事务中解脱出来，从过去包揽文化工作的状态，转变到"政策调节、市场监管、社会管理、公共服务"等职能上来，减少了权力寻租机会，从而能够集中精力进行社会管理、实现专业化文化管理；企业事业单位则获得了相对的独立、自由,更容易造就合格的市场主体,促进文化产业繁荣发展。中共十七届六中全会提出:"要推进经营性文化单位改革,培育合格市场主体。科学界定文化单位性质和功能,区别对待、分类指导,循序渐进、逐步推开,推进一般国有文艺院团、非时政类报刊社、新闻网站转企改制,拓展出版、发行、影视企业改革成果,加快公司制股份制改造,完善法人治理结构,形成符合现代企业制度要求、体现文化企业特点的资产组织形式和经营管理模式。创新投融资体制,支持国有文化企业面向资本市场融资,支持其吸引社会资本进行股份制改造。着眼于突出公益属性、强化服务功能、增强发展活力,全面推进文化事业单位人事、收入分配、社会保障制度改革,明确服务规范,加强绩效评估考核。创新公共文化服务设施运行机制,吸纳有代表性的社会人士、专业人士、基层群众参与管理。"

三峡流域城市针对过去长期存在文化行政部门既"管文化"又"办文化"、职责不清晰的现象,也清醒地认识到,唯有从体制上"动大手术",采取"管办分离"的方式,才能从根本上解决问题。首先,实行政事分开,资源重组。按照中共十七届六中全会精神和文化体制改革要求,从有利于文化事业发展大局出发:将辖区内原来由文体局统管的所有公共文化体育场馆的"人、财、物"成建制划出,重新组建诸如公共文化体育发展中心等机构;把电视台、报社等从文化部门单列;把广告、印刷、网络、传输等经营部门从事业体制中分离出来,逐步实行转制,自主经营,为壮大主业服务。通过对行政事业单位重新组合、另设机构,打破了以往的传统格局和固有思维。其次,实行"管办分离",各司其职。积极探索文体事业"政事分开、管办分离",即市县级文体局只负责"管文化",不再涉足微观事务,并将原来管人、管财、管业务活动的运营自主权,交给诸如公共文化体育发展中心等机构。重庆市黔江区在这方面的改革比较成功。2001 年 1 月 1 日,黔江区中波台正式划转重庆市广播电视局直属管理,4 月,更名为"重庆市广播电视局 529 台"。2011年 7 月,黔江编委〔2011〕61 号文同意撤销"黔江区电视台""黔江人民广播电台",设置"黔江区广播电视台",为黔江区文化广电新闻出版局管理的正处级财政差额拨款事业单位,实现了政事分离。黔江电视台台长不再由文广新局副局长兼任,实现了真正的管办分离。黔江区广播电视台进行改制升格后，内提素质，外树形象，广播、电视和互联网三大媒体齐头并进、同步发展的格局基本形成，从而实现了文化管理部门由"办文化"到"管文化"的职能转变。

3. 文化市场综合行政执法

综合行政执法是 20 世纪 80 年代中后期，一些地方针对行政执法部门机构重叠、队伍庞大、效率低下的执法现状进行"联合整顿"，实施"联合执法"的工作过程中提出来的，目的是通过清理整顿行政执法队伍，整合行政执法机构，以加强执法力量，提高执法效率，完善市场监管。文化市场综合行政执法改革既是文化产业健康繁荣的现实要求，也是文化市场规范管理的有效手段。文化市场综合行政执法改革的总体目标是：组建统一、高效的文化市场综合执法机构，形成权责明确、行为规范、监督有效、保障有力的执法体制，建设廉洁公正、作风优良、业务精通、素质过硬的执法队伍。中共十七届六中全会决定强调提出，健全文化市场综合行政执法机构，推动副省级以下城市完善综合文化行政责任主体。加快文化立法，制定和完善公共文化服务保障、文化产业振兴、文化市场管理等方面法律法规，提高文化建设法制化水平。坚持主管主办制度，落实谁主管谁负责和属地管理原则，严格执行文化资本、文化企业、文化产品市场准入和退出政策，综合运用法律、行政、经济、科技等手段提高管理效能。深入开展"扫黄打非"，完善文化市场管理，坚决扫除毒害人们心灵的腐朽文化垃圾，切实营造确保国家文化安全的市场秩序。为规范文化市场综合行政执法行为，加强文化市场管理，维护文化市场秩序，保护公民、法人和其他组织的合法权益，促进文化市场健康发展，文化部于 2011 年 12 月根据《中华人民共和国行政处罚法》《中华人民共和国行政强制法》等国家有关法律、法规，制定《文化市场综合行政执法管理办法》。三峡流域城市文化市场综合行政执法改革在这样的背景下逐步展开并不断深化。虽然总体上与东部发达城市相比显得有些滞后，但一些城市后来居上，表现出比较强的后发优势，如湖南省常德市在文化市场综合行政执法改革中就积累了一些有益的经验，值得借鉴。

常德、长沙、岳阳、张家界等四市是湖南省确定的全省文化体制改革综合先行试点城市，常德市文化市场综合执法改革作为整个文化体制改革的一个重要部分，与全市文化体制改革同步进行。2009 年 9 月，中宣部、中央编办等部门联合发文《关于加快推进文化市场综合执法改革工作的意见》，提出在全国副省级及以下城市开展文化市场综合执法改革，并要求于2010年年底前基本完成文化市场综合执法机构的组建。因此，湖南省委宣传部等部门下发《关于加快推进试点地区文化体制改革工作的若干意见》，以此为标志，湖南省文化市场综合执法改革正式启动，作为文化市场综合执法改革试点城市之一，常德市行动迅速，于2010年3月制定出台了市本级文化市场综合执法改革方案，后经多次反复修改，至2011年3月，常德市文化市场综合行政执法改革方案最终确定，其核心内容是归并文化、新闻出版（版权）、广播影视等领域的行政执法权，组建统一的文化市场综合执法机构，创新文化市场行政管理的体制和机制，实现综合执法机构对大文化市场实行统一执法。通过文化市场综合执法改革，常德市市、县两级初步形成了大文化市场实行统一执法、无缝监管的文化管理体制，在相当程度上较明显地改变了过去文化市场"多头管理、职能重叠、尺度不一、监管缺位"的诸多弊端。具体来说：一是通过文化市场行政执法机构合并，可以整合行政执法资源，起到精简机构、降低成本、提高效能的积极作用；二是对文化市场实行统一监管、同一标准执法，有利于行政执法的公平、公正；三是文化市场实行综合执法，实现对大文化市场的无缝监管，可以有效避免多部门管理时因相互推诿或不作为导致的存在管理缺位和执法真空的问题。[①]

4. 经营性文化单位转企改制

随着我国文化体制改革深化，对于国有文化单位的转企改制已经成为文化体制改革的重中之重。我国文化体制改革大体可分为公益性文化事业单位改革和经营性文化企业单位改革，"文化事业单位"是由国家财政拨款的文化单位，以公益为目的，如图书馆、博物馆等属于此类；"文化企业单位"是指从事文化产品生产、流通、经营和服务性活动，以盈利为目的，进行工商登记和独立经济核算的单位，这是转企改制的主要对象。《中共中央关于深化文化体制改革推动社会主义文化大发展大繁荣

---

① 参见万庆《常德市文化市场综合执法改革政策研究》，硕士学位论文，湖南大学，2013年，第18—20页。

若干重大问题的决定》在论述"进一步深化改革开放，加快构建有利于文化繁荣发展的体制机制"等相关内容中明确指出："深化国有文化单位改革。以建立现代企业制度为重点，加快推进经营性文化单位改革，培育合格市场主体。科学界定文化单位性质和功能，区别对待、分类指导，循序渐进、逐步推开，推进一般国有文艺院团、非时政类报刊社、新闻网站转企改制，拓展出版、发行、影视企业改革成果，加快公司制股份制改造，完善法人治理结构，形成符合现代企业制度要求、体现文化企业特点的资产组织形式和经营管理模式。创新投融资体制，支持国有文化企业面向资本市场融资，支持其吸引社会资本进行股份制改造。"根据"区别对待、分类指导"的要求，转企改制的对象主要是一般国有文艺院团、非时政类报刊社、新闻网站等。十几年来，我国国有经营性文化事业单位转企改制稳步推进，从出版发行、广电影视到文艺院团，创新体制、转换机制，通过不断创新体制、转换机制，在市场化的大潮中劈波斩浪，逐渐发展壮大。

三峡流域城市一些国有文化单位成功转企改制后，全力开拓文化市场，转变文化经营思路，其竞争力和创新能力获得空前释放，取得了比较显著的经济和社会效益，逐步成为合格的文化市场主体。在三峡流域城市中，重庆市黔江区的国有文化单位转企改制工作推行较早，2002年3月11日，黔江区编办下发了《关于新华书店和电影公司改制的通知》（黔江编办函〔2002〕2号），原东城、西城电影公司由事业单位改为自主经营、自负盈亏的企业法人；2005年10月，重庆市人民政府将书店国有资产授给重庆新华书店集团公司经营，作为重庆新华书店集团公司的子公司，黔江区新华书店更名为重庆新华书店集团公司黔江新华书店；2008年5月，黔江市政府发文批准成立"重庆市民族歌舞团"，实行企业化管理。作为全省首批文化体制改革综合性试点城市、也是全国文化体制改革新增试点城市的宜昌市及其所属各县市，到2011年年底基本完成了国有文艺院团改革的任务，宜昌市两家市属国有文艺院团转企改制，正式挂牌成立宜昌市歌舞剧团有限责任公司和宜昌市京剧团有限责任公司。铜仁市2009年撤销了原文工团和京剧团的建制，整合资源，组建了梵净山民族歌舞团和梵净山文化演艺有限公司，新建的梵净山民族歌舞团，为副处级直属事业单位，实行一团两制，团长负责制和全员聘用制，激活了文化经营单位管理机制，提高了文艺院团的经济效益和社会效益。流域内其他城市的文化转企改制工作都先后完成，正逐步积极稳妥推进市县国有文艺院团继续深化改革工作，探索适应新形势要求的文化企业发展方式，引导转企文化单位构建面向市场、面向群众的新型演艺体制格局。

二 三峡流域城市文化管理存在的主要问题

尽管三峡流域城市文化体制改革取得了一定积极成效，但由于改革本身的复杂性、国家根据社会发展的现实情况在政策层面上不断修正带来的变化、利益相关者之间的矛盾冲突、西部地区相对落后的经济状况以及思想意识上认识和重视程度不够，从而造成区域城市公共文化服务建设与管理、城市文化产业发展还存在诸多问题。

（一）公共文化服务体系建设存在的主要问题

1. 宏观政策指导缺乏力度

如中共十七届六中全会以后，宜昌市围绕如何推动文化大发展大繁荣开展了专题调研，但直到笔者调查时的 2014 年年底仍然没有出台关于推动文化大发展大繁荣的规范性文件，公共文化事业的发展缺乏总体规划和政策支持。少数地方在处理经济和文化协调发展关系上，存在"一手硬一手软"现象，一些文化惠民工程建成后，没有同步建立运行保障机制，作用不能得到有效发挥。全民健身保障体系不尽完善，经费保障不平衡，新建小区应按标准规划建设体育设施的法规不落实。黔江区城市政府及文化相关部门在思想上没有形成大文化的共识，把文化工作长期作为"软任务"，重视不够；在人才使用上，文化人才发展前景不广，有的干部一进入宣传文化部门便进入成长的"慢车道"，严重影响宣传文化人才的工作积极性。湘西土家族苗族自治州作为经济比较落后的少数民族地区，由于政府要面对来自发展经济、保障民生的巨大压力，对文化产业的发展比较重视，而对基层公益文化事业的发展缺乏力度，还处于依赖国家和上级的项目投入发展的阶段。各级各部门在基层公益文化活动的组织、引导方面存在相当突出的"缺位"现象，对群众自发组织的公益文化活动缺乏有效指导和扶持，除了划拨少量经费添置必要的器材外，其作为非常有限。

2. 文化基础设施不够完善，且覆盖不均衡

这是三峡流域城市存在的相当普遍的现象。如经济条件相对优越的宜昌市经过多年建设，城区和各县市中心区域文化基础条件得到较大改善，设施较为完备，而部分县市区、特别是城乡接合部、偏远山区文化基础设施建设仍较为薄弱：点军区尚无图书馆、文化馆；全市107个乡镇（街办），仅有35个建有"三个一"体育工程，尚有16个综合文化站面积未达到300平方米的标准；30%的行政村（社区）文化活动室面积没有达到100平方米；全市公共图书馆人均藏书0.39册，未达到0.7册的标准，大部分农家书屋藏书未达到2000册；城区新建小区健身设施覆盖率仅60%，人均占地面积约0.08平方米，远未达到0.2—0.3平方米的国家标准。黔江区城区文化基础设施和基层文化设施欠缺，新城文体中心多个项目推进速度十分缓慢，离建成投用还有很长的差距；老城区3个街道文化中心建设进度也十分缓慢，部分街道、镇乡还没有文化广场等基层文化设施；广播电视台机房简陋，设备陈旧，不能满足广播电视节目的基本制作、播出、传输功能；文化馆、图书馆达标建设没达到既定目标，文化馆空间不足，不论与免费开放的标准相比还是与国家一级馆标准相比，都有不小的差距；标准化文物管理所尚未建立，馆藏文物管理条件尚需改善。恩施全州"三馆"（博物馆、文化馆、图书馆）大都是在"七五""八五"期间修建的，设施陈旧，功能不全，尤其是乡镇文体设施更为薄弱，远远满足不了人民群众的需要。由于张家界建市较晚，经济基础薄弱，公共文化基础设施严重不足，公共文化产品生产和供给能力有待提高，公共文化事业与人民群众日益增长的精神文化需求还存在相当大的差距。

3. 经费投入和服务能力有待提高

近几年来，宜昌市各级政府逐步增加对文化事业的投入，但投入机制不够完善，激励机制不够健全，尤其是对基层文化投入不足，制约了公共文化服务产品供给和服务能力的进一步提高。市群艺馆和各县文化馆、部分县图书馆没有配备流动服务车；部分县级公共文化机构免费开放经费没有足额到位，开展活动、培训、图书购置等专项经费严重不足；全市乡镇文化事业平均投入未达到国家规定的"不低于乡镇财政当年支出1%"的标准。现有的农村文化事业经费，省财政每年按农村农业人口

数量转移支付 1 元/人，县级财政配套 0.5 元，这一标准执行多年，不能完全满足基层文化活动的开展；部分社区文化室利用率偏低，一些地方文化活动开展不起来，管理服务水平较低；部分公共体育健身设施维护管养工作责任不落实，开放程度不高。黔江区文化经费预算不足，设立的专项资金文体系统多个单位统筹使用，文化领域争取到的经费有限，这在一定程度上限制了品牌文化打造，黔江在品牌文化方面尚无品牌符号；对文物设施维修投入不足，部分文物损坏严重，得不到妥善维护；公共文化服务设施投入不足，近年来除新建了一个图书馆以及实施民族文化宫续建外，其他城市文化重要设施几乎没有投入。"十二五"期间，湘西土家族苗族自治州公益文化事业投入处于公共财政投入不足、结构有待优化、多元化投资体系尚未形成的阶段。政府公共财政对城市文化事业的支出占财政总支出的比重偏低，对公益文化事业的投入则更少，与国家规定的"各地对文化事业的投入应逐年增加，其增加幅度应高于当地财政增长幅度的 1—2 个百分点"的政策，尚存在不小差距。有限的投入在保证文化单位人员工资和部分配套项目后，用于开展公益文化活动的业务经费严重缺乏，难以满足人们对公共文化服务的现实需求，自治州大部分县（市）图书馆专项图书购置费均未纳入财政预算，每年通过争取和自筹的图书经费仅 2 万元左右；按照《文化部财政部关于推进全国美术馆、公共图书馆、文化馆（站）免费开放工作的意见》（文财务发〔2011〕5 号）精神，地市级图书馆、文化馆补助标准为 50 万元，县级为 20 万元，乡镇综合文化站为 5 万元，省、州、县三级应拨付的财政补助经费占总额的 50%，但由于仅省里补助的经费落实到位，而自治州并未制定财政补助标准具体实施意见，因此，公共图书馆、文化馆（站）等公共文化设施免费服务工作难以长期坚持下去。张家界各级财政对文化发展的投入明显不足，文化发展的投入政策、税收政策、价格政策和专项资金政策受多种因素的制约难以落实；因投入不足，导致城乡文化建设比较滞后，城市文化功能严重缺位，基层文化阵地设备落后，公共文化服务能力偏低。

4. 公共文化服务队伍亟待加强

如宜昌市虽然一直比较重视文化人才队伍建设，也取得一些成绩，但总体看来，各级公共文化机构人才队伍青黄不接的问题仍然非常突出，市县两级文化事业单位人员编制偏少，相当一部分乡镇（街办）综合文化站的人员未按照文化部有关规定达到 3 名以上，编制、身份、待遇不落实，体制不顺；多数城市社区没有配备财政补贴的文化管理员。黔江区全区文艺创作、文化传承、文化经营、文化管理的人才十分缺乏，少部分文化事业单位人员结构不合理，专业人员比例偏低，部分街道社区没有文化专干，难以引导、组织群众开展文化活动，出现了"文化单位缺少文化人"的现象；在全国、全市有影响力的文艺人才极少，缺乏领军人物。目前，黔江文化人才正处于一种"青黄不接"的窘境。湘西土家族苗族自治州文化人才队伍也同样存在诸多问题。一是整体素质不高，专业人才紧缺。全州文化单位有中级以上职称的不到总人数的 25%，无职称的占 18.5%；大部分文化专干是非艺术类院校毕业，专业不对口；民间业余文艺团队人才素质参差不齐，大部分缺乏专业指导和培训，业务水平不高。二是人才流失严重。由于长期以来基层文化工作经费、待遇等得不到保证，挫伤了从业人员的积极性，基层文化单位缺乏吸引力，专业人员流失严重。三是后备人才缺乏。由于外出务工人员增多和基层公益文化活动吸引力不强，有一技之长、热心基层文化活动的年轻人日趋减少，基层文化活动后继乏人问题日趋严重。四是管理体制不顺。现行的乡镇文化专干由乡镇政府管理，文化职能部门进行业务指导的体制下，乡镇文化专干多数身兼数职，主要精力用于参与乡镇中心工作，很少开展文化服务工作，"专职不专干"现象普遍。张家界市在文化领域尚无具有代表性的领军人物，缺少懂经营、善管理的综合性优秀人才，且基层文化干部在知识层次、年龄结构等方面参差不齐，整体素质需进一步提高。

其他还有文化产品不够丰富、文化人才队伍结构不够合理、文化长效机制不够健全等问题。以上这些城市表现出的诸多问题在三峡流域其他城市都不同程度地普遍存在着，亟须通过文化管理体制进一步深化改革加以科学解决。

（二）文化产业发展存在的主要问题

三峡流域城市拥有特色鲜明、内容丰富、优势明显、范围广泛、潜力巨大的文化产业资源，这为三峡民族地区的文化产业发展提供了厚实的物质基础和先决条件。正是基于这一背景，三峡流域城市各级政府都制定了雄心勃勃的"十二五"文化发展规划，区域内各级政府部门通过几年的改革发展，其文化产业也得到比较大的发展。但直到今年收官之年，不仅鲜有城市真正实现当年规划所定下的战略目标，而且离目标的距离还非常巨大。与东部发达地区相比，这一区域的文化产业尚处于刚刚起步的阶段，基础薄弱，还存在诸多亟须解决的困难和问题。

1. 对发展文化产业的重要性缺乏科学认知

中共十七大报告中明确提出要大力推进和发展文化产业，更好地推动和实现我国文化的大发展和大繁荣；中共十七届六中全会则进一步总结了近些年来我国文化产业改革及发展的丰富实践经验，强调指出了不断加强文化建设、积极推进文化产业发展的重要战略意义，同时还提出了进一步推动和实现我国文化大发展、大繁荣的具体指导思想，以及到2020年我国文化产业发展的战略目标和各项重要任务。胡锦涛总书记在中共十八大报告中又进一步提出：要扎实推进社会主义文化强国建设，要将文化产业发展成为国民经济支柱性产业；要发展新型文化业态，提高文化产业规模化、集约化、专业化水平。随着文化因素在综合国力竞争中所处的地位与所起的作用越来越突出和明显，文化产业已经成为国家走向强盛、人民走向富裕的不二选择。但地处经济欠发达的西部地区的三峡流域市县级城市对发展文化产业的认识还多停留在观念行为层面，"文化立市"的意识尚未完全形成。远与欧、美、韩、日等西方国家、近与北（京）上（海）广（州）深（圳）相比，其文化产业尚停留在一般性的观念意识而没有真正转化为行为自觉。同时由于缺乏对相关理论的研究，导致文化管理主体对文化产业的性质、特点、规律缺乏了解，对发展文化产业的思路不清晰，由于民族地区的文化企业在波诡云谲的市场经济大潮中没有科学有效的理论指导，往往很难得到发展壮大，具备强大的竞争力，这也使得三峡流域城市文化产业在市场中举步维艰，生存堪忧。兹举几例以证明此类问题的普遍性。

宜昌市很长时间内对发展文化产业存在着模糊认识：分不清文化事业和文化产业的区别，认为发展文化产业是文化部门的职责；发展文化产业靠政府、靠财政的思想尚未从根本上转变，没有树立文化产业的发展应依赖市场的意识；忽视文化的经济内涵和产业因素，将文化视为经济的附庸，"文化搭台，经济唱戏"依然是其主流思想；部分人还存在文化产业讲求效益、追求利润是文化的沦丧和堕落的观念，没有充分认识到文化的经济属性和产业性质。荆州市在思想上也存在对文化产业重视不够的问题:"文化壮腰"虽列为五大壮腰战略之一,但实际上从来没有像抓"工业壮腰"那样予以重视,会议研究得多落到实处的少,规划制定得多认真执行的少,项目前期规划重视得多后续配套重视的少。例如襄阳诸葛亮文化产业园比荆州关公文化产业园建设时间晚却已开园营业,而荆州博物馆文保大楼动工多年却还只见框架、国家资金到账两年却不能用。涪陵区在思想认识上过分强调文化产品的意识形态属性,对其商品属性则有意无意地加以忽略;习惯于将文化看作花钱的"事业",忽略了文化的投资功能和文化产业具有的经济价值。黔江在文化产业问题上思想认识也出现很大偏差。一是将文化产业和文化事业混淆在一起。而实际上这是两个既有联系又有区别的概念。文化产业是经营性的,文化事业是公益性的,通常由政府投资,无偿提供给社会公众。将文化产业混同为文化事业,不利于充分挖掘文化产业的潜能,发挥它潜在的巨大优势。单纯追求经济增长的做法,将文化产业视为经济的附庸,忽视文化产业本身的经济内涵和产业因素。二是对于文化产业在地区经济增长和社会发展上的作用认识不足,对文化产业的发展缺乏系统而长远的规划。其他如恩施土家族苗族自治州、湘西土家族苗族自治州、怀化市、常德市、铜仁市、荆门市等莫不如是。

2. 文化产业管理体系建构不完整

一是体制改革步伐滞后。三峡流域城市相关部门虽然也出台了本地区文化体制改革方案,但并没有建立起利于本地文化产业发展的、固定的、合理的产业格局体系,计划经济时代遗留下来的文化管理体制和经营机制并未彻底破除,主要表现在:政企不分、政事不分;文化结构不合理,事业比例偏大,产业比例偏小;行业垄断问题严重,各部门之间条块分割突出;文化市场管理政出多门、法执多头。二是产业发展政策体系不完善。一些城市政府对本地所独有的特色文化重视不够,缺乏全面系统的调查研究,不清楚自己的家底;对地方民族特色文化产业发展缺乏清晰的定位,没有将特色文化产业作为战略产业来周密谋划论证,制定出整体战略规划,多数地域特色文化产业行业基本处于自发发展的状态。政府对地方特色文化产业的政策支撑体系也不完善,没有制定出专门针对区域民族文化产业发展的政策措施,现有的相关政策则分散而烦琐，缺乏系统性，特别在资金、税收等方面缺乏成熟的政策支持中小地方特色文化企业的发展，这直接影响到将本地区丰富的特色文化资源转化为产业资源和经济效益。三是文化领域的体制改革相对缓慢，制约和阻碍了文化产业的发展。文化艺术领域艺术表演团体存在着总量过多、布局过散、结构过老的问题，由于不能适应文化经营机制的转换，相当一部分文化单位陷入困境；书法美术等艺术资源优势转化为市场产品优势的机制尚未形成；广电、出版、报业等新闻传媒得益于国家垄断性保护政策，发展迅速，但随着国内和国际的竞争日益激烈，面临的挑战更加严峻，优胜劣汰势不可当，新闻出版业中一些机制性、结构性矛盾已经比较突出。四是文化资源整合力度不够，市场化程度较低。当下三峡流域城市文化产业管理体制和运行机制还存在许多问题，如：行业垄断、地方垄断、国有垄断的问题，文化、文物、旅游、园林、宗教等数个部门分散管理文化资源的问题，等等，对文化资源综合开发与利用十分不利；文化产业缺少统筹规划和综合协调，分布比较零散，重复项目较多，以文化旅游业为例，文化旅游景点低层次模仿，重复建设的现象比较突出，各景区之间、特别是与周边旅游景区之间的旅游线路连接不畅；文化产业市场竞争机制不强，组织化、集约化程度偏低，尚未形成完整的文化产业链，流域内缺少规模化、实力强的文化产业集团，无法形成文化品牌竞争优势和产业集群优势参与国内外市场竞争，不能适应市场经济发展的要求，致使域内丰富的文化资源得不到有效的开发利用，削弱了该产业本应该具有的巨大经济效应和社会效应。

3. 文化产业在国民经济中的总体地位不够突出

总体来看，三峡流域城市文化产业经过十多年的发展，具备了一定规模，特别是旅游与文化产业结合，创造了相当可观的经济价值。但与发达地区相比，仍然处于刚刚起步阶段，在经济和社会发展中的作用还非常弱小。主要表现在：一是量小。从总量上看，1998 年美国文化产业产值就已经占美国 GDP 总量的 18%—25%；国内发达地区城市文化产业发展势头强劲，对经济的拉动作用不断增强，如上海 2013 年文化创意产业占全市 GDP 已达 11.5%，北京文化创意产业 2014 年实现增加值 2794.3 亿元，占全市 GDP 的比重提高到 13.1%，创历史新高。而到 2014 年底，三峡流域市县级城市的文化产业占 GDP 比重仅达到 3% 左右，低于全国平均水平，且主要以低投入、少风险、快回报的短平快项目为主。二是质弱。三峡流域城市的文化企业虽然在本地区有一定规模和知名度，但其业务范围比较窄，难以形成统一的集群化的响亮品牌；虽然一些文化品牌打造上也做了很大投入，但因为宣传不够和配套设施不完善等，并未形成所希望的品牌效应；拍摄并开发了一些有宣传本地文化的影视、动漫作品，但由于运作机制的封闭性，成为"养在深闺人未识"的产品，在文化市场上难以产生影响；丰富的民族特色物质与非物质文化资源长期被闲置，没能发挥它应有的价值和作用；专业演出团体基本上仍按传统计划经济模式运行，演出活动多局限于政府采购的城区节假日庆祝、下乡慰问演出等内容，缺乏走向市场的勇气和动力。三是科技含量不高。近年来三峡流域城市文化产业虽然在数字产品生产、生产设备制造等领域取得了一些成绩，但总体来看，地方特色文化与文化产业彼此间的融合程度远远不够，当代高新技术在区域文化产业发展过程中的作用不明显；地方性高校与三峡流域城市文化建设和文化产业发展的融合度不高，没能给予地方更多的科技和智力支持；高校科技成果转化率不高，科教优势没有通过与当地文化产业的密切结合转化为现实的生产力。四是发育不成熟。由于改革不彻底，三峡流域城市依然普遍存在政事、政企不分、管办不分的现象，国有文化事业单位的经营性文化部分没有很好剥离出来，从事文化生产和经营的单位缺少自主权，没有真正成为市场竞争主体，这一问题突出表现在旅游市场机制僵化和文化旅游企业素质偏低两个方面：一方面，由于旅游资源条块分割的管理方式，基本垄断的管理手段，部门交叉的管理权限，导致三峡流域城市在一定程度上仍然停留在过去政府行政管理文化旅游产业的发展，而非市场机制调节文化产业发展，以至于到现阶段都没有形成多元化的市场主体和完善的市场体系；另一方面，三峡流域城市目前尚无真正具有世界影响的以资本为纽带的跨区域、跨领域、跨行业的大型文化产业集团和标志项目，文化产业的集聚程度不高，企业规模普遍不大，经济效益偏低，衍生产品较少，服务功能单一，文化产品深度开发不够，市场占有率较低，缺乏主导三峡流域文化产业发展的市场主体。

4. 文化产业人才极度匮乏

由于我国文化产业起步较晚，教育部门对文化产业人才的培养基础较薄，而人才培养周期较长，高等院校文化产业人才培养的速度远远不能满足社会的巨大需求，从而造成文化产业人才十分匮乏。三峡流域城市在新闻、出版、文化系统的高层次经营管理和科技人才远远满足不了文化产业领域高科技迅速发展和现代化管理的现实需要。该区域当今文化产品的生产主要是以传统工艺技术为主，其创新能力欠缺，科技含量较低，囿于资金和人才，现代高新技术和国外先进装备很难迅速引入三峡流域城市民族文化产业，从而造成其产品质量档次、科技含量不高，经济效益不明显，在国内外市场上缺乏竞争力。同时，政府还没有制定出相关的政策来吸引文化产业投资者，文化产业的准入制度、投融资渠道，财政税收政策有待建立健全，一定程度上还存在着明显的政府主张的烙印，凸显出文化产业人才匮乏、产业发展后劲不足等情况。

三峡流域城市文化整体竞争力相对比较薄弱，其中一个重要原因就在于该区域文化产业人才极度稀缺，几乎与文化相关的每个文化子行业都不同程度地存在文化人才年龄老化和青黄不接的问题，尤其缺乏高端原创的专业文化人才和领军人物。如在动漫领域里，互联网上的游戏基本上都是国外产品，中国很难在其中占一席之地，中国城市影院主要靠"进口大片"收益支撑着每年不大的票房总规模，像《捉妖记》这样票房收入能够破24亿元的国产大片真是凤毛麟角；另一方面，一些兄弟城市积极主动抢抓文化发展机遇，在文化体制改革、基础设施建设、产业集团建设以及人才培养等方面都取得了显著的成绩，而三峡流域城市对人才队伍建设缺少紧迫性，更缺乏前瞻性。譬如：宜昌市现有文化单位的在职职工，年龄大多在50岁以上，明显地表现出青黄不接；具有文化产业知识的高层次文化产业管理人才、策划人才、创意人才、技术人才、文化经纪人更是难以寻觅，人才问题已成为制约宜昌市文化产业发展的"瓶颈"。一方面，宜昌市拥有十分丰富的文化资源，但由于懂科技和现代管理的高端文化人才的缺乏，没有能力对特色文化进行深度开发，难以形成文化产业精品；另一方面，宜昌市近年来单项获奖的文化精品也不少，但由于与产业结合不紧密，市场占有率较低，很难转化为现实生产力和经济效益。如果这些问题得不到及时解决，会长期制约三峡流域城市产业文化的健康发展。

通过对三峡流域城市文化管理体制改革现状的观照与审视，改革的确极大地改变了三峡流域城市文化发展的生态环境和生存空间，但与此同时可以看到的是，很多东西几十年依然没有太多改变。这些不变的东西被学者称为"旧体制的遗产"，即计划经济体制下的东西还依然存在于现实当中。而新旧体制并存于一个时代，不仅造成了"各种社会制度要素和利益诉求的混合、缠绕与冲突，而且形成了制度变迁的路径依赖"。[①]所谓"路径依赖"，即某一运作性理论所发挥的影响将会受到过去继承过来的既定环境因素（如制度）的调节。[②] 这种路径依赖在三峡流域城市文化管理中主要体现为：从文化资源占有看，近些年来三峡区域民营文化经济得到比较迅速的发展，但公有制文化在该区域内的关键领域仍然居于绝对的主导地位；从民族文化资源的配置看，三峡流域绝大多数城市依然实行着政府协调机制与市场调节机制的双轨制，在社会主义市场经济的环境中，还固执地保留着传统计划体制的某些资源配置方式；就国家和地方文化政策功能的发挥而言，一方面强调尽力发挥制度的诱导功能，以效率驱动经济文化的发展，另一方面又特别重视制度的约束功能，最大限度地保留了对意识形态领域的管控方式。由此可见，虽然三峡流域文化管理体制经过改革发生了很大的变化，但由于我国社会主义体制的持续和长久存在的状态，我们不仅要注意改革之后的变化，同时也要更多关注"不变"因素。唯有充分认识"变"与"不变"的对立统一，才能深切理解改革的长期性、艰巨性和复杂性，从而为未来的文化管理体制深化改革提供更明确的理论指导和路径选择。

---

① 杨立青：《中国文化管理体制改革的动力来源、约束条件与路径依赖》，《云南社会科学》2013 年第 2 期，第 122 页。

② 参见 ［美］彼得·豪尔等《政治科学与三个新制度主义学派》，《新制度主义政治学译文精选》，天津人民出版社 2007 年版。

第四章

三峡流域城市社会文化管理创新

　　城市文化管理创新是推动城市文化发展繁荣、社会文明进步的基石。对少数民族地区的城市文化管理者来说，如何适应当代少数民族区域文化管理的现实需要，实现文化管理角色和管理职能的现代转型，是顺利推进少数民族地区文化管理体制改革的关键所在。倡导建立以党和政府为主导的多方协作、共同参与的多元文化治理模式，以此推动三峡流域城市社会文化的健康发展，实现文化强市的战略目标。[①] 文化不仅影响人的智力和精神，而且也是影响城市经济、政治的重要因素，随着城市的不断发展和社会的不断进步，它对城市社会经济的发展和政治的稳定起着越来越显著的作用，正如马林诺思基在《文化论》一书中所言："文化根本是一种'手段性的现实'，为满足人类需要而存在，其所取的方式却远胜于一切对于环境的直接适应。个人必须遵守法律和秩序，必须学习和服从社会的传统。"[②] 城市文化管理创新是三峡流域城市社会文化发展的时代诉求。

第一节　城市文化管理创新的必要性

一　城市文化管理创新是改变一元化城市文化管理体制的发展需要

　　所谓一元化城市文化管理体制，是指城市政府对文化实行绝对领导

---

　　① 参见刘吉发、吴绒《多元治理视阈下的政府文化管理创新：陕西视角》，《长安大学学报》2013 年第 4 期。

　　② Malinowski, Bronislaw Kaspar, *A Scientific Theory of Culture*, Chapel Hill : University of North Carolina Press, 1944, p. 23.

和控制的单一型文化管理模式。中国过去相当长的历史阶段一直实行的就是这样一种文化管理制度。在这种一元化城市文化管理体制下，城市政府及其文化相关管理部门作为绝对主体管理着城市文化领域的一切事务，而本来应该作为城市文化管理重要组成部分的文化市场、民间文化团体和从事文化艺术工作的个人等却不同程度地被排斥在管理队伍之外、被完全边缘化，与此同时，他们的创造性和自主性也遭到相当程度的抑制甚至扼杀，由此造成了文化领域内具有中国特色的政府层面的政事不分、管办一体的现象。这种一元化城市文化管理模式从理论上认为政府具有无限的理性，可以科学、高效地管理好文化事业的所有工作，但事实上政府并非万能，它精力有限，根本无法有效应对和解决管理过程中出现的各种挑战与全部问题，也不能以最小的投入获得最大的产出，甚至经常会出现政府管理失灵和失效的尴尬局面。

二　文化管理创新是适应多元城市文化治理的现实要求

国家要进步，城市要发展，社会要稳定、和谐，就必须讲公平正义，需要将城市社会各个阶层的多元化利益诉求统一于理性和法治的框架和秩序之内。取代一元化城市文化管理的城市多中心治理理论，是将不同利益团体的多元利益加以统合、综合考量而形成的理论范式，它也是我国新时期文化领域政府管理体制改革与创新的重要趋势。在信息化、全球化时代的当下，随着西方人本思想的影响和普通民众素质的逐步提高，广大市民关注社会、参与城市社会管理的自觉意识必然会变得越来越强烈，这就需要党和政府以一种有别于过去的全新的思维方式来管理文化和治理社会。作为一种与时俱进的探索政府与市场、社会新型关系的改革理论，多中心治理的核心内容在于，当今的政府已经不再作为计划经济时代公共事务管理中的唯一主体进行全程控制，而是转变成诸多管理主体之一，并主要通过制定制度、政策等间接管理方式，与市场、社会等另外两大主体进行合作，共同管理公共事务。从实践层面来看，在城市文化管理领域，过去那种一元管理体制显然早已不能满足和回应市民日益增长的、多元化的文化需求，文化的多元化管理因应这一变化趋势，需要构建一种全新的以政府为主导，政府、文化市场和社会三维框架下的彼此互动协作的管理模式。通过这样的改革与创新，城市文化管理中一些长期存在的矛盾和问题可以得到有效解决。第一，文化产业的多元主体管理能减少单一主体管理所造成的政府失灵问题的发生。在多中心治理的框架下，政府所拥有的管理文化特别是产业文化的权力不是绝对的、无限制的，文化产业管理职能由利益相关的多元主体，即政府和市场来承担，政府和市场各负其责，权力分散但相互制衡。这样的管理模式不仅能有效减少过去管理模式中政府权力过于集中而造成的以权谋私的腐败行为，而且能够使政府摆脱纷繁复杂的具体管理事务，更多地进行文化管理的战略性思考，更能站在文化发展战略高度，以"裁判员"而非"运动员"的角色制定文化的相关政策制度，充分调动市场力量，实现文化产业资源的科学有效配置。第二，对文化事业实行多元化管理能够大大降低政府一元化管理失效出现的几率。一元化管理模式下的政府对文化工作大包大揽，试图成为全能型政府，但事实上它根本就无法完全承担公共文化服务领域的一切管理职能。而在多元治理模式下，除政府之外，社会组织和个人同样也可以在文化事业中有所作为，城市政府、文化企业和民间组织可以携起手来，共同完成对城市文化事业的管理和治理。这种多方之间建立起来的相互补充支持和监督的分工协作的关系，与过去很长一段时期内采取的一元文化管理制度相比，其效率显然更高，效果更加良好，给民众提供的公共文化服务也更高效更优质，带来的是多赢的结果。

第二节　城市文化管理主体的创新

一　城市社会管理的主体

（一）我国城市社会管理主体的变迁

社会管理是人类社会不可缺少的一项管理活动，自有人类社会开始，就存在社会管理，而且随着人类社会的发展，不同时期有着不同的管理方式。中国自1949年成立中华人民共和国以后，在城市逐步建立起一种"以单位制为主，以街居制为辅"的社会管理体制，从而达到政府对所有市民的绝对控制和力量整合，实现稳定社会、巩固政权的目的。"这种管理体制为当时高度集权的政治体制运作、高度集中的计划经济体制的实施和整个社会秩序的整合，提供了非常有效的保证。"这种计划经济时代以执政党和政府为代表的国家力量作为社会管理的唯一主体的社会管理体制，虽然有利于当时迅速恢复社会秩序和社会生产，有利于社会的稳定，但与此同时，这种社会管理体制也极大地抑制了经济、社会、文化等不同领域的分化以及平衡发展，社会自我管理能力、自我发展能力逐步丧失。其后果是：一方面由于政府事无巨细包揽一切事务，其机构设置越来越庞大，行政效率却越来越低下；另一方面社会力量、非政府组织几乎形同虚设，因为没有实质权力而基本上发挥不了积极作用。

改革开放以来，随着社会主义市场经济地位的确立，我国的社会管理体制正在逐步由"全能政府"向"有限政府"过渡：城市单位制的管理模式不断松动，人员自由流动的机会较之计划经济时代大大增多；社会管理主体逐渐多元化，政府虽然还在城市社会管理中居于主导地位，但城市社会组织不断发展壮大，逐步成为社会管理主体的有机组成部分，承担着城市社会组织功能、社会管理功能、城市市民利益表达和实现功能；城市公民参与社会管理的意识得到加强，通过投票、协商、听证、问政等方式参与公共政策的制定、监督政府决策的执行；企业作为城市社会重要的组成部分，在城市社会管理中发挥的作用越来越巨大，企业的行为不仅需要城市政府管理部门的引导和社会的监督，同时也需要企业自身树立社会公共利益的理念，以寻求城市政府、社会组织和市民群体的广泛合作，从而提升企业的社会形象和影响力。

（二）我国城市社会管理主体的构成

随着中国改革开放的不断深入、经济财富的迅速积累、社会结构的深刻变化，我国城市也逐渐进入了社会矛盾凸显期。要构建一个稳定有序、公平正义、平安幸福的和谐社会，就应该加强城市社会建设和管理，推进社会管理体制的进一步创新，"建立健全党委领导、政府负责、社会协同、公众参与的社会管理格局"。[①] 2003 年中共十六届六中全会在就社会主义和谐社会建设做出战略部署的同时，特别就社会管理做出专门安排，主要内容包括建设服务型政府，强化社会管理和公共服务职能；推进社区建设，实现政府行政管理和社区自我管理的有效衔接、政府依法行政和居民依法自治良性互动；健全社会组织，增强社会服务功能；形

---

① 汪大海：《社会管理》，中国人民大学出版社 2013 年版，第 66 页。

成科学有效的利益协调机制、诉求表达机制、矛盾调处机制、权益保障机制，统筹协调各方面利益关系，妥善处理社会矛盾；完善应急管理体制机制，有效应对各种风险；建设宏大的社会工作人才队伍。2012年中共十八大报告用更大、更完整的篇幅对社会管理创新的内容特别是强化社会管理服务理念作了深刻阐述。这充分说明党和政府对社会管理创新的极度重视。

我国现阶段的城市社会管理体制逐渐由"行政管控型"调整到制度化建设的轨道上，开启了与社会主义市场经济体制相适应的具有中国特色的现代社会管理体制建设时期。按照汪大海《社会管理》中的阐述，这一新的现代社会管理体制中的社会管理主体应该由以下几个部分组成：党委领导；政府负责；社会协同；公众参与。他所论述的虽然是具有普遍性的社会管理问题，而城市社会管理正是社会管理的集中和典型体现，因此以之来观察城市社会管理应该是没有任何问题的。

党委的领导作用。在中国这样的社会主义国家的城市管理体制中，中国共产党作为城市社会管理的主体之一，处于城市社会管理的领导地位，其作用体现在：其一，共产党是城市社会管理体系中的政治核心，能够凝聚城市社会管理各方面的力量参与城市社会建设；其二，共产党对城市社会管理具有领导作用，能够有效保证城市社会管理体制改革和创新目标的实现；其三，科学制定城市社会管理政策，引导城市社会各方力量参与城市社会管理和服务，提升管理和服务城市社会的能力；其四，将党的政治和组织优势转化为管理城市社会、服务城市社会的优势，实现党的领导作用的全方位覆盖。

政府的主导作用。我国现有城市管理体制中，城市政府是理所当然的城市社会管理的主体之一，负有主导城市社会管理、提供更好城市公共服务的责任。在城市社会管理体制中，政府的主导作用主要体现在：依据党的路线、方针和政策，制定科学有效的城市社会管理改革与创新规划；保证城市社会管理的财力投入，特别是在公共财政方面要按照公平、公正的原则，妥善协调和处理城市社会各个方面的利益关系；制定并不断完善城市社会管理相关的法律、法规和政策，从制度上为国家的城市社会管理提供有力保障；支持并引导城市市民参与城市社会管理，鼓励城市居民关心城市社会事务，让民众逐步培养自我管理的意识。

社会组织的协同管理作用。在我国现有的城市社会管理体制中，除城市政府及相关职能部门外，还存在诸如工会等非政权性质的社团群众组织、居民委员会等基层民众性自治组织、以公共服务为目的和使命的社会组织、从事文教卫生科技等活动的事业单位以及企业等组织形式，它们同样也是城市社会管理的主体之一。这些组织或单位通过互相协同工作，其社会力量可以与党和政府形成互动、互联、互补的城市社会管理和公共服务网络。

城市市民参与管理的作用。中国实行的是社会主义制度，按照宪法规定，人民当家做主，享有直接参与社会管理的权力。市民可以通过各种途径参与国家立法、城市政府公共决策等。市民的参与能够有效督促城市政府相关信息的公开透明，并清楚表达市民对有关城市政策的意见、看法和态度；能够增进城市管理者与市民之间的相互了解与信任，增强对政府决策的认同感与执行力；能够通过亲自参与城市社区管理增强市民自身的城市社会管理技能和城市社会治理能力，从而提升政府城市社会治理的效果。①

二 城市文化管理主体的结构

（一）城市文化管理主体的内涵与外延

城市文化管理是城市社会管理这一庞大体系中的子系统，与社会管理相比，城市文化管理主体的结构有其基本相似的一面，但也存在明显的差别。文化管理是一个涵盖多种因素的复杂系统，包括主体因素、客体因素、手段模式因素等。"主体因素是文化管理的能动因素，直接决定文化管理的宏观高度和战略全局；客体因素是文化管理的作用对象，规定着文化管理的直接内容与关注重心；手段模式因素是文化管理的实现途径，制约着文化管理的综合效能与发展创新。就其本质而言，文化管理是上述三种主要因素的组合与创新，而这其中文化管理主体对于文化管理系统具有核心引导作用，是文化管理中需要首先关注的因素。"② 关

---

① 参见汪大海《社会管理》，中国人民大学出版社 2013 年版，第 67—70 页。

② 刘吉发、金栋昌、陈怀平：《文化管理学导论》，中国人民大学出版社 2013 年版，第 39—40 页。

于城市文化管理主体的结构，我们可以根据刘吉发等人的相关论述，并结合上述汪大海《社会管理》的有关内容加以辨析。

关于城市文化管理主体的定义，学界从不同的角度往往会作出内涵和外延各不相同的解释。简单地说，所谓城市文化管理主体就是指在以城市文化事务为对象的管理活动中，根据所制定的城市文化发展目标，遵循一定原则程序，对城市文化管理要素、环节及其关系进行管理的个人和群体的总称。"文化管理主体是一个主体系统，它既涵盖微观多元的个体层次的管理主体，又囊括具有多重属性的组织层次的管理主体。"①《文化管理学导论》一书围绕文化管理的基本内涵，将文化管理主体分为组织层面的文化管理主体和个体层面的文化管理主体两大类别。从组织层面而言，按照文化管理主体的角色一般可以分为：政党的文化战略及意识形态部门；文化行政管理部门；文化社会力量。从个体层面来看，根据所承担的角色职务、业务类别、综合程度等标准，可以将其划分为三类：战略型文化管理者；策略型文化管理者；业务型文化管理者。笔者主要从组织层面探讨城市文化管理主体的基本类型。

（二）城市文化管理主体的类型

根据文化管理主体的相关理论，结合三峡流域城市文化管理的现实实践，我们认为，城市文化管理的主体大概可以分为：党的城市文化管理组织；政府的城市文化管理组织；城市群众文化管理组织；部门文化产业管理组织。

1. 党的城市文化管理组织

从机构设置看，中国共产党的城市文化管理组织主要包括城市各级党组织中的部门，如宣传部、文明办；城市各级政府文化管理部门中的党组；城市大型文化社团和文化单位中的党组。其文化管理职能是：深入研究马克思列宁主义文化思想、艺术理论以及国际上的城市文化管理最新成果，结合所在城市实际情况，探索在新的历史条件下和我国社会目前的新常态下开展文化工作的方式方法，提出有利于城市文化事业发展的指导性意见；坚持党的路线、方针和政策，主导制定和调整城市文

---

① 刘吉发、金栋昌、陈怀平：《文化管理学导论》，中国人民大学出版社 2013 年版，第43 页。

化发展战略规划、文化发展的基本方针和政策；在城市各类文化活动中发挥监督与保障作用。

2. 政府的城市文化管理组织

市级城市政府文化管理机构设置一般主要包括文化局、广电局、新闻出版局。县级城市政府文化管理机构设置与市级城市设置基本一致，大同小异，主要是文化局、广电局（电视台）等。

从本质上看，党的城市文化管理组织与政府的城市文化管理组织的功能和地位基本相同，都是对城市文化进行宏观管理，在文化管理主体系统中都居于主导地位。但两者关注的侧重点有所区别，就管理本身而言：党的城市文化管理组织对城市文化的管理比较间接，侧重于文化发展宏观政策的制定和总体发展方向的把握；政府的城市文化管理组织对城市文化的管理则显得更为直接，重点在于城市文化基本政策的实施与落实。

3. 城市群众文化管理组织

主要包括城市文化社团组织、城市社区的文化组织、城市企业的文化组织等。

城市文化社团组织既有如文联、作协这样由政府帮助组建，并在一定程度上接受城市政府领导和资助的半官方机构，也存在如书画社、摄影俱乐部、曲艺演出团等完全由城市文艺工作者自愿组成的、与政府没有直接隶属关系的民间组织。城市群众文化管理组织的主要功能是：为城市广大文艺工作者和爱好者提供相互学习、相互交流的机会和场所，出版相关领域的书刊和报纸；开展各种形式的文化活动和文化研究；组织城市文化相关领域的各种评奖，以有效促进文化建设；切实保障城市文化工作者和文艺爱好者的基本权益；加强本社团成员与其他社团之间的联系。

城市社区的文化组织主要由文化馆、社区文化活动中心、社区图书室等组成。文化馆是群众事业单位，其主要功能是：举办各类展览、讲座、培训等，普及科学文化知识，开展社会教育，提高社区群众文化素质，促进社区精神文明建设；组织社区开展丰富多彩的、群众喜闻乐见的文化活动；开展社区流动文化服务；指导社区群众业余文艺团队建设，辅导和培训社区群众文艺骨干；组织并指导社区群众文艺创作，开展群众文化工作理论研究；收集、整理、研究社区非物质文化遗产，开展非物质文化遗产的普查、展示、宣传活动，指导传承人开展传习活动；建成全国文化信息资源共享工程基层服务点，开展数字文化信息服务；指导社区文化中心工作，为社区文化中心培训人员，并向社区文化中心配送文化资源和文化服务；指导社区老年文化、老年教育、少儿文化工作；开展社区对外民间文化交流。社区文化活动中心主要为社区居民提供文化、体育、教育、科普等多功能服务。社区图书室不仅是读书的地方，也是居民间交流的平台，设立的目的是为居民提供信息服务，其作用在城市文化建设中不可替代。

城市企业的文化组织主要是企业的办公室、外联部、企划设计部等，其职能是负责公司形象塑造、维护、发展和传播企业文化，负责企业形象的设计和宣传，负责公司各类标识的设计和公司参展布景的维护，负责公司的网站宣传。

三　三峡流域城市文化管理主体的创新维度

从我国文化管理的实践看，不同历史阶段、不同文化管理主体的内在职能、组织结构等发生过不同程度的嬗变。按照文化管理学专家刘吉发等人的观点，广义的文化管理主体的嬗变应该包括三个层次：结构嬗变、职能嬗变、关系嬗变。对三峡流域城市文化管理创新的研究也可以从这三个维度来思考。

（一）创新城市文化管理主体的结构

何谓城市文化管理主体的结构？简单地说，它是指城市文化管理主体之间的关系。随着城市文化管理主体结构的变化，不同管理主体的管理地位以及各管理主体之间的关系都会发生改变。这一系列的改变体现了各时期城市文化管理主体的关系结构特性，从而也说明在新的历史时期必须加快改革创新城市文化管理主体结构的步伐。

纵观中国的历史，每一个历史阶段表现出不同的城市文化管理主体架构。在漫长的封建社会，文化管理的主体是统治阶级，即中央朝廷和地方官府。作为社会管理重要组成部分的文化管理，对于维护封建王朝的统治起着非常重要的作用。中国历代封建统治者对文化管理的意义认识非常深刻，同时也极其重视。"早在西周时期，统治者就在传统礼制的基础上，重新制定了一整套严密的礼乐制度，对乐舞的内容和形式就有了严格的规范和要求。"① 秦朝统一全国后，尤其是汉代"罢黜百家，独尊儒术"，高度集权国家建立以后，随着文化艺术的不断丰富和发展，历朝统治阶级逐步展开对体制内各种文化的规范与管理，对文化实行专制主义的统治，中央朝廷和地方官府成为文化的唯一管理主体，处于绝对权威的地位。宋、元时期，随着城市的大规模发展，城市市民阶层的出现，为满足他们精神需求的民间通俗文化得到空前发展与繁荣，说书艺术、戏曲表演等民间艺术应运而生，在此基础上，民间的、社会性的文化管理组织和管理规范逐渐成形。这可以看成是城市文化管理主体多元化的一个雏形，充当着弥补正统文化管理不足、繁荣民间文艺的协助角色，是封建传统文化管理的有效补充。

近代以来，特别是 20 世纪前五十年，随着西学东渐，中西文化之间交流的快速推进，一场思想解放运动在全国蓬勃兴起，受西方影响的广大知识分子用"民主"和"科学"的思想武器，对数千年的中国传统文化发起猛烈的攻击。这一时期，国民政府表面上控制着文化管理机构，掌握着国家的文化管理权力，但实质上管理成效甚微，而真正发挥文化管理主体作用的是那些文化革命的先驱者。

中华人民共和国成立以来，文化借鉴苏联的文化管理体制，实行的是文化管理主体主要是中央和地方各级党委宣传部门、文化行政部门和人民团体等联合管理的体制，这一体制与当时的计划经济相适应，一定程度上促进了社会主义文化事业的繁荣。但所表现出来的缺陷也是非常鲜明的，如：管理模式、管理手段单一；党委宣传部门和政府行政部门的管理职能互相重叠交叉，造成政出多门，人浮于事，管理效率低下；文化所有制结构单一。文化管理上存在的这一系列问题到"文化大革命"来了个总爆发，畸形的文化管理造成文化工作的全面衰落，文化事业受到空前打击。文化管理模式往往与经济管理模式有着内在联系，经济上高度集权的中央管理模式，导致改革开放前我国文化管理形成了如下特点：政府是一切文化单位的所有者；所有的文化单位都属于事业单位，由国家财政统一下拨人员和活动经费；政府负责组织和管理各个层次、各种类型的文化活动；所有文化活动都要经由政府相关部门的规划和审

---

① 田川流、何群：《文化管理学概论》，云南大学出版社 2006 年版，第 28 页。

批，基层单位和社会没有任何自主权力。直到中共十一届三中全会的召开，我国社会主义文化事业才重新步入正轨，拉开了文化体制改革的序幕。从 20 世纪 70 年代末到 21 世纪初，我国先后经历了三个阶段的文化管理体制变革。第一阶段（1978—1992 年）的文化管理体制改革，以承认文化市场的地位为主题；第二阶段（1993—2002 年）的文化管理体制改革，提出文化产业概念，中央和地方各级文化行政部门内部实行改革，为文化市场体系的形成创造条件；第三阶段（2003 年至今）继续全面深化文化管理体制改革，强调在中国共产党的领导下，遵循社会主义文化建设的规律与特点，按照文化事业和文化产业自身的发展要求，进一步推进文化管理体制和管理机制的创新，支持和保证公共文化事业，不断增强国家文化产业的实力。

随着新时期文化产业的兴起和逐渐壮大，和全国其他地区城市一样，三峡流域少数民族地区城市从事文化产业和文化服务的文化市场主体——文化企业也成为文化管理的一支重要力量，为保障和促进三峡流域城市文化产业的发展奠定了比较扎实的基础。三峡流域城市文化管理的社会力量也不断发展壮大，行业协会、文化基金会、文化志愿者协会等文化管理相关组织不断出现，为本地区的文化产业的发展和文化事业的推动提供了坚强有力的支持和实实在在的服务。三峡流域城市文化管理主体逐步呈现出"党委领导，政府管理，行业自律，企事业单位依法经营"的基本格局。这种文化管理主体在结构上的创新必定会对三峡流域城市文化的发展产生良好的推动作用。

（二）创新城市文化管理主体的职能

文化管理主体的职能与文化管理主体的结构密切相关，随着新时期我国文化管理主体结构的变化，文化管理主体的职能也呈现出与过去不同的特征。

1. 从单一职能向多样化职能的转变

从文化管理的发展历史来看，我国的文化管理走过了文化管理主体不断丰富、文化管理主体结构不断完善的过程。伴随这一变化，我国城市文化管理主体的职能也由过去十分单一的政治统治、政府管控职能，向多样化的政治统治、社会管理等职能扩展，从传统的维护正统礼乐制度和统治地位发展到社会主义市场经济时代，在突出政治职能的同时，亦强调文化本身的建设与管理的责任。尤其是在经济一体化、全球化的背景下，随着与城市文化相关的行业协会、文化基金会、民办非企业等文化类社会组织和部门的大量产生，文化管理的职能范围发生了历史跨越式变革，党和政府的文化机构已经无法以一己之力承担如此庞大复杂的文化管理职责，党和政府必须下放或出让部分权力给崛起的文化社会力量，让其具备相应的文化管理职能，通过这样的改革方式，形成三位一体的互补型城市文化管理主体的职能体系，即"各级党委相关部门—各级政府相关部门—城市文化社会力量"三元互补型职能体系。

2. 从管制向服务转变

计划经济时代国家对文化实行的是专制式管理。执政党根据国家政治、经济、文化和社会的需要，制定文化艺术发展规划和相关法律制度，各级政府文化部门负责严格按照文化管理的标准，执行和落实文化工作任务。因此，这一时期的文化管理工作具有非常明显的管控色彩。从 20 世纪 80 年代开始，国家对运行了几十年的高度集中的文化管理模式逐步进行改革，相继采取了一些适当放权和引进市场机制的改革措施，如：扩大基层文化单位的自主权；文化经营和文艺演出逐步由市场决定；部分文化单位进行人事制度改革；国家根据不同情况对文化事业单位的财政拨款方式分别采取了全额拨款、差额拨款和专项资助等形式。应该承认，这些改革在一定时期和一定范围收到了较好效果，但总体上说，高度集中的管理模式没有得到根本性改变，与社会主义市场经济条件下的文化管理模式的要求还存在相当大的距离。

现代文化管理特别注重文化管理主体服务文化的职能，要求文化管理者因地、因时制宜，重点从政策引导、资金支持、环境打造等方面为文化的繁荣和文化功能的发挥提供优质服务，文化管理主体的职能更加强调"引导、执行、服务、创新、监管"五位一体，实现从管理向服务的超越。对此，2006 年中共中央、国务院《关于深化文化体制改革的若干意见》明确指出，各级政府要加强和改进文化领域宏观管理，加快转变政府职能，明确文化行政管理部门职责，理顺文化行政管理部门与所属文化企事业单位的关系，最终建立党委领导、政府管理、行业自律、企事业单位自主运营的文化管理体制，建立职责明确、反应灵敏、运转有序、统一高效的宏观调控体系。2012 年中共中央办公厅、国务院办公厅印发的《国家"十二五"文化改革发展规划纲要》又一次重申,要准确把握我国经济社会发展新要求,准确把握当今时代文化发展新趋势,准确把握各族人民精神文化生活新期待,牢牢抓住发展的重要战略机遇期,顺应时代发展要求,遵循文化发展规律,加快文化改革创新,在全面建设小康社会进程中,在科学发展道路上奋力开创社会主义文化建设新局面。根据中央文件的相关精神,三峡流域城市文化管理也要顺应时代要求,在社会主义市场经济和全球竞争的背景下,树立起为人民服务、为文化企业服务的观念和意识,转变角色,摆正位置,提高服务质量。

(三)创新城市文化管理主体的关系

文化管理主体的关系主要是指文化管理部门与直接从事文化业务的部门之间的关系,具体言之,就是各级党、政部门与文化企事业单位以及其他文化业务单位等的责任、权力、利益等的关系。随着中国从计划经济时代转型为社会主义市场经济,文化管理主体之间的关系也发生了根本性变化。当前,我国正处于文化建设的创新发展期,城市文化管理主体之间也必须创建一种全新的关系,以适应新时代对文化管理主体的要求。城市文化管理主体之间关系的创新主要体现在以下几个方面。

1. 执政党、政府和文化企业各负其责,合理分工

在改革开放以前的计划经济时代,我国受限于政治体制和文化管理观念的影响,文化管理主体之间的关系一直处于比较混乱的状态,党政不分、政事不分、政企不分、事企不分是文化领域普遍存在的现象,文化管理呈现出党政多头领导、文化事业部门主导、文化企业的命运完全由别人主宰的奇特格局,各方面分工不明,其责、权、利模糊不清,导致人浮于事、管理效率低下、矛盾重重。这一态势随着我国文化体制改革的不断深入而得到较大改观。中共十八大以来,以习近平总书记为首的党中央在文化体制改革各个方面提出了一系列科学的理论主张,营造出良好的深化文化管理体制改革的环境氛围。和全国一样,三峡流域城市文化管理主体也逐步建立起"党委领导、政府管理、行业自律、企事业单位依法运营"的关系机制,管理主体各方遵循既彼此独立又相互合作的原则,形成多元共生的文化管理主体关系格局。

2. 管办分离,各尽其职

过去由于体制关系没有理顺,政府过多地占用公共资源直接办文化,

其结果是政府的财政投入不仅远远无法满足民众日益增长的多样化文化需求，而且也严重阻碍了市场运作机制的建立。同时，国家鼓励和引导社会力量参与文化建设的配套政策不够完善，机制不够健全，渠道不够通畅，使得社会力量投资文化的动力不足。因此，政府必须加快观念的嬗变，按照中共十八届三中全会提出的要完善文化管理体制，理顺文化宣传部门、行政部门与所属企事业单位的关系，推动政府部门由办文化向管文化转变，实现政企分开、政事分开、管办分离的文化管理改革目标。由"办"到"管"的过程，首先体现在政府审批制度的改革，最大限度地减少审批，部分权力下放，把许多过去由政府办理的事情交给社会和文化市场办理，有一些现在政府主持承办的事情，可以通过购买服务或采取招标的方式，交给社会团体、中介机构、艺术院团去承担，党和政府的主要精力应该转到制定政策、公共管理和加强市场的监管上面来。

从三峡流域城市文化管理的实践看，随着文化体制改革的不断深入，城市各级党委、政府和文化企事业单位之间的关系不断清晰，权责体系进一步明确，管理主体各方既各司其职，又团结协作，有效地解决了过去管理职能混乱的问题。

3. 变微观性直接管理为宏观性间接管理

这主要是针对文化管理主体中各级党委宣传部门和政府文化行政部门来说的。新的文化事业管理主体系统由国家和政府的管理、社会及民间的管理、产业与市场的管理三部分所构成。计划经济时代我国的文化管理基本上是由党和政府控制和实施的，长期形成的以党代文、以政代文的状况使得我国文化艺术染上浓厚的政治色彩，文化艺术的个性特点被抹杀，文化活动缺乏创新。事实证明，单一化的管理主体对文化实行具体的、微观的控制性管理，已经严重阻碍了文化事业的发展。从20世纪90年代开始，三峡流域城市开始改革文化的管理架构，逐步使党和政府这一文化管理主体的核心不再包罗万象，替代一切，而侧重于发挥统领和主导的作用，把握文化管理的方向和原则。

第三节　城市文化管理客体的创新

城市文化管理客体是城市文化管理主体作用的对象。它与城市文化管理主体相对应，共同构成一个完善的文化管理整体性运行系统。文化管理客体的创新主要包括针对公益性文化事业、经营性文化产业等类型。

一　公益性文化事业管理创新

（一）发展公益性文化事业的意义

我国当前的文化体制改革要求大力发展公益性文化事业和经营性文化产业，并依据各自的特点建立起与之相适应的文化管理体制。在这样的背景下大力发展公益性文化事业，理顺公益性文化事业和经营性文化产业的关系，找到与公益性文化事业发展相适应的管理模式，本身就是文化体制改革的一项重要内容，具有重要的现实意义。

1. 解放和提高文化生产力

文化本身就是生产力。文化生产力是指渗透于物质生产力中的科学、文化因素，也指具有相对独立形态的精神生产力。[①] 从某种意义上说，大力发展公益性文化事业，建立健全公共文化体系是解放和发展文化生产力的根本途径。因为只有大力发展公益事业，才能满足人民群众的精神需求，提高民众的素质；才能增强我国的文化实力，并最终增强我国的综合国力；也才能推进我国经济社会的可持续发展，增强社会发展的文化驱动力。这些都是解放和发展生产力的重要目标。科学发展公益性文化事业在我国社会全面、协调、可持续发展过程中具有非常重要的意义。

2. 尊重和保障民众的文化权益

文化权益是每个公民都应该享受的基本权利，中共十六届六中全会通过的《关于构建社会主义和谐社会若干重大问题的决定》指出，要保障人民文化权益就必须坚持发展公益性文化事业；中共十七大更明确地将扶持公益性文化事业作为推动社会主义文化大发展大繁荣的目标之

---

① 参见贺善侃《国际大都市公益文化比较研究》，学林出版社 2010 年版，第 21 页。

一，提出"坚持把发展公益性文化事业作为保障人民基本文化权益的主要途径"。① 所谓文化权益，主要是指人们具有自由选择享受文化成果、参与文化活动和文化创造的权益。发展公益性文化事业的目的，就是要充分尊重和保障人民的文化权益，满足人民的文化需求，激发其文化创造热情。尊重和保障人民的文化权益，是党和政府对人民权益予以重视的表现，也是"以人为本"施政理念的具体体现。

3. 提升民众的文化自觉能力

所谓文化自觉是指生活在一定文化环境中的人们对自己的文化有"自知之明"，即了解它的来历、形成过程、特色和发展趋向，以增强自身的文化转型能力，并获得在新的时代条件下进行文化选择的能力和地位；同时还应该具备理解其他民族的文化并与之接触、对话、相处的能力。大力发展公益性文化事业，不仅能够促进全民族的文化自觉意识的觉醒，全面了解和认识本民族优秀的传统文化，正确对待外来文化，加强民族间的文化交流与融合，从而推动文化事业的发展，而且还能使广大人民群众树立强烈的社会责任感，把中华民族优秀的传统文化与现实生活结合起来，自觉利用文化资源优势推动我国社会经济的发展，最终实现中华民族伟大复兴的目标。

（二）三峡流域城市公益性文化事业管理创新的思路

随着国家文化改革的不断深入，特别是将文化事业划分为公益性文化事业和经营性文化产业后，三峡流域城市文化事业迎来新的挑战和新的机遇。过去计划经济单纯由"国家来办，国家来管"的时代一去不复返了，市场经济对公益性文化活动的要求越来越高。但我国原有的文化管理体制、投资体制、人事制度等对公益性文化事业的发展造成了很多障碍，严重束缚了公益性文化事业作用的正常发挥。对于三峡流域城市来说，计划经济时代国家对西部城市公益性文化事业投资有限，基础本来就很薄弱，历史欠账很多。改革开放后，特别是文化管理体制改革以来，这一区域的文化事业获得比较大的发展，但由于经济远远落后于东部沿海城市，城市政府致力于经济建设和人民生活的改善，并没有太多

---

① 胡锦涛：《高举中国特色社会主义伟大旗帜为夺取全面建设小康社会新胜利而奋斗》，人民出版社 2007 年版，第 36 页。

资金投入公益性文化事业上去。更有甚者，一些地方对文化事业单位的改革存在极大的误区，没有区分公益和非公益性质，而是以发展文化产业为名，把所有文化事业简单地推向市场，从而导致诸如文化馆、图书馆、博物馆等公益性文化事业丧失其生存能力，不得不依靠出租门面、经营副业的方式生存。正是因为对文化产业和文化事业之间关系没有厘清，致使公益性文化事业和经营性文化产业在文化管理实践中，都没有找到正确的方向，从而严重损害了文化的公益性、服务于大众的固有品质。因此，认真学习贯彻《国家"十二五"文化改革发展规划纲要》，正确理解和区分公益性文化事业和经营性文化产业，对于三峡流域文化管理事业的发展显得越发迫切。只有通过创新文化管理，正确处理好公益性文化事业和经营性文化产业的关系，才能真正实现西部城市经济崛起、社会健康持续发展的战略目标。

1. 把握方向

一是要始终坚持共产党对公益性文化事业的主导。公益性文化事业是党和国家主流意识形态的重要代表，与党和国家的指导思想保持高度一致是对其的必然要求，公益性文化事业存在的历史责任和发展意义都聚焦于此。因此，始终坚持党的领导，坚持以马列主义、毛泽东思想、邓小平理论为指导，按照"三个代表"重要思想、科学发展观、"四个全面"战略部署等重要思想的要求来指导公益性文化事业的建设与管理，这既是三峡流域城市公益性文化事业自身发展、建设与管理的现实需求，也是整个少数民族地区社会在新常态下健康、稳定发展的需要。

二是要树立公益性至上的管理理念。城市公益性文化事业建设与管理必须始终坚持面向大众、为公众提供公益服务的宗旨，坚持非营利的方针，这早已成为一种国际惯例。如《联合国教科文组织公共图书馆宣言》强调指出："公共图书馆完全依靠公共资金来维持活动，为此，为任何人的服务，都不应当直接收费。"《国际博物馆协会会章》也有类似规定："博物馆是一个不追求营利、为社会和社会发展服务的公开的永久性机构。"过去一段时间里，三峡流域一些城市在公益性文化事业管理上曾经出现过过分市场化的倾向，使其公益性、服务性受到严重削弱。因此现在必须拨乱反正，无论是城市各级党委、政府还是文化事业的从业人员，都必须牢固树立公益性文化理念，将提高三峡流域各族人民的思想道德素质和科学文化素质作为公益性文化事业的宗旨，服务于三峡流域城市民众，让其充分享受经济和文化改革带来的公益性文化成果。

2. 制度保障

习近平总书记多次提到"四个全面"战略部署——全面建成小康社会、全面深化改革、全面依法治国、全面从严治党的理论思想，这是引领民族复兴的战略布局。其中"全面深化改革、全面依法治国"思想对我国文化事业的改革创新具有极其重要的现实指导意义。完善的文化管理法律制度和科学有效的执法机制是保证我国社会主义公益性文化事业发展、建设与管理的前提条件。改革开放以来，国家和各级地方政府在文化立法工作上做了很多努力，也取得初步成效。从宏观上说，党和国家将发展社会主义先进文化的相关理论和指导思想写进了党章、纳入了国家宪法，从根本上确立了社会主义文化建设与管理的法律地位；就微观而言，近些年国家相继出台了"文物保护法""著作权法""音像制品管理条例""版权管理条例""营业性演出管理条例"等一大批有关文化法律、行政法规、文化行政规章和规范性文件；三峡流域城市各级政府也配合出台了许多地方性文化管理条例和规章制度。但从整体上看，与日新月异、急剧变化的文化管理现实相比，国家和地方的相关法律法规建设明显滞后，不仅不够完善，而且缺少针对我国公益性文化事业特色、区域特色、发展现状和规律的法律制度。因此，在充分考虑公益性文化的行业性、地域性、民族性的基础上，加强公益性文化事业建设与管理的法律制度建设，是三峡流域城市各级政府必须承担的重要任务。

3. 机制转换

首先，要调整政府和文化事业的关系。政府在公益性文化事业的管理中要摆正位置，理顺关系，改变过去"全能操控型"的管理模式，扮演文化的宏观指导、重点关注、关键介入的"公共服务型"角色。政府要全面落实"政事分开"的政策和原则，对公益性文化事业的发展只提出指导性意见，对其业务运行给予必要的监督，对其经营绩效定期进行评估，而不直接干预其日常业务活动。

其次，要建立科学的用人机制。聘任制是我国干部任用的一种形式，公益性文化事业单位通过聘任制建立起单位与职工之间的平等人事主体关系。过去国家对文化单位领导的选任采取的是单一委任制，形式僵化，不利于人才的培养和工作积极性的发挥。应该采取更加灵活的用人机制，根据具体情况采用直接招聘、招标招聘、推选招聘、委任等方式选拔领导；加强对其任期目标完成情况的考核，并将考核结果作为奖惩的重要依据；进一步扩大公益性文化事业单位的分配自主权，建立健全更加完善的分配激励机制。

再次，要构建新的公益性文化投资体制。一方面，政府是公益性文化事业的主导力量，应该给予公益性文化事业更多的资金支持，尽力加大对公益性文化事业的经济投入，为公益性文化事业工作人员创造更好的物质条件，同时也要提高投资的实际应用效率，避免资源浪费。另一方面，政府也要积极鼓励社会资本对公益性文化事业进行投资和捐助，让企业在获取剩余价值的同时，拿出部分利润反哺社会，对公益性文化生产加以"补偿"。让企业参与公益性文化事业的建设，标志着我国文化事业已进入从市场出发、寻求新的艺术保护发展方式的新阶段。此外，借鉴国外成功经验，国家还通过建立各种文化发展基金，扶持城市公益性文化事业，已经取得良好效果。当然，三峡流域城市在这方面的探索还刚刚起步，潜力巨大。

最后，要树立公益性文化的营销意识。市场经济下的公益性文化产品同经营性文化商品一样，都面临着残酷的竞争。产品是否吸引公众，决定着文化的功能和作用能否实现。因此，我们必须树立营销意识，提高公益性文化的经营能力，一方面加强对公益性文化事业的宣传，让民众充分认识公益性文化活动的价值和意义，产生对其消费的愿望。另一方面，要提高公益性文化事业的服务质量，包括内在的文化内容和外在的文化环境以及服务意识。此外，还要注重公共文化活动品牌的打造，通过树立文化品牌，提高产品的竞争能力，有利于整合文化资源，形成社会影响，从而吸引社会资金对其关注和投入。

4. 模式创新

长期以来，我国公益性文化事业采用的管理运作模式就是政府统包统管，缺乏与市场的联系，其工作的展开面临许多困难和问题，尤其是资金的缺乏严重影响了公益性文化事业的发展。而内容相似、同样致力于公益性和非营利性的西方非营利文化组织经过长期积累，已经形成了一套十分完备的运行模式，对本国非营利文化的发展起到有效的保护和促进作用。他山之石，可以攻玉，西方国家成熟的管理经验，可以给我们城市公益性文化事业的建设与发展提供经验借鉴。三峡流域城市政府在公益性文化事业的管理上可以从以下几个方面创新管理模式。

第一，通过大量的社会捐赠来发展非营利文化。政府扶持和社会捐助应该成为三峡流域城市公益性文化机构的发展资金来源，而在目前西部欠发达地区政府财力有限的情况下，社会捐助对文化事业发展的帮助似乎更为迫切有效。社会文化机构的捐赠已经成为西方文化事业发展的重要支柱，但在中国还处于启蒙阶段。因此，政府必须制定完善的捐赠政策和制度，鼓励社会力量投资公益性文化事业，让企业、财团和个人通过捐赠，不仅可以提高自己的社会地位和声誉，而且有助于获得相应的经济利益。而城市公益性文化事业本身，也应培育社会文化社会办的主流意识，通过政策和法规的建立，鼓励社会闲散资金投入公益性文化事业，一方面能够减轻城市政府的财政负担，另一方面又可以促进社会对公益性文化事业的关注，了解并理解公益性文化事业的发展对自身和社会进步所具有的重要意义。

第二，提倡多种效益的有机统一。公益性文化事业的发展与管理，应该采取多元化的经营方式和途径，尽一切办法将其内容信息更快捷、更有效地传播出去，从而吸引更多人的关注，以实现其经济和社会的效益。西方发达国家在发展公益性文化的过程中，特别注重经济效益、社会效益以及环保效益的有机统一。受西方文化发展主流的影响，我国的公益性文化事业也在逐渐改变以往陈旧死板的管理模式，不断探索具有民族特色的发展模式，如尝试围绕一定的主题举办展览会或其他文化活动；城市的部分文化场馆也开始实施向公众免费开放的政策。但同时我们应该看到，这些尝试大多数情况下都是即兴的、个别性的，还没有从国家层面制定系统性的法律制度和建立完善的配套机制。

第三，建立"以文养文"的管理新模式。对公益性文化事业的管理，我们要纠正一个错误认识，即公益性不能赢利。事实上，国家的相关政策规定的是公益性事业不以赢利为目的，所得的赢利要用于发展事业，而不能用于职工的待遇或私人所有。对于三峡流域城市来说，市县都有很多公益性文化事业，如图书馆、博物馆、文化宫以及丰富的传统文化遗产等，可以通过对这些准公共物品的经营，获取一定的经济收入，以便积累更多的资金，为区域城市的公益性文化事业的发展提供有效的支持。我们可以借鉴西方发达国家在公益性文化事业管理方面的成功经验，不断推动城市文化管理模式的创新，促进民族地区公益性文化事业快速稳健地发展。①

二　经营性文化产业管理创新

（一）文化产业的特性

文化产业作为一种依托知识经济的行业，具有高服务性、高创造力、高附加值、多元化经营的特点。在当今全球化、信息化时代，作为新兴产业和创意产业的文化产业已然成为许多国家和地区国民经济发展最具竞争力的动力之一。"文化产业是指从事文化产品生产和提供文化服务的经营性行业，它是以创新创意为核心，以科学技术为载体，以工业化生产为标准，满足人类精神需要的产业。文化产业作为第三产业中的一个重要行业，既具有其他产业所具有的共性，又有它本身所具有的特性。"②2009 年由国务院发布的《文化产业振兴规划》，结合文化产业的特殊性和普遍性明确指出："文化产业是市场经济条件下繁荣发展社会主义文化的重要载体，是满足人民群众多样化、多层次、多方面精神文化需求的重要途径，也是推动经济结构调整、转变经济发展方式的重要着力点。"高度概括了文化产业所肩负的历史使命和重要性。文化产业的普遍性和特殊性共同构成了文化产业的特性。

1. 文化产业的普遍性

文化产业是一个以精神产品的生产、交换和消费为主要特征的产业系统。任何进入商品流通领域的劳动产品都具有价值和使用价值，这是一切商品都具有的本质特征。文化产品本身也是一种特殊的劳动产品，在生产过程中凝聚了劳动者的聪明和智慧，发挥了生产劳动者的主观能

---

① 参见肖肖《公益性文化事业建设研究》，硕士学位论文，大连理工大学，2005 年，第28—36 页。

② 周文彰、岳凤兰：《文化产业特性及其经营启示》，《北京联合大学学报》2014 年第 4 期，第 20 页。

动作用。因此，文化产业所生产的产品本身具有一般产品同样的价值。与此同时，文化产品又是满足人们的精神生活需要而创造出来的商品，所以它也具有独特的使用价值。文化的经营者最终将生产出来的文化产品推向市场进行流通，并以他们的社会必要劳动创造新的价值。所以说，文化产品具有与其他商品共有的属性，其商品化符合时代发展的潮流与趋势。

2. 文化产业的特殊性

与公益性文化产品强调非营利性、公共性和服务性不同，经营性文化产业则表现出营利性、创新型和复合型等特性，这也是区分文化产业与其他产业的关键要素。文化产业的特殊性表现在以下八个方面。

（1）文化产业的产品，是为了满足人民大众的精神需求的。作为产业的产品无疑具有商业属性，其价值寓于"满足精神需求"这一使用价值之中。因此，文化产业的产品所具有的意识形态和商业两重属性，决定了发展文化产业必须正确把握这两种属性的关系，既要注重经济效益，也要注重社会效益，弘扬主旋律。承担社会责任并引导社会的意识形态属性是文化产业最为显著的特殊性。

（2）文化产业的劳动对象，在整体上是非物质的"文化"，在产业链上的个体生产又是物质与非物质相结合。

（3）文化产业的劳动者，必须是文化人力资本的拥有者，以生产和流通分为两类人才。一类是具有创作才能的文化艺术人才，诸如画家、作家、设计师、陶艺师、演员等；另一类是具有商业实践经验、商业策略创新能力的经营人才，诸如文化推手、出版商人、影视经纪人等。在某一个区域内，文化劳动者的数量也是反映该区域文化繁荣程度的一个指标。拥有文化人力资本的多寡，直接决定了劳动者在文化产业链中所处角色的主次，出色的文化劳动者通常会成为所在领域的领军人物，并为所处区域所在领域做出突出贡献。

（4）文化产业的生产工具，看得见的"物质"少，诸如机器设备等；看不见的"意识"多，诸如知识技术、艺术修养等。这使得文化产品在很大程度上是劳动者主观能动性的体现，具有创造性、市场差异性。

（5）文化产品的市场预期具有不确定性，文化产品的消费者主权意识高于日用必需品的消费者。在两者共同作用下，文化产品在生产出来之前无法理性估量市场的需求预期，市场风险高。根据消费者主权论的观点，对于文化产业的经营者来说，"只有最大化地满足消费者需要的东西，这样才能使消费者的福利最大化"，才能实现良性运转、获取利润。

（6）文化产品走向市场的价格，品牌附加值在其形成的诸多因素中的占比明显高于其他传统产业。比如深受观众喜爱的演员、在壶雕陶韵方面有着精湛技艺的陶艺师、在设计理念上兼有艺术感染力和市场号召力的设计师、通过作品与欣赏者达成情感沟通的画家、从商业模式和生命体验两个方向关怀文化劳动者和文化消费者的文化推手等，他们所生产或者经营的文化产品，都具有较高的市场接受度、信任度，在实现交换价值时自身价值的比例得到了加强，价格也相应地得以大幅度提升。

（7）少数类别的文化产品可复制，多数类别的文化产品不可复制，文化产业的商业复制行为，往往发生在生产模式的复制或商业模式的复制，这是文化产业在商业营运时需要特别把握的一个特性。

（8）文化产业的区域竞争力与文化的区域公共性有着紧密的相依关系。区域文化的价值发现、开发、再发现、再开发是一个循环向前的过程，这在市场竞争方面则表现为，诸如"文化推手"的个人或团队的市场行为显得尤为重要，有的时候"文化推手"设计的商业模式甚至比文化产品更重要。

（二）创新三峡流域城市政府文化产业管理

三峡流域城市历史悠久，拥有丰富的民族文化资源。但由于文化产业起步较晚，在产业规模、资金实力、技术水平、市场运作能力、文化企业竞争能力以及创新能力方面，不仅远远落后于发达国家，就是与本国东部比较发达的城市相比也存在不小差距。从文化产业管理主体看：西部整体改革的步伐较慢，一些城市至今尚未理顺文化产业管理体制，体制性障碍依然普遍存在；城市文化产业管理者整体素质不高，管理能力尚需增强。从文化产业市场看：三峡流域城市的文化市场培育相当滞后，区域保护性严重，缺乏统一管理，市场流通渠道不畅；城市政府对城市文化市场的监管不力，多头管理，权责不明，效率低下。从文化行政组织设立看：组织结构不合理，文化管理机构设置重叠，人员冗杂，人力资源浪费严重；政府部门调控能力低下，方式落后，政企不分，过多的行政干预严重阻碍文化事业的发展。因此，随着文化产业的不断发展，要想促进三峡流域城市文化产业尽快赶上发达地区的发展步伐，就要发挥城市政府的管理创新职能，解决少数民族地区文化产业发展进程中出现的诸多问题，加强精神家园的建设，提升三峡流域各族人民的生活幸福感。

1. 文化产业管理观念创新

在世界经济一体化、全球化的当今世界，经济相对落后地区的文化产业要得到快速发展，赶上时代的潮流，一方面要强化对自身文化的自信，大力继承和弘扬民族传统文化，因为越是民族的越是世界的；另一方面又要与时俱进，不断创造出符合民众要求和时代变化的流行文化。

（1）树立文化产业品牌意识，促进文化产业内容的推陈出新

文化产业与其他产业最大的不同点在于，文化产业是"内容为王"，也就是说文化产品的核心价值是其所具有的内容即精神内涵。文化产业的内容是指文化产品表现、反映、传播的思想观点、道德情感、风俗习惯、人文历史、故事情节、人物形象等。① 在文化产品中，内容是灵魂，物品是载体，文化产品的内容决定其经济效益和社会效益。三峡流域城市既有很多优秀的传统文化，也存在内容比较低俗的文化产品。为了适应区域经济文化发展的需要，更好地利用本地丰富的文化资源为社会服务，就必须转变观念，加强组织和引导区域性文化产品的创作和生产，树立文化产业品牌意识，挖掘民族文化资源，打造民族文化精品，不断提升民族传统文化的水平，推进民族文化内容的创新。

（2）建设社会主义核心价值体系，加强社会科学领域的创新

2006 年 10 月，中共十六届六中全会通过的《中共中央关于构建社会主义和谐社会若干重大问题的决定》中提出社会主义核心价值体系这一概念，包括四个方面的基本内容，即马克思主义指导思想、中国特色社会主义共同理想、以爱国主义为核心的民族精神和以改革创新为核心的时代精神、社会主义荣辱观。社会主义核心价值体系的建立，从理论和实践层面强调了社会科学在社会进程中的积极作用和影响。社会科学的发展水平，体现了一个国家和民族的文明素质和思维能力，同时也折射出国家和民族的综合实力及市场地位。因此，我们应该保护和传承好本

---

① 参见周文彰《关于发展文化产业的几个问题》，《北京联合大学学报》2010 年第 1 期。

民族的社会科学优秀成果，加强对社会科学领域的创新和发展，在各民族强大的精神力量的支持下进一步开拓进取，促进三峡流域城市文化产业的更加繁荣。

（3）创新文化传播形式，提升文化国际竞争实力

文化传播（又称文化扩散）是指人类文化由文化源地向外辐射传播，或由一个社会群体向另一群体的散布过程。从本质上说，文化的核心就是意义的创造、交流、理解和阐释，传播就是文化意义的共享和生命空间的对话，透过传播认知文化、认知社会和人类自身，已经成为人类的共识。文化传播对于提高国家和民族社会的核心竞争力起着越来越重要的作用。在21世纪，如果希望三峡流域城市的文化在中国乃至世界舞台上产生更大的影响力，就不仅需要在民族文化的内容上与时俱进，还要注重借助突飞猛进的科技成就，创新文化传播形式，运用各种传播手段，将三峡流域城市文化推向全国、走向世界，最大限度地发挥民族文化的影响力。

2. 文化产业管理职能创新

和公益性文化事业以主要追求社会效益不同，文化产业具有的经济属性，使其以追求利润、产品的价值补偿和增加值为目标。但文化产业生产和经营文化产品的行业，与生产和经营物质产品的一般产业又有区别，它具有特殊的文化属性。在这种属性的基础上，文化产业对社会环境发挥作用和影响，这就是所谓文化产业的功能。文化产业的基本社会功能包括经济功能、政治功能和社会功能等。文化产业的功能是文化对社会发生作用的基础和前提。因此，政府在文化产业管理职能的创新方面应该有所作为。

（1）明确文化管理职责，重构文化管理职能系统

政府对产业文化的性质应该有清晰、准确的认识，产业文化不仅具有社会意识形态属性，同时更重要的是其商品属性，文化生产以及文化消费所衍生的产业链，业已成为我国国民经济体系的重要组成部分。政府应该通过创新文化管理体制、转换机制、面向产品市场、壮大文化实力来发展经营性文化产业，而非采取过分行政干预、控制的手段。只有政府部门更加明确自身的职责，政府越位、缺位问题才能真正得到有效的解决。

（2）坚持经济与法律手段，构建产业文化管理创新职能方式

所谓文化产业管理的经济手段，就是根据文化生产、经营的经济规律，通过物质利益的驱动力，充分发挥价值规律对文化生产和交换的调节作用，以此对文化生产和经营活动加以管理的方法。政策环境是产业发展的关键，政府进一步完善财政措施，加大对文化产品税收优惠的力度，对科学调控文化产品的生产、流通、分配、消费产生更积极的推动作用。所谓法律手段，则是政府通过经济立法和司法，运用法律法规来规范和调节文化经济活动的一种方式。借助法律的手段，可以有效保障文化产业主体的知识产权，保护文化企业的商标权、广告权、发行权、经营权，依法打击侵权盗版行为，从而保证民族文化产品和文化服务的可持续性。

（3）强化服务意识，明确公共服务性政府的职能定位

作为文化的管理主体，计划经济时代的政府一直扮演着领导、管控的角色，以自我为中心，是典型的政府本位。而社会主义市场经济时代，政府必须转变思路，树立为文化服务的管理意识。服务型政府本质上就是以社会为本位、以公民为本位，民众是文化消费市场的主体，政府必须面向市场和人民群众的文化需求以加强对文化产业的管理，解决文化供求关系中存在的各种矛盾。政府要科学处理同市场和民间文化组织之间的权力分配，简政放权，扩大市场和民间文化组织自主治理的权力，承担对文化产业部门的监督职责。

3. 文化产业管理体制创新

文化产业能否健康持续地向前发展，关键在于安全有效的文化产业管理体制。所谓"文化产业管理体制，是指有关政府管理文化产业的职能和组织体系、政府管理文化产业的方式、政府与文化单位之间的关系，合理规范文化单位之间与社会其他经济组织、团体之间关系所确定的制度、准则和机制等。文化产业管理体制规定着文化产品生产、管理、传播等实践活动的特点，体现着文化产业主体从事实践活动的方式，制约着文化产品的生产效率，也制约着文化创造的状况和文化产品的价值取向。"[1] 长期以来，由于我国管理体制的不够健全，严重阻碍了文化产业

---

① 才士群：《我国文化产业管理体制改革研究》，硕士学位论文，东北大学，2006 年，第 4 页。

的发展与繁荣。文化体制的改变意味着社会文化价值的嬗变，同时也折射社会文化的创新。

（1）创新文化产业管理体制理念

文化体制改革是我国全方位改革事业重要的组成部分之一，随着文化产业规模和实力的不断壮大，深化文化体制改革的要求越来越急迫。创新文化管理体制，是加强和改进党对意识形态工作领导的内在要求，是行政管理体制的重要方面，也是深化文化体制改革的重点任务。因此，要分清党政各级管理部门和基层文化企业各自的管理职能和权限，理顺政府与基层文化企事业单位之间的关系，最终建立健全"党委领导、政府管理、行业自律、文化企业单位依法运营"的文化产业管理体制，提高产业文化管理效能和服务水平。

（2）创新产业文化发展与管理模式

体制性创新是新时期文化产业竞争的关键所在。政府转变职能就是：要从公共文化产品"垄断性生产和提供者"的地位退出来，以服务者的身份创造各种条件，保证文化产品的生产和服务能够顺利进行；要打破过去"条块分割"的文化管理体制，创新文化发展模式，大力发展和培育多元化文化产品市场，鼓励国有文化企业、民营文化企业和混合经济结构文化企业同时存在，公平竞争；加快文化市场法律制度建设，简化政府审批程序，提高监管能力和服务水平，逐步建立起民主开放、有序竞争、规范发展的文化市场管理体系。

（3）完善国有文化产业资产管理体制

由于我国长期实行的是公有制为基础的文化管理体制，国有文化产业在整个文化产业中占据绝对优势地位，三峡流域城市国有文化产业依然占据半壁江山，不仅资产数量庞大、人员众多，而且涉及范围广泛，地位重要，但往往大而不强，在内容生产、品牌建设以及自主创新等方面都存在明显缺陷。把城市国有文化产业管理和运用好，是整个三峡流域城市文化产业发展的关键一环。政府及其相关部门应该按照中共十六届三中全会提出的"归属清晰、权责明确、保护严格、流转顺畅"的现代产权制度的要求，通过制定一系列与国家法律制度相配合的地方文化管理条例和规章制度，使少数民族区域国有文化产业得到健康有序的发展，从而为整体推进三峡流域城市国有文化企业和事业的改革，建立更加完善的国有文化资产管理和运营新体制创造有利条件。

（4）创新文化产业投融资方式

当代文化产业发展离不开资金的投入，投资规模的大小决定投入回报的高低。因此，21世纪以来，国家花大力气推动文化企业的兼并、重组、上市，试图打造一批具有核心竞争力的文化产业。作为新兴的文化产业投资市场，由于三峡流域城市处在经济欠发达地区，自身的财力、资本相当有限，要实现本地文化产业跨越式发展，就必须加快文化产业投资、融资体制改革，尽一切办法拓宽投资、融资渠道，如降低市场准入门槛，放宽民间资本和外资进入文化产业的限制；给予少数民族区域更多优惠政策，允许和鼓励西部文化企业进入资本市场，通过直接上市或与上市公司合作等方式进入资本市场，以获取充足的文化产业发展的资金支持。

4. 文化产业管理人才培养创新

文化是国家竞争的软实力，而人才则是文化竞争力的核心体现，文化产业的发展壮大离不开大量文化生产、经营与管理人才的强有力的支撑。因此，虽然文化产业的发展受到各种因素的影响，但最根本的起决定作用的因素在于拥有优秀的人力资源，尤其是那些既了解文化发展规律又懂得文化经营管理之道的复合型人才。三峡流域城市蕴藏的无比丰厚的文化产业资源与当今从事文化产业经营管理的人才数量、质量极不相称，缺口很大。因此创新人才培养方式，加快文化产业经营管理人才的培养非常迫切，它成为关系到能否顺利推进三峡流域城市文化产业发展的基础性工程。

（1）利用高校教学资源优势，培养复合型文化管理人才

高校本来就是为国家培育各类人才的殿堂。随着我国经济的迅猛发展，特别是文化产业在经济发展中所扮演的角色越来越重要，培养出大量适应现代文化产业的发展需要且具有科技专业能力的文化人才，已经成为高校义不容辞的责任。国家也从专业设置和资金投入上，鼓励条件比较好的高校开办文化管理相关专业，培养文化与经营管理的复合型人才。2004年教育部批准在山东大学、中国传媒大学、中国海洋大学、云南大学四所高校中开设"文化产业管理"本科专业，学制四年，毕业后授予管理学学士学位。到目前为止，已有近百所高校（包括独立学院、

职业技术学院）开办文化产业管理本科专业，为国家培养了大量优秀人才，为今后文化产业的进一步发展提供了坚强有力的保障。地方性高校应该承担为地方提供服务的历史任务，满足本地区经济、社会对各类人才的需求。但从现状来看，三峡区域高校开设此类专业的不多，无法及时满足流域内城市文化产业迅速发展对文化管理人才的迫切要求。因此，三峡流域内的高校要顺应时代要求，充分利用人才培养、科技创新、社会服务和文化传播的优势，主动融入地方，面向地方经济建设与社会发展的主战场，多层次、多形式为地方文化产业的发展做出应有的贡献。

（2）创新人才培养体系，搭建人才建设平台

人才培养体系包括高层次、高素质文化人才队伍和基层文化人才队伍的培养，构建一支门类齐全、结构合理、梯次分明、素质优良的文化产业管理队伍。除了利用高校资源培养更多未来所需要的文化经营管理人才之外，还要加强对现有文化经营管理人才的进一步培训工作，建立完善的文化产业管理人才培训机制，使现有人才在具有丰富实践经验的基础上加强理论的学习，以提高其文化经营管理的综合素质，尽快适应世界文化产业高速发展的现实需要。社会培训可以拓展培训渠道，采取灵活多样的培训模式，或利用社会的力量，或通过政府的帮助，或由企业通过对人才与资金的吸纳，使其转变为教育文化产业，形成广泛的教学系统和基地。

第四节　城市文化管理体制的创新

中共十一届三中全会开始了我国新时期改革开放的历史进程，社会主义市场经济体制在全国范围内逐步确立。为适应我国经济体制改革的需要，文化体制改革随之进行。2002 年中共十六大报告中明确提出深化文化体制改革的要求，其后文化体制改革的步伐明显加快，在文化体制改革试点工作的基础之上，中共中央、国务院于 2006 年发出《关于深化文化体制改革的若干意见》，文化体制改革全面铺开。文化体制改革对于落实科学发展观的要求，加快发展我国文化事业和文化产业，推进社会主义先进文化建设，促进文化建设与经济建设、政治建设、社会建设全面协调发展，实现国家富强、民族复兴、人民幸福的中国梦，具有极其

重要的意义。

文化管理体制改革是文化体制改革最重要的内容。从 20 世纪 80 年代以来，为了适应社会转型和意识形态变化的需要，我国城市的文化管理体制已经发生了一系列重大的变革，并取得巨大成效。但随着我国社会主义市场经济的逐步建立和全球信息化、经济一体化时代的到来，现有的改革已经无法满足彻底解放文化生产力、快速增强民族文化竞争力的发展要求。因此，在中国社会面临新的转型的当今时代，以文化观念创新为先导，以城市社会文化管理职能转变为突破口，实现城市文化管理体制的创新完善，从而推动城市文化的健康发展。

中国的文化体制改革及其文化管理体制改革是与中国整个政治经济改革相伴而行的，但相对于经济改革的成功，包括中国的文化管理体制改革在内的政治改革依然还处于艰苦摸索阶段，深水区的探索之路还很漫长，还需要付出更大的努力。如何推动文化管理体制的进一步改革与发展，是新时期摆在城市政府、文化管理相关部门以及专家学者面前的重大课题。以史为鉴，才能找到问题的症结所在，从而明确改革目标，形成清晰的改革思路。

一　中国文化管理体制改革的历史与现状

新中国成立后初期至改革开放以前，我国的文化管理体制一直借鉴苏联的高度中央集权的文化管理体制，即在计划经济管理体制下实行国家所有和国办文化的全面调控型政府文化管理模式。这一管理体制的特点是：政府既是文化单位的所有者和管理者，又是文化活动的组织者和参与者；国家从人员到经费、从制度建设到文化活动都大包大揽，统管一切，是单一的全民所有制的组织管理模式。在这种体制下，文化被视为党和人民的事业而从宏观到微观受到全面管控，文化部门的唯一任务就是宣传党的方针政策。应该看到，高度集权的中央管理模式在社会主义计划经济体制下发挥了一定的作用，产生了一定的正面影响。但随着国际国内经济形势的变化和我国文化事业的发展，计划管理体制下文化管理体制的种种弊端逐步显现，因此导致了新时期随着经济体制改革而出现的文化管理体制的改革。

通过对俞晓敏的博士学位论文《中国文化管理体制改革与创新研究》

的分析，新时期文化管理体制改革历经三十多年，大体上可以分为三个发展阶段。

第一阶段（1978—1992 年）：文化体制改革的提出和初步实践。中共十一届三中全会之后，随着党的工作重心从以"阶级斗争为纲"转移到以"经济建设为中心"，文化也需要从传统计划经济体制下高度集中的文化管理体制，向适应文化生产力发展的新机制体制转变，邓小平提出的新时期我国文学艺术事业发展的指导方针，为文化体制改革指明了前进的方向，文化体制改革在实践中不断取得进展并积累经验：调整艺术部门和艺术团体的布局；在文化单位推行以承包经营责任制为主要内容的改革，实行"以文补文""多业助文"等改革措施；实行"双轨制"改革，即一轨为国家扶持的少数全民所有制院团，另一轨为多种所有制的艺术团体；承认文化市场的发展和地位，开始建立全国文化市场管理体系；文化事业单位企业化。

第二阶段（1993—2002 年）：文化产业概念的提出和文化产业政策的制定。1996 年中共十四届六中全会通过的《中共中央关于加强社会主义精神文明建设若干重要问题的决议》提出文化体制改革的任务和方针，这一时期文化体制改革得到全面系统的展开：2000 年中共十五届五中全会通过的《中共中央关于制定国民经济和社会发展第十个五年计划的建议》第一次明确提出"文化产业"概念，标志着：共产党对文化发展规律认识的深化；在文化管理体制方面，实现"直接管理向间接管理""办文化向管文化""小文化到大文化"的转变，打破过去国家对文化单位统包统管的管理模式，确立分类管理、分级指导的管理思路，加强和改进对文化事业的宏观管理；在文化运营机制方面，深化文化单位的内部改革，根据不同特点，建立健全激励竞争机制，努力增强生机和活力；文化投融资方面，政府对文化事业的投入方式逐渐转变，文化企事业单位由国家大包大揽式的单项投入方式，向以激励为基准的"绩效投入方式"的改革目标推进；在文化市场方面，努力培育社会主义文化市场，规范市场行为，完善运行机制，促进文化市场繁荣健康、活跃有序地发展；在文化政策方面，高度重视法治建设，大力推进依法管理。

第三阶段（2003 年至今）：文化体制改革与发展的理论创新和实践突破。2002 年中共十六大以后，我国文化体制改革的步伐明显加快，文化体制改革向纵深方向发展：文化体制改革的理论不断深化，为文化的长足发展奠定坚实的理论基础和政策依据，特别是"文化软实力"概念的提出，将文化建设提升到国家战略高度；试点工作顺利开展，通过 39 个宣传文化单位参加的改革试点，探索建立有利于加强和改善党的领导，充分发挥社会主义市场经济体制的作用，充分发挥国有文化企事业单位的主体主导作用，充分调动社会各方面的力量，充分调动广大文化工作者的积极性、创造性，多出精品、多出人才的文化管理体制和运行机制；加强了对公益性文化事业单位机制的转换和对经营性文化单位的转企改制；出台政策措施，鼓励民营企业投资文化领域，加快文化融资改革；加速文化基础设施建设，加强文化管理部门自身的改革，提高行政效率和透明度，建立依法行政、依法管理的文化行政管理新体系。[①]

二　三峡流域城市文化管理体制改革的路径

匈牙利著名经济学家雅诺什·科尔奈在对社会主义国家的"改革与革命"进行比较时，曾经对"改革"下过一个这样的定义：任何永久地、根本性地改变了如下第一、二、三层次中至少一项的至少一个基本特征，但又没有将社会主义体制带出社会主义体制大家庭的变革，就称之为改革。其中，第一层次是指马列主义政党的集权、官方意识形态的支配性影响，第二层次是指国家或近似国家所有权的支配地位，第三层次是指官僚协调机制的主导地位。在这一定义里面，包含几个重要的因素：深入、适度彻底、非革命性。所谓深入，即必须对社会主义政治体制、财产关系和协调机制这几大领域中的至少一项产生影响；所谓适度彻底，即对某些局部进行根本性的、缓和的改变；所谓非革命性，即改革不是对社会主义体制的彻底变革，否则就是革命了。以之来观照中国过去三十多年的改革进程，科尔奈的论述也大致适用于对我国文化管理体制改革的基本情况。"首先，第一层次的马列主义政党的集权、官方意识形态的支配性影响在改革开放以来有了相当的松动（如党政分开、市场社会力量崛起），但并无根本性变化，党的执政地位不仅得到维持和巩固，而

---

① 参见俞晓敏《中国文化管理体制改革与创新研究》，博士学位论文，吉林大学，2008年，第53—60页。

且'党管意识形态'制度和官方意识形态在文化管理上继续居于支配性地位。其次,在国家所有权上,'一大二公'已被抛弃,多元所有制格局确立,体现在文化领域,就是以产权改革为核心的文化政策的变动,放宽了非公有制经济市场准入的条件,形成了国有文化与非国有文化共同发展的趋势。然而,公有制文化的主导性地位并没有动摇,这体现为数量、规模庞大的国办文化企事业单位的存在。最后,在协调机制上,随着市场经济发展,横向的市场协调机制的地位在上升,纵向的官僚协调机制的地位在下降,但这种此消彼长的趋势并没有完全使两者关系逆转,这体现在党和政府不仅掌控了庞大的社会资源,而且在资源的配置使用上依然保留着传统的体制内运作模式,如基于'父爱主义'对国办文化企事业单位实行政策倾斜和利益保护。"① 因此,我国进行的文化体制改革的确已经改变了很多东西,但与此同时也有很多"旧体制的遗产"依然没能得到改变。当前我国文化管理仍然处于新旧体制并存的特殊时期,这种管理体制不仅导致各种城市社会制度要素和利益诉求的混杂、矛盾与冲突,而且形成了对制度变迁的所谓"路径依赖"②。深化文化体制改革,就是要尽力打破这种"路径依赖",不断创新城市文化管理体制机制。

中共十六大之前,我国虽然进行了一系列文化体制改革,也取得一些成就,但始终没有真正分清文化事业和文化产业的概念。直到中共十六大才第一次将文化区分成文化事业和文化产业,并且从顶层提出发展文化事业和文化产业的要求:"发展各类文化事业和文化产业都要贯彻发展先进文化的要求,始终把社会效益放在首位。国家支持和保障文化公益事业,并鼓励它们增强自身发展活力。发展文化产业是市场经济条件

---

① 杨立青:《中国文化管理体制改革的动力来源、约束条件与路径依赖》,《云南社会科学》2013 年第 2 期,第 122 页。

② "路径依赖"理论是由美国罗贝尔经济学奖获得者道格拉斯·诺思在《经济史中的结构与变迁》一文中提出的,其基本含义是指人们一旦选择了某个体制,由于规模经济(Economies of scale)、学习效应(Learning Effect)、协调效应(Coordination Effect)、适应性预期(Adaptive Effect)等既得利益约束因素的存在,会导致该体制沿着既定的方向不断得以自我强化。一旦人们做了某种选择,就好比走上了一条不归之路,惯性的力量会使这一选择不断自我强化,并让你轻易走不出去。参见彼得·豪尔等《政治科学与三个新制度主义学派》,《新制度主义政治学译文精选》,天津人民出版社 2007 年版。

下繁荣社会主义文化、满足人民群众精神文化需求的重要途径。"① 为了保证三峡流域城市文化体制改革目标的最终实现，选择怎样的路径是非常重要的。"新的文化管理体制应从文化事业和文化产业两个方面去考虑，并制定不同的发展目标和具体政策，促进两个方面都健康、协调发展。"② 根据国内外城市文化管理的成功经验，并结合三峡流域城市文化管理的现实情况，笔者认为，深化文化体制改革路径选择的切入点，可从创新文化体制机制、健全城市文化管理法律制度体系、加强城市文化人才队伍的培养建设入手，探索三峡流域城市深化文化体制改革的基本路径。

（一）创新文化管理体制机制是基础

我国现行文化管理的组织主体包括中央政府、地方政府和社会组织等三大主体，理顺中央、地方和社会组织三者之间的关系，构建科学的以人为本的多元主体的文化管理体制机制，对文化事业和文化产业实行不同形式的管理，充分发挥市场组织、社会组织在文化管理中的作用，让各自的利益、目标诉求通过恰当的方式参与到文化管理体制的改革进程之中，使之成为文化管理体制改革的重要力量。

1. 加强地方政府文化管理的主导权和社会组织的主动权

改革开放以来，我国的文化管理体制发生了较大变化，从过去党政一体化的文化管理发展到现在的党政分开，使得政府行政部门获得了比较多的管理具体文化事务的实际权力。与此同时，随着中央的"放权让利"和市场化的迅速发展，地方政府具有了比过去更多的文化管理权限，各种市场组织、社会组织等微观文化管理主体也成为文化管理主体的重要组成部分。对于三峡流域这样文化管理体制改革相对滞后的地区来说，如何理顺多元化的文化管理主体之间的关系，如何在城市文化管理中充分发挥不同管理主体的作用，是实现少数民族地区经济腾飞和文化繁荣"弯道超车"目标的关键所在。笔者认为，地方政府要充分发挥主观能动

① 江泽民：《全面建设小康社会，开创中国特色社会主义事业新局面——在中国共产党第十六次全国代表大会上的报告》，《人民日报》2002年11月18日头版。
② 王文英、蒯大申：《2005年上海文化发展蓝皮书：文化体制改革与上海文化建设》，上海社会科学院出版社2005年版，第19页。

作用，改变长期被动依赖中央政府政策倾斜照顾的心态，主动求变，主导本地区的文化管理工作的变革创新；充分发挥市场和社会组织的作用，利用本地区丰富的文化资本提振民族经济，实现民族区域城市经济文化的跨越式发展。

从中央层面来看，我国现行的文化管理体制是由三大领导机构和四大文化主管部门所构成。三大领导机构分别是中央宣传思想工作领导小组、中央精神文明建设指导委员会、中央文化体制改革工作领导小组，这是为加强对我国文化管理及其体制改革进程的领导而设立的，是我国事实上的文化改革发展的最高决策、协调机构。四大文化主管部门则是由作为综合职能部门的中宣部系统以及文化部、新闻出版总署、国家广电总局等专业化管理系统等构成（此外国务院新闻办的外宣办、新华社等也具有一定的文化管理职能），中宣部是中共中央主管意识形态方面工作的综合职能部门，其主要职能是指导全国理论研究、学习、宣传及精神产品生产，引导社会舆论，指导宣传思想文化业发展，协调宣传文化系统各部门关系，部署全局性思想政治工作任务，负责文化体制改革，对文化改革发展提出政策性的建议等。① 文化部（含国家文物局）是国务院的组成部门之一，其主要职能是：拟订实施文艺发展的政策和规划，起草与文艺相关的法律法规，推进文艺体制改革和公共文化服务，指导管理文艺事业和产业发展，促进对外文化交流与合作，保护非物质文化遗产，指导文化市场综合执法等。② 新闻出版总署（含国家版权局）是国务院的直属机构，其职能主要有：拟订实施新闻出版政策规划，起草相关法律法规，推进新闻出版体制改革，监管新闻出版单位及其业务活动，监管出版物内容，组织实施"扫黄打非"，监管印刷业及出版物市场经营，著作权管理等。③ 广电总局也是国务院的直属机构之一，其职能主要有：拟订实施广电政策规划，起草相关法律法规，推进广电体制改革，提供广电公共服务，监管广电服务机构和业务，审查监管视听节目传输、

---

① 参见中共中央组织部编《中国共产党组织工作辞典》，党建读物出版社2009年版。
② 参见中华人民共和国文化部官方网站：http：//www.ccnt.gov.cn。
③ 参见中华人民共和国新闻出版总署官方网站：http：//www.gapp.gov.cn。

监测和安全播出等。① 文化管理的职能必须通过相关的部门来实施，中央政府作为国家行政管理体系中的最高主体，其在文化管理中的相关职能是通过各党政文化主管部门来予以实施的。上述三大领导机构和四大文化主管部门"不仅构成了中央管理全国文化和意识形态的组织主体，而且通过各级地方党委、政府相应设立的对口部门，形成了从中央到地方的垂直型的'条条管理'框架。长期以来，中央对地方的管理是通过中央各部门（条条）对地方（块块）的控制来实现的，而由于文化与意识形态的特殊性，中央在文化上的'条条管理'主要体现为中央对各级党政机关和社会组织、个人的政治控制特别是意识形态控制上。"② 从法律地位上看，地方政府是中央政府的代理机构，必须从属于中央政府，没有自己的独立主体地位，无论是从政治上还是从经济上看，中央政府对地方政府都有绝对的控制权和领导权。这种集权式管理体制虽然能够保证中央相关政策自上而下的畅通无阻，却极大地限制了地方政府的主观能动作用的发挥，其弊端日益显露。

文化发展的现实促使文化管理需要进一步创新，党中央也顺应时代的要求，在文化管理体制上不断深化改革，不断向地方"放权让利"就是一项重要举措，如在行政管理权限上，"八二宪法"规定了中央和地方国家机构职权划分的总原则，扩大了地方政府的职权；《中华人民共和国地方各级人民代表大会和地方各级人民政府组织法》则规定了县级以上各级地方政府行使城乡建设、经济、教育、体育、文化、民政、民族事务、环境和资源保护等各项职权。在立法权限上，改革过去只有中央一级具有立法权的体制，逐步形成"全国人大—国务院—省级人大和政府—省级政府所在地的市和国务院批准的较大的市的人大和政府"的四级立法体制，扩大了地方的立法权；在干部人事管理方面，中央部分下放和扩大地方的干部管理权限，逐步推广和实施公务员制度。这些改革使得地方文化管理部门拥有了相对独立的主体地位，文化管理权限得以扩大。但权力的扩大是与管理责任的扩展同步的。自主权的提高为三峡

---

① 参见中央机构编制网：http：//www.scopsr.gov.cn。

② 杨立青：《上下联动的中国文化管理体制创新——基于制度变迁理论的探索》，博士学位论文，武汉大学，2013年，第107—108页。

流域城市文化管理体制改革创造了条件，地方文化管理相关部门应该更加主动地根据三峡流域文化发展的具体情况，按照中央提出的"三个转变"（即从以"办文化"为主转向以"管文化"为主，以管理直属文化单位为主转向管理全社会文化为主，以行政手段直接管理文化为主转向以经济、法律手段管理文化为主）转变管理职能和管理方式，从易到难对本地区文化艺术表演团体、新闻出版、广电管理体制、文化产业发展等进行全方位的改革，逐步形成适应民族区域文化发展的"去政治化"和"去集权化"的管理体制，引导民族区域城市文化更快更好地向前发展。

地方政府在主导本地区文化管理工作的同时，也要充分发挥各类文化企业和社会文化组织等微观文化主体的作用。作为三峡流域地方政府文化管理职能转移的承接者，微观文化主体在少数民族区域文化管理过程中所发挥的作用越来越大，它既是民族文化发展的根本动力，又是推动区域文化变革与创新的自发性力量，它自下而上地直接推动了城市政府文化管理体制的改革创新。中共十七届六中全会通过的《关于深化文化体制改革、推动社会主义文化大发展大繁荣若干重大问题的决定》明确指出："在宏观层面上建立健全党委领导、政府管理、行业自律、社会监督、企事业单位依法运营的文化管理体制。建立与社会主义市场经济体制相适应的文化宏观管理体制，是文化体制改革的首要目标。党委领导，就是各级党委要担负起推进文化改革发展的政治责任，管好方向，管好政策，保证党对文化建设的决策落到实处；政府管理，就是各级政府要转变职能，履行好政策调节、市场监管、社会管理、公共服务职能；行业自律，就是要充分发挥文化行业组织的作用，制定行规公约作为协调、规范行业行为的准则，维护行业健康发展；社会监督，就是社会各方面和广大人民群众要积极参与对文化事务的监督；企事业单位依法运营，就是企事业单位要成为独立的市场主体或事业法人，独立承担经济、法律或刑事、民事责任，依法运营。这就要求在宏观上明确各自的社会职能、法律地位、运行规则、权责关系。建立健全党委领导、政府管理、行业自律、社会监督、企事业单位依法运营的文化管理体制。……深化文化行政管理体制改革，加快政府职能转变，强化政策调节、市场监管、社会管理、公共服务职能，推动政企分开、政事分开，理顺政府和文化企事业单位关系。"这说明加快政府职能转变，最关键的就是权力下放和权力转移。权力下放主要针对中央与地方而言，中央尽量把文化管理权力下放到能够承担政府责任的地方文化管理部门；权力转移则是针对地方政府与微观文化主体而言，地方政府应该把该管的公共文化事业管理好，而可以通过市场运作和社会组织等办好的文化产业等，就把权力转交给微观文化主体去处理，而政府主要起监督、指导作用，让社会组织拥有更大的空间主动参与城市文化的管理工作。

2. 厘清职能，明确分工，加强少数民族地区文化产业发展

当前我国正处于社会主义市场经济逐步形成的历史阶段，文化产业与文化市场快速发展，促使党和政府的文化管理职能和范围都发生了巨大变化，计划经济时代单纯的意识形态管理为主的管理模式已经完全不能适应现实的文化管理需求，新时代党和政府的文化管理职能已经扩大到意识形态管理、文化经济管理、公共文化管理等多种形态，文化管理范围也从体制内文化单位延伸至体制之外的民营、外资文化企业和社会文化组织，即要对全社会文化进行管理。为了应对日益复杂的少数民族区域城市文化事务，三峡流域城市相关部门必须做好以下工作。

一是厘清党和政府各自的职能，明确彼此的分工。根据三峡流域城市文化发展的现实情况，按照党委部门和政府部门的分工原则，在坚持党对文化实行统一领导的基础上，重新界定党和政府各自的文化管理职能和权限。按照我国的政治体制和社会管理的基本特点，一般是由党委部门承担制定方针政策的任务，政府部门则负责方针政策的执行，党委、人大、政协和人民则对执行过程予以监督。杨立青博士认为，从大文化管理着眼，可以将党和政府的管理职能分为文化政治管理职能、文化经济管理职能、文化社会管理职能等三种基本类型，"其中党委及党委宣传部门主要履行文化政治管理职能即传统的意识形态管理职能，并通过立法、组织（人事）与思想领导等途径确保党委在文化政治领域的领导地位，而政府部门则履行文化经济管理职能和文化社会管理职能，并从规范化、法定化的角度赋予政府部门在实施文化管理职能上的独立性和自主权，避免党委及宣传部门对政府文化管理的直接参与或不

当干预"。[①] 党和政府文化管理职能的厘定，有助于厘清不同文化管理主体之间的关系，提高文化管理的效率与水平。

二是正确处理好政企关系、政事关系与政社关系。从内容上看，社会主义市场经济时代的文化管理内涵十分丰富，政府与文化相关部门和组织的关系日益复杂。因此如何因应时代变化的要求，厘清政府管理部门与文化企事业单位、社会文化组织之间的关系，重新建构与市场经济体制相适应的现代文化管理职能体系就显得更加迫切。三峡流域城市各级政府应该根据本地区文化管理的现实要求，将政府的宏观管理和文化企事业单位的微观管理加以分离，利用行政、法律和科学技术等多种手段，推动政府的文化管理从直接管理向间接管理转化，尽早实现党中央提出的"党委领导、政府管理、行业自律、社会监督、企事业单位依法运营的文化管理体制"改革目标。

三是进一步整合文化管理机构，对文化实行综合管理。从现实情况看，三峡流域城市都先后进行了大文化管理机构的改革，多是将文化、新闻出版、广电等专业管理机构合并，成为文广新局这样的综合性机构。但机构改革与政府职能的转变尚未有机地结合起来，政府文化管理部门的事务性工作不减反增。大部制的实行虽然降低了与其他部门协调的成本，但内部协调的成本却在增加；大部制改革实现了文化部门内部的整合，但并未完成与党委、政府、人大和政协等系统的联动，无法实现决策、执行、监督的三权分离。三峡流域城市要真正落实中共十八大提出的"深入推进政企分开、政资分开、政事分开、政社分开，建设职能科学、结构优化、廉洁高效、人民满意的服务型政府……稳步推进大部门制改革，健全部门职责体系"的战略决策，就必须从调整地方各级党委和政府之间的横向关系入手，推动党政文化管理职能的转变，形成界线分明、合理分工、权责一致、运转高效、法律保障的城市机构职能体系，充分发挥党委、政府和社会团体的积极性，通过上下联动、互相协作的方式加强少数民族地区城市文化管理体制的创新，促进三峡流域城市经济和文化的健康发展。

---

①　杨立青：《上下联动的中国文化管理体制创新——基于制度变迁理论的探索》，博士学位论文，武汉大学，2013年，第151页。

（二）加强文化法制体系建设是保障

1. 三峡流域城市法律建设存在的问题

法律法规是推动少数民族地区文化建设与发展的根本保证。党和政府历来都十分重视少数民族地区的文化立法工作，自新中国成立以来，经过六十多年的不懈努力，已经建立了比较完备的法律法规体系，为我国的法制建设做出很大贡献。历代领导人对于少数民族地区的文化建设十分重视，在毛泽东、邓小平、江泽民、胡锦涛、习近平等中央领导人的讲话、报告和有关著述中，在共产党的相关历史文献中，在各级政府制定的法律法规中都有大量关于保护和发展民族文化的方针政策和法律制度，这些政策和法律在保护民族传统文化、维护民族团结、推动少数民族地区经济文化的发展等方面都发挥了巨大作用。但与快速变化的时代相比，三峡流域已有的法律法规远远无法应对现实的需求，还存在诸多亟待解决的问题。第一，民族文化法制建设力度不够。如地方性民族文化政策的法制化进程相对较慢，民族文化的法律法规数量少，还存在很多法律空白；一些法律法规比较空泛，操作性不强；一些地方性法律法规与国家层面的基本雷同，缺乏针对性。第二，民族文化保护政策不够完善。如抢救性保护的政策措施颁布得比较多，而常规性、常态化文化保护政策措施显得欠缺；申报各级保护名录的热情高，一旦申报成功，后期投入少；对能够带来经济效益的遗产项目比较重视，而忽略对其他项目的保护；偏重与对区域内物质和非物质文化遗产的开发与利用，缺乏保护与传承的热情等。第三，民族文化建设的扶持尚须加强。国家对少数民族地区文化建设的扶持不应该仅仅局限于基础建设的投资，更重要的是人才的培养，特别是高层次文化管理人才的培养。第四，民族文化的开发与利用政策还有极大的改进空间。现行的民族开发政策多以经济效益为着力点和考核指标，造成政府及相关部门形成"重开发，轻保护"的价值导向，对民族文化遗产造成极大的破坏；一些民族文化开发政策缺乏科学论证，低层次的过度开发导致民族文化严重流失；许多地方文化政策过分强调文化产业的开发与利用问题，而较少思考对文化市场的培育问题。

中共十七届六中全会通过的《中共中央关于深化文化体制改革推动社会主义文化大发展大繁荣若干重大问题的决定》明确提出，要加强文化法制建设，提高文化建设法制化水平。这对于少数民族地区实现文化改革发展的战略目标、加强西部城市文化建设具有重要意义。任何好的理念或思路要顺利实施并最终实现目标，必须有严明的制度做保障。经过多年建设，三峡流域城市已经初步形成一个包括文化遗产保护、知识产权保护、公共文化服务和文化市场管理等全方位的国家和地方性的文化法律法规和政策制度体系。毋庸置疑，与西方发达国家和中国经济文化发达地区相比，处于尚待大开发的西部的三峡流域城市各级政府在法律条例的制定、依法管理文化的认识等方面还存在很多不足，还有很长的路要走。当前，依法治国已日益深入人心，在此背景下，三峡流域城市政府及文化管理部门应该认真总结经验教训，深刻反思过去文化管理中存在的问题，按照中共十八大精神来指导少数民族地区文化立法的理论探索和依法管理文化的实践，不断健全和完善少数民族地区文化法制体系，从而保障地方文化管理创新工作的顺利开展。

2. 加强和完善三峡流域城市文化管理的法律制度体系建设

一是完善法律制度体系。"从法律的层次构架上来说，少数民族文化法律体系应包含三个层次：第一层次是《宪法》和《民族区域自治法》，属于最高层次和指导地位；第二层次是散见在《刑法》《民法通则》《婚姻法》《义务教育法》等重要法律法规中有关少数民族文化的条款和内容；第三层次是关于少数民族文化的专门性法律。"① 目前我国文化法律体系存在着第二层级不完善、第三层级基本缺失的问题，因此必须在健全国家层面的民族文化法律法规的基础上，不断完善民族文化建设与管理的地方性法律法规，制定更多的专门针对少数民族地区文化的法律制度。三峡流域作为少数民族聚集的区域，又有很多少数民族自治州、县，应该在健全发展公益文化事业、保障人民基本文化权益等基本法律法规的同时，根据民族文化的地区性和民族性差异，因地制宜，将法律法规本地化、具体化，从而使民族自治法拥有更强的针对性和适应性，防止"一刀切"带来的消极影响；提升一些重要制度规范（如文化产品服务规范等）的层次，加强其权威性、系统性和针对性；填补过去主要依靠政策性文件和自律性文件来管理的文化领域的法律空白；健全少数民族地

---

① 刘源泉：《中国共产党少教民族文化政策研究》，博士学位论文，华中师范大学，2013年，第156页。

区城市文化管理、与城市文化活动密切相关的法律法规，健全加快发展少数民族区域城市文化产业、推动文化产业成为少数民族地区城市经济支柱性产业的法律法规。

二是加强法律制度的执行力度。依法治国是我国的基本国策，更是少数民族地区城市文化顺利发展的根本保证。要实现依法对少数民族地区城市文化进行科学管理的目标，就应该在现有法律的执行上真正做到"有法必依，执法必严，违法必究"，让法律的尊严得到完全的体现。要改变过去行政干预过多、有法不依、执法不严、视文化相关法律制度为软性法律而不予严格遵守的状况，从思想意识上和社会实践上，加强政府官员和普通百姓对法律的敬畏。

（三）文化人才培养和建设是关键

近些年来，党和政府十分重视文化实用型人才队伍的培养和建设，中共十七届六中全会指出："建设宏大文化人才队伍，为社会主义文化大发展大繁荣提供有力的人才支撑。文化大发展大繁荣，队伍是基础，人才是关键。"[①] 在中共十八大报告中，胡锦涛总书记又一次强调要"营造有利于高素质文化人才大量涌现、健康成长的良好环境，造就一批名家大师和民族文化代表人物，表彰有杰出贡献的文化工作者"。[②] 这充分说明，文化人才的培养与建设已经成为我国文化事业发展与繁荣的关键。虽然三峡流域城市文化遗产资源十分丰富，但由于存在经济比较落后、文化扶持政策力度欠缺、文化人才体制机制不够完善以及政府对文化人才建设的重要性认识不够等诸多问题，使得文化并没有充分发挥其体现城市软实力的功能和价值。有鉴于此，三峡流域城市文化建设要迎头赶上发达地区，成为西部大开发的生力军乃至领头羊，就必须从文化人才的培养建设入手，推动区域内经济和文化的共同繁荣。

---

① 胡锦涛：《中共中央关于深化文化体制改革推动社会主义文化大发展大繁荣若干重大问题的决定——在中共十七届六中全会上的报告》，《人民日报》2011 年 10 月 19 日第 1 版。

② 胡锦涛：《坚定不移沿着中国特色社会主义道路前进，为全面建成小康社会而奋斗——在中共十八大上的报告》，《人民日报》2012 年 11 月 9 日第 1 版。

1. 多渠道培养文化人才

当前"我国文化事业和文化产业处于蓬勃发展时期,需要大量的文化创意型人才。政府要出面协调沟通文化事业、文化产业与人才培养单位之间的紧密联系,构建文化人才培养体系,打造文化人才培养的若干孵化基地,建立产学研结合的人才培养和流动体系。"① 其实不仅仅是创意文化人才,三峡流域城市对文化人才的需求是多方面的,既需要大量的基层文化工作人员,也需要专业性较强的管理人才,更需要高精尖的文化产业创意与策划人才。而根据人才的不同性质,文化人才的培养和文化队伍的建设周期是不一样的,地方城市政府应该立足三峡流域的实际,营造良好的人才成长环境,采用不同形式多渠道培养急需的文化人才。

一是充分利用国内外高校雄厚的教育资源,加大面向本区域的文化人才的培养。高校是文化人才建设的主力军,国家一直十分"鼓励有条件的高等学校整合相关学科资源,集中开展文化事业、文化产业重大理论和现实问题研究,为先进文化建设服务。鼓励文化单位与高等学校合作举办高级研修班、培训班,培养高素质的专业技术人才、经营管理人才。鼓励和支持文化人才参加学术研究和交流,承担重大课题和项目"。② 作为三峡区域人才培养的基地,三峡流域城市拥有三峡大学、长江大学、湖北民族学院、重庆三峡学院、长江师范学院、吉首大学、湖南文理学院、怀化学院、铜仁学院等地方性大学,这些大学大部分都设有管理学院或管理专业,有一大批在文化管理方面颇有学术造诣的专家学者,借助这一平台为三峡流域城市培养更多的中高级文化人才,不仅具有可能性,而且也是大学服务地方经济文化应该承担的责任。此外,区域内各级政府还应该通过设立文化队伍建设专项基金等形式,委托国内外著名学府为本地区培养更多的高级别尖端稀缺人才,以尽快提升少数民族地区文化事业和文化产业的管理水平。

二是借助政府文化部门和社会教育培训机构等,加快基层文化队伍的培训工作。万丈高楼平地起,只有扎实做好基层文化工作,才能实现

---

① 游祥斌、毋世扬:《文化事业单位的改革历程、理论经验和问题》,《中国行政管理》2011 年第 4 期,第 17 页。

② 《国家"十一五"时期文化发展规划纲要》,《人民日报》2006 年 9 月 13 日第 12 版。

民族文化的真正发展与繁荣。"十二五"期间，文化部按照"分级负责，分类实施"的培训原则，有针对性地对全国所有县乡专职文化队伍和业余文化队伍进行了系统培训，通过各种培训，为三峡流域培养了无数基层文化工作人才，一批优秀人才脱颖而出。近五年来，三峡流域城市各级党委、政府部门不断完善文化人才培养政策，加强基层文化人才队伍建设，为少数民族地区文化体制改革提供了巨大的人才支持，使这一地区的城市创造出更多更优秀的文化产品。三峡流域城市文化人才队伍建设的重点主要放在两个方面。第一，重视城市社区文化人才队伍的培养。社区是城市最基本的组织单元，社区文化工作理顺了，城市的文化工作就有了基础。因此，城市各级政府和文化管理部门应该从繁荣社会主义文化的高度来认识社区文化人才队伍建设的重要性，将社区文化人才培养工作纳入本地区本部门经济社会总体发展规划之中，一方面利用政府的力量，通过各种途径为城市社区培养文化人才；另一方面，通过社区内组织的各种活动发现文化人才，并利用这些人才对社区内其他文化爱好者进行培训和辅导，以带动整个社区文化人才队伍的建设。第二，进一步加强民族文化遗产保护与传承队伍的建设。民族民间文化遗产是三峡流域城市极其宝贵的精神财富，保护和传承好区域内丰富的物质和非物质文化遗产就是留住民族的根，同时也是留住未来经济发展永不枯竭的资源和资产。基层民族文化传承者和文化管理工作者是党中央、城市各部门推动民间文化人才队伍建设的最基层队伍。三峡流域城市政府及其文化管理部门应该根据各自基层文化发展的现状，建立形式多样、不同层次的教育培养体系和培训基地，通过教育培训，一方面提高基层文化管理者的水平，另一方面提高民间艺人的综合素质，同时还可以通过开展民族民间艺术展览等形式多样的活动，把本地区的文化优势变为文化产业优势和文化品牌优势。通过这些符合区域特点且行之有效的培养措施，为三峡流域城市民族民间文化的发展提供既好用又留得住的人才队伍。

2. 完善城市文化人才管理体制机制

有了人才，让人才队伍稳得住、感到有盼头，使文化人才有充分发挥和展现自己才能的舞台，创造出更多优秀的文化产品，就必须改善城市文化人才管理现状，形成"统分结合、上下联动、协调高效"的文化人才管理体制和运行机制。这涉及两个方面的内容：一是文化人事制度的深化改革；二是人才选拔机制的进一步完善。

文化人事制度的改革是针对公益性文化事业单位来说的，以聘用制度和岗位管理制度的改革为主要内容。随着我国体制改革的不断深入，三峡流域城市政府在公益性文化事业人员的管理上，也必须按照国家的规定，严格遵守用人制度和聘用程序，逐步实施从业人员只有具备从业资格才能从事文化职业的制度，建立健全正常的解聘、辞职制度；建立健全体现岗位绩效和分级分类管理的事业单位薪酬制度；根据国家社会保障制度建设的总体要求，建立并不断完善事业单位工作人员养老保险制度。① 首先，应该让聘用制度成为三峡流域城市文化事业单位的一种最基本用人制度。在人事管理上严格遵循按需设岗、竞聘上岗、契约管理的原则，利用聘用制度，实现公益性文化事业单位人事管理由传统的身份管理向现代的岗位管理转变，人员的解聘或辞职都严格以合同办事，人员流动自由、公平、公开；健全少数民族区域城市各级文化人才的考核制度，将其作为人员续聘、解聘、升职的重要依据。其次，实行岗位管理制度应该成为三峡流域城市文化事业单位人事制度改革的最重要任务，要结合各自单位的现实需求，合理设置不同等级的岗位，明确各自岗位的职责、权利和义务。"岗位设置是顺利实现文化事业单位员工由身份管理到岗位管理的转变，构建多样化、多形式的人才市场，实现与全国各地区的文化人才信息资源共享的需要。"② 三峡流域城市要大力发展本地区的文化事业，提升文化管理水平，必须具备全球视野，加大文化创造和管理人才的引进力度，提供优惠条件，引进国内外高层次、专业化的文化人才，为少数民族地区城市文化体制改革服务。

人才选拔机制的建立是城市文化管理工作的一项重要内容，它对于三峡流域城市文化人才队伍的培养建设和文化体制改革具有极其深远的影响。因此，三峡流域城市各级政府在文化人才的选拔上，必须坚持"改革传统的用人方式，引入竞争机制，采取双向选择、竞争上岗、层层

---

① 参见熊澄宇等《文化产业研究战略与对策》，清华大学出版社 2006 年版，第 250 页。

② 王玲：《十六大以来我国深化文化体制改革的路径选择研究》，硕士学位论文，渤海大学，2013 年，第 24 页。

选拔的方式，坚持'凡进必考'，向社会公开招聘"① 的原则，优胜劣汰，以利于提高少数民族地区城市文化管理的整体水平。具体而言，包括三个方面：一是采取公开选拔、竞聘上岗、择优录用的原则；二是建立一整套系统化的人才使用与评价、竞争与激励、奖惩与保障机制，使文化人才在民主公平的环境中健康成长；三是充分发挥社会监督和舆论监督的作用，让少数民族地区城市的文化工作逐步走上规范化、法制化的轨道。

选择好正确的文化管理体制改革路径具有十分重要的意义，因为科学路径选择的确立，可以使我们的改革进程少走许多弯路，最大限度地解放和发展文化生产力，极大提高文化管理体制改革的实效性。三峡流域城市要实现国民经济和社会文化快速发展的战略目标，建设具有民族特色的相对发达的文化事业，突出民族文化产业优势，就必须运用法律法规以及政策措施规范城市文化市场，借助各种平台为少数民族地区培养急需的各种层次的文化人才，并通过建立健全的文化体制和机制，来实现民族区域城市文化的繁荣与发展。

第五节　三峡流域城市文化形象建设

一　文化在城市建设中的作用

无论是过去、现在还是将来，也无论社会如何变化，有一点是可以确定的，那就是文化始终是一座城市发展的根本目的和内在要求，决定和引领一座城市竞争力的质量和方向的是这座城市的文化。"文化决定着人们的精神品格、思想修养、处世态度、风俗习惯、审美趣味和行为准则，也决定着城市的精神追求和价值尺度，决定着城市的形态面貌和文化生产力水平，是人们判断城市优劣的重要标准和尺度，也是城市真正魅力和吸引力所在。"② 与过去单纯由经济或军事决定城市的发展不同，当今世界社会发展的一个总体趋势，已经变成是经济与文化的深度结合

---

① 谢伦灿：《阵痛与重生：国有文艺演出院团改革路径之抉择》，《湖南科技大学学报》2010年第2期，第92页。

② 陈宇飞：《城市文化概论》，文化艺术出版社2008年版，第10页。

甚至融合，文化在城市经济与社会发展的历史进程中的作用和地位越来越得到凸显，作为我国建设中国特色社会主义"四位一体"（指社会主义经济建设、政治建设、文化建设、社会建设四位一体发展，是全面、协调、可持续发展的内在要求）的总体布局中重要的一环，文化建设与经济、政治、社会等其他三个部分的建设密不可分。在这个高度信息化的时代，文化生产和文化消费正在以"无限生产"的方式，凸显其巨大的经济与社会价值。

（一）文化是城市发展的根本动力

在城市社会发展的过程中，城市文化的价值包含非常广泛的内容，是一个复杂的系统，但这个价值系统中最根本的价值仍然非常明确：主要体现为对城市品牌的提升和城市活力的增强上。从某种意义上说，文化是城市发展的根本动力，是城市进步的智慧源泉，它决定并规范着城市竞争力的独特品格和精神品质。因此，三峡流域城市建设中，必须树立"文化优先"的战略意识，逐步形成以文化建设为核心的城市发展理念。

文化含量决定城市发展的质量。第一，文化是一种生产力，是推动城市经济、社会发展不可或缺的动力。作为现代城市经济社会发展动力系统的引擎之一，文化生产力的地位和作用只会越来越显得突出和重要，一方面文化具有强大的渗透力，渗入城市社会生产、生活和发展的各个环节；另一方面文化又具有极大的扩张力，可以囊括城市政治、经济、社会的诸多方面和要素；与此同时，文化还具有巨大的吸引力和聚合力，它能够凝聚城市市民人心，感染城市居住者，吸引外来旅游或工作者。中国当代许多城市特别是少数民族区域城市的发展，几乎毫无例外地都会借助城市民族文化，突出各自的城市文化特色。一个没有文化支撑的城市，是无法实现健康持续发展的，只有把我们区域城市文化的优势培育成为三峡流域城市新的经济增长点，打造成为城市发展的新型引擎，才能真正实现西部城市经济的崛起和壮大。第二，文化资源是城市发展的优质资源。当中国经济走过过度依赖不可再生的物质性自然资源的粗放式发展之后，当代城市经济很难沿着这一条道路长久走下去。而文化是一种能够不断积累、可以永续利用的资本，我们应该改变传统观念，正确认识文化资源的独特价值，充分利用城市文化资源推动三峡流域城市经济社会的发展与进步。第三，文化内涵和品质决定城市社会发展的质量。随着信息化技术的迅猛发展，当代中国城市文化早已渗透到城市社会生产生活的各个方面，行业文化决定行业发展的方向，企业文化决定企业的成败兴衰，旅游文化决定旅游业的素质和品位，社区文化决定城市对社区居民的凝聚能力和幸福指数。文化一旦与政治、经济、城市形象、居民日常生活等结合在一起，就会散发出无穷无尽的魅力和影响力，为区域经济的腾飞注入强大的生命活力。

（二）三峡流域城市文化建设

城市文化建设是城市建设不可或缺的极为重要的内容，文化代表一座城市的形象。从国家层面看，文化本身所具有的资源和资本价值越来越受到各级政府的重视。三峡流域城市政府不仅在其"十二五"规划中对本地区文化的大发展大繁荣做出了战略规划和确定了具体目标，而且多数城市文化部门还根据本地区文化的特点，制定了"城市文化发展规划"，从而为本地区的城市文化建设指明方向。

1. 城市文化建设的主要内容

城市文化建设包括城市物质文化建设和精神文化建设。城市物质文化建设既有图书馆、博物馆、电影院、宗教场所、休闲广场等文化硬件设施的建设，也包含市政建设总体布局的传统文化因素和民族特色的考虑，不要一味追求向西方大都市看齐的"高大上"而造成中国城市"千城一面"。三峡少数民族区域城市建设应该利用本地区完整的民族文化串联起自己悠久的文化历史，向外来者展示本民族独特的地域文明。城市的精神文化建设包括市民素质，城市科学、教育、艺术和体育文化，城市群众文化事业，文化产业，文化作品，城市形象文化建设，城市文化对外交流，文化消费，文化人才等城市文化建设。

2. 城市文化建设的总体思路

借鉴西方现代城市建设实践的成功经验，我们认为，三峡流域城市建设的总体思路应该突出重点：第一是注重从整体上规划设计城市；第二是把人性化设计置于核心地位。"因为城市不能是零散无序的建筑的简单拼凑，也不能是建筑师疯狂的'艺术'试验和某个决策人突发奇想式的'伟大'业绩，而应该是一种文化的延续和丰富，它是大家的家园，是属于每个人的。人们要在城市里找到家，实现文化认同，完成人生理想。"① 一座城市文化是否具有完整性，对于这座城市的文化生态，对于市民的文化心态和心理会产生巨大影响。因此，在三峡流域城市建设的具体操作中，我们一定要科学对待自己的文化遗产，包括有形文化遗产和无形文化遗产，如城市格局、自然环境、人文环境、社会习俗和建筑风格等。从中国近几十年来的城市改造的实践看，普遍存在重经济效益轻社会效益、重眼前利益轻长远规划、重标志性文化招牌轻一般性文化资源的问题。相对而言，人们普遍具有这样的意识：对于本地的著名文物古迹的态度比较明确，因为它们是当地的文化招牌和重要财源；而对于城市的整体风貌和环境、民居文化资源等则不太关注和保护。甚至一些城市在城市改造和扩建过程中，完全不考虑自己民族文化传统的重大价值、不顾及文化在城市建设中的重要意义，反而视传统文化和民族文化为落后的意识形态，为了自己的政绩和借以邀功的 GDP 而一"拆"了之，即使损害民众的根本利益、破坏城市的长远协调发展也在所不惜。有政府官员还因此被冠以"耿拆拆""季挖挖""李拆城""扒市长"的"美"名。而更奇葩的是原普洱市委书记沈培平为了强推旧城改造，竟公开说出威逼拆迁者的雷语："同意搬迁的大大地好，不同意搬迁的大大地坏。"更何况这些强拆并非都如当权者口中所说的是为了促进当地经济发展、美化市容市貌，相当一部分是政府官员与开发商沆瀣一气，以民生工程进行权钱交易，借大力推进城市开发建设获取大量的个人利益。

少数民族地区的经济比较落后，城市规模相对较小。生活在三峡流域城市中的人们自然有一种时不我待、希望城市建设日新月异的急迫心理。但我们在面对紧迫的、大量的城市建设任务时，一定要有清醒的文化意识，把尊重文化传统、延续文化脉络放在城市建设的中心位置，保护、传承和利用好本地区、本民族悠久的历史文化。

三峡流域城市最明显的特征是其山水性，大部分城市依山临水而建，这显然受到中国传统文化的影响。春秋时期的《管子》载有："凡立国都，非于大山之下，必于广川之上，高毋近阜，而水用足，下毋近水，而沟防省。"可见古人建立城市具有适应地形、尊重自然的思想，强调因

---

① 　陈宇飞：《城市文化概论》，文化艺术出版社 2008 年版，第 92 页。

地制宜、体现自然之美。

　　和全国主体情况相一致，三峡流域也正处于城市化水平加速发展的时期，在建设数量大、范围广、时间紧迫、发展不平衡等诸多因素的影响下，同样出现了生态环境严重恶化、城市面貌千篇一律、文化特色几乎丧失殆尽等令人忧虑的现象。吴良镛先生在《人居环境科学导论》中就曾写道："在中国，对自然的破坏、对风景名胜区的破坏、对历史遗产的破坏屡见不鲜，大规模的建设中存在这样那样的误区和时弊，不能不令人深以为忧。"① 这种城市建设令人堪忧的误区和时弊，在三峡流域城市建设中不仅存在，从某些方面看问题更加严重。正因为如此，为了三峡流域城市不至于重蹈边建设边破坏的覆辙，能够给子孙后代留下一片碧水蓝天，可以让三峡流域成为真正风光明媚、舒适富裕、繁荣昌盛的宜居之地，就必须科学地规划城市发展，根据城市的自然环境和人文环境建设市民的家园，而城市的文化形象建设又是三峡流域城市形象建设的重要基石。

二　地方城市文化形象体系的建构——以湖北省宜昌市为例

　　21 世纪以来，随着世界城市化进程的加快，中国正在快速进入城市社会的阶段，规模无论大小，地域不分南北，几乎每座城市都在或正准备通过各种方式构建自己的城市形象，并把城市形象置于城市发展核心战略的高度予以规划和实施。注重城市形象的建设已经成为中国当下社会的一种时代风尚，大部分城市拥有或正在构建自己城市的吉祥物、标志物，如标志性建筑、特色会展、城市名片、市树、市花、市歌等。可以说，城市已进入晒"脸"的时代。

　　城市形象建设的目的是什么？说到底就是为了创造城市之美，增强城市的魅力。而城市魅力的创造虽然方式多种多样，并没有固定不变的模式，但它更多地源于城市的历史和文化，则是一个被城市发展历史所证明的不争事实。因此，发掘城市文化资源，保持城市的民族文化特色，是塑造城市形象的重要途径。现代城市形象建设的目的，就是为了提升城市素质，提高管理水平，深化城市文化结构，创造城市文化体系，其

---

① 吴良镛：《人居环境科学导论》，中国建筑工业出版社 2001 年版，第 10 页。

根本目的，就是通过对城市文化资源的深入挖掘和城市文化资本的充分利用，构建高素质的市民社会，实现城市社会整体进步与进化，让城市居民生活得更幸福、美好。

城市形象建设最重要的是城市文化形象的建构问题。因为城市文化与城市经济、城市政治是相互影响、相互交融的关系，而且只有加强城市文化建设，才能促进城市的经济社会的全面发展和全面进步；文化在城市竞争力中的地位和作用越来越突出。只有加强文化建设，促进社会主义物质文明和精神文明的协调发展，才能提升城市的整体竞争力；文化塑造人生，只有加强文化建设，才能不断丰富人民的精神文化生活，促进市民的全面发展。

宜昌作为一个有文化底蕴的三峡流域中心城市，如何在城市形象建设中充分利用好丰富的地域文化、民族文化和传统文化，塑造有特色、有品位的城市文化形象，增强宜昌城市竞争力、促使宜昌经济持续健康发展和保证城市市民生活幸福等，是摆在政府和相关职能部门面前的重要任务，也是城市文化建设和管理研究者必须承担的重要课题。

（一）城市文化形象

1. 城市文化形象的内涵

谈到城市文化形象，首先要了解什么是城市形象，城市文化形象与城市形象有怎样的关联，城市文化形象之于城市形象有什么重要意义。关于城市形象的定义，人们从不同角度阐释时往往有不同的表述。或从一般意义上认为"城市形象就是城市景观特色，是城市存在意义的注释，也是城市性质、结构和功能的艺术表现形式"[①]。或从美学的角度，认为"城市形象是真、善、美高度统一的艺术综合体，是城市本质的自然流露，是城市历史的长期沉淀"[②]。或从文化角度认为"城市形象是城市独有的文化、城市精神、城市性质、城市的区位和城市底蕴的综合反映，是城市重要的无形资产，体现着城市的价值"[③]。综合学界以上论述，我

---

① 刘卫东：《城市形象工程之我见》，《城市规划》2003 年第 4 期，第 23 页。

② 徐苏宁：《城市形象塑造的美学和非美学问题》，《城市规划》2003 年第 4 期，第 24—25 页。

③ 江曼琦：《对城市经营若干问题的认识》，《南开大学学报》2002 年第 5 期，第 62—67 页。

们认为，所谓城市形象，一般是指一座城市给予人们的印象和感受，是一座城市内在历史文化底蕴和外在物质特征的综合性表现，是城市总体的特征和风格。它是在城市功能定位的基础上，融合城市的历史传统、城市标志、经济支柱、文化积淀、市民行为规范、生态环境等要素而形成的可以感受的表象和能够体验的内涵。城市形象是城市发展的基本动力，一方面它能够对生活在其间的市民产生规范、凝聚、激励、推动的作用，另一方面也可以对外来人群产生吸引力、感召力、回味力。其中，文化在城市形象中占有举足轻重的地位。

所谓城市文化形象是城市文化的集中反映和具体表现，是包括历史文化传统、自然环境、城市建筑、人文环境、社会制度、社会生活、风尚习惯、文明礼仪、精神信仰等在内的所有文化意象的复合体，具有深层的文化结构和精神内蕴，是城市性格的集中显现，也是整个城市文化高度抽象后的精神指向，具有超越时间和空间的象征力量。[①] 城市文化形象作为一座城市文化的外在表征，具有鲜明的地域性、交融性、集聚性和辐射性。良好的城市文化形象是城市的无形资产，它不仅对城市经济发展的推动力是强大而持久的，而且能够凝聚城市市民的精神，引导市民的健康思维。因此，研究城市文化形象的基本特征，把握城市文化发展的基本脉络，构建和创造出充满地方特色、性格魅力和生命活力的现代城市形象，是城市文化形象塑造的重要任务。对于一座现代意义的城市，经济能够提升城市的实力，但只有文化才能打造城市的魅力。从某种意义上说，城市形象就是城市文化形象，城市文化形象是城市的气质和品位，是城市最真实、最直接的文化表情，它承载着一座城市的民族精神，影响着人们的心理感受。城市文化形象最富有吸引力、最能展示自己内在魅力的是城市的文化特质，城市文化形象建设的根本是城市文化建设。城市文化的特质蕴含于其源远流长的历史文脉之中，挖掘并彰显、构筑城市历史文脉，是塑造城市文化形象的关键。"城市地域文化特色" 或者说 "城市文化个性" 是一个城市文化形象定位的基本依据。

---

① 参见高小康、耿波《都市形象与城市精神》，载胡惠林、刘士林等主编《都市文化研究》（第一辑），上海人民出版社 2011 年版，第 153 页。

2. 城市文化体系与城市文化形象建构体系

城市形象一方面体现着城市自然环境、文化传统、产业结构、城市功能和整体视觉的特点，代表着城市的身份和个性；另一方面是指城市给人的印象和感受。从某种意义上说，城市文化形象是城市形象的最重要体现。

城市文化形象是一个综合体，一般认为它可以分为三个彼此独立而又相互依存的层次。

（1）物质文化层

主要作用于人们的视觉系统，也叫视觉识别体系。它包括城市的公共设施、主要标志、基本建设项目等。

（2）行为文化层

它是人的行为在城市文化中的体现，承载着城市特有的文化信息，是文化通过一定的主体行为表现出来的，也叫行为识别体系。它包括城市社会秩序、人际关系、治安状况、管理模式等。

（3）观念文化层

它是城市文化的一种升华，是城市文化形象的最高境界，最能体现城市文化形象的特征，也叫观念识别体系。它包括城市经济文化发展战略、城市精神、城市人的价值观念、城市法律法规等。

从城市文化的三个不同层次看，城市的物质文化是基本层，是城市文化形象的根基；城市的行为文化是中间层，是城市文化形象的中坚；城市的观念文化是最上层，是城市文化形象的灵魂。城市文化形象的多层次性决定了城市文化形象建设必须是一个由表及里、由浅入深的运作过程。"城市形象的构建强调建立一个以生态系统为外在形式的和谐、文明、经济高速发展的居住体。"① 为了实现这一目的，作为城市形象建设主体的政府及其相关职能部门，除了加强经济建设、强化社会管理外，应该更加重视城市文化形象的建设，增强城市竞争的软实力。

城市文化形象体系构建包括城市精神理念、城市文化行为和城市文化景观等三大系统的建设。

（1）城市精神理念的建设

精神理念是一个民族生存发展的精神支柱，也是城市文化和城市形

---

① 张鸿雁：《城市文化资本论》，东南大学出版社 2010 年版，第 225 页。

象凝聚力的核心。"相对于城市布局、景观（视觉形象）和城市功能（行为形象），城市理念所展示的是城市的精神、观念。因此，城市理念形象建设是城市形象建设的魂。"① 构建城市形象，并非单纯构建城市的外表，更本质的是要塑造城市的灵魂。

（2）城市文化行为的建设

城市行为是城市理念的动态展示，城市政府是城市文化行为的核心主体，良好的政府行政形象，各部门的工作态度，服务窗口的文明程度，都是城市文化形象的具体展示。市民是城市文化行为的重要参与者，市民的政治参与程度是衡量城市是否真正实行了民主自治，以及自治水平高低的最重要的标尺；市民日常生活所体现的精神素养是一座城市文化底蕴、文明程度的重要参考，也是形成城市竞争优势和增强城市竞争能力的重要体现。城市文化行为建设包括：对内行为的规范，如一般公众教育、公务员教育、服务态度、环境保护、行为准则等；对外行为的建设，是指城市政府有关组织和个人在对外交往中向外传播城市文化形象构建理念，提高区域外组织和个人对该城市的认同感，塑造城市良好形象。

（3）城市文化景观的建设

城市文化景观是一个城市地域特有风貌的体现，是一个城市在长期发展历程中，由该区域自然地理环境、社会结构以及群体共有的世界观体系等共同影响所形成的。从构成要素看，城市文化景观分为物质性要素和非物质性要素：物质要素包括景观具体存在的物质形态，包括景观环境中的自然条件、空间尺度、空间结构、功能分区、建筑形态、环境色彩、景观肌理、材料、景施小品以及其他物化象征符号等；非物质因素包括环境内人类群体所共有的生活方式、价值取向、审美观点、民俗风情、宗教信仰等的文化思维形态。城市文化景观要很好体现本地文化特征，要成为传统文化价值观与现今时代特色结合的典型。要形成一个城市的独特风韵，就必须从保护传统文化以及发展现代城市特色等多角度综合进行城市景观设计和建设。一般而言，城市文化景观建设必须遵循这样的原则：城市景观设计与本土自然环境相结合；城市景观设计与

---

① 张鸿雁：《城市文化资本论》，东南大学出版社 2010 年版，第 308 页。

当地特色文化精神相结合；城市景观设计与本土艺术特征相结合。

城市文化形象是城市文化的外在表征，更注重城市文化的外显性。城市文化形象具有地域性、交融性、集聚性和辐射性。良好的城市文化形象是城市无形的资产，是城市经济发展的推动力；凝聚着城市的灵魂，引导着市民的思维。研究城市文化形象特征，把握城市文化脉络的走向，设计和创造出充满地方特色、性格魅力和生命活力的现代城市形象，是城市文化形象塑造的重要任务。

（二）宜昌城市文化形象建设的现状及主要问题

1. 宜昌市城市文化形象的定位

城市形象是一座城市内在历史文化底蕴和外在品格韵味特征的综合表现，要体现城市的总体特点和风格。因此，城市形象是在城市的功能定位的基础上，将城市的历史传统、文化积淀、市民素质、城市标志、生态环境等要素融合起来，形成一种可以观察和体验到的独特魅力。

城市文化定位包括物质文化定位、行为文化定位和精神文化定位三个方面。物质文化定位体现在城市的自然生态环境、城市雕塑与建筑等人文环境、经济社会发展等方面，是塑造城市文化形象的物质基础；行为文化定位体现在城市的政府管理、社会秩序、企业行为和各种文化活动等方面，是塑造城市文化形象的肌肉；精神文化定位体现在城市文脉、城市文化精神、历史积淀和文化发展战略等方面，是塑造城市文化形象的灵魂。

城市品牌是建立在城市文化形象定位的基础上。因为城市形象浓缩了一座城市的灵魂和优势，体现了一座城市的独特个性和精华。它是一座城市区别于其他城市的显著标志。

作为三峡流域内唯一一座拥有百万以上人口的大城市，宜昌处于中国的中西部、长江中上游地区，经济基础相对薄弱，矿产、油气等物质资源比较贫乏，但水能等自然资源和民族民间文化等文化资源比较丰富。同时，相对于周边的鄂西、湘西、渝东和黔北等武陵山区连片贫困地区而言，宜昌的区位优势、政治地位、经济基础和文化空间又具有明显优势。根据这一现状，相关政府部门将宜昌市定位为"省域副中心城市"。近几届宜昌市委、市政府响亮地提出：加快建设省域副中心城市、长江中上游区域性中心城市和世界水电旅游名城，成为现代化特大城市。《湖北省经济和社会发展第十二个五年规划纲要》提出："支持宜昌建设成为鄂西南及长江中上游的区域性中心城市，城市人口规模达到200万人，建成区面积达到200平方公里。"宜昌具有省域副中心城市、鄂西生态文化旅游圈、长江经济带新一轮开放开发三个战略的叠加效应，为宜昌抢占发展制高点，切实增强影响力和带动力，创造了十分有利的条件。区域性综合交通枢纽基本形成，特别是高速公路、高速铁路的大发展，使宜昌的区位优势更加明显，为宜昌承东接西、加快发展增添了新的优势。虽然随着国家对特大城市的重新定义，湖北省和宜昌市建设特大城市的战略有所调整，但"在进一步巩固省域副中心地位的基础上，努力提升城市现代化、国际化水平"，依然是其追求的建设目标。

《宜昌市国民经济和社会发展第十二个五年规划纲要》中提出"十二五"期间发展目标："十二五"期间，全市经济发展的质量、速度、效益好于、快于、高于全国全省平均水平，富民强市建设实现重大突破，转变经济发展方式取得重大进展，城市升级迈出重大步伐，社会建设取得重大成效，继续走在中部地区和长江沿线同等城市发展前列，成为湖北在中部地区崛起的重要支撑，基本建成省域副中心城市和长江中上游区域性中心城市，为全面建成小康社会、创建世界水电旅游名城打下具有决定性意义的基础。在城市建设规划方面，提出拓展提升宜昌中心城区：统筹九大城市组团一体化发展，进一步拓展城市骨架，扩大城市规模。加快建设和完善中心城区5个组团，即西陵、伍家岗、小溪塔、点军、猇亭；适时发展4个外围组团，即三峡坝区、龙泉、白洋、红花套，积极打造多中心多组团、跨江联动发展的城市新格局，努力建成宜昌现代产业发展集聚区、城乡统筹发展示范区和对外开放窗口，成为长江沿线和中部地区发展活力足、核心竞争力强的现代化大都市。

2. 宜昌市城市文化形象建设的成就及问题

宜昌作为湖北省域副中心城市，世界水电之都，城市建设快速扩张，已经由一个中小城市转变为百万以上人口的大城市。近几年城市建设成就巨大，市容面貌得到巨大改变。从硬件设施看，宜昌与外界联系的交通已形成高铁、高速公路、国际航线立体型、全方位的快捷通道，成为连接东、西、南、北交通枢纽城市；市区内夷陵广场、万达广场、CBD、解放路步行街、华祥商业中心、水悦城等主题鲜明、功能齐全的商务中心相继建成，构成宜昌形式多样、品质优良的城市地标，火车东站、博物馆新馆、宜昌青年文化创意产业园等的建设，在拉动城市经济快速发展的同时，也极大地提升了宜昌的城市品位。

从软件设施看，宜昌先后被评为"中国优秀旅游城市""国家园林城市""中国十佳宜居城市""全国卫生城市""国家环保模范城市"；2011年荣膺第三批"全国文明城市"，成为湖北省唯一获此殊荣的城市，并于2014年蝉联"全国文明城市"称号。这些成就的取得，当然与宜昌市委市政府、相关部门以及全体市民的共同努力是分不开的。单就城市文化而言，近几年宜昌市在以下方面做了大量工作，取得突出成效。（1）在公共文化服务方面：构建"一网五化，城乡共进"的公共文化服务体系；公共文化网络全面覆盖；公共文化基础设施全力推进；数字文化建设全面展开。（2）在文化产业方面：把文化旅游产业作为全市六大千亿元产业之一，重点发展，多方扶持，加快文化产业发展步伐；围绕千亿元产业目标，全市文化产业市场主体增加到14300多家；重点突破，带动全局，金三峡印务有限公司进入全国新闻出版行业50强，并在香港主板成功上市，是全省新闻出版广电系统第一家境外上市文化企业；金宝乐器制造有限公司获批全国文化产业示范基地。（3）在文艺精品创作方面：创新举措、搭建平台，精品不断涌现，周立荣歌曲《江河恋》获中宣部"五个一工程奖"，张玉玲论文获第九届中国舞蹈"荷花奖"银奖，王祖龙专著《楚书法史》获中国优秀美术图书最高奖"金牛奖"金奖，刘小平小说《花彤彤的姐》入选湖北省10部长篇小说重点扶持项目之一；夷陵区三幅版画入选"青山绿水中国梦"全国农民画展览，《美酒喷喷香》赴山东省参加全国第十届艺术节"群星奖"获奖节目展演，并在国家大剧院、俄罗斯成功演出。（4）在文化遗产保护传承方面："非遗"保护走在前列；文物保护成效显著。（5）文化惠民活动方面：文化惠民服务形成常态；"三峡文化广场月月演""三峡文化讲坛""国韵大戏台""实验小剧场""文化力量·民间精彩"等群众文化活动遍地生花；端午文化节、钢琴艺术节等大型文化活动浓墨重彩。①

与此同时，和全国大多数城市一样，宜昌市城市形象建设也存在一

———————————

① 参见《2014年宜昌市文化局工作总结》。

些问题，主要表现为：重硬件设施建设，轻软件设施建构；重商贸核心区域建设，轻地域文化因素设计；重视国际化，忽视民族化；城市的现代气息浓，个性化色彩淡。

3. 宜昌城市文化形象塑造的基本原则

由于城市文化形象是一个立体的、多维的、复杂的综合系统，既有眼前规划又有长远目标，既有硬件建设又有软件设计，既要坚持共性的要求又要突出特色。塑造城市文化形象应遵循以下原则。

（1）共性和个性相结合

城市是经济、政治、文化诸因素交汇融合的中心，各类城市都有其共性的一面，城市文化形象塑造要体现城市发展的基本要求和成果。但个性才是城市的生命，没有个性的城市是没有生命力的，城市个性才是城市形象塑造的核心要素。目前我国的城市形象普遍存在因过分追求统一、盲目改造和模仿，而丧失自己独特个性的问题。

（2）历史性、现实性和前瞻性相结合

塑造城市文化形象要尊重、把握、体现城市的历史文化，在继承历史的基础上，又要注重从现实经济社会发展的需要出发，塑造符合自身实际和当前发展的城市形象。同时，城市在不断发展，城市功能在不断更新，城市的社会结构和人文关系也在不断发生变化，所以在城市文化形象塑造时，又要具有战略眼光和前瞻性的思路，着眼于城市发展的长远和未来。既要尊重历史，又要把握现在，还要面向未来。

（3）经济利益和社会效益相结合

城市发展必须有坚实的经济基础，城市建设也要追求一定的经济效益。城市文化形象塑造过程中，无论是硬件建设还是软件建设，都要既注重经济效益更注重社会效益，注重提升城市的整体形象和综合实力，为市民提供一个宜居、宜商、宜业、宜学的美好环境。

（4）民族性和现代性相结合

城市文化往往通过城市建筑、设施、景观等有形的载体最直接地展示出来，人们对城市形象的认识和留下印象更多的是从城市的外在形象中感知其地方特色和文化意义。城市形象塑造既要注重其民族文化的特性文化，又要体现其与时俱进的精神，要让城市的标志性建筑发出本地文化的声音，展示民族文化和现代文化完美融合的精彩画面。

（三）宜昌城市文化形象体系建构的方法途径

城市文化形象的建构包括三个方面：城市视觉形象设计；城市行为形象建设；城市精神形象塑造。

1. 城市视觉形象设计

一座城市给人最直接的感官印象是视觉冲击，城市视觉形象是一个城市文化形象的表层和外显，也是文化最直观、最通俗的表现。我们认为，在对物质层面的城市文化形象设计问题上，政府和设计部门主要应该从城市建筑、城市景观、城市环境等方面创新思维，打造特色宜昌城市形象。

城市的建筑本身就是一部文化史。当一个人来到某一座陌生的城市，最直接也最能表明一个城市特色的就是城市的"建筑文化"。城市的建筑文化作为承载城市历史的物态表征，体现着多元的价值，如美学的、历史的、人文的和功能的价值。宜昌市是一座千年古城，不同历史时期不同风格的建筑都是宜昌建筑文化的组成部分，各有其存在的价值。特别是那些年代久远、包含深厚的历史和人文价值的建筑，其文化资本的价值就显得格外厚重。在城市建筑越来越追求高大上、城市建设趋同化越来越严重的当下，对于历史建筑的保护就显得尤其重要。宜昌有越来越多的现代化地标建筑，CBD、万达广场、水悦城等形成一个个商业聚集区，把宜昌不同节点有机串联了起来。但与此同时，历史建筑却在迅速消失，历史街区不断被吞噬以致消亡。面对这些情况，未来的城市形象建设需要更多地考虑文化因素和发挥建筑的历史文化资本价值。一方面通过复兴历史街区打造城市文化名片，更好地经营城市文化资本；另一方面通过图书馆、博物馆、主题公园、历史名人雕塑园的建设留住历史记忆，唤起人们对城市文化的自豪感和向往心。

地标的英文单词 Landmark，直译即大地上的标记，汉语中常代指标志性建筑。地标应该是一个地方给人的第一视觉、印象和记忆，而这种第一视觉是充满匠心而又和谐的，第一印象是协调和有参与体验的，第一记忆是融合城市文明和本土价值的。但这些因素往往被城市管理者和投资方或弃置或弱化，而将第一视觉简单地理解为高和大，第一印象被理解为震撼和突兀，第一记忆常被理解为"之最"和唯一。中国现代城市管理者似乎特别热衷于地标建设，并将其作为政绩、实力、技术和财富的炫耀资本，三峡流域城市政府亦很难摆脱从众心理。当然建设城市地标本身并没有问题，因为一个城市的地标建筑代表着这座城市的形象，它既是城市天际线的制高点，也是城市发展历史的见证和实力的体现。作为三峡流域唯一人口超过百万的大城市，宜昌市历届政府一直在不断地追求卓越，打造支撑城市形象的城市坐标。当城市发展到现在，过去那些充满诗意的地标形象早已泯然众矣，已经无法引领三峡流域城市群、鄂西经济圈的发展，如何在新的城市中心建设新的城市地标就成为政府急切推动的重大工程了。2015 年 8 月 8 日，"中建三局投资"发布 300 米地标——"中建·宜昌之星"建设方案，据介绍，这一项目"将按国际视野、本土认知、顶尖品质要求，契合宜昌大视野、大气魄、大手笔的发展战略，精心打造新一代绿色、生态、自然的城市地标综合体"。这一项目占据宜昌城市中心，引领城市高度，塑造大城格局，以超过 300 米的超高层地标、空中五星级酒店、水主题时尚天街为代表的公共建筑，即将鼎立于宜昌城市天际线，成为宜昌新的城市名片。从此宜昌便拥有了可以与世界名城媲美比肩的城市高度。从这一建筑的设计理念看，一定程度参考了宜昌本地的文化特点，如从项目选址上，考虑宜昌作为山水城市的特性，选择在江滨居中的核心位置来建设城市地标；从文化角度考量，200 年前，42 米高的天然塔是宜昌的最高建筑，200 年后的"中建·宜昌之星"在外形上借鉴宜昌历史地标天然塔的形态，而在功能上则具有鲜明的时代特征。这些考量说明城市的管理者和城市形象的塑造者，都逐步认识到城市文化在城市形象建设中的巨大作用和影响。但是一个无法忽略的现象是，地方政府在城市形象的建设上依然没能摆脱对外在形式的追求，而缺乏对城市文化形象内涵的真正重视。高度的超越是非常容易的，而厚度的积累则是艰辛的，非一日之功可至也。历史已经证明，能够给人们留下深刻记忆的永远是那些凝聚民族智慧、反映重大历史事件、有丰富文化底蕴的东西，如美国的自由女神像、法国的凯旋门、北京的故宫和长城、武汉的黄鹤楼等。

　　从表层含义看，城市是由建筑和街道构成的有机整体。房屋建筑应当是它构成的主体，并有建筑以外的空间环境相辅，两者合起来称为城市景观。一般而言，人们都是通过对城市标志性建筑（即地标）的理解来认识城市的。地标不仅仅是一种崇尚的摆设，也不只是让市民或旅行者记住和便于空间识别，它应该成为城市的"文化名称"，是城市文化精神的象征，更是城市精神的炫耀。地标性建筑承载一个城市的辉煌历史，体现其政治与经济的主要特征，构成城市在人们心中的地位和形象。城市景观是一个内容丰富、形式多样的系统，但最容易引人注意的是城市的"第一景观"形象，如北京的故宫、上海的外滩。就宜昌而言，葛洲坝、夷陵大桥、均瑶国际酒店、宜昌火车东站、万达广场等都在不同时期扮演着宜昌城市标志性建筑的角色，即将登场的 300 米地标——"中建·宜昌之星"更被政府和投资者寄予无限希望，但能否建构稳固的城市象征建筑和景观，能否创造出能够流芳百世的文化符号，尚需时间的检验。而当下堪称宜昌"第一景观"的建筑非三峡大坝莫属，它是中国长江上游段建设的大型水利工程项目，是世界上规模最大的水电站，是中国也是世界上有史以来建设的最大的水坝，是具有唯一性、垄断性的文化资源。因此，宜昌市未来的城市形象定位应该以三峡大坝这个宜昌"第一景观"为中心，将宜昌市拥有的丰富的山水自然资源、历史文化和民族文化资源加以科学整合，倾力打造全国独一无二的水电旅游文化品牌。

宜昌作为具有千年历史的西部区域中心城市，有着非常丰富的文化资源和文化遗产，从自然资源和历史文化资源看，有长江三峡、西塞山、三游洞、三峡人家、三国夷陵大战古战场、石牌大战故址、宜昌天然塔、古佛寺、欧阳修公园、葛洲坝等。作为具有唯一性、垄断性、规模性、多内涵型、可开发性和历史价值性的资源，并有可能打造成为国家级甚至世界影响的景观的有：（1）三峡风景区。它是一个综合性旅游景区，可以结合名人文化、贬谪文化、诗歌文化等进行创造性开发；（2）军事文化风光带。将三国夷陵大战、抗日战争时期石牌保卫战和历史上其他战争结合进行开发；（3）水电文化组群。宜昌境内拥有长江上的三峡大坝、葛洲坝和清江上的隔河岩、高坝洲等四座水电大坝。而市区隐有大坝（葛洲坝）也堪称宜昌独有，创造宜昌水电文化经济区，打造水电文化产业链，形成宜昌"水电文化"产业的集群优势，使宜昌不仅真正成为世界水电之都，更成为具有国际影响的水电文化之都。

2. 城市文化形象软环境建设

城市的形象不仅表现在外在的城市空间，更重要的是其内在感受。

城市是一个社会的有机体，城市的主体是人，城市社会构成了人与人之间的相互依赖、共同发展的关系。无论是长期生活在其间的市民，还是暂居其间的学习和务工者，抑或是旅游或过境者，城市给予他们的首要的是幸福感和舒适度。打造城市文化的软环境应该从三个方面入手。

（1）尽可能满足市民的精神文化需求

城市首先是人的城市，市民是城市的主体，以人为本，以市民为本，一切有形和无形的城市形象建设都应该为城市市民这个主体服务，尽可能使生活于其中的所有民众（包括世代生活于其中的原住民、因重大工程建设而迁移至此的外来移民、进城务工的农民和求学的学生以及旅游观光者）都能感受到物质生活的便利、精神生活的满足。在宜昌市"一本三化"城市管理经验的基础上，在大力创建宜昌市"智慧城市"的背景下，市政府及其相关部门应进一步加强线下线上"双线建设"。所谓"线下建设"，就是利用已有的硬件设施和品牌影响，进一步精细化、多功能化，为市民和游客提供更为丰富多彩的文化生活。如宜昌诗歌节，除了一年一度的端午诗会外，还可以组织不同级别、不同类型的诗歌沙龙，吟诗、赏诗、斗诗，让高雅的诗歌真正走进百姓生活。再如提升茶城功能，把品茶与音乐学习、茶文化欣赏、人文雅集、主题活动结合起来，不仅让人们在休闲的同时感受和体验传统文化和民族文化的魅力，而且产生客观的经济效益和社会效益。其他如打破传统展览馆的模式，建立民族民俗主题公园；举办诸如"博物馆之夜"活动，创新利用博物馆的优质资源；利用宜昌青年文化创意产业园，举办创意市集活动；等等。

所谓"线上建设"，就是由政府主导、借助信息科技搭建文化活动网络平台，开发系列 APP 软件，并与通信商合作，将宜昌市的旅游资源、文化活动、著名景观甚至政策法规等一切有利于宣传、推介城市的信息发送到用户手机，不仅使市民能够实时同步感知自己所生活城市的主要活动，而且让初到宜昌的外来旅游者能够迅速了解资讯，以便更快捷更多自主选择旅游内容。

（2）提高政府部门和市民个体的文明素质

如果说文化是城市经济和社会持续健康发展的软实力，那么，城市人文素质的高低就是城市文化形象软环境的主要体现。城市文化软环境的构成要素很多，但主要因素有两个：一是政府行政的素质；二是市民个体的文明素质。政府部门要真正改变行政思路，转变职能，充分树立服务民众的思想，由管理型政府转变为服务型政府。而市民个体要改变过去乡村小国寡民心态，树立市民社会共生共荣思想，要认识到每个人的行为都与这座城市息息相关。

3. 城市文化品牌的建设与营销

城市的发展虽然受制于多种因素，如经济实力和政治制度变革等，但它的发展方向和样态则最终由其所在城市的文化所决定。城市间的竞争已经无法单纯依赖经济的竞争，而是逐渐走向以文化为核心的综合竞争。一座城市要想在受众心中形成独特、美好、持久、令人瞩目的形象，从激烈的城市竞争中脱颖而出，就必须重视自身城市文化品牌的建设，在当今这样一个品牌经济的时代，品牌已经成为城市不可或缺的生产力、传播力、竞争力和发展力。三峡流域各级城市纷纷提出建设"宜居城市""休闲城市""文化名城""生态城市""山水城市"等，国家也先后举办评选"文明城市""旅游城市""最具经济活力城市"等活动。文化品牌是城市品牌极为重要的组成部分，文化品牌建设是提升城市文化影响力的关键所在。从社会文化的角度看，一个城市必须要打造自己的文化品牌，鲜明的城市品牌可以让这个城市在国内外具有知名度，进而提高其竞争力。

（1）城市文化品牌的内涵

简单地说，城市文化品牌就是一个城市的形象，它代表着一个城市的精神和灵魂，是这个城市长久生存和发展的根本。一个城市的有形和无形资产融合而成的城市文化品牌，是这一城市民族历史底蕴的积累和沉淀，也是一种地域文化的传承。从影响力看，城市文化品牌可以分为核心文化品牌、重要文化品牌和一般文化品牌。从构成要素上看，城市文化品牌由两部分组成，一部分是物质性文化品牌，如荆州古城墙、三峡大坝、恩施土司城、涪陵白鹤梁、奉节的夔门、怀化鼓楼等具体的、客观存在的事物；另一部分是非物质性的文化品牌，如荆州三国文化、宜昌屈原与端午节、土家族过赶年、湘西银饰工艺、涪陵榨菜工艺等抽象的事物。城市文化品牌作为物质性文化品牌和非物质性文化品牌的统一，是有形文化资产和无形文化资产的完美融合，也是自然资源与人文资源的相辅相成。城市文化品牌的形成是诸多要素共同作用的结果。

（2）城市文化品牌的基本特征

一是唯一性。唯一性是指城市文化品牌本身具有独一无二的不可替代的经济价值和文化内涵，其鲜明的地域特色，是区别于其他城市的明显标志。就三峡流域城市而言，每座城市都有自己的文化品牌，如湖北宜昌的屈原端午文化、大坝文化、钢琴文化，恩施的女儿会、玉露茶、土司文化，荆州的古城墙、三国文化、荆州博物馆，荆门的屈家岭文化、明显陵文化、象山文化；重庆涪陵的榨菜文化、白鹤梁水下碑林文化、易理文化，万州的码头文化、移民文化，奉节的白帝城、诗歌文化，丰都的鬼城及宗教文化，巫山的神女文化；湖南湘西州的凤凰古城、"谷韵吉首，带您走进神秘湘西"、老司城遗址，怀化市的鼓楼文化、侗苗文化、夜郎文化，常德市的善德文化、屈原文化、太阳山文化；贵州铜仁市的梵净山佛教文化、傩戏傩技、土家花灯；整个三峡流域的山水文化等。特色是城市文化品牌的生命力所在，也是城市竞争力和创造力的根本源泉。城市文化品牌往往以高度浓缩的形式，是经过长久的历史积淀逐步形成的，它是能够代表一座城市让城市市民、外来旅游观光者和其他民众，有整体印象、便于指认的形象表述。因此，只有把那些能够真正体现城市特色的文化资源加以有效整合与利用，才能打造出一个城市的核心文化品牌，并逐步向外推介其重要文化品牌，构建出民族区域城市文化的品牌系统，使三峡流域各自城市以其独特的文化魅力在城市竞争的舞台上尽展风采。从近年来全国各地打造城市文化品牌的实践来看，文化的地域差异、特征和人文风貌，为塑造城市文化个性提供了宝贵资源和现实的可能。

二是扩散性。对于城市建设而言，建构本地城市的包括核心文化品牌、重要文化品牌以及一般文化品牌在内的品牌系列固然重要，但这并非文化形象建设的终极目的。作为西部少数民族聚集区的三峡流域城市，其品牌建设的终极目的应该是，立足于城市化进程发展迅猛、经济全球化一体化的现实，通过不断挖掘、提升民族性和地域性传统文化资源与文化资本，充分发挥地方性城市核心和重要文化品牌的扩张发散效应，将文化资源和资本转化为生产力，促进和形成区域性中小城市新的经济增长点，从而带动整个民族地区的经济发展、社会文明和全面进步。三峡流域城市过往的经验已经证明，一个好的、为广大民众和消费者所认可的城市文化品牌，不仅能给这个城市带来巨大的声誉，更能给城市及周边区域带来经济和文化发展的机遇，产生巨大的经济和社会效益，迅速提升这个城市和地区的竞争实力。如荆州的"古城墙"品牌，宜昌的"三峡大坝"品牌，湘西的"凤凰城"品牌，铜仁的"梵净山文化"品牌，恩施的大峡谷品牌，张家界的"国家森林公园"品牌等。不仅使三峡流域城市的旅游业长盛不衰，旅游人数和收入大幅度提高，而且通过文化和旅游的有机结合，使越来越多的中外人士加深对三峡区域城市的认识和了解，并通过他们向世界各地更大范围地传播三峡流域的民族文化，进而吸引更多的投资者到三峡地区寻找发展机会，以促进区域经济文化的跨越式发展。历史的经验已经并将继续证明，民族地区城市文化品牌，要在经济一体化全球化的时代继续确保其长久的生命力和持续的竞争力，就必须充分挖掘其文化内涵，并结合现代文化加以改造和充实，使城市文化品牌充分发挥文化与经济的联动效应，尽力扩大和传播文化品牌的影响范围。

（3）文化品牌的营销

对于生活在宜昌的市民来说，除了城市市民的户外行为素质的高低影响着城市空间的优质性、合理性发展，群体活动体现出来的素质反映一个城市的社会文明和文化发展的水平。"城市形象中的行为系统，就是要创造人的能动性，让人人都能够成为城市形象的创造者和代表者。因此，在城市行为系统的创建中，要通过一种系统性关系，开发城市特有的行为文化。"① 宜昌市政府有关部门在城市文化形象的建设与发展中，应该进一步开展不同类型、层面、渠道、多元化、跨地区的各种文化活动。在构建群体文化行为上，除已有的端午诗会、钢琴艺术节等有影响的品牌应该继续做大做强外，宜打造更多能够代表宜昌深厚文化底蕴的文化品牌，并借助网络、电视、电影、文艺作品等各种手段，全方位地向世界推介宜昌、宣传宜昌。

宜昌打造鄂西生态文化旅游圈核心城市，不仅要打"三峡牌"，而且要打"屈原"牌、"昭君"牌、"诗歌城"牌。要深入挖掘屈原、昭君等

---

① 张鸿雁：《城市文化资本论》，东南大学出版社 2010 年版，第 366 页。

名人文化的旅游价值，建构名人文化旅游产业体系，切实加强对名人文化旅游资源的开发利用；要着力打造名人文化精品旅游线路，将屈原故里、屈原纪念馆、昭君故里、三游洞、杨守敬书院等建成宜昌市重要的文化旅游景点；要把屈原、昭君等名人文化融入大型文化节庆活动，突出名人文化优势，开发名人文化节庆旅游产品，不断增强屈原、王昭君、杨守敬等名人文化的影响力。

与大都市相比，地方城市具有明显的先天不足，但也有自己独特的优势。作为三峡流域唯一的一座百万人口的区域性中心城市，宜昌市的城市文化形象建设的经验和问题、解决问题的原则和途径都具有标本意义。一个城市良好文化形象的形成，政府的率先垂范和正确引导是最根本的，而全体市民的主动参与也是不可或缺的。良好的城市文化形象一旦形成，就可以迅速转化为生产力，推动城市经济发展和社会进步。

余　论

2015 年是"十二五"规划收官年，也是"十三五"规划启动年。在 2015 年 10 月 29 日结束的中国共产党第十八届中央委员会第五次全体会议上，与会全体人员听取和讨论了习近平总书记受中央政治局委托作的工作报告，审议通过了《中共中央关于制定国民经济和社会发展第十三个五年规划的建议》（以下简称《规划建议》）。虽然具体规划内容尚未出台，但从《规划建议》中，我们已经大致可以看出未来五年文化建设的基本思路和三峡流域城市文化建设与管理的目标。

我们不妨比较一下"十二五"和"十三五"时期国家发展的指导思想。2011 年 3 月发布的《国民经济和社会发展第十二个五年规划纲要》（以下简称《纲要》）明确指出，未来五年我国发展的指导思想是："高举中国特色社会主义伟大旗帜，以邓小平理论和'三个代表'重要思想为指导，深入贯彻落实科学发展观，适应国内外形势新变化，顺应各族人民过上更好生活新期待，以科学发展为主题，以加快转变经济发展方式为主线，深化改革开放，保障和改善民生，巩固和扩大应对国际金融危机冲击成果，促进经济长期平稳较快发展和社会和谐稳定，为全面建成小康社会打下具有决定性意义的基础。"这一指导思想表明，以科学发展为主题是时代的要求，关系改革开放和现代化建设全局。围绕科学发展，《纲要》提出以下基本要求：坚持把经济结构战略性调整作为加快转变经济发展方式的主攻方向；坚持把科技进步和创新作为加快转变经济发展方式的重要支撑；坚持把保障和改善民生作为加快转变经济发展方式的根本出发点和落脚点；坚持把建设资源节约型、环境友好型社会作为加快转变经济发展方式的重要着力点；坚持把改革开放作为加快转变经济发展方式的强大动力。

经过五年的发展，中国经济和社会的发展已经进入了新的历史阶段，面临着前所未有的发展机遇，同时面对的各种风险和挑战也是亘古未有。近五年来，世界经济增长的格局、国际产业的分工、全球投资贸易的规则、能源资源的版图、地缘政治的环境等，几乎每天都在发生巨大而深刻的变化。作为世界第二大经济体的中国已站在新的更高起点上，必须以更高的要求承担更重要的责任，尤其在引领世界经济的发展、以更高的质量改善民众的物质和精神生活等方面，应该发挥更积极主动的作用。以习近平为总书记的新一届中央领导集体要求我国"十三五"时期要实现"三个确保"：确保2020年全面建成小康社会的宏伟目标顺利实现；确保全面深化改革在重要领域和关键环节取得决定性成果；确保转变经济发展方式取得实质性进展。正是在这样的背景下，中共十八届五中全会在《规划建议》中提出了"十三五"时期我国发展的指导思想："高举中国特色社会主义伟大旗帜，全面贯彻党的十八大和十八届三中、四中全会精神，以马克思列宁主义、毛泽东思想、邓小平理论、'三个代表'重要思想、科学发展观为指导，深入贯彻习近平总书记系列重要讲话精神，坚持全面建成小康社会、全面深化改革、全面依法治国、全面从严治党的战略布局，坚持发展是第一要务，以提高发展质量和效益为中心，加快形成引领经济发展新常态的体制机制和发展方式，保持战略定力，坚持稳中求进，统筹推进经济建设、政治建设、文化建设、社会建设、生态文明建设和党的建设，确保如期全面建成小康社会，为实现第二个百年奋斗目标、实现中华民族伟大复兴的中国梦奠定更加坚实的基础。"与"十二五"时期以科学发展为主体不同，"十三五"时期的中心目标是如期实现全面建成小康社会奋斗目标，推动经济社会持续健康发展。具体来说，今后五年，要在已经确定的全面建成小康社会目标要求的基础上，努力实现以下新的目标要求：经济保持中高速增长；人民生活水平和质量普遍提高；国民素质和社会文明程度显著提高；生态环境质量总体改善；各方面制度更加成熟更加定型。要实现"十三五"时期发展目标，破解发展难题，厚植发展优势，就必须牢固树立创新、协调、绿色、开放、共享的发展理念。围绕这些发展目标和基本理念，提出必须遵循以下原则：一是坚持人民主体地位；二是坚持科学发展；三是坚持深化改革；四是坚持依法治国；五是坚持统筹国内国际两个大局；六是坚持党的领导。

《规划建议》提出的"十三五"时期我国发展的指导思想、基本原则、经济社会的发展目标和基本理念等，对三峡流域城市的经济发展、文化建设以及文化管理体制进一步深化改革，同样具有重要的现实指导意义。

第一，要实现到 2020 年国内生产总值和城乡居民人均收入比 2010 年翻一番的战略目标，三峡流域城市经济如何保持稳定健康的中高速持续性发展是问题的关键。过去的五年，三峡流域城市经济在发展速度和经济增长比例上，虽然与全国平均水平相差不大，但粗放式经济发展难以为继。因此，"十三五"时期，三峡流域城市必须进一步转变思路，构建产业新体系，加强文化强市意识，实施文化强市工程，充分利用本地区民族文化资源培育一批战略性民族文化产业，加快发展现代文化服务业行动，构建文化发展新体制，加快形成有利于创新发展文化的市场环境、产权制度、投资融资体系、人才培养引进使用机制，进一步深化文化管理体制改革，转变政府文化管理职能，推进建立健全多元文化管理体系，激发民族区域文化市场的活力和民族文化工作者的文化创造力，尽快使三峡流域城市进入创新型城市和文化强市的行列。

第二，社会发展的目的是提高人民的物质和文化生活水平，如果说"十二五"时期主要追求的是数量上的提高，而"十三五"时期则强调的是质量的提升。三峡流域要实现本地区城市居民生活质量和水平普遍提高的目的，就必须在建立健全就业、社保、医疗、住房等公共服务体系的同时，大力推进公共文化服务设施的建设，增加普通教育和职业教育的投资，让更多城市居民享受现代文明成果和民族文化资源，大幅度提高市民阶层生活的幸福指数。三峡流域城市属于国家西部连片开发地区，物质文化生活基础较为薄弱,许多地方尚未完全脱贫,政府发展经济的任务还十分艰巨。这就要求区域内城市各级政府更具有战略眼光,牢固树立以人为本、文化立市的发展理念,把公共文化事业和文化产业的发展放在更加重要的位置,以期让民族地区的民众能够平等、同步享受中国经济和社会的改革成果。

第三,显著提高国民素质和社会文明程度,是"十三五"时期必须达成的主要目标之一,当然也是党和政府未来五年需要完成的重要任务。三峡流域城市各级政府和文化管理部门应该利用政权和政策优势,借助当地丰富多彩的文化资源和人力资源,宣传习总书记提出的"中国梦",让社会主义核心价值观深入民族地区人心,让爱国主义、集体主义、社会主义思想在武陵广大山区广泛弘扬,使向上向善、诚信互助的社会风尚在三峡民众中更加浓厚,在继续发扬本民族优秀文化和优良传统的基础上,进一步提升流域内人民的思想道德素质、科学文化素质、健康素质。

第四,《规划建议》强调树立绿色的发展理念,促使生态环境质量在"十三五"期间得到总体改善,这就要求生产方式和生活方式必须加以改变。过去那种纯粹资源消耗性经济发展方式难以为继,而更加绿色环保的文化旅游经济,在新的历史发展时期将扮演更加重要的角色。三峡流域城市拥有的极为丰富的山水自然资源和民族特色鲜明的文化资源,将成为这一地区未来经济发展的后发优势,会起着越来越不可或缺的重要作用。"十三五"期间,如何在保护和传承这些物质和非物质文化遗产的基础上,更科学有效地合理利用其文化资本价值,最大限度地发挥文化的经济价值和社会价值,是三峡流域城市各级政府、文化管理部门以及文化工作者需要认真思考的理论和实践问题。

第五,法律制度是一切工作的保障,建立健全更加成熟而定型的民族文化法律制度体系,是推进少数民族地区经济文化健康有序发展的必要条件。民族文化法律制度体系主要包括与民族文化建设和发展相关的各种法规条例、执行这些法规条例的各级文化执法机构及其执法队伍,以及各种政府或非政府监督组织。未来五年,三峡流域城市通过完善的文化法律制度体系的建构,可以促进少数民族区域文化管理和治理能力的快速提升,形成依法治理少数民族区域文化的良好局面,使政府文化部门的公信力显著提高，市民享受文化的权力得到切实保障，文化产权得到有效保护。从而使三峡流域城市文化管理水平上一个新的台阶。

　　总之，在新的发展背景下，三峡流域城市必须坚持文化与经济的协调发展，正确处理流域内城市发展中经济与文化的关系，在增强少数民族地区经济硬实力的同时，注重提升其文化软实力，不断增强经济与社会发展的整体性。加强区域内城市之间文化发展的协调性，在协调发展中实现文化优势互补、资源共享，拓宽文化发展空间，建构起文化要素有序自由流动、文化产业集群式发展、文化旅游资源一体化利用的区域协调发展新格局。通过这种文化联动发展方式，推动民族地区物质文明和精神文明协调发展，加快区域文化改革发展，加强三峡流域社会主义精神文明建设，把三峡流域真正打造成为创新、协调、绿色、开放、共享的可以让人"诗意栖居"的城市。

参考文献

一　专著

郑杭生主编：《社会学概论新修》，中国人民大学出版社 2003 年版。

郑杭生：《中国特色社会学理论的应用：当代中国社会的热点问题》，中国人民大学出版社 2005 年版。

吕世辰、蒋美华主编：《社会学概论》，高等教育出版社 2014 年版。

谭志松、王俊等编著：《现代城市社会治理创新"一本三化"模式研究——来自宜昌的中国经验》，中国社会科学出版社 2015 年版。

王俊等编著：《现代城市政务信息化大统一模式研究——宜昌市电子政务实践与实效》，中国社会科学出版社 2015 年版。

［德］斯宾格勒：《西方的没落》，齐世荣等译，商务印书馆 1963 年版。

［美］克莱德·克鲁克洪：《文化与个人》，高佳译，浙江人民出版社 1986 年版。

［以色列］裘德·马特拉斯：《人口社会学导论》，方时壮、汪念郴译，中山大学出版社 1988 年版。

［美］帕克等：《城市社会学》，宋俊岭等译，华夏出版社 1987 年版。

［美］菲利普·巴格比：《文化：历史的投影》，夏克、李天纲、陈江岚译，上海人民出版社 1987 年版。

［美］鲁斯·本尼迪克特：《文化模式》，王炜译，生活·读书·新知三联书店 1988 年版。

［英］马文·哈里斯：《文化、人、自然——普通人类学导引》，顾建光、高云霞译，浙江人民出版社 1992 年版。

潘光旦：《潘光旦文集》（第七卷），北京大学出版社 1993 年版。

张岱年、方克立主编：《中国文化概论》，北京师范大学出版社 1994
　　年版。

钱穆：《中国文化史导论》（修订本），商务印书馆 1996 年版。

黄柏权：《土家族白虎文化》，中国文联出版社 2001 年版。

（南宋）陆游：《入蜀记校注》，蒋方校注，湖北人民出版社 2004 年版。

［美］克拉克·威斯勒：《人与文化》，钱岗南等译，商务印书馆 2004
　　年版。

王文英、蒯大申：《2005 年上海文化发展蓝皮书：文化体制改革与上海文
　　化建设》，上海社会科学院出版社 2005 年版。

［英］特瑞·伊格尔顿：《文化的观念》，方杰译，南京大学出版社 2006
　　年版。

胡惠林：《文化产业学》，高等教育出版社 2006 年版。

熊澄宇等：《文化产业研究战略与对策》，清华大学出版社 2006 年版。

于炳贵、郝良华：《中国国家文化安全研究》，山东人民出版社 2007
　　年版。

陈宇飞：《城市文化概论》，文化艺术出版社 2008 年版。

［美］刘易斯·芒福德：《城市文化》，宋俊岭、李翔宁、周鸣浩译，中国
　　建筑工业出版社 2009 年版。

朱世学：《三峡考古与巴文化研究》，科学出版社 2009 年版。

张鸿雁：《城市文化资本论》，东南大学出版社 2010 年版。

贺善侃：《国际大都市公益文化比较研究》，学林出版社 2010 年版。

胡惠林、刘士林等主编：《都市文化研究》（第一辑），上海人民出版社
　　2011 版。

史继忠：《西南民族社会形态与经济文化类型》，云南教育出版社 1997
　　年版。

李廷贵、张山、周光大：《苗族历史与文化》，中央民族大学出版社 1996
　　年版。

吴仕忠等编著：《中国苗族服饰图志》，贵州人民出版社 2000 年版。

邓辉：《土家族区域经济发展史》，中央民族大学出版社 2002 年版。

龙生庭、石维海、龙兴武等：《中国苗族民间制度文化》，湖南人民出版
　　社 2004 年版。

石朝江：《苗学通论》，贵州民族出版社 2008 年版。

《马克思恩格斯全集》，人民出版社 1958 年版。

梁启超：《中国地理大势论》，刘梦溪主编《中国现代学术经典·梁启超卷》，河北教育出版社 1996 年版。

管维良：《巴族史》，天地出版社 1996 年版。

《华阳国志·巴志》，齐鲁书社 2000 年版。

傅筑夫：《中国经济史论丛》，生活·读书·新知三联书店 1980 年版。

［德］威廉·冯·洪堡特：《论人类语言结构的差异及其对人类精神发展的影响》，姚小平译，商务印书馆 1997 年版。

刘传江：《中国城市化的制度安排与创新》，武汉大学出版社 1999 年版。

刘致平：《中国建筑类型及结构》，中国建筑工业出版社 2000 年版。

傅伯杰、陈利顶、马克明等：《景观生态学原理及应用》，科学出版社 2001 年版。

［法］法约尔：《工业管理与一般管理》，周安华等译，中国社会科学出版社 1982 年版。

王德清、么加利主编：《管理哲学》，重庆大学出版社 2004 年版。

孙萍：《文化管理学》，中国人民大学出版社 2005 年版。

田川流、何群：《文化管理学概论》，云南大学出版社 2006 年版。

张德、吴剑平：《文化管理——对科学管理的超越》，清华大学出版社 2008 年版。

汪大海：《社会管理》，中国人民大学出版社 2013 年版。

刘吉发、金栋昌、陈怀平：《文化管理学导论》，中国人民大学出版社 2013 年版。

刘新成主编：《首都社会管理与区域协调发展创新研究》，首都师范大学出版社 2013 年版。

何增科等：《中国社会管理体制改革研究》，法律出版社 2013 年版。

文怀沙、邵盈午：《中华根与本——宝学概论》，中国文联出版公司 1997 年版。

陈先达：《静园论丛》，中国人民大学出版社 2000 年版。

吴良镛：《人居环境科学导论》，中国建筑工业出版社 2001 年版。

胡锦涛：《高举中国特色社会主义伟大旗帜为夺取全面建设小康社会新胜

利而奋斗》，人民出版社 2007 年版。

［美］彼得·豪尔等：《政治科学与三个新制度主义学派》，载《新制度主义政治学译文精选》，天津人民出版社 2007 年版。

中共中央组织部编：《中国共产党组织工作辞典》，党建读物出版社 2009年版。

《坚定不移沿着中国特色社会主义道路前进为全面建成小康社会而奋斗》，人民出版社 2012 年版。

林鸿编著：《巴风楚韵——宜昌非物质文化遗产资源现状与保护传承》，三峡电子音像出版社 2013 年版。

二　博士、硕士学位论文

廖君湘：《南部侗族传统文化特点研究》，博士学位论文，兰州大学，2006 年。

宋仕平：《土家族传统制度文化研究》，博士学位论文，兰州大学，2006 年。

陈昱成：《中国苗族文化的民族学研究》，博士学位论文，中央民族大学，2007 年。

王晓刚：《文化体制改革研究》，博士学位论文，中共中央党校，2007 年。

俞晓敏：《中国文化管理体制改革与创新研究》，博士学位论文，吉林大学，2008 年。

杨立青：《上下联动的中国文化管理体制创新——基于制度变迁理论的探索》，博士学位论文，武汉大学，2013 年。

刘源泉：《中国共产党少数民族文化政策研究》，博士学位论文，华中师范大学，2013 年。

肖肖：《公益性文化事业建设研究》，硕士学位论文，大连理工大学，2005 年。

才士群：《我国文化产业管理体制改革研究》，硕士学位论文，东北大学，2006 年。

王晓：《城市文化竞争力测评体系及其应用研究》，硕士学位论文，华南理工大学，2008 年。

邓鹏：《张家界城市山水景观风貌规划与设计策略研究》，硕士学位论文，湖南大学，2009年。

蒋馨岚：《侗族建筑文化遗产研究》，硕士学位论文，华中师范大学，
　　2009年。

胡建荣：《土家族服饰符号语义探析》，硕士学位论文，武汉理工大学，
　　2009年。

柳汨：《文化竞争力提升背景下政府文化管理职能创新研究》，硕士学位
　　论文，湖南大学，2011年。

贾云贺：《中国公益性文化事业的现状与对策》，硕士学位论文，辽宁大
　　学，2012年。

万庆：《常德市文化市场综合执法改革政策研究》，硕士学位论文，湖南
　　大学，2013年。

王玲：《十六大以来我国深化文化体制改革的路径选择研究》，硕士学位
　　论文，渤海大学，2013年。

三　期刊论文

张光直：《关于中国初期"城市"这个概念》，《文物》1985年第2期。

石佳能：《侗族服饰文化简论》，《贵州民族研究》1998年第2期。

熊玉有：《"国际苗文"的形成和作用》，《世界民族》1998年第3期。

Robert O. Keohane，JosephS. Nye Jr. *Power and Interdependence in the Informa-
tion Age. Foreign Affairs*，1998，(5).

王健：《区域文化研究的理论与实践论略》，《徐州师范大学学报》2002
　　年第1期。

江曼琦：《对城市经营若干问题的认识》，《南开大学学报》2002年第
　　5期。

江泽民：《全面建设小康社会，开创中国特色社会主义事业新局面——在
　　中国共产党第十六次全国代表大会上的报告》，《人民日报》2002年11
　　月18日头版。

张研：《中国历史上的移民》，《寻根》2003年第4期。

刘卫东：《城市形象工程之我见》，《城市规划》2003年第4期。

徐苏宁：《城市形象塑造的美学和非美学问题》，《城市规划》2003年第
　　4期。

冯骥才：《中国城市的再造——关于当前的"新造城运动"》，《现代城市研究》2004 年第 1 期。

唐凤鸣：《山水文化——山水城市的核心精神》，《湘南学院学报》2004 年第 1 期。

黄尚明：《论楚文化对巴文化的影响》，《江汉考古》2004 年第 2 期。

武向青：《浅析城市文化的特征及其功能》，《工程建设与档案》2004 年第 4 期。

唐永进：《繁荣地域文化促进社会经济发展》，《天府新论》2004 年第 5 期。

潘丽霞：《论第三部门与社会管理职能》，《四川行政学院学报》2004 年第 5 期。

段渝：《先秦巴文化与巴楚文化的形成》，《华中师范大学学报》2004 年第 6 期。

赵东海：《论文化的功能》，《科学管理研究》2004 年第 6 期。

路柳：《关于地域文化研究的几个问题》，《山东社会科学》2004 年第 12 期。

William S Logan, *The Cultural Role of Capital Cities*: *Hanoi and Hue*, *Vietnam*. Pacific Affairs, Winter 2005/2006, (4).

李建平：《关于地域文化研究的几个问题》，2006 年 3 月 14 日，人民网（http：//blog. people. com. cn）。

林向：《"巴蜀文化"辨证》，《华中师范大学学报》2006 年第 4 期。

《国家"十一五"时期文化发展规划纲要》，2006 年 9 月 13 日《人民日报》第 12 版（http：//politics. people. com. cn）。

俞可平：《推进社会和管理体制的改革创新》，《学习时报》2007 年 4 月 23 日第 388 期。

汤宏建、杨毅：《三峡库区移民新城文化建设刍议》，《重庆社会科学》2007 年第 7 期。

陈大路、谷晓红：《地域文化基本特征的新审视》，《学术交流》2007 年第 11 期。

钟海帆：《城市文化——从精神层面到运作机制》，《深圳商报》2008 年 3 月 30 日。

郭珉媛：《论公益性文化事业的部门发展战略构想》，《前沿》2008 年第
　11 期。

张鸿雁：《"中国式城市文艺复兴"新论》，《社会科学》2009 年第 3 期。

周德钧：《近代汉口码头文化的社会学解读》，《湖北大学学报》2009 年
　第 4 期。

刘有安：《论移民文化适应的类型及心理变化特征——以新中国成立后迁
　入宁夏的外地汉族移民为例》，《思想战线》2009 年第 6 期。

刘春静、高艳萍：《提高居民文化素质大力培育我省新兴文化消费市场的
　调研》，《理论探讨》2010 年第 1 期。

周文彰：《关于发展文化产业的几个问题》，《北京联合大学学报》2010
　年第 1 期。

谢伦灿：《阵痛与重生：国有文艺演出院团改革路径之抉择》，《湖南科技
　大学学报》2010 年第 2 期。

游祥斌、毋世扬：《文化事业单位的改革历程、理论经验和问题》，《中国
　行政管理》2011 年第 4 期。

刘晋飞、黄东东：《三峡移民文化的生成与阐释——社会建构主义理论的
　视角》，《学习与实践》2011 年第 7 期。

胡锦涛：《中共中央关于深化文化体制改革推动社会主义文化大发展大繁
　荣若干重大问题的决定——在中共十七届六中全会上的报告》，《人民
　日报》2011 年 10 月 19 日第 1 版。

吴正彪：《苗族语言文字的发展状况及苗文推广普及的困境与出路管窥》，
　《文山学院学报》2012 年第 1 期。

徐华、周晓阳：《论文化的基本特征》，《南华大学学报》2012 年第 4 期。

李扬帆：《探讨城市文化的结构及其作用》，《旅游纵览》2012 年第 6 期。

胡锦涛：《坚定不移沿着中国特色社会主义道路前进，为全面建成小康社
　会而奋斗——在中共十八大上的报告》，《人民日报》2012 年 11 月 9 日
　第 1 版。

杨立青：《中国文化管理体制改革的动力来源、约束条件与路径依赖》，
　《云南社会科学》2013 年第 2 期。

颜萍：《穿越时空隧道，见证宜昌码头》，《城建档案》2013 年第 3 期。

刘吉发、吴绒：《多元治理视阈下的政府文化管理创新：陕西视角》，《长

安大学学报》2013 年第 4 期。

曹浩、张恋：《试论文化生态学视域的近代宜昌码头文化》，《重庆三峡学院学报》2013 年第 5 期。

何星亮：《文化功能及其变迁》，《中南民族大学学报》2013 年第 5 期。

《规模最大土司王城：湖南永顺土司城遗址》，《中华民居》2014 年 5 月刊。

周文彰、岳凤兰：《文化产业特性及其经营启示》，《北京联合大学学报》2014 年第 4 期。

后　记

　　本书是笔者参与三峡大学正校级领导谭志松教授主编的"三峡流域社会治理研究丛书"中的一部，历时近两年最终完稿。爝火不息，敝帚自珍。回顾两年的调研、写作过程，心情可谓百味杂陈，有爬梳材料难以尽用其材的遗珠之憾，有阅读书籍灵光乍现的愉悦之情，有殚精竭虑冥思苦想的烦恼疲倦，有朋辈交流文思顿畅的欣喜轻松。拙著能在较短时间里以一个相对完整的面目如期呈现在读者面前，离不开许多人无私的帮助、支持和鼓励。

　　首先必须感谢的是三峡大学原副校长、二级教授、博士生导师谭志松教授。由于自然、社会、历史多种原因，三峡流域城市经济相对落后，但其社会文化却极其丰富。如何利用丰富多彩的民族文化推动少数民族区域经济的发展，一直是当地政府在认真思考并亟须解决的问题。为区域经济社会的发展服务是地方高校义不容辞的责任和义务，城市文化的建设与管理也应该是社会学者研究的重要课题。有鉴于此，三年前，志松先生在完成关于少数民族地区农村社会发展的"乡镇社会发展研究丛书"这一重大工程之后，便萌发了对三峡流域城市社会管理进行全方位研究的想法，并很快组建攻关课题小组，亲自带队奔赴三峡流域各市县展开调研工作。由于本人专业知识的欠缺，在撰写《三峡流域城市社会文化管理创新研究》过程中遇到很多困难，谭校长不仅从精神上不断给予鼓励和支持，而且从研究框架、研究内容等方面提出宝贵意见和建议，团队成员也经常彼此交流心得，才促使拙著得以面世。

　　其次要感谢三峡流域所涉及的地方城市政府及相关部门的大力支持。在调研、座谈和资料收集的过程中，我们利用寒暑假、周末先后到宜昌市、兴山县、秭归县、恩施土家族苗族自治州、利川市、黔江区、涪陵区、铜仁市、湘西土家族苗族自治州、怀化市、张家界市、荆州市等市（区）县实地走访考察，当地政府高度重视，所到之处，政府办、文明办、发改委、规划局、政法委、文广新局、民宗局、街道办、社区等职能部门组织座谈、介绍经济社会文化发展情况、提供所需各种资料，对调研予以全力配合和鼎力支持，从而使我们的研究有的放矢，具有很强的针对性。

还要感谢三峡大学区域社会管理创新与发展研究中心、三峡大学文学与传媒学院在资金、时间等方面的全力支持。中国社会科学出版社的责任编辑张林主任、特约编辑吴连生先生、责任校对闫萃女士等为此书的出版做了大量工作并付出了辛勤劳动，其严谨细致的编辑作风令人感佩，在此一并致谢！

由于时间比较仓促，加之个人专业素养和研究能力有限，论述中难免有诸多不尽如人意的地方，甚至可能存在一些学术舛误，期盼学界各位专家不吝赐教！

邓莹辉　谨记

丙申春于湖北宜昌三峡大学